21世纪经济管理类精品教材

（第**4**版）

公共经济学

杨志勇　张　馨／编著

Public Economics

清华大学出版社
北京

内容简介

公共经济学是经济学领域中最富挑战性的学科，同时也是一门与政治学、公共管理学等学科有着密切联系的交叉学科。本书系统阐述公共经济学的基本内容，包括公共产品、公共选择、最优税收、公共企业、公共规制、政府预算、政府间财政关系等。公共经济学的研究基点是市场经济。本书的一大特色是尝试用中国现实经济中的案例来说明公共经济学的基本原理。

本书可作为普通高等院校经济学和公共管理学专业"公共经济学"或"财政学"的课程教材，也可作为相关教学科研人员的参考用书。

本书封面贴有清华大学出版社防伪标签，无标签者不得销售。

版权所有，侵权必究。举报：010-62782989，beiqinquan@tup.tsinghua.edu.cn。

图书在版编目（CIP）数据

公共经济学/ 杨志勇，张馨编著. —4 版.—北京：清华大学出版社，2018（2024.7重印）
（21 世纪经济管理类精品教材）
ISBN 978-7-302-51401-5

Ⅰ.①公… Ⅱ.①杨…②张… Ⅲ.①公共经济学-高等学校-教材 Ⅳ.①F062.6

中国版本图书馆 CIP 数据核字（2018）第 233823 号

责任编辑：杜春杰
封面设计：康飞龙
版式设计：楠竹文化
责任校对：张慧蓉
责任印制：宋　林

出版发行：清华大学出版社
网　址：https://www.tup.com.cn，https://www.wqxuetang.com
地　址：北京清华大学学研大厦 A 座　　邮　编：100084
社 总 机：010-83470000　　邮　购：010-62786544
投稿与读者服务：010-62776969，c-service@tup.tsinghua.edu.cn
质量反馈：010-62772015，zhiliang@tup.tsinghua.edu.cn
课件下载：https://www.tup.com.cn,010-62799916-6066

印 装 者：三河市君旺印务有限公司
经　　销：全国新华书店
开　　本：185mm×260mm　　印　张：22.5　　字　数：508 千字
版　　次：2015 年 1 月第 1 版　2018 年 10 月第 4 版　　印　次：2024 年 7 月第 9 次印刷
定　　价：59.80 元

产品编号：081006-02

作 者 简 介

杨志勇 经济学博士（厦门大学），中国社会科学院财经战略研究院研究员、学术委员、财政研究室主任，中国社会科学院财政税收研究中心主任，中国社会科学院研究生院教授、博士生导师。中国财政学会副秘书长，国家社科基金重大项目"公共经济学理论体系创新研究"首席专家，中央马克思主义工程教材《公共财政概论》首席专家。获中国社会科学院优秀对策信息奖14次，中国财政学会全国优秀成果奖2次。2017年入选国家百千万人才工程，被授予"有突出贡献中青年专家"荣誉称号。主要研究方向为财税理论、国际税收、中国经济改革。著有《大国轻税》《现代财政制度探索：国家治理视角下的中国财税改革》《中国财政制度改革30年》《比较财政学》《财政理论发展纲要》等。

1999年毕业于厦门大学财政金融系，获经济学博士学位。1999—2005年在厦门大学任教，历任财政金融系（财政系）讲师、副教授、财政学教研室主任、财政系副主任等职。2005年至今在中国社会科学院工作，2006年8月起任研究员。对外经济贸易大学国际经贸学院财政税务学系教授、博士生导师，新疆维吾尔自治区"天山学者"讲座教授（2013—2016）。

张　馨 经济学博士（厦门大学），厦门大学教授，中国财政学会常务理事。曾任厦门大学财政金融系主任、经济学院院长和教育部经济学类专业教学指导委员会副主任委员。主要研究领域包括比较财政学、财政思想史、公共财政。在《管理世界》《财政研究》《金融研究》《经济学家》《财贸经济》《经济学动态》等学术刊物发表论文多篇。出版的作品有《公共财政论纲》《财政公共化改革：理论创新・制度变革・理念更新》《当代财政与财政学主流》《财政・计划・市场——中西财政比较与借鉴》《比较财政学教程》《双元结构财政》。1995年获国务院特殊津贴。曾获国家教委（教育部）人文社会科学优秀成果奖、中国财政学会优秀成果奖、福建省社科优秀成果奖等多项奖励。1998年被评为福建省优秀教师，2000年获得厦门大学教师最高奖"南强奖"。2007年获得第三届全国高等学校教学名师奖。所主持的"财政学"课程为国家级精品课程。

第4版前言

在过去的五年，中国的改革全面深化，财税改革也取得重要进展。基于现实的变化，本书有进一步修订的必要，以更好地服务于教学。

第4版的基本框架不变，但修订的内容较多，旨在更全面地反映公共经济（财政）理论和现实的新发展，同时展望未来发展趋势。现实变化很快，纵然修订周期缩短，也难以跟上实践的变化。

作为原理性质的教科书，其重要意义是提供公共经济（财政）演变的逻辑。掌握原理，将有助于理解正在变化的世界和未来世界。帮助读者更为全面系统地了解相关知识，增强理论的应用能力，一直是本书所致力于完成的目标。紧密结合中国实践，阐述公共经济学（财政学）的基本原理，仍然是本书的特色。

本书可直接用于财政学课程教学，教学内容可依各校课时情况作相应调整。

本次修订得到对外经济贸易大学国际经济贸易学院财政税务学系毛捷教授、周波副教授和其他同事的帮助。我们对他们以及所有使用和关注本书的教师和学生表示衷心的感谢。

感谢中国社会科学院财经战略研究院和厦门大学经济学院财政系所提供的良好工作环境。感谢清华大学出版社对本书再版一如既往的支持。

杨志勇　中国社会科学院财经战略研究院
张　馨　厦门大学经济学院财政系
2018年8月

第3版前言

公共经济学仍然是一门激动人心的学科，结合中国现实，研习公共经济理论，更是一次难得的学术之旅。

为适应公共经济学和财政学教学的需要，我们在保留前两版基本内容的前提下，对全书作了较大幅度的修订，以更全面地反映公共经济理论和现实的新发展。本次修订，还对数据资料、专栏案例和思考题作了更新和调整。

第3版框架上最大的变化是除了导论外，每章均增加"引例"和"本章拓展"两部分内容。"引例"旨在增强原理的现实感，激发读者对公共经济学的兴趣。"本章拓展"旨在开拓公共经济学（财政学）的第二课堂，帮助读者更为全面系统地了解相关知识，增强理论应用能力。

本书可直接用于财政学课程教学，教学内容可根据各校课时不同作相应调整。

本书自2005年出版以来，受到了全国各地高校师生的欢迎，已连续印刷十多次。对外经济贸易大学国际经济贸易学院财政税务学系毛捷副教授、周波博士和其他同事对本次修订提供了帮助。我们对他们以及所有使用和关注本书的教师和学生表示衷心的感谢。

感谢中国社会科学院财经战略研究院和厦门大学经济学院财政系所提供的良好工作环境。感谢清华大学出版社对本书再版一如既往的支持。

杨志勇　中国社会科学院财经战略研究院
张　馨　厦门大学经济学院财政系
2013年3月

第 2 版前言

公共经济问题是现实社会中的一个重要问题，对现代人有着各种各样的影响。公共经济学是经济学领域最富挑战性的学科，同时也是一门与政治学、公共管理学等学科有着密切联系的交叉学科。财政问题是公共经济问题中最为核心的问题。公共经济学与财政学又有着密切的联系，财政学与公共经济学的基本内容有许多重复和交叉。

自亚当·斯密1776年《国富论》出版至今，财政学已经发生了重大的变化。重视经济学方法的一支逐渐演变成公共经济学。但是，财政问题绝不仅仅是经济问题，它还涉及政治、社会、公共管理等众多领域。财政问题研究需要借助多个研究视角，当然，经济学视角是其中最重要的一个视角。

本书结合中国现实案例，介绍现代公共经济学（财政学）的主要研究成果。内容涉及公共产品、公共选择、最优税收、公共企业、公共规制、政府预算、政府间财政关系等。本书可直接作为财政学课程教材。

本书自2005年出版以来，受到了全国各地高校师生的欢迎，已连续印刷五次。为了更好地服务于使用本教材的教师和学生，我们在保留基本内容的前提下，对全书进行了补充修订，数据资料、专栏案例和思考题也作了更新和调整。厦门大学财政系教师江新昶博士在修订过程中提供了帮助，厦门大学财政系刘晔副教授等人的反馈意见对本书的修订起到了积极的作用。我们对他们以及所有使用和关注本书的教师和学生表示衷心的感谢。

感谢中国社会科学院财贸所和厦门大学财政系所提供的良好工作环境。感谢清华大学出版社对本书再版的支持。

杨志勇（中国社会科学院财贸所）
张　馨（厦门大学财政系）
2008年3月

简 明 目 录

0　导论 1

1　市场失灵与公共经济 19

2　公共产品 38

3　公共选择 56

4　公共支出理论 76

5　购买性支出 96

6　转移性支出 114

7　税收理论 140

8　商品税 171

9　所得税 185

10　其他税收 203

11　国有经济 218

12　公共规制 234

13　政府预算 258

14　赤字、公债与财政政策 275

15　政府间财政关系 305

目　录

0 导论 ··· 1
　　学习目标 ·· 1
　　0.1　现实中的公共经济问题 ··· 1
　　0.2　公共部门与政府观 ·· 3
　　　　0.2.1　公共部门 ·· 3
　　　　　　专栏0-1　中国的政府组织体系 ····································· 4
　　　　0.2.2　政府观（国家观） ··· 5
　　　　　　专栏0-2　生命和财产的选择 ·· 5
　　　　　　专栏0-3　两个人的学校 ·· 6
　　0.3　公共经济活动与公共经济学 ·· 7
　　　　0.3.1　公共经济活动的种类 ·· 7
　　　　0.3.2　公共部门经济活动与公共经济学 ································· 8
　　0.4　公共经济学的形成与发展 ·· 9
　　0.5　公共经济学与相关学科 ·· 11
　　　　0.5.1　公共经济学与微观经济学和宏观经济学 ······················· 11
　　　　0.5.2　公共经济学与政治学 ·· 11
　　　　0.5.3　公共经济学与公共管理学 ·· 12
　　　　0.5.4　公共经济学与法学 ··· 12
　　0.6　公共经济学的研究方法与本书框架 ······································· 12
　　　　0.6.1　公共经济学的研究方法 ··· 12
　　　　0.6.2　公共经济学研习中应注意的问题 ·································· 13
　　　　0.6.3　本书特色 ··· 13
　　　　0.6.4　本书框架 ··· 14
　　本章拓展 ·· 14
　　小结 ·· 14
　　思考题 ··· 15
　　阅读与参考文献 ··· 15
　　附录　公共经济学学习资源 ··· 16

1 市场失灵与公共经济···19
学习目标···19
引例···19
1.1 市场效率与公平··19
1.1.1 效率···19
专栏 1-1 帕累托及其学说·····························19
1.1.2 市场效率条件···20
1.1.3 社会福利与公平···21
1.2 市场失灵··23
1.2.1 公共产品···23
1.2.2 外部性···25
专栏 1-2 退耕还林与退牧还草·························26
1.2.3 自然垄断···26
1.2.4 风险和不确定性（信息不对称）·························28
1.2.5 社会分配不公（收入分配）·····························28
专栏 1-3 中国的收入分配·····························29
专栏 1-4 灰色收入与居民收入差距·····················29
1.2.6 宏观经济总量失衡·······································30
1.3 公共部门的经济作用··30
1.3.1 资源配置···30
专栏 1-5 太原市污染权交易···························32
1.3.2 收入分配···33
1.3.3 经济稳定···33
1.3.4 资源配置、收入分配和经济稳定的关系·················34
1.3.5 公共部门经济作用的历史演变···························35
本章拓展···35
小结···35
思考题···36
阅读与参考文献···36

2 公共产品··38
学习目标···38
引例···38
2.1 公共产品提供的局部均衡模型····································38

	2.1.1 庇古模型	38
	2.1.2 鲍温模型	40
2.2	纯公共产品最优提供的一般均衡模型	41
2.3	公共产品提供的威克塞尔—林达尔模型	44
2.4	公共产品提供的困难与公共产品的私人提供	47
	2.4.1 "囚徒困境"模型	47
	2.4.2 "囚徒困境"的解脱	48
	2.4.3 公共产品的私人提供	49
	专栏2-1 希望工程	49
2.5	公共产品理论的实验经济学视角研究	50
	专栏2-2 史密斯与实验经济学	51
	2.5.1 对公共产品提供实验的分类	51
	2.5.2 对"搭便车"程度的研究	52
	2.5.3 减少"搭便车"机制的研究	52
	2.5.4 对公共产品理论研究的其他影响	53
本章拓展		54
小结		54
思考题		55
阅读与参考文献		55

3 公共选择

学习目标		56
引例		56
3.1	公共选择理论概述	57
	3.1.1 公共选择理论的发展	57
	专栏3-1 布坎南	57
	3.1.2 公共选择理论研究的方法论	58
3.2	直接民主制下的公共选择	58
	3.2.1 一致同意规则（一致性规则）	58
	3.2.2 多数同意规则	60
	3.2.3 投票悖论	61
	3.2.4 单峰定理和中间投票人定理	63
3.3	间接民主制（代议制）下的公共选择	65
	3.3.1 投票人	65

　　　　专栏 3-2　北京申奥的关键一票 ·············· 65
　　3.3.2　政治家 ························ 66
　　3.3.3　官僚（公共雇员） ··············· 67
　　　　专栏 3-3　国内政府雇员制的推行 ········· 68
　　3.3.4　利益集团 ······················ 68
　　　　专栏 3-4　影响地方政府决策的利益集团 ····· 69
　　　　专栏 3-5　当代中国十大社会阶层 ········· 70
　　3.3.5　其他人员 ······················ 71
　　3.3.6　寻租 ·························· 71
　　　　专栏 3-6　寻租理论的发展 ·············· 73
本章拓展 ···································· 73
小结 ······································· 74
思考题 ······································ 74
阅读与参考文献 ······························ 74

4　公共支出理论 ·························· 76
学习目标 ···································· 76
引例 ······································· 76
4.1　公共支出分类 ·························· 77
　　4.1.1　按支出功能分类 ················ 77
　　4.1.2　按支出经济分类 ················ 79
　　4.1.3　按支出的使用部门分类 ··········· 79
　　　　专栏 4-1　中国政府收支分类改革之后的政府支出分类 ···· 79
　　4.1.4　按对市场需求的影响分类 ········· 80
　　　　专栏 4-2　中国的公共支出 ············ 80
4.2　公共支出演变的理论分析 ················ 81
　　4.2.1　瓦格纳法则 ···················· 81
　　4.2.2　时间型态模型 ·················· 82
　　4.2.3　"发展型"增长论 ··············· 83
　　4.2.4　公共支出增长的微观模型 ········· 84
　　4.2.5　公共产出水平的决定 ············ 85
　　　　专栏 4-3　陈岱孙关于地方政府开支和人口密度关系的研究 ···· 87
　　4.2.6　非均衡增长模型：公共部门要素价格和公共支出 ······ 88
　　　　专栏 4-4　中国公务员加薪 ············ 89

4.2.7　未来的公共支出 ··· 90
　4.3　社会成本—效益分析法 ··· 91
　　　4.3.1　社会成本—效益分析法的基本原理 ······················· 91
　　　4.3.2　社会成本—效益分析方法的困难 ··························· 92
　　　　　专栏4-5　大坝惹是非 ······································ 93
　本章拓展 ··· 93
　小结 ··· 94
　思考题 ··· 94
　阅读与参考文献 ··· 94

5　购买性支出 ··· 96
　学习目标 ··· 96
　引例 ··· 96
　5.1　行政支出 ··· 97
　　　　　专栏5-1　专家谈中国的行政成本 ························· 98
　　　　　专栏5-2　政府采购制度的形成与发展 ····················· 99
　5.2　国防支出 ··· 100
　　　　　专栏5-3　国防支出与"和平红利" ························· 101
　5.3　教育支出 ··· 101
　　　　　专栏5-4　教育券制度与浙江长兴县案例 ··················· 104
　5.4　科研支出 ··· 106
　　　　　专栏5-5　中国航天与财政支出 ····························· 107
　5.5　公共投资支出 ·· 108
　　　　　专栏5-6　中国公共投资体制的演变 ······················· 108
　　　　　专栏5-7　京港地铁 ······································· 110
　本章拓展 ··· 111
　小结 ··· 111
　思考题 ··· 112
　阅读与参考文献 ··· 112

6　转移性支出 ··· 114
　学习目标 ··· 114
　引例 ··· 114
　6.1　社会保障制度与公共部门 ······································ 114
　　　　　专栏6-1　俾斯麦与社会保障制度 ························· 115

　　　　专栏 6-2　弗里德曼夫妇：福利国家的谬论 …………………………………… 116
6.2　现实中的社会保障制度与社会保障支出 …………………………………………… 117
　　6.2.1　社会保障制度的基本类型 ………………………………………………… 117
　　　　专栏 6-3　智利的个人账户制度 ………………………………………………… 118
　　　　专栏 6-4　瑞典的名义账户制 …………………………………………………… 119
　　6.2.2　中国的社会保障体系 ……………………………………………………… 120
　　　　专栏 6-5　重新认识中国的人口形势 …………………………………………… 120
　　　　专栏 6-6　中国住房制度改革 …………………………………………………… 123
　　6.2.3　社会保障制度的改革 ……………………………………………………… 123
　　　　专栏 6-7　当前中国的养老保险 ………………………………………………… 128
　　　　专栏 6-8　全国社会保障基金理事会 …………………………………………… 129
　　　　专栏 6-9　美国的 401（k）计划 ………………………………………………… 130
6.3　财政补贴 ……………………………………………………………………………… 131
　　6.3.1　财政补贴的种类 …………………………………………………………… 131
　　　　专栏 6-10　新式企业亏损补贴 ………………………………………………… 132
　　　　专栏 6-11　世界贸易组织《财政与反补贴措施协议》 ………………………… 133
　　　　专栏 6-12　林毅夫论中国的农业财政补贴 …………………………………… 134
　　6.3.2　财政补贴效应 ……………………………………………………………… 134
　　　　专栏 6-13　石油特别收益金与财政补贴 ……………………………………… 135
6.4　其他转移性支出 ……………………………………………………………………… 136
　　6.4.1　援外支出 …………………………………………………………………… 136
　　　　专栏 6-14　中国的联合国会费缴纳情况 ……………………………………… 136
　　6.4.2　债务利息支出 ……………………………………………………………… 137
本章拓展 …………………………………………………………………………………… 137
小结 ………………………………………………………………………………………… 137
思考题 ……………………………………………………………………………………… 138
阅读与参考文献 …………………………………………………………………………… 138

7　税收理论 ………………………………………………………………………………… 140
学习目标 …………………………………………………………………………………… 140
引例 ………………………………………………………………………………………… 140
7.1　税收概述 ……………………………………………………………………………… 140
　　　　专栏 7-1　税收的起源：一种思想试验 ………………………………………… 141
　　7.1.1　税收概念 …………………………………………………………………… 141

　　　　　专栏 7-2　英国对征税权的限制及其影响 …………………………………… 142
　　7.1.2　税制要素 ………………………………………………………………… 143
　　7.1.3　税收分类 ………………………………………………………………… 147
　　7.1.4　税制结构 ………………………………………………………………… 148
7.2　税收原则 ……………………………………………………………………………… 149
　　7.2.1　税收原则思想的发展概述 ……………………………………………… 149
　　7.2.2　亚当·斯密的税收原则 ………………………………………………… 150
　　7.2.3　瓦格纳的税收原则 ……………………………………………………… 150
　　7.2.4　现代税收原则 …………………………………………………………… 151
　　　　　专栏 7-3　税负之争 …………………………………………………… 155
7.3　税收负担与税负转嫁 ………………………………………………………………… 156
　　7.3.1　税收负担 ………………………………………………………………… 156
　　7.3.2　税负转嫁与归宿 ………………………………………………………… 157
　　　　　专栏 7-4　对增值税税负重的抱怨合理吗？ ………………………… 161
　　　　　专栏 7-5　开征个人自用住房房地产税能平抑房价吗？ …………… 161
7.4　最优税收理论 ………………………………………………………………………… 162
　　7.4.1　最优商品税 ……………………………………………………………… 162
　　　　　专栏 7-6　拉姆齐 ……………………………………………………… 163
　　7.4.2　最优所得税 ……………………………………………………………… 164
　　7.4.3　税制设计理论：最优税收理论的拓展 ………………………………… 166
本章拓展 ……………………………………………………………………………………… 167
小结 …………………………………………………………………………………………… 167
思考题 ………………………………………………………………………………………… 168
阅读与参考文献 ……………………………………………………………………………… 169

8　商品税 …………………………………………………………………………………… 171

学习目标 ……………………………………………………………………………………… 171
引例 …………………………………………………………………………………………… 171
8.1　商品税概述 …………………………………………………………………………… 171
　　8.1.1　商品税的定义 …………………………………………………………… 171
　　8.1.2　商品税的特点 …………………………………………………………… 172
　　8.1.3　商品税的分类 …………………………………………………………… 172
8.2　增值税与消费税 ……………………………………………………………………… 173
　　8.2.1　增值税概述 ……………………………………………………………… 174

　　　　8.2.2　增值税的基本计算方法 175
　　　　8.2.3　增值税相关问题分析 176
　　　　8.2.4　中国增值税 177
　　　　　　专栏 8-1　中国增值税制改革 178
　　　　8.2.5　中国消费税 179
　　　　　　专栏 8-2　中国消费税制改革 180
　　　　　　专栏 8-3　中国的出口退税 180
　　8.3　关税 181
　　　　8.3.1　关税概述 181
　　　　　　专栏 8-4　滑准税和碳关税 182
　　　　8.3.2　中国关税制度 182
　本章拓展 183
　小结 183
　思考题 184
　阅读与参考文献 184

9　所得税 185

　学习目标 185
　引例 185
　9.1　所得税概述 185
　　　　9.1.1　所得税定义的探讨 185
　　　　9.1.2　所得税的特点 186
　　　　　　专栏 9-1　小贝与税收 187
　　　　9.1.3　所得税的类型 187
　　　　9.1.4　所得税的演变过程 188
　　9.2　个人所得税 189
　　　　9.2.1　个人所得税概述 189
　　　　　　专栏 9-2　单一税制的讨论 190
　　　　9.2.2　中国个人所得税制 190
　　　　　　专栏 9-3　中国个人所得税改革需大幅度降低税率 191
　　　　　　专栏 9-4　2005年个人所得税工资薪金所得减除
　　　　　　　　　　　标准调整听证会 193
　　9.3　企业（公司）所得税 194
　　　　9.3.1　企业（公司）所得税概述 194

    专栏 9-5 一元钱办企业 ·········· 194
  9.3.2 公司所得税制的基本结构 ·········· 195
  9.3.3 对公司征税的理由 ·········· 195
  9.3.4 公司所得税的经济效应 ·········· 196
  9.3.5 公司所得税的税负转嫁 ·········· 197
  9.3.6 中国企业所得税制 ·········· 198
 9.4 社会保障税 ·········· 199
  9.4.1 社会保障税概述 ·········· 199
  9.4.2 社会保障税的发展 ·········· 199
本章拓展 ·········· 200
小结 ·········· 201
思考题 ·········· 201
阅读与参考文献 ·········· 201

10 其他税收 ·········· 203

学习目标 ·········· 203
引例 ·········· 203
 10.1 财产税概述 ·········· 203
  10.1.1 财产税的种类 ·········· 203
  10.1.2 财产税的优点 ·········· 204
  10.1.3 财产税的缺点 ·········· 204
  10.1.4 财产税相关问题分析 ·········· 204
 10.2 土地税 ·········· 205
    专栏 10-1 中国的房地产税改革 ·········· 206
    专栏 10-2 中国取消农业税 ·········· 207
 10.3 遗产税和赠与税 ·········· 207
  10.3.1 遗产税概述 ·········· 208
  10.3.2 开征遗产税的原因 ·········· 208
  10.3.3 遗产税的类型 ·········· 209
    专栏 10-3 美国和中国台湾地区的遗产税 ·········· 210
 10.4 资源税类 ·········· 211
    专栏 10-4 中国资源税改革的弊与利 ·········· 212
 10.5 印花税 ·········· 213
  10.5.1 印花税概述 ·········· 214

         10.5.2　中国印花税制 ……………………………………………………… 214
    本章拓展 ……………………………………………………………………………… 215
    小结 …………………………………………………………………………………… 215
    思考题 ………………………………………………………………………………… 216
    阅读与参考文献 ……………………………………………………………………… 216

11　国有经济 …………………………………………………………………………… 218

　　学习目标 ……………………………………………………………………………… 218
　　引例 …………………………………………………………………………………… 218
　　11.1　国有资产收入的形式 …………………………………………………………… 219
　　　　11.1.1　国有资产的概念 ………………………………………………………… 219
　　　　　　专栏 11-1　全国国有及国有控股企业经济运行情况 ………………… 219
　　　　11.1.2　国有资产的分类 ………………………………………………………… 220
　　　　11.1.3　国有资产收入 …………………………………………………………… 221
　　　　11.1.4　国有资产收入的形式 …………………………………………………… 221
　　11.2　财政公共化与国有资产收入 …………………………………………………… 222
　　　　11.2.1　财政制度与国有企业改革的关系回顾 ………………………………… 222
　　　　　　专栏 11-2　中国国有企业的形成 ……………………………………… 222
　　　　　　专栏 11-3　有限的国有资本难以支撑庞大的国有经济盘子 ………… 224
　　　　11.2.2　财政公共化对国有资产活动范围的要求 ……………………………… 226
　　　　　　专栏 11-4　国有企业改革的争论 ……………………………………… 226
　　　　11.2.3　国有经济布局 …………………………………………………………… 227
　　　　　　专栏 11-5　中国国防工业与民营企业 ………………………………… 227
　　　　　　专栏 11-6　主权财富基金 ……………………………………………… 229
　　　　　　专栏 11-7　中国投资有限责任公司 …………………………………… 231
　　本章拓展 ……………………………………………………………………………… 231
　　小结 …………………………………………………………………………………… 231
　　思考题 ………………………………………………………………………………… 232
　　阅读与参考文献 ……………………………………………………………………… 232

12　公共规制 …………………………………………………………………………… 234

　　学习目标 ……………………………………………………………………………… 234
　　引例 …………………………………………………………………………………… 234
　　12.1　公共规制：定义与种类 ………………………………………………………… 235
　　　　12.1.1　公共规制的定义 ………………………………………………………… 235

  12.1.2 公共规制的种类 ·········· 235
  12.1.3 规制俘获理论 ·········· 236
    专栏 12-1 美国经济规制简史 ·········· 236
 12.2 公共规制过程 ·········· 237
  12.2.1 规制立法 ·········· 237
  12.2.2 规制执法 ·········· 237
  12.2.3 放松或解除规制 ·········· 237
 12.3 规制的方式 ·········· 238
  12.3.1 进入规制或退出规制 ·········· 238
  12.3.2 标准规制 ·········· 238
  12.3.3 价格规制 ·········· 239
    专栏 12-2 中国高铁票价下调? ·········· 239
    专栏 12-3 过多的公路收费正在蚕食中国经济 ·········· 239
  12.3.4 征税规制 ·········· 242
    专栏 12-4 污染税制设计 ·········· 243
 12.4 经济性规制：基于绩效的规制 ·········· 244
    专栏 12-5 拉丰 ·········· 244
  12.4.1 传统规制低效的原因 ·········· 244
  12.4.2 规制合同的种类 ·········· 244
  12.4.3 完全信息下规制合同的设计与选择 ·········· 245
  12.4.4 信息不对称下规制合同的设计与选择 ·········· 245
  12.4.5 拉姆齐定价 ·········· 246
  12.4.6 规制合同的期限 ·········· 247
    专栏 12-6 中国邮政是自然垄断的结果吗? ·········· 248
 12.5 社会性规制的加强 ·········· 249
    专栏 12-7 个人购买碳排放量 ·········· 251
    专栏 12-8 碳交易市场运行的中国经验 ·········· 252
    专栏 12-9 市场创建案例 ·········· 254
本章拓展 ·········· 255
小结 ·········· 255
思考题 ·········· 256
阅读与参考文献 ·········· 256

13 政府预算 ······ 258

学习目标 ······ 258
引例 ······ 258
13.1 政府预算概述 ······ 258
专栏 13-1 中国的预算体系 ······ 259
13.1.1 预算的定义 ······ 259
13.1.2 政府预算制度的形成 ······ 260
专栏 13-2 美国政府预算制度的建立 ······ 261
13.1.3 政府预算制度编制的原则 ······ 262
专栏 13-3 转型期预算的肢解与全口径预算管理 ······ 263
13.2 政府预算的种类 ······ 263
13.2.1 单一预算与复式预算 ······ 264
13.2.2 项目预算和绩效预算 ······ 264
13.2.3 增量预算和零基预算 ······ 265
13.2.4 其他分类方法 ······ 265
13.3 政府预算的编制、执行与决算 ······ 265
13.3.1 政府预算编制的会计基础：收付实现制与权责发生制 ······ 265
专栏 13-4 收付实现制与权责发生制 ······ 266
13.3.2 政府预算的编制方法 ······ 267
专栏 13-5 中国的部门预算改革 ······ 268
13.3.3 政府预算的执行 ······ 269
专栏 13-6 国库集中收付制度与国库管理制度 ······ 270
13.3.4 政府预算的调整 ······ 271
13.3.5 政府决算 ······ 271

本章拓展 ······ 271
小结 ······ 272
思考题 ······ 272
阅读与参考文献 ······ 273

14 赤字、公债与财政政策 ······ 275

学习目标 ······ 275
引例 ······ 275
14.1 政府收支对比关系 ······ 275
14.1.1 财政平衡公式 ······ 276

　　　　专栏 14-1　中央预算稳定调节基金 …………………………………… 277
　　14.1.2　财政赤字的弥补 ………………………………………………………… 277
　　　　专栏 14-2　财政部向中央银行借款的历史问题 ……………………… 278
　　14.1.3　中国的财政赤字 ……………………………………………………… 279
14.2　公债 ……………………………………………………………………………… 280
　　14.2.1　公债的含义 …………………………………………………………… 280
　　14.2.2　公债的产生与发展 …………………………………………………… 282
　　14.2.3　公债的种类 …………………………………………………………… 282
　　　　专栏 14-3　中国的大学负债情况 ……………………………………… 284
　　14.2.4　公债的结构 …………………………………………………………… 285
　　14.2.5　公债的发行 …………………………………………………………… 285
　　　　专栏 14-4　中国国债发行方法 ………………………………………… 286
　　14.2.6　公债的偿还 …………………………………………………………… 287
　　14.2.7　公债市场 ……………………………………………………………… 289
　　　　专栏 14-5　中国"327"国债期货事件 ………………………………… 290
　　　　专栏 14-6　中央结算公司 ……………………………………………… 291
　　14.2.8　公债的负担 …………………………………………………………… 292
　　14.2.9　中国公债简况 ………………………………………………………… 292
　　　　专栏 14-7　特别国债与国债余额管理 ………………………………… 293
14.3　公债理论的发展 ………………………………………………………………… 294
　　14.3.1　早期公债理论：利弊之争 …………………………………………… 294
　　14.3.2　李嘉图等价定理 ……………………………………………………… 296
14.4　财政政策 ………………………………………………………………………… 298
　　14.4.1　财政政策的定义 ……………………………………………………… 298
　　14.4.2　财政政策的目标 ……………………………………………………… 298
　　　　专栏 14-8　菲利普斯曲线 ……………………………………………… 299
　　14.4.3　财政政策的类型 ……………………………………………………… 300
　　14.4.4　财政政策的运作机理 ………………………………………………… 300
　　　　专栏 14-9　中国的财政政策 …………………………………………… 302
本章拓展 ………………………………………………………………………………… 302
小结 ……………………………………………………………………………………… 303
思考题 …………………………………………………………………………………… 303
阅读与参考文献 ………………………………………………………………………… 304

15 政府间财政关系 ··· 305

学习目标 ··· 305
引例 ··· 305
15.1 财政体制 ··· 305
专栏 15-1　国家的结构形式（联邦制与单一制）··· 306
15.2 政府间的职责分工 ··· 307
15.2.1 资源配置职能的分工 ··· 307
15.2.2 收入分配职能的分工 ··· 309
专栏 15-2　义务教育责任的变化 ··· 310
15.2.3 稳定职能的分工 ··· 310
15.3 政府间收入权限的划分 ··· 311
专栏 15-3　地方政府应该拥有什么样的发债权 ··· 312
15.4 政府间转移支付 ··· 314
15.4.1 政府间转移支付的理由 ··· 314
15.4.2 转移支付的种类 ··· 314
15.4.3 转移支付规模的确定 ··· 317
15.5 中国的政府间财政关系 ··· 317
15.5.1 中国财政体制概况 ··· 317
15.5.2 中国现实政府间财政关系 ··· 318
专栏 15-4　行政性分权与经济性分权 ··· 318
15.5.3 中国政府间财政关系：缺陷与出路 ··· 321
专栏 15-5　中国省以下财政体制改革 ··· 322
专栏 15-6　中国财政分权与经济增长 ··· 323

本章拓展 ··· 328
小结 ··· 329
思考题 ··· 329
阅读与参考文献 ··· 330

第1版后记 ··· 332

0 导论

学习目标

- 了解公共经济学的基本问题；
- 了解公共部门和公共经济活动。

0.1 现实中的公共经济问题

现代市场经济是由私人经济和公共经济组成的混合经济。现代人的一生都离不开公共部门的经济活动。我们一来到人世间，就要和公共部门打交道。我们中的许多人生在公立医院、享受义务教育、上公办大学，甚至就业仍然在公共部门，例如财政部门、税务部门、海关、中央银行、工商行政管理部门、国有银行、国有企业等。最后，许多人的归宿是公墓……

现今中国，学历教育服务主要由公立学校提供。虽然近年来，中国民办教育发展迅速，已覆盖各个层次的教育服务，但民办教育主体还是在法律法规的指导下进行活动的，即受到了公共部门活动的约束。现实生活中，道路、水电、通信等基础设施的提供和公共部门有关。国防和社会秩序的维护需要军队和警察，需要公共部门提供必要的经费。人们享受公共部门所提供的服务不是免费的，必须承担相应的纳税义务。赚钱，要缴纳所得税；购买商品、享受服务时，所支付的价格往往已包括税收。

现实公共经济问题比比皆是，改善民生就是其中之一。改善民生，需要加大财政投入，改善财政支出结构，改革税制。中国大半人口居住在乡村，建设社会主义新农村是一个重要的公共经济问题。根据国家统计局 2018 年 2 月 28 日发布的《中华人民共和国 2017 年国民经济和社会发展统计公报》，2017 年末中国大陆总人口 139 008 万人，比 2016 年年末增加 737 万人，其中城镇常住人口 81 347 万人，占总人口比重（常住人口城镇化率）为 58.52%，居住在乡村的为 57 661 人，占 41.48%。2006 年，中国取消了农业税和农业特产税（对烟叶开征的农业特产税改为烟叶税），增加了农民可支配收入。

近年来，随着财政收入的增长，公共财政的"阳光"已经更多地照耀到农村，财政对"三农"的投入稳定增长。2013—2017 年全国一般公共预算农林水事物支出超过 8 万亿元，达到 82 839 亿元。①

国有企业改革是一个重要的公共经济问题。国有经济为什么要存在？是"国进民退"，还是"国退民进"？答案不会是绝对的。社会主义市场经济是前所未有的事业，这决定了改革具有探索特征。国有经济无疑应该为全体国民服务。提高国有企业分红比例，建立国有资本经营预算制度，成立国务院国有资产监督管理委员会等，都是为实现这一目标所进行的尝试。

国家外汇储备的管理使用也是一个公共经济问题。2007 年 9 月 29 日，专门从事外汇资金投资业务的中国投资有限责任公司（中投）成立。作为主权财富基金的管理者，中投的一举一动自是吸引眼球。外汇储备管理体制仍在探索之中。

税收是政府收入的主要形式。税收直接调节人们的利益。税收问题已越来越容易引起社会关注。2007 年，中国首次要求就过去一年（2006 年）年所得超过 12 万元的个人自行申报纳税。2018 年，个人所得税法修改草案引起社会高度关注，是因为个人所得税如何征收和人民关系密切，是公众最关心的一个税收问题。

财政资金的分配仍是一个重要的公共经济问题。从 20 世纪 90 年代开始，政府加大了对重点大学的支持力度，先有在 21 世纪重点建设 100 所左右大学的"211 工程"，后有"985 工程"和"2011 协同创新计划"，再有"双一流"（世界一流大学和一流学科）建设项目。这些与"国家知识创新工程"和"国家哲学社会科学创新工程"一样，都涉及财政支出扩大问题。

举国体制下，国家直接为运动员的成长埋单。中国举办了 2008 年的北京夏季奥运会等一系列重要的国际体育赛事，还要举办 2022 年的北京冬季奥运会。举办赛事要花钱，花多少才是合理的？中国工程院院士钟南山先生曾对广州亚运会上的投入提出质疑，政府有关方面对此做了说明。政府在竞技体育上投入多少才是合适的？这同样是一个重要的公共经济问题。政府体育投入经常要进行竞技体育与大众体育的权衡取舍（黄有光，2003）。

2003 年春夏之交的"非典"（SARS）危机，引发社会各界重新思考政府公共卫生投入问题。2005 年 7 月，国务院发展研究中心社会发展部的一份医改报告称中国医改基本不成功，更是在全国范围内掀起医改走向的讨论。2007 年 5 月，太湖蓝藻大爆发导致无锡市的自来水暂时不能饮用。中国已经将污染防治列为 2018—2020 年三大攻坚战之一。环境治理是公共部门的重要职责，也是政府投入的一个重要方向。

国家审计署的审计结果公告经常是全社会的关注焦点。一些地方违规举债，虚报财政收入，令人发指；一些部门单位违规使用财政资金，造成浪费。公共资金如何有效使用，是一个与政府预算的编制、执行和监督密切相关的问题。

金融业的健康、稳定和发展是一个关系全社会的大事。中国人民银行、中国银行保险监督管理委员会和中国证券监督管理委员会共同担负着促进中国金融业稳定发展的任务。这些金融管理主体的活动属于公共部门经济活动。国有商业银行的活动，看

---

① 参见国务院新闻办公室网站：http://www.scio.gov.cn/xwfbh/xwbfbh/wqfbh/35861/37151/index.htm。

似是私人部门的经济活动，但国有银行本身是公共部门的经济主体，因此它们的许多活动仍然属于公共经济问题。

随着互联网的兴起，网上购物已蔚为流行。没有物流行业的发展，我们很难想象电子商务能够存在下去。各地的过路费、过桥费增加了物流成本，不利于物流业的发展。那么，为什么中国有如此之多的道路通行费呢？贷款修路造桥，就会产生过路费和过桥费问题。什么条件下可以收费？过路费或过桥费的征收标准是什么？谁才有资格征收过路费和过桥费？过路费和过桥费开征之后是否就要永远征收下去？

春节一到，火车票就很紧俏。有经济学家建议大幅度涨价，唯此才可以解决购票难问题。票价足够高，火车票的需求量肯定下降。可是，问题这么简单吗？面对春运，需求者几乎缺乏弹性，涨价近似于财富的剥夺。怎么办？即使应该涨价，涨多少才是合理的呢？政府一定要介入价格的变动吗？民航票价是否有必要通过听证会制度确定？这些都是公共经济学中的公共规制问题。

1998年，中国开始实行积极的财政政策，国债发行规模迅速扩大。2005年，积极的财政政策淡出，转向稳健的财政政策。2008年，积极的财政政策再度启航。各种形式的政府债务大量存在。政府债务如何管理？这也是重要的公共经济问题。

让我们把视野转向国际。各国政府应该如何分摊应对全球气候变化的成本？国际金融危机爆发之后，其他国家是否有必要援助某个危机特别严重的国家？各国政府如何分摊推进某个地区和平的成本？这些都是重要的公共经济问题。

……

公共经济问题，涉及面广，令人眼花缭乱。它不仅涉及公共收支、公共规制和公共部门的经济活动，还直接影响甚至决定非公共部门的行为。

公共经济问题缤纷多彩，那么让我们就此启航去探索其中的奥妙吧！

0.2 公共部门与政府观

现实公共经济问题牵涉面非常广，决定了公共经济学的研究范围与研究对象的广泛性。公共经济学专门研究公共部门的经济活动，也研究非公共部门经济主体的公共经济活动，以及与这些活动相关联的经济活动。公共经济学同样涉及为谁生产、生产什么、生产多少以及怎样进行生产决策等经济学基本问题。

0.2.1 公共部门

公共部门是公共经济活动的重要经济主体，包括政府、公共企业、非营利性经济组织（例如基金会等）、国际组织、民间社会团体等。其中，政府是公共部门的最主要成员。

1. 政府

政府是对居住在某一社会中的个人活动进行管理，提供基本服务，并为此类服务提供资金的组织。政府主要依靠税收取得收入，并向全社会提供服务。当然，服务主要是免费的或部分免费的。人们通常认为,"政府"就是"政权组织",或者只将各级行政机关视为"政府"。这是狭义的"政府"的理解。广义的"政府"除了行政机关之外,还包括立法机关和司法机关。(中国的政府组织体系参见专栏 0-1)

 专栏 0-1

中国的政府组织体系

中国政府组织体系是由中央政府和地方政府构成的。地方政府由省级政府、地市级政府、县级政府和乡级政府所组成。每一级政府都有所属部门、机构和单位。2018年机构改革后,国务院下设国务院办公厅,26 个组成部门(外交部、国防部、国家发展和改革委员会、司法部、财政部、商务部、自然资源部、生态环境部、文化和旅游部、国家卫生健康委员会、退役军人事务部、应急管理部、中国人民银行、审计署等),1 个直属特设机构(国务院国有资产监督管理委员会),10 个直属机构(中华人民共和国海关总署、国家税务总局、国家市场监督管理总局、国家国际发展合作署等),2 个办事机构(国务院港澳事务办公室和国务院研究室),9 个直属事业单位(新华通讯社、中国科学院、中国社会科学院、国务院发展研究中心、中央广播电视总台、中国气象局、中国银行保险监督管理委员会和中国证券监督管理委员会等)。地方各级政府也有类似的下设机构。

广义地说,中国政府还包括各级人民代表大会、各级政治协商会议、各级人民法院、各级人民检察院等。

资料来源:http://www.gov.cn,资料截至 2018 年 5 月 4 日。

2. 公共企业

公共企业一般是指政府拥有的以提供公共服务为宗旨的企业,也包括以提供公共服务为宗旨的非国有企业。企业活动的资金来源主要是销售收入,但也可能包括财政补贴。公共企业以与私人企业平等的身份参与市场竞争。发达市场经济国家的公共企业基本上不以营利为主要目的,主要提供具有自然垄断特征的业务,如供水、供气、供电、公共交通等。"公共企业"与"国有企业"有密切联系,但又不完全等同。如果国有企业的宗旨是为社会提供公共服务,那么它就是公共企业;反之,如果国有企业不是以提供公共服务为目标,而是直接追求利润,那么它就不是公共企业。中国社会主义市场经济体系还在完善之中,市场中存在大量以营利为主要目的的国有企业,它们就不属于"公共企业"。这种状况将随着改革的深入而逐步得到改变。

3. 非营利性组织

非营利性组织不以营利为目的,是以执行公共事务为目的而成立的公益组织。非营利性组织包括各种基金会、慈善组织、学会、协会、研究会等,所提供的服务包括社会福利、教育培训、医疗保健、救灾赈灾、宗教等。从历史上看,非营利性组织特别是各种基金会,主要是靠少数富豪家族捐款而建立起来的,例如洛克菲勒基金会、福特基金会等。这种状况已在发生变化。美国许多基金会的资金来源已转向主要依靠一般的个人捐助。中国的非营利性组织正在蓬勃发展中。宋庆龄基金会、中国青少年发展基金会、中国癌症研究基金会等,都是非营利性组织。[①]

4. 国际组织

联合国、世界银行、国际货币基金组织、亚洲开发银行、世界卫生组织等跨国界组织,所从事的许多活动不属于政府活动,但都带有公共性。它们的资金来源主要是各成员单位共同筹集的。

各种组织在公共服务提供中相互配合。非营利性组织在帮助政府提供公共服务上发挥了重要的作用。在中国,随着经济社会的发展,人民收入的提高,非营利性组织在公共服务的提供中将发挥更大的作用。

0.2.2 政府观(国家观)[②]

政府(国家)是最主要的公共部门。关于什么是政府(国家),有两种不同的典型观点:第一种将政府视为有机体,即"政府有机论";第二种认为政府是机械体,即"政府机械论"(Rosen, 2005)。

"政府有机论"将社会视为自然的有机体,每一个人都是有机体的一部分,而政府是有机体的心脏。据此,个人作为社会的一部分才有意义,个人利益必须服从集体利益,政府(国家)利益至高无上。通常所说的阶级国家观支持"政府有机论"观点。在计划经济时代,过多地强调政府(国家)利益,在利益分配上主张先国家、再集体、最后才是个人的观点,这实际上是一种有机体的政府(国家)观。是个人生命重要,还是国家财产重要?专栏0-2所提供的事例可供进一步讨论。

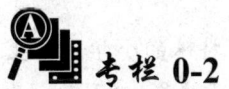
专栏 0-2

生命和财产的选择

1966年6月21日,四川石油管理局32111钻井队在四川省合江塘河构造上打出了第一口产量大、压力高的天然气井。6月22日凌晨1点钟,这口井突然发生井喷,并燃烧形成宽50多米、高30多米的一大片火海,整个大气田面临着被毁灭的危险。但是,值班人员一直坚守岗位,直到在火海中停止呼吸。而其他人员则顶着湿棉被往里冲。经过30分钟的生死搏斗,油井保住了,32111钻井队有6人牺牲,21人负伤。石油系统一直实行半军事化管理,他们在早年接受的教育就是,为了保护国家财产,有时甚至可以牺牲自己的生命。

1969年5月,上海知识青年金训华(1949—1969)到黑龙江省农村插队落户,被分配到逊克县逊河公社双河大队,8月15日下午,因爆发特大山洪,金训华为抢救国

---

① 关于中国非营利性组织的更详细内容,可访问网站http://www.npo.org.cn。
② 严格来说,国家和政府是有区别的。参见雷颐(2011, p.114)。

家物资（两根电线杆）牺牲于激流中，后被追认为中国共产党党员。

随着时代的变迁，人们的认识不同了，生命与财产孰轻孰重，已成为可以反复权衡的难题。

资料来源：1. 四川案例参见邹辉，范卉. 开县井喷事故再调查[J]. 新闻周刊，2004-02-09.

2. 金训华案例参见知青烈士金训华：为抢救两根电线杆牺牲于激流中[EB/OL]. 东方网，2009-10-21.

"政府（国家）机械论"将政府（国家）视为个人为实现自己的目标，而人为创立的东西。据此，处于舞台中心的是个人，而不是群体。根据这种观点，没有了个人，也就无所谓政府（国家），个人才是社会中最为重要的主体，个人是社会的基础。契约国家论支持这种观点。这种观点认为，国家的产生是因为人们为了摆脱丛林式的"一切人反对一切人"的状态。社会中的个人经过谈判，签订契约成立国家，保护各自利益。

随着社会主义市场经济的发展，中国越来越强调个人在社会中的地位。现实中，在人的生命和财产安全都受到威胁时，社会选择往往趋向先挽救生命。矿难事件发生后，不惜一切代价救人，就是尊重个人利益的体现。2003年孙志刚事件引起了全社会对社会收容问题的关注，并直接导致了相关不合理制度的废除①，也是整个国家越来越重视个人利益的集中体现。在现代社会中，许多人持有机械论的观点。

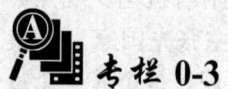 专栏 0-3

两个人的学校

辽宁丹东宽甸县的偏远山村，一名学生和一名老师组成了一所特殊的小学。学生亮亮（化名），9岁，出生时就因母婴传染成为艾滋病受害者；老师王立军，57岁，是乡文化站退休站长。

2004年秋天，因其他学生家长的强烈反对，入学3天的亮亮被迫退学。当地政府多次协调未果，最终决定为亮亮单独办一所爱心小学。然而，对艾滋病的恐惧令数名教师人选望而却步，直到曾当过12年教师的王立军在帮助各村写防治艾滋病标语来到宝山村时主动站出来。2004年11月20日上午，经过3天的紧张筹备，宝山村爱心小学终于在村委会腾出的一间办公室里正式开课，教室里放着防疫站送来的药箱和常用药品。爱心小学所在的宝山村并不富裕，冬季的采暖煤就是个不小的问题。看着玩耍中的亮亮，王立军一声叹息："苦谁也不能苦了亮亮，怎么也不能让孩子冻着啊。"

2005年12月1日，亮亮应邀参加了中央电视台《红丝带——我们的承诺》大型

---

① 孙志刚曾在武汉某大学就读，后为广州某服装公司雇员。2003年3月17日晚，孙志刚因未携带任何证件上街，被执行统一清查任务的天河区公安分局黄村街派出所民警带回询问，随后被错误作为"三无"人员送至收容待遣所。次日，孙志刚称自己有病而被送往市卫生部门负责的收容人员救治站。3月20日凌晨，孙志刚遭同病房被收治人员殴打致伤而死。

主题晚会,讲述了在"两个人的学校"里成长的故事。晚会现场上,亮亮不仅当众朗诵了唐诗《静夜思》,而且演唱了歌曲《母亲》,以此向全国人民汇报了自己近一年的学习成果,令观众感动不已。2006年12月1日上午10时,王立军作为一名优秀教师代表来到北京。在中南海的小礼堂,温家宝总理微笑着伸出了手,王立军急忙迎上去,总理的手和这个来自偏远山区普通老师的手紧紧地握在了一起。此时,王立军眼睛湿润了,他意识到这所"两个人的学校"已经引起党和国家领导人的关注,心里立刻涌上温暖的感觉。现在,越来越多的人开始关注小亮亮和爱心小学。"六一"儿童节前,乡亲们来到爱心小学。他们听着小亮亮朗朗的读书声,心中有感动,有欣慰,还有惭愧。因为,在距爱心小学50米远的地方就是村里的小学,两所学校中间仅隔一条土路。这边是小亮亮孤独而弱小的身影,那边却是一大群孩子在嬉戏玩耍。亮亮虽然有学可上了,但人们还是盼望,亮亮能和一大群小伙伴们一起幸福成长。

"两个人的学校"中的亮亮,之所以得到关注,是这个社会重视人的生命价值的体现,与现代政府观是一致的。

资料来源:1. 吴章杰. 两个人的学校[N]. 新京报,2006-10-07.
2. 《鸭绿江晚报》供稿. 爱心筑起"两个人的学校"[N]. 南国早报,2007-06-01.
3. 福山. 国家构建:21世纪的国家治理与世界秩序[M]. 北京:中国社会科学出版社,2007.

0.3 公共经济活动与公共经济学

0.3.1 公共经济活动的种类

公共经济活动不外乎三种活动:公共支出活动、公共收入活动和公共规制(regulation)。[①]

公共部门活动必须有经费支持,公共经济活动经常和公共支出联系在一起。一国为抵御他国入侵,必然要进行国防建设,国防建设离不开财政支出保证。政府要提供义务教育,也必须有相应的公共支出作为保证。公共部门活动离不开公共支出的支持。图0-1为1994—2017年中国财政收支概况。

市场经济中,公共支出的经费通常不是由政府(公共部门)直接创造的,而主要来自税收,这就形成了相应的公共收入活动。

公共部门(政府)活动,也可能不直接支付经费,而是制定法律法规,约束当事人的行为。这就是公共规制活动。例如,法律限制污染企业废弃物排放标准,就无须政府直接付费;公共部门限制某些产品的价格,是一种规制行为;公共部门对银行业经营行为的约束,是一种规制行为;政府反托拉斯活动,同样是一种规制行为等。

---

① Regulation 在不同的场合有不同的对应中文,如"管制"和"监管"。Connolly 和 Munro(1999)把公共经济活动分为三类:规制、定价(price setting)和生产。本书的分类与此不同。

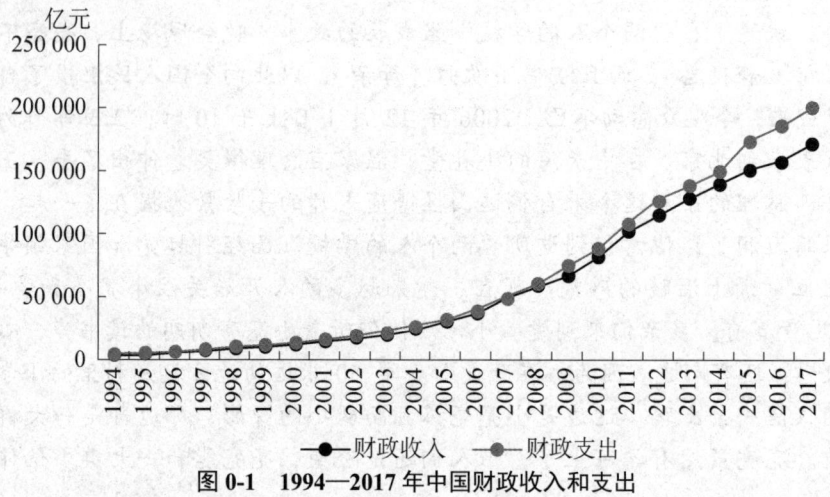

图 0-1 1994—2017 年中国财政收入和支出

资料来源：1994—2016 年的数据来自国家统计局网站（http://data.stats.gov.cn/easyquery.htm?cn=C01）；2017 年的数据来自财政部《关于 2017 年中央和地方预算执行情况与 2018 年中央和地方预算草案的报告——在第十三届全国人民代表大会第一次会议上》，2018 年 3 月 5 日。

0.3.2 公共部门经济活动与公共经济学

公共支出、公共收入和公共规制活动，都会影响各经济主体可支配资源的数量。扩大公共支出会增加相关经济主体的可支配资源；公共收入的取得会减少相关经济主体的可支配资源；公共规制会限制相关经济主体可支配资源的用途。公共部门经济活动研究必须结合各相关经济主体活动进行。

相应地，公共经济学的研究对象包括这些经济活动，以及这些经济活动对资源配置、收入分配和经济稳定的影响。经济学研究社会怎样配置稀缺的资源，其研究对象包括生产什么、为谁生产、怎样生产、如何进行生产决策等。公共经济学同样要研究这些问题，但侧重研究公共部门的这些活动。公共部门与私人部门的经济活动密不可分，公共经济学研究难免会联系私人部门的经济活动进行。

公共经济学的中心线索是效率、公平和稳定问题。[①]这些问题贯穿公共经济学的全部。公共经济学研究的基本思路可概括如下：市场失灵→政府干预→公共支出（和公共规制）→公共收入→财政联邦主义理论。现代公共经济学从市场失灵入手，研究公共部门经济活动。现代经济是市场经济，市场在资源配置过程中发挥基础性作用。从理论上看，只有市场不能有效发挥作用的领域，才可能需要公共部门来做，才可能需要政府干预。政府干预不一定优于市场活动，现实中政府失灵同样存在。只有当政府干预优于市场运作时，公共部门才有存在和发挥作用的必要，相应地，就有公共支出、公共规制和公共收入活动。现代政府多数是由数级政府组成的，因此，就有了财政联邦主义问题的讨论。本书将在以后各章中具体阐述这些问题。

现代公共经济学基本上是微观经济学的延伸和拓展。公共部门的宏观经济活动，通常不在公共经济学书中进行阐述。这不是因为这些活动不重要，恰恰相反，公共部

---

① 有人认为，稳定问题从根本上说属于效率问题。如果这种看法成立，那么，公共经济学的基本线索就只是效率和公平。

门宏观经济研究成果汗牛充栋,相关内容独立形成了宏观经济学。公共经济学主要研究个体——政府、企业、个人(家庭)的行为。请注意,政府的管理不仅是宏观方面,更多的是微观方面的内容。

公共经济学的形成和演变过程,将在0.4节进行阐述。

0.4 公共经济学的形成与发展

1. 公共经济学是财政学的继承与发展

公共经济学的形成和发展,与财政学关系密切。公共经济学是在财政学的基础之上形成的。至今,仍有许多学者认为,公共经济学就是财政学,两者没有什么区别。如果说,公共经济学不同于传统的财政学,那么它表现在以下几个方面。

(1)传统财政学主要研究税收问题,而很少对公共支出进行经济分析。

(2)公共选择理论的发展对公共经济学的形成和发展起到了重要作用。

(3)公共经济学的研究范围不仅包括传统的财政收支,还包括公共规制,这样,中央银行、非营利性经济组织等经济主体的活动都纳入了公共经济学的研究范畴。

因此,本书认为,公共经济学与传统财政学有一定的区别,是对传统财政学的新发展。本书除了公共规制部分内容是一般财政学教科书不加以介绍的,其他内容均属于财政学的基本内容,因此,本书也可直接用于财政学课程的教学。

2. 公共经济学在西方的发展简况

下面简要回顾公共经济学的形成与发展过程。

1924年,卢兹(H. L. Lutz)的《公共财政学》(*Public Finance*)第三章最后一节专门分析了"公共经济与私人经济差异"问题,首开英美财政学著作分析公共经济与私人经济相互关系的纪录。1933年,斯杜登斯基(P. Studenski)的《公共财政学篇章》(*Chapters in Public Finance*)中的一章——"公共经济的性质与机制",全面分析了公共集团性质、公共经济性质、公共经济发展、最高社会利益等问题,让"公共经济"这一思路在财政学中得到进一步体现。不过,由于19世纪80年代开始形成的奥意财政学派的公共产品论此时尚未系统传入英语世界,完整系统的以公共产品论为核心的公共经济论未在英美财政学界形成,因而尽管已有某些公共经济思想和看法,但此时英美财政学界的根本思路,都还是建立在对政府收支的传统分析上,并未与原有的财政学传统分道扬镳。

意大利学者马尔科(de Marco)的《公共财政学基本原理》(*First Principles of Public Finance*)一书于1936年在美国翻译出版,为英美财政学的理论基点从"政府收支"转到"公共经济"上来,提供了最为重要的前提条件。该书第一章就指出:"所谓私人经济学,研究的是个人的活动,并且至今为止它们涉及的是私人需要的满足问题。所谓公共经济学或公共财政经济学,研究的是国家的生产活动,它涉及的是共同需要的满足问题。"(de Marco,1936,p.34),这就清楚地表明了该书是围绕着公共产品论和公共经济论来论证说明财政问题的。马尔科所介绍的这种新思想,十余年后才在英美财政学著作得到反映。

1947 年，阿兰（E. D. Allen）和布朗里（O. H. Brownlee）出版的《公共财政经济学》（*Economics of Public Finance*），首次采用了马尔科的财政学是"经济学"的观点并将之贯穿于全书。该书第一篇"公共经济综观"，指出随着更多的政府财政专注经济的生产和就业，以及财政收入与支出的相互联系，而不再如早期财政研究那样，仅分别对财政支出、收入和公债等进行研究，"公共财政学很快变成对公共经济的研究。"（p.4）该书接着还指出，政府是作为经济主体开展活动的（pp.6-7）。

类似的书名接连出现。泰勒（P. E. Taylor）1948 年的《公共财政经济学》（*Economics of Public Finance*）、道格拉斯（P. H. Douglas）1952 年的《国民政府经济》（*Economy of the National Government*）、罗尔夫（E. R. Rolph）1954 年的《财政经济学理论》（*The Theory of Fiscal Economics*）、马斯格雷夫（R. A. Musgrave）1959 年的《公共财政学理论：公共经济研究》（*The Theory of Public Finance: A Study in Public Economy*）等，都已不再将财政学局限于政府或公共收支上，而是从经济学视角来看待财政问题。这类书名的出现，是财政学最终以"Public Economics"或"Public Sector Economics"来命名的过渡。将财政看作公共经济的新思想，催生了 1965 年约翰逊（L. Johansan）《公共经济学》（*Public Economics*）一书的出版。该书分析财政政策、公债和税收问题，未专门涉及公共支出问题，有较强的早期公共财政学的传统和韵味，但一开始就界定公共部门范围，指出公共部门是由政府及其机构，政府直接拥有的企业、参股公司以及国家银行所组成的（Johansan，1965，pp.1-2）。接着，该书分析公共部门与其他部门的区别和差异："1. 如今公共部门是部分在中央当局指导下的大部门。由于其规模，它将影响该国的整个经济活动……2. 公共当局可以确立若干私人部门难以追求的目标。一个私人生产或贸易单位必须将目标建立在获得最大利润的确定程度上，否则它将无法在与其他私人单位的竞争中生存下来。这里不存在'社会便利'问题……然而，公共部门则无此必要性。3. 公共当局拥有某些私人经济单位所不具有的行动手段。其可归结为此一事实，即公共当局拥有权力去指导或管理其他部门的活动，例如征税。4. 公共当局的拨款相对于私人经济单位在很大程度上是免费的。从理论上看，公共当局完全不受任何预算限制，因为它们总能简单地通过印制纸币且按其意愿供应货币。另外，立法者则能否决阻止其意愿实现的宪法或法律条文……"（Johansan，1965，pp.4-5）。这样，该书就为公共经济概念的最终确立和完善做出了自己的贡献。

亨德逊（W. L. Henderson）和卡梅隆（H. A. Cameron）1969 年的《公共经济：政府财政学导论》（*The Public Economy: An Introduction to Government Finance*）一书，立足于公共需要的自动交换论，尝试说明公共产品的需求与定价经由政治程序确定，是市场机制行为的一种转变和表现（Henderson and Cameron，1969，p.35）。此后，相同或类似书名的财政学教科书接连问世，它们不仅是书名变更，而且还在相当程度上反映财政学实质内容的转变，反映关于财政与政府关系看法的变更。1972 年，《公共经济学学报》（*Journal of Public Economics*）的创刊，可以视为公共经济学形成的一个重要标志。

在西方，公共经济学于 20 世纪 60 年代和 70 年代得到快速发展，"现代公共部门经济学是经济学的令人激动和富于挑战性的分支……"（布朗，杰克逊，2000）。如今，公共经济学已是经济学的一个大分支，得到广泛的关注。各国已有大量"公共经济学"或"公共部门经济学"的教材问世。

3. 中国的公共经济学

1978 年前的中国，实行的是与市场经济迥异的计划经济。在计划经济下，私人范畴和私人部门被否定，从而作为对立物的公共范畴和公共部门也不存在，存在的只是国家统揽和控制一切的国家经济。在市场经济下，有着独立的私人范畴和私人部门，从而相应地形成公共范畴和公共部门。中国从计划经济向市场经济伟大变革的过程，也是企业和私人范畴、企业部门逐步形成的过程，同时也是公共范畴和公共部门作用不断凸显的过程。四十年的改革开放，促进了市场经济体制的确立，初步形成了中国的公共经济体制。中国公共经济学正在起步，除了立足国情之外，我们还需要借鉴来自西方的公共经济学，来研究中国的公共经济问题。

0.5 公共经济学与相关学科

0.5.1 公共经济学与微观经济学和宏观经济学

公共经济学是经济学的一个分支。微观经济学和宏观经济学与之都有着密切关系。微观经济学为公共经济学提供理论基础，现代公共经济学主要是微观经济学的延伸。

宏观经济学诞生于 20 世纪 30 年代。在此之前，作为公共经济学前身的财政学是不会以宏观经济学为基础的。随着宏观经济学的发展，财政学中的宏观经济分析内容逐渐增加。马斯格雷夫的《公共财政理论：公共经济研究》更是以二百多页的篇幅讨论宏观经济稳定问题。但是，随着宏观经济学和公共经济学的发展，过于庞大的宏观经济分析内容逐渐被排除在一般的公共经济学教科书之外。现代公共经济学教科书中的宏观经济分析内容一般较少，并不能说明宏观经济不是公共经济学的研究对象，这只是反映学科分工的进展。当今流行的几本主要的公共经济学教科书，如罗森和盖亚（Rosen and Gayer, 2010）的《财政学》、布朗和杰克逊（Brown and Jackson, 1990）的《公共部门经济学》、斯蒂格利茨（Stiglitz, 2000）的《公共部门经济学》、Gruber（2010）的《公共财政与公共政策》等，都很少涉及宏观经济学。

经济学的研究进展直接影响公共经济学的发展。行为经济学、计量经济学、转轨经济学的发展等直接影响公共经济理论的发展。

0.5.2 公共经济学与政治学

财政问题既是经济问题，又是政治问题，因此，财政学与政治学有着密切的关系，甚至可以说，财政学是一门经济学和政治学的交叉学科。公共经济学是对传统财政学的发展，主要是研究方法的更新和研究对象的扩大，并未更改公共经济学所研究的主要问题仍是经济和政治交叉问题的事实。现代政治学的发展也越来越强调经济学方法的运用。例如，公共选择理论既是经济学理论（公共经济理论），因为它运用经济学方法；也是政治学理论，因为它研究的是政治问题。

0.5.3 公共经济学与公共管理学

公共管理学是一门介于行政管理学、政治学和经济学之间的交叉学科。公共管理学的研究对象是公共管理问题，势必涉及诸多公共经济问题，公共经济学与其联系可见一斑。新公共管理学突出经济学方法的运用，使得公共经济学在公共管理研究中的地位变得更加重要。

0.5.4 公共经济学与法学

法学涉及大量的公共秩序规范问题，这与公共经济学所关注的公共经济问题有着众多共同之处。从20世纪60年代开始，随着法律经济学（Law and Economics）的兴起，经济学与法学的距离越来越近。公共经济学对于税收和政府预算等各种问题的研究，离不开法律专业知识。

0.6 公共经济学的研究方法与本书框架

0.6.1 公共经济学的研究方法

1. 实证研究与规范研究

2012年中秋国庆假期以来，中国一直对七座以下乘用车实行高速公路免费通行措施，引发诸多讨论。有人认为，免费通行侵害了高速公路收费权，是对财产权利的一种剥夺；有人认为，假日免费算国民福利，应该坚持；有人认为，高速公路免费导致全国大堵车，不仅不应该免费，还应该大幅度提高通行费；有人认为，高速公路堵车是因为高速公路管理不善，车辆需要领卡才能通行……

关于假期车辆通行是否应该免费，答案无非两种。过去选择了不应该，现在有关部门选择了部分应该（即只有一部分车辆可以免费）。"应该"和"不应该"是规范的表述，属于规范经济学研究的内容。是免费通行带来堵车，还是管理不善导致堵车？这需要通过事实分析来加以求证。对堵车原因的不同表述，属于实证经济学的研究内容。总之，涉及"应该"和"不应该"的价值判断问题，是规范经济学研究的内容；而"是"和"不是"的不带有价值判断的问题，则是实证经济学研究的内容。

自从1953年弗里德曼的名篇《实证经济学方法论》发表之后，现代经济学越来越强调实证分析。科学的经济学理论越来越强调对经济现象的解释能力和预测能力。有的规范分析的分歧，就是因为实证分析的结果不同所导致的。七天长假期间，各地风景区人满为患，正所谓"自然给了人类风景，人类给了自己拥挤"。有人据此认为风景区应该继续涨价，否则结果就不是"人看景"，只是"人看人"，国民福利大幅度下降；有人则认为，在带薪休假制度没有真正落实的前提下，涨价后人们还是要出来

"看人",涨价只会削减国民福利。显然,两种观点都是为了提高全社会的福利水平,但是因为对现实的解释不同而导致了不同的观点和看法。实证经济学因此成为现代经济学的主旋律。

从现实来看,实证分析和规范分析有时很难分开,特别是涉及效率和公平的权衡取舍,更是如此。公共经济学经常涉及公平问题,这样,规范研究方法也是公共经济学的重要研究方法。

2. 理论分析与计量研究

公共经济学研究的理论分析,或借助比较研究和逻辑演绎,或借助数理方法。理论研究方法不局限于数理方法,但在西方学术界,理论研究基本上已经等同于用数理方法。现实中,除了极少数的经济学大师,如诺贝尔经济学奖得主科斯和布坎南等,已鲜见散文笔法的理论研究。当然,理论研究应更注重经济学思想,而非纯数学工具本身,这是经济学不同于数学的地方。

计量经济学研究方法已得到广泛运用。理论研究得出的模型是否成立,往往要通过计量经济学方法的检验。公共经济学研究中,计量经济学方法的普及原因有两个:一是计量经济学理论的发展,数据处理水平的提高;二是现在经济学家可以获得比以往更多的数据。

3. 案例研究

法学院和商学院课程常用案例研究方法。实际上,公共经济学研究也可以运用这一方法。新制度经济学的许多成果通过案例研究获得。公共经济学研究公共经济案例,也可以采用该种方法。本书列举大量案例,有兴趣的读者可再作进一步分析。

0.6.2 公共经济学研习中应注意的问题

公共经济学源于对发达国家的公共财政等问题的研究。由于市场经济背景的相似性,许多理论同样适用于中国的社会主义市场经济实践,可以解释中国的许多公共经济现象,但需要注意立足国情,注意理论应用的不同约束条件。这一点读者将在后面章节中慢慢体会。

公共经济学研究是学术研究,同一问题可能会有不同观点,真理越辩越明。但专业学问有专业门槛,公共经济或财政事务和人人有关,人人都可以就此发言,但这不等于专业的学术观点。

0.6.3 本书特色

改革开放导致公共经济在中国的逐步形成,是我们撰写这本《公共经济学》的现实基础。它的特色主要有以下几方面。

(1)本书立足国情,介绍公共经济学(财政学)理论。

(2)本书相当大篇幅用于公共收支问题的分析,体现了公共经济学对传统财政学的继承,同时涉及部分传统财政学难以涵盖的内容,如公共规制。

(3)本书提供大量现实案例。

(4) 本书的分析主要以中国为背景。

(5) 本书简要介绍中国公共经济制度（主要是财税制度）的改革。

0.6.4 本书框架

本书正文共 15 章。第 1~3 章为公共经济学的基本理论，概括说明公共部门存在的原因、公共部门的经济作用、公共产品理论和公共选择理论。第 4~6 章为公共支出，包括公共支出总论、购买性支出和转移性支出等内容。第 7~10 章为税收，分别介绍了税收基本理论、商品税类、所得税类和其他税收。第 11 章介绍国有经济。第 12~15 章都是与公共部门经济管理直接相关的内容，包括公共规制、政府预算、赤字、公债、财政政策和政府间财政关系。

公共经济学是现代财政学。与传统财政学不同的是，公共经济学拓展了传统财政学的研究范围，并强调经济学方法的运用。财政学是一门经济学、政治学、公共管理学、工商管理学等交叉学科，同时也注意经济学之外研究方法的运用。由于财政学与公共经济学存在很深的渊源关系，在入门阶段，财政学与公共经济学基本上是相通的。关于财政学科的相关阐述，可参阅杨志勇（2007）。财政学发展史可参阅张馨（1999）。

公共经济学或财政学研究方法上最新的发展莫过于行为经济学的兴起和发展对其所产生的影响，可参阅 McCaffery and Slemrod（eds.，2006）；Congdon，Kling，and Mullainathan（2011）；Diamond and Vartiainen（eds.，2007；中文版，2010）等。Cullis and Jones（2010）第 16 章也结合实验经济学、行为经济学等的发展对新财政学（公共经济学）的走向作了探讨。

比较系统提供数学证明的更高级别的公共经济学教科书，可参阅贾（2017）。此外，新动态财政学（New Dynamic Public Finance）的发展也值得关注，参见 Kocherlakota（2010）。

- 公共经济问题是与现实生活密切联系的问题。
- 公共部门包括政府、公共企业、非营利性经济组织、国际组织、民间社会团体等。其中，政府是公共部门最主要的成员。
- 有两种政府观（国家观）：第一种将政府视为有机体，即"政府有机论"；第二种把政府看作机械体，即"政府机械论"。
- 公共经济学是在传统的公共财政学的基础之上发展起来的。公共经济学的研究方法和研究对象与传统的公共财政学有一定差别。

- 公共经济学与经济学、政治学、公共管理学和法学之间有着密切的联系。
- 公共经济学的研究方法包括：实证研究和规范研究、理论研究和计量研究、案例研究等。

思考题

1. 不同的政府观对于公共经济问题分析会产生什么不同的影响？试举例说明。
2. 你是否能够举出更多的非营利性经济组织的例子？为什么说它们的活动也属于公共经济的范畴？
3. 试举若干例子说明公共经济学与微观经济学的联系。
4. 你认为公共范畴和公共部门仅存在于市场经济下的说法是否成立？

阅读与参考文献

[1] Connolly S，Munro A. Economics of the Public Sector[M]. Prentice Hall Europe，1999.

[2] Cullis J，Jones P. Public Finance and Public Choice[M]. 3rded. Oxford University Press，2010.

[3] Diamond P，Vartiainen H. Behavioral Economics and Its Application[M]. Princeton University Press，2007（中文版：彼得·戴蒙德，汉努·瓦蒂艾宁. 行为经济学及其应用[M]. 北京：中国人民大学出版社，2010.）

[4] Henderson W L，Cameron H A. The Public Economy：An Introduction to Government Finance[M]，Random House，1969.

[5] Kocherlakota N R. The New Dynamic Public Finance[M]. Princeton University Press，2010.

[6] Johansan L. Public Economics. North Holland Publishing Company，1965.

[7] Rosen H S，Gayer T. Public Finance.9thed. McGraw-Hill，2010.

[8] Gruber J. Public Finance and Public Policy[M]. 3rded，Worth，2010.

[9] Stiglitz J E. Economics of the Public Sector[M]. 3rded. W. W. Norton& Company，2000.

[10] McCaffery E J，Slemrod J. Behavioral Public Finance[M]. Russell Sage Foundation，2006.

[11] Congdon W J，Kling J R，Mullainathan S. Policy and Choice：Public Finance through the Lens of Behavioral Economics[M]. Brookings Institution Press，2011.

[12] Brown C V，Jackson P M. Economics of Public Sector[M]. 4th ed，Basil Blackwell，1990.（中文版：布朗，杰克逊. 公共部门经济学[M]. 第 4 版. 北京：中国人民大学出版社，2000.）

[13] 拉本德拉·贾. 现代公共经济学[M]. 第2版. 北京：清华大学出版社，2017.

[14] 黄有光. 奖牌与韬光养晦[N]. 经济学消息报，2003-05-23.

[15] 雷颐. 面对现代性挑战：清王朝的应对[M]. 北京：社会科学文献出版社，2011.

[16] 杨志勇. 财政学科建设刍议：结合中国现实的研究[J]. 财贸经济，2007（12）.

[17] 张馨. 公共财政论纲[M]. 北京：经济科学出版社，1999.

[18] 张馨. 论公共经济学的研究对象[J]. 公共经济研究，2003，1（1）.

[19] 弗朗西斯·福山. 国家构建：21世纪的国家治理与经济秩序[M]. 北京：中国社会科学出版社，2007.

附录　公共经济学学习资源

1. 公共经济学英文学术期刊

Journal of Public Economics

International Tax and Public Finance

National Tax Journal

Public Finance Review

Journal of Public Economic Theory

Public Choice

European Journal of Political Economy

2. 经济学类英文学术期刊

Econometrica

American Economic Review

American Economic Journal：Economic Policy

American Economic Journal：Applied Economics

American Economic Journal：Microeconomics

American Economic Journal：Macroeconomics

Journal of Political Economy

Quarterly Journal of Economics

Review of Economic Studies

Economic Journal

Review of Economics and Statistics

Journal of Economic Perspectives

Journal of Economic Literature

Journal of Economic Surveys

3. 中文公共经济学类学术期刊

《财政研究》(中国财政学会会刊)

《税务研究》(中国税务学会会刊)

《财经智库》(中国社会科学院财经战略研究院主办)

《财政与税务》(中国人民大学报刊复印资料)

4. 中文学术期刊

《经济研究》(中国社会科学院经济研究所主办)

《财贸经济》(中国社会科学院财经战略研究院主办)

《管理世界》(国务院发展研究中心主办)

《世界经济》(中国社会科学院世界经济与政治研究所主办)

《经济学(季刊)》(北京大学中国经济研究中心主办)

《比较》(中信出版社出版)

5. 非学术性报刊

一些非学术性报刊包括如英国的 *Economists* 和中国的《财经》《财新周刊》《财经国家周刊》《第一财经日报》《21 世纪经济报道》《经济观察报》《中国经营报》等有大量关于公共经济学的新闻报道和评论。想了解更多中国财税现状的读者，可以翻阅官方报刊《中国财政》《中国税务》《中国财经报》《中国税务报》等。

6. 工具书

Handbook of Public Economics——Elsevier 公司出版的手册系列中的一种，自 1985 年以来，已出版五卷。其中的每一篇文章都是公共经济学一个问题的文献综述。

《新帕尔格雷夫经济学大辞典》——经济学最为权威的辞典。

7. 常用学术网站

http://www.jstor.org

http://www.sciencedirect.com

http://www.springer.com

http://www.wiley.com

http://muse.jhu.edu

http://www.proquest.com

http://www.nber.org

http://www.ssrn.org

http://www.cenet.org.cn

http://www.pinggu.org

8. 各著名大学相关院系和研究机构网站

9. 政府网站

http://www.gov.cn 中央人民政府

http://www.mof.gov.cn 财政部

http://www.chinatax.gov.cn 国家税务总局

http://www.sdpc.gov.cn 国家发展和改革委员会

http://www.mohrss.gov.cn 人力资源和社会保障部
http://www.pbc.gov.cn 中国人民银行
http://www.sasac.gov.cn 国务院国有资产监督管理委员会
http://www.stats.gov.cn 国家统计局

10. 国际组织网站

http://www.worldbank.org
http://www.imf.org
http://www.oecd.org

11. 其他

读者还可以借助一些搜索引擎寻找想要的资料,如 Google 学术(http://scholar.google.com),http://www.ingenta.com,http://www.econlit.org,http://www.econlibrary.com 等。

1 市场失灵与公共经济

学习目标

- 了解什么是市场失灵；
- 市场失灵是否一定需要公共部门经济活动；
- 公共部门的经济作用。

引例

2008 年国际金融危机爆发之后，全球重新思考政府与市场的关系。政府是否应该挽救那些曾经在国际金融市场中兴风作浪的大金融公司吗？政府处于两难境地。不救，金融危机可能进一步加重；救，可能会进一步助长道德风险。

市场与政府的关系应该如何界定？不仅仅是国际金融危机，每一次重大经济事件的发生，都会令人们思考政府在市场经济中的角色。本章介绍相关原理。

1.1 市场效率与公平

1.1.1 效率

帕累托（V. Pareto，1848—1923，专栏 1-1）定义了现代经济学常说的"效率"——帕累托效率。根据该定义：如果一种变动至少能够使一名社会成员的福利增加，而不使任何一名成员的福利下降，那么这种变动就是有效率的；一个有效率的经济体是不存在上述变动的经济体，或是满足上述条件的变动都已发生了的经济体。

专栏 1-1

帕累托及其学说

维尔弗雷德·帕累托是意大利经济学家和社会学家（见图 1-1）。1867 年，他获得数学和物理科学的学位。1889 年，他萌发了将数学用于政治经济学的兴趣。1891 年

10月15日，巴黎的《双月评论》发表了他的文章，题为《意大利经济》，该文因尖锐批评意大利政府的经济政策而闻名。文章发表之后，意大利国内外掀起抗议和争论的风暴。然而，帕累托继续发表文章和演讲，攻击意大利的经济政策。他出版了一本18页的小册子——《保护主义及其影响》。1893年，他被聘为洛桑大学政治经济学副教授，翌年升为正教授。他在外贸理论（1894）和收入分配法则（1895）上都有重要贡献。1896—1897年，他的重要经济学著作《政治经济学讲义》（两卷本）出版，该书主张通常用于研究自然科学的标准同样应该用于研究经济。1905年，帕累托出版了《政治经济学教程》，该书仍关注经济人问题。"无论是谁要想对社会事实进行科学研究，那么他就必须重视现实而不是抽象原理之类。"据此，他放弃了经济学而专注于社会学。对他来说，社会学似乎对理解人的行为及研究经济学提供了坚实的基础。他在经济学上的主要贡献包括：(1) 提出序数效用概念，并由此得到经济均衡条件，后来这成为新福利经济学的基础；(2) 定义了帕累托最优或效率概念；(3) 提出了帕累托收入分配定律。

图1-1 帕累托像

资料来源：帕累托纪念网页．http://cepa.newschool.edu/het/profiles/pareto.htm；科曼（1996）；布西诺（1996）。

理解一个经济体是否达到帕累托有效状态，需区分一组概念：帕累托最优（Pareto optimality）和帕累托改善（Pareto improvement）。所谓"帕累托最优"状态，是指在既定的个人偏好、生产技术和要素投入量下，资源重新配置已无法做到在让任何一个人的处境改善的同时，而不使他人处境变差的状态。所谓"帕累托改善"，是指如果一个社会能够重新配置资源，在使某个人（或某些人）处境变好的同时，也不会让任何其他人的处境变差。一般认为，在完全竞争条件下，生产运行的结果可以自动让社会资源配置处于帕累托最优状态，即实现市场的有效运行。

现代经济学中还有其他含义的"效率"概念，如卡尔多效率。现实中，有人受益就有人受损很常见。1939年，曾任英国剑桥大学教授的匈牙利人卡尔多（Nicholas Kaldor，1908－1986）提出"补偿准则"，即收益能弥补损失，就是有效率的表现。"卡尔多效率"概念对应的就是这种效率。与"卡尔多效率"密切相关的一个概念——"卡尔多改善"，是指如果一个人的处境由于变革而得到改善，因而他能补偿另一人的损失且有剩余，那么整体效率就得到改善。卡尔多效率是卡尔多改善已无法再进行下去的状态。

1.1.2 市场效率条件

在市场经济下，帕累托效率的实现需要满足一定条件。

为了分析市场机制对资源配置的作用能力，首先假设一种纯粹的市场运行状态。假设不存在政府经济及其计划机制和行政手段，且整个社会处于完全的私人经济和市场机制作用之下。这一分析，以生产技术水平、要素投入数量和个人偏好等已定以及价格机制能充分发挥作用等为假设前提，以一个高度抽象的社会经济环境为对象。在这一社会中，只有两个人 A 和 B，两种产品 X 和 Y，两种生产要素（即劳动 L 和资本 K）。

市场效率条件的获得可分为以下三步进行分析。

第一步，求出交换效率条件。所谓交换效率，指的是将既定的产品 X 和 Y 分配给 A 和 B 两个人后，形成了一种状态，即要重新分配 X 和 Y，使一人处境改善，只能让另一人处境恶化。当 $\text{MRS}_{XY}^A = \text{MRS}_{XY}^B$ 时，社会达到交换效率状态。其中，MRS（marginal rate of substitution）为边际替代率，即消费上的边际替代率。MRS_{XY} 表示某个消费者为了获得一个新增的 X，而愿意放弃的 Y 的数量，即 $\text{MRS}_{XY} = -\Delta Y/\Delta X$（等式右边加上负号，以保证该值为正）。$\text{MRS}_{XY}$ 也可以视为最后一单位 X 和最后一单位 Y 的相对价格之比，即 $\text{MRS}_{XY} = P_X/P_Y$。

第二步，求出生产效率条件。所谓生产效率条件，是指生产要素 L 和 K 的配置，已达到一种状态，即要增加一种产品的产出，就只能以减少另一种产出为代价。当 $\text{MRTS}_{KL}^X = \text{MRTS}_{KL}^Y$ 时，社会达到生产效率状态。其中，MRTS（marginal rate of technical substitution）为边际技术替代率。MRTS_{KL} 表示在既定的产出水平下，生产者为了获得一个新增 K，而愿意放弃的 L 的数量，也可以视为 K 的边际增量 MP_K 和 L 的边际增量 MP_L 之比，即 $\text{MRTS}_{KL} = \text{MP}_L/\text{MP}_K$。

生产可能性曲线上的任何一点的斜率，称为 X 对 Y 的边际转换率 MRT（marginal rate of transformation）。MRT_{XY} 表示在 L 和 K 投入量既定的前提下，生产者为了获得新增的 X，而愿意放弃的 Y 的数量。它可以视为 X 的边际产量与 Y 的边际产量的价格之比，即 $\Delta Y/\Delta X$。

第三步，求出组合效率条件。上述效率条件分别从消费领域和生产领域得出，都不能单独代表整个社会的资源最优配置状态。这就需要将两个领域结合起来进行考虑，才能获得整个社会资源配置的帕累托最优条件，即组合效率条件 MRS=MRT。

满足该条件的点有无数个，它们所形成的曲线，称为总效用曲线（grand utility possibility curve）。在埃奇沃思方盒图（Edgeworth's Box）中，这些点的轨迹就形成了一条契约线（contract curve）。

在完全竞争条件下，追求自身利益最大化的个人在市场交易中，通过市场价格和有关产品的购买数量，能真实地表达出自己的偏好和欲望。这样，在价格信号的指引下，市场自身可以实现帕累托最优。

1.1.3 社会福利与公平

社会福利的判断，涉及"公平"标准的选择。在经济学、哲学、政治学、社会学中，对"公平"概念有多种理解。

1. 功利主义标准

功利主义标准是英国哲学家边沁（Jeremy Bentham，1748—1832）提出来的。该标准认为，整个社会福利是所有个人的效用之和，社会福利最大化是总福利的最大化或平均福利的最大化。边沁假定，社会中的每个人的边际效用曲线相同，且边际效用递减。这样，富人最后一个单位收入所带来的效用肯定低于穷人，那么从总福利提高的角度看,富人应该把边际效用较低的收入转移给穷人,以增进社会福利。边沁的结论是,边际效用曲线相同的个人的收入应该一样,即相应的公平含义表现为平均主义。

如图1-2所示,富人 A 的初始收入为 OH,穷人 B 的初始收入为 OL,A 的边际效用为 OM_A,B 的边际效用为 OM_B,$OM_B > OM_A$。如果 A 将部分收入转移给 B,假定转移后,A 的收入为 OH',B 的收入为 OL',两人的边际效用都等于 OM。显然,此时已无法通过两人间的收入转移提高两个人的社会福利,社会福利达到最大化。

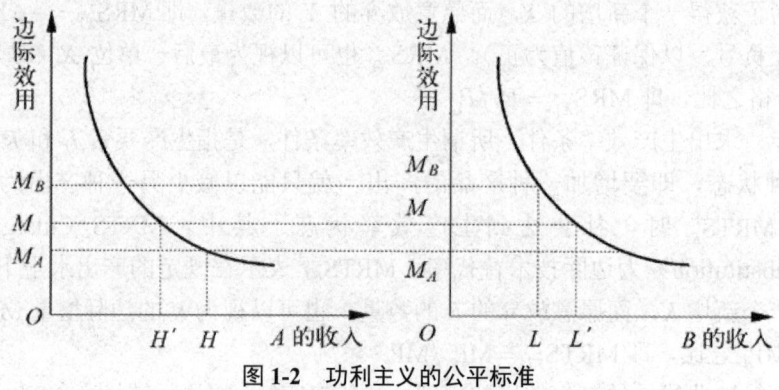

图1-2 功利主义的公平标准

2. 罗尔斯标准

罗尔斯标准是哈佛大学教授罗尔斯(John Rawls,1921—2002)在《正义论》(1971)中提出的。他认为,一个社会的公平状况,取决于该社会中生活处境最差的那个人。假定两个国家 A 和 B,A 国的人均年收入10 000美元,但最低收入者仅为1 000美元;B 国人均年收入为1 200美元,但最低收入者为1 100美元。那么,根据罗尔斯标准,B 国比 A 国更公平。显然,罗尔斯标准要求政府干预,以帮助社会中处境最差的人。

同是哈佛大学哲学系教授的诺齐克(Robert Nozick,1938—2002)在三年之后出版的《无政府、国家与乌托邦》(1974)一书中提出了不同看法。他认为,如果个人财产是合法取得的,那么国家就不应该干预。

罗尔斯标准是基于"无知面纱"假设,即每个人都无法准确预测自己的未来,每个人都可能在未来处境变差,这样,每个人为了自己,所选择的公平标准就应该是这个标准。

3. 从机会的角度看公平

收入分配公平与否,如果是在机会公平的前提之下实现的,那么,结果就是合理的。但是,这也有问题,因为每一个结果都是新机会的开始,机会公平和结果公平之间势必存在矛盾。

4. 从社会福利函数角度看公平

从福利经济学的视角来看,社会资源配置效率还必须结合公平标准来考虑。为此,契约线在得出之后,还需引入社会福利函数,构建社会无差异曲线。一般情况下,社会无差异曲线凸向原点,因此,总效用曲线与社会无差异曲线的切点,才既符合效率条件,又最大限度地满足了社会公平标准的要求,该切点就是极乐点(bliss point)。如图 1-3 所示的 W_1，W_2，…这组曲线，代表的是社会无差异曲线；$U_A U_B$ 是总效用曲线，或称效用可能性曲线；B 为极乐点。

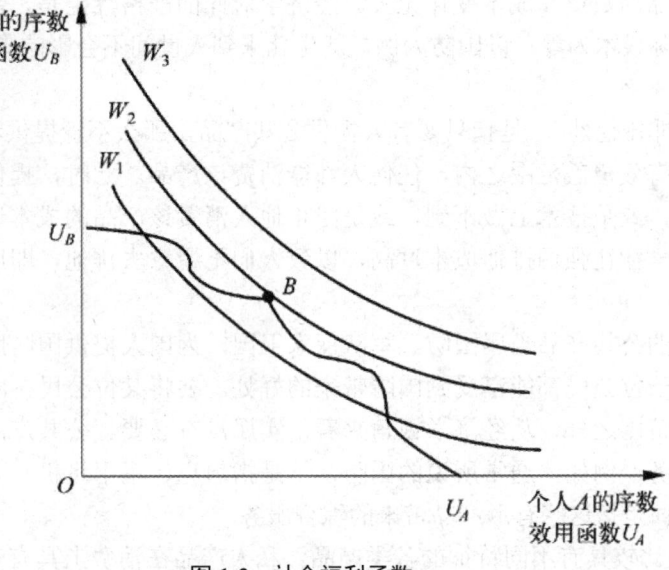

图 1-3　社会福利函数

1.2　市场失灵

现实中，完全竞争条件常常无法满足，市场可能存在失灵。本节分析几种主要的市场失灵现象。

1.2.1　公共产品

"公共产品"一词，英文为"public goods"。中文译名还有"公共品""公共物品""共用品""公共财货""公共商品""公共财产"等。在英文中，公共产品通常等同于集体产品（collective goods）、社会产品（social goods）等。所谓公共产品，是指具有共同消费性质的产品和服务。1970 年诺贝尔经济学奖得主萨缪尔森（Paul A. Samuelson，1915—2009）的一篇文章给"公共产品"下了定义，即公共产品是一个人的消费不会影响其他人消费的产品（Samuelson，1954）。

公共产品是相对于私人产品（private goods）而言的。苹果和路灯（或灯塔）有区别吗？它们当然不一样。那么，它们之间有什么关系？为什么要一起讨论这两种看似风马牛不相及的东西？一个苹果，如果你把它吃了，那么别人就无法享用。夜里，路灯照亮了你走的路，但丝毫不妨碍其他过路人的照明。苹果是私人产品，而路灯是公共产品。

这里就引出了公共产品区别于私人产品的两个特征：消费上的非竞争性和非排他性。

1. 非竞争性（非对抗性）

消费上的"非竞争性"，是指只要有人提供公共产品，那么该产品的消费者人数多少，与该产品的数量和成本变化无关。经济学对此的严格界定是，新增消费者所引起该产品的边际成本为零。以国防为例，新生儿来到人世间不会影响国防消费。

2. 非排他性

所谓"非排他性"，是指只要有人提供公共产品，那么不管提供者是否愿意，在该公共产品的有效覆盖范围之内，任何人都能消费该产品。此时，提供者要想不让某人消费该产品，或是技术上做不到，或是阻止他人消费该产品的成本过于昂贵，不值得去做。经济学往往强调排他成本过高，以致人们不愿意去排他，即所谓"非不能，不为也"。

最典型的公共产品当属国防。军队保家卫国，为国人提供国防服务，创造和平生活环境。每一位公民都能享受到国防带来的好处。要将某位公民排除在国防这种公共产品的受益范围之外，从经济学视角来看，实属没有必要。公共产品，更多指的是无形产品和服务。例如，通常所说的国防，不是指坦克、军用飞机、碉堡、航空母舰等具体实物，而是指这些有形产品带来的综合服务。

表 1-1 比较具有不同特征的各类产品。私人产品在消费上具有竞争性和排他性；公共产品具有消费上的非竞争性和非排他性；混合产品或具有消费上的非竞争性，或具有非排他性，只具备纯公共产品的一个特征。

表 1-1 纯公共产品、纯私人产品和混合产品

	排 他 性	非 排 他 性
竞争性	纯私人产品 （1）排他成本较低 （2）主要由私人企业生产 （3）通过市场分配 （4）从销售收入中获得所需资金 例如，苹果、鞋子、书本等	混合产品 （1）产品是集体消费的，但会变得拥挤 （2）由私人企业生产，或直接由公共部门提供 （3）由市场分配，或直接由预算分配 （4）从销售收入中获得所需经费，或税收融资 例如，运输系统、保健服务、卫生防疫等
非竞争性	混合产品 （1）具有外部性的私人产品 （2）主要由私人企业生产 （3）通过补贴和征税，主要由私人市场分配 （4）通过销售收入获得所需经费 例如，剧院、公园、有线电视等	纯公共产品 （1）排他成本高 （2）直接由政府生产，或由私人企业根据政府合同生产 （3）通过预算分配 （4）税收融资 例如，国防、外交等

公共产品的共同消费性，容易导致"搭便车"（free riding）问题。据说，"搭便车"起源于早期的美国西部。当时，盗马贼横行，牧主自发出钱组织骑队巡逻。盗马贼因此失业。于是，部分牧主开始不愿意出钱养骑队。接着，更多牧主不愿意出钱，骑队只好解散。结果是盗马贼归来。在英文中，"rider"既可以作"骑士"解，也可以译为"搭车"。部分牧主不愿意出钱，是想要享受免费的骑士服务（free riders），这就是"free riding"行为。该行为实是坐享其成心理在作祟。"搭便车""免费搭车""揩

油""白搭车"等词语，形容的正是这种坐享其成的心理和行为。后来，人们就用"搭便车"问题来概括人人都不想出钱，而又要享受公共产品的好处，结果导致公共产品不能充分有效地提供出来的现象。

公共产品按受益范围可以划分为全国性公共产品、地方性公共产品和全球性公共产品（国际公共产品）。公共经济学重点研究全国性公共产品，也涉及地方性公共产品。随着经济全球化进程的加快，国际事务的增加，越来越多的学者开始重视全球性公共产品问题研究，如应对气候变暖、世界和平、全球经济稳定、反恐怖合作等。需要注意的是：公共产品不是指公家生产的产品，它与公共部门提供的产品也不是等同的概念；一种产品之所以是公共产品，只是因为它在消费上具备非竞争性和非排他性的特征。

第2章将进一步学习公共产品理论。

1.2.2 外部性

外部性（externalities，又译外溢性、外在性）是指一个人（个人、家庭、企业或其他经济主体）的行为对他人产生的利益或成本影响。也就是说，某人承担了成本，但是没有获得对应收益；或得到收益，却没有为此付出代价。

外部性分为正外部性和负外部性。正外部性又称外部经济，或正的外部效应。负外部性又称负外部经济，或负的外部效应。正外部性又可以分为生产上的正外部性和消费上的正外部性。负外部性也可做类似区分，如表1-2所示。

表1-2 外部性事例

类 别	生 产	消 费
正外部性	生产：养蜂人在苹果园附近养蜂，给苹果园主人带来的外部性 消费：一企业在某地办厂给附近居民带来的地价上升的好处	生产：消费者偏好改变，增加了对某种产品的购买，给相关企业带来了好处 消费：居住在富贵人家花园边上的人可以免费欣赏美景
负外部性	生产：河流上游的工厂排放污物影响下游养鱼 消费：上游工厂排放污物影响下游居民饮水	生产：消费者偏好改变，减少某种产品的购买，给相关企业带来了损失 消费：某人欣赏音乐，声音过大，影响正在休息的人

外部性可分为技术性外部性和金钱性外部性。二者区别在于后者强调外部性的传递通过市场价格体系进行。例如，某企业扩大产量，引起投入要素的价格上涨，给其他企业生产带来负面影响。现代经济学研究的主要是技术性外部性。

外部性问题的出现，是因为边际私人成本和边际社会成本、边际私人收益和边际社会收益的不一致所带来的。①如果边际私人成本低于边际社会成本，那么生产或消费水平会高于最优水平。如图1-4（a）所示，实际产量（消费量）Q'超过最佳产量

---

① 有人曾研究过苏联时代的贝加尔湖的污染问题（Goldman，1985）。在计划经济体制下，按道理，私人成本和社会成本、私人收益和社会收益是一致的，不应该有污染问题的出现。但事实上，污染不仅出现，而且很严重。这提醒我们注意其他视角的研究。

（消费量）Q^*。如果边际私人收益低于边际社会收益，那么结果正好相反，如图 1-4（b）所示。综合来看，负外部性会导致坏东西过量提供，正外部性会导致好东西提供过少。这是因为，企业和个人的生产经营决策依据是私人成本和私人收益，而不是边际社会成本和边际社会收益。

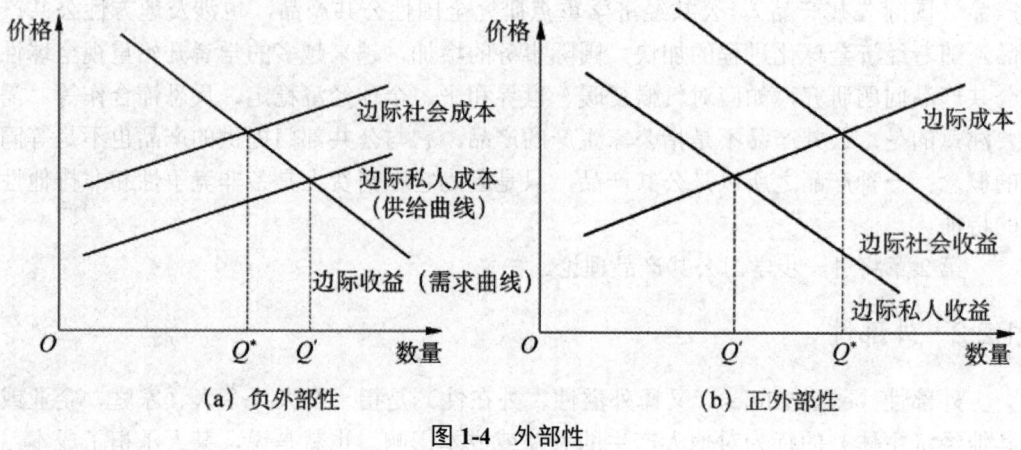

图 1-4 外部性

退耕还林与退牧还草

从 20 世纪 90 年代末期开始，中国政府积极推行退耕还林和退牧还草（grain for green）的政策。过度开垦和过度放牧导致许多地区环境条件严重恶化。显然，一些人的行为给其他人带来了负面影响。例如，北京地区的沙尘暴现象，是因为周边地区的人的行为带来的负外部性。这些人不仅没有因此被"处罚"，反而要由受害人和其他人（全国人民）给予补偿。但从外部性问题解决的角度来看，退耕还林和退牧还草是一种好政策。童话世界九寨沟堪称人间仙境，退耕还林、退牧还草，更是凸显了景区大自然的魅力。但是，退耕还林与退牧还草，在改善生态环境的同时，也带来了一些问题。在一些居民牧民仍在当地生活的地区，人与野生动物的冲突也愈发突出。补偿标准与物价上涨之间也存在矛盾。补偿时期的确定也是一个大问题。关于退耕还林的更多内容，可访问退耕还林网（http://www.tghl.gov.cn）。

1.2.3 自然垄断

在某些产品的生产过程中，规模报酬递增情形可能出现。所谓规模报酬递增，是指某一产品或行业净收益的增长速度，超过了其生产规模扩大速度的现象或状态。在规模报酬递增状态下，充分竞争的市场最终必然走向自然垄断。规模报酬递增意味着生产经营规模越大，市场收益率越高。这样，大企业在市场竞争中处于有利地位，并不断地迫使小企业退出该领域，或阻止其他小资本的进入。

下文以一假想例子加以说明。假设某城市人口有 100 万，每个人的用水量相同，最初有三家不同规模的自来水厂 A、B 和 C，分别供应 10 万人、30 万人和 60 万人用水，所供应的水遍及整个城市。为了供水，A、B 和 C 都要铺设几乎相同数量的管道。明显地，在供水过程中，C 的成本最低。如果水价一直下降，A 和 B 最终将退出供水市场，最后 C 将垄断供水市场。这种垄断是自然形成的。但由于 C 最终可能提高水价，给城市用水带来诸多麻烦，导致市场失灵。可以想象，如果有新的水厂建立，C 可以在短期内采取降价策略，让新厂重蹈 A 和 B 的覆辙。C 所形成的垄断是规模报酬递增状态下充分竞争自然产生的结果，即所谓自然垄断。但是，如果对 C 的行为听之任之，那么社会将因此遭受经济损失（效率损失）。

我们用如图 1-5 所示来说明。自然垄断行业边际成本一直低于平均成本。自然垄断企业根据其自身利益最大化的要求，所选择的产量必然是边际成本等于边际收益时所对应的产量，这样，也就有了对应的市场价格 P^*。这个市场价格会给企业带来垄断利润（如图 1-5 中的阴影部分面积所示）。但此时社会本来可以获得更多的利益，需求曲线高于边际成本部分所对应的面积，都是定价为 P^* 的损失。如果企业根据平均成本定价，即价格为 P_1，那么，企业将无法获得垄断利润。如果企业根据边际成本进行定价，即价格为 P_2，虽然这是一个经济效率所要求的定价，但由于边际成本总是低于平均成本，企业将因此而亏损。总之，纯粹由市场决定的结果必然带来效率损失。

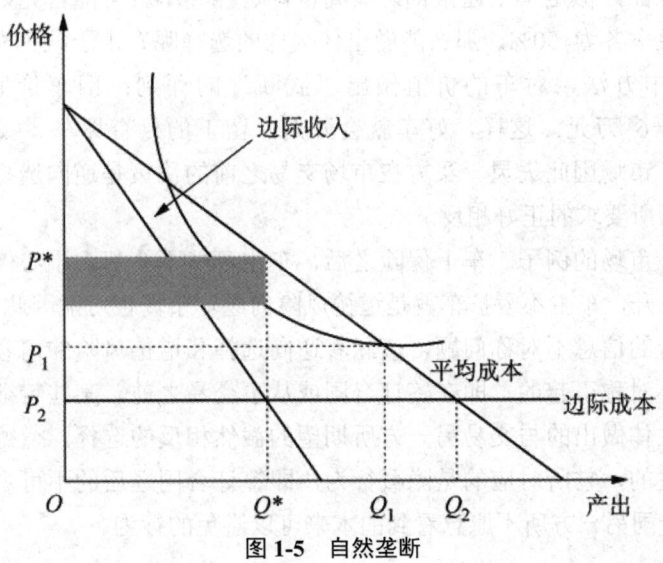

图 1-5　自然垄断

传统上，自来水、煤气、电力、邮政、电信和城市公共交通等行业，都被视为自然垄断行业。如今，技术进步导致有些行业不再被视为自然垄断行业，或者它们的垄断程度大大下降。中国电信业的发展是典型一例。原先电信业务独家经营，如今电信市场上已有中国电信、中国移动、中国联通等参与竞争。

以上所说的自然垄断是从规模经济带来的报酬递增角度进行分析的。这是建立在单一产品假设基础之上的。在实践中，许多企业所生产的产品不止一种。一些研究成果表明，自然垄断的恰当定义必须建立在部分可加性（subadditivity），而不是规模经济的基础之上。假定有 n 种不同的产品，k 个企业，任一企业可以生产任何一种或多种产品。如果单一企业生产所有各种产品的总成本，小于多个企业分别生产这些产品的成本之和，企业的成本方程就是部分可加的。如果在所有有关的产量上企业的成本都是部分可加的，该行业就是自然垄断行业。也就是说，即使规模经济不存在或平均成本上升，只要单一企业供应整个市场的成本小于多个企业分别生产的成本之和，由单一企业垄断市场的社会成本就仍然最小，该行业还是自然垄断行业。可见，平均成本下降是自然垄断的充分条件，而非必要条件（张欣，1993）。总之，不论是规模经济，还是范围经济，都可能带来自然垄断。

1.2.4 风险和不确定性（信息不对称）

风险和不确定性是信息不对称引起的。信息不对称是现实中的常态，很难从根本上消除。市场要实现充分竞争，必须有充分的信息。信息不对称会带来逆向选择（adverse selection）和道德风险（moral hazard）问题。

信息不对称问题常以"柠檬市场"（lemon market）为例进行说明。（Akerlof，1970）在英文中，"柠檬"有次品之意。假定旧车市场上有两种车：一种性能良好，一种用不了多久就会坏。好车价值 10 万元，坏车价值 2 万元。旧车主人与车朝夕相处，了解车的性能，但是车主通常都想卖高价，这样坏车就可能冒充好车。买方知道好车和坏车的概率各为 50%，那么能做出什么样的选择呢？由于缺少充分的信息，买方只能采取折中办法，对车的价值做出"武断"的评判：旧车价值 6 万元，即 10×0.50+2×0.50=6 万元。这样，好车就会开走，留下的只有坏车。买方想到了这一点，也离开了。市场因此失灵。买方在市场交易之前的决策是逆向选择，因为买方的选择与市场交易所要求的正好相反。

再来看保险市场的例子。车上保险之后，车主可能不会那么小心停放，车丢失的概率就会大幅上升，车主不爱护车就是道德风险问题。市场也可能因此失灵。

以上所分析的信息不对称问题，蕴涵着逆向选择和道德风险的内容。逆向选择是由信息的事前不对称引起的，即在签订合同或从事交易之前，某些特征被隐藏，所导致的相关经济主体做出的与交易另一方所期望的截然相反的选择。道德风险是在合同签订之后才发生的，它所对应的是隐藏行为，即签订合同之后的不可观察的行为，这些行为同样是合同另一方所不愿意看到的本来可以避免的行为。

1.2.5 社会分配不公（收入分配）

越是有效率的市场，越是维持最初的收入分配状况。在市场经济下，社会分配不公状态本身是市场有效配置资源的结果。但是整个社会往往要求社会分配的公正，这是市场所无法做到的，也就是说，出现了市场失灵。专栏 1-3 提供了余斌、陈昌盛（2011）对中国收入分配的概述。了解中国收入分配状况，仅仅根据正式统计数据是不够的。王小鲁（2007）提供了另一个视角，参见专栏 1-4。

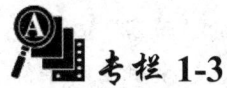 **专栏 1-3**

中国的收入分配

中国收入分配问题较为突出。

——劳动者报酬和居民收入占 GDP 比重较低。初次收入分配中劳动者报酬占 GDP（国内生产总值）的比重 2008 年为 42%左右（用不同口径计算，介于 39%和 46%之间），与 1995 年相比下降约 10 个百分点。同期，企业所得和政府生产税净额占 GDP 的比重都有明显上升。由于财产性收入占比也在下降，2008 年，居民收入占 GDP 的比重约为 55%，比 1995 年下降超过 10 个百分点。

——城乡收入差距持续较大。1985 年，城镇居民人均可支配收入是农村居民人均纯收入的 1.86 倍，2009 年为 3.33 倍，绝对收入差距超过 12 000 元。

——地区间收入差距持续扩大。21 世纪初，全国最高省份的城镇居民人均可支配收入是最低省份的 2.2 倍，2009 年扩大到 2.4 倍，绝对收入差距为 17 000 元。2009 年，农村居民人均纯收入最高省份是最低省份的 4.18 倍。

——行业收入差距较大。改革开放最初，行业收入最高的是最低的 1.8 倍，2000 年达到 2.63 倍，2009 年职工平均工资最高的金融业是最低的农、林、牧、渔业工资的 4.7 倍。按行业细分，职工工资最高的证券业是最低的畜牧业的 15.93 倍。如果再加上职工工资外收入和福利待遇的差别，收入差距更大。

2008 年，综合反映收入分配状况的基尼系数达到 0.47，说明收入分配已经是一个值得高度关注的社会问题。

资料来源：余斌，陈昌盛（2011）。

 **专栏 1-4**

灰色收入与居民收入差距

中国经济体制改革基金会国民经济研究所的王小鲁 2007 年发表了一份研究报告——《我国的灰色收入与居民收入差距》。该报告通过实地调查和统计数据分析，从家用汽车及商品住宅拥有量、居民出境旅游以及银行存款分布状况等方面，对目前的居民收入差距实际情况进行定量判断，对导致收入分配日益扩大的主要原因进行了分析，特别是对灰色收入在国民收入分配流程中所扮演的角色和所占比重做出分析。该报告认为，中国高收入阶层中存在大量隐性收入，使收入统计与他们的实际收入水平发生越来越大的偏离；高收入阶层的实际收入持续增长超常，造成国民收入分配越来越向高收入阶层倾斜；目前城镇居民中 10%最高收入与 10%最低收入居民之间的实际收入差距高达 31 倍左右，全国城乡居民高低各 10%居民之间的收入差距估计在 55 倍左右。高收入者之所以隐瞒收入，与以下因素有关：有大量来源不宜公开的收入；出于逃税的考虑;出于对其他人嫉妒的担心和安全因素的考虑而导致的"藏富"心理。前两者可能是主要因素。灰色收入的主要来源包括:公共资金的漏失、金融腐败、行政权力与腐败、土地收益流失和垄断性行业收入。该报告估计部分城镇居民的收入中有约4.8万亿元不愿报告的隐性收入。

资料来源:王小鲁(2007)。

1.2.6 宏观经济总量失衡

宏观经济总量失衡,即宏观经济不稳定。不稳定的宏观经济一般以物价剧烈波动、失业率上升和经济增长率波动过多等来表示。

市场经济运行总是伴随周期性波动。经济繁荣、衰退、萧条、复苏犹如春夏秋冬季节变化。经济危机问题不是市场本身所能有效解决的。人们对经济的周期性波动还缺少充分的认识。人们甚至不知道衰退到底什么时候会到来,又会在什么时候过去。

以物价变动为例。物价变动是市场机制发挥调节作用所必需的。但是,当物价出现剧烈波动时,市场有效运行所依据的价格信号就可能失真。现代政府货币供应的波动,更是加剧了物价问题的复杂性。仅靠市场中的私人经济行为的改变来调节物价常常是事倍功半。通货膨胀发生,表明需求旺。此时,如果大家都能降低一点需求,或延期购买,那么物价就可能下降。但是,在那个时刻,人人更担心物价还会持续上涨,手中的货币可能要像冰雪一样融化。这种心理反而促使人们抓紧时间去采购。因此,通货膨胀时,个人需求不仅难以下降,相反还可能上升。通货紧缩发生时,情况正好相反。由于个人预期价格还会下跌,于是大家都持币待购。结果是通货紧缩加剧。中国20世纪80年代末的通货膨胀和20世纪90年代末开始的通货紧缩就是活生生的例子。

1.3 公共部门的经济作用

根据市场失灵的状况,公共部门的经济作用表现在资源配置、收入分配和经济稳定三个方面。

1.3.1 资源配置

公共部门的资源配置作用,就是要克服市场在资源配置上的缺陷,使整个社会的资源得到有效配置。如图1-6所示,社会资源在私人部门和公共部门之间进行配置。公共部门首先应该促进资源在两个部门之间的有效配置,社会资源配置的点应该位于社会生产可能性曲线之上。这是因为,曲线之内的点表明社会资源尚未得到充分利用,曲线之外的点又是社会所不可及的,是社会在超负荷地使用自己的资源。

选择生产可能性曲线上的哪一点,取决于社会无差异曲线的形状,取决于公众对资源配置部门的偏好。

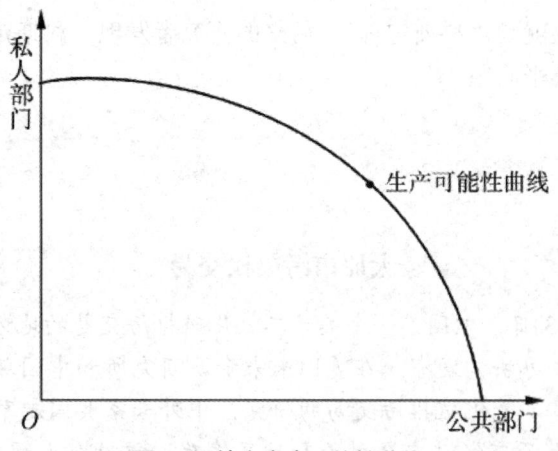

图 1-6　社会生产可能性曲线

资源配置的第二个层次问题，是资源在公共部门内部如何进行有效的配置。公共部门资源配置领域有许多，资源应该配置到能够给公众带来最大福利的地方。现实中，公共部门内部的资源配置可通过社会成本－效益分析方法来判定。

1. 公共产品

公共产品带来"搭便车"问题，表明私人部门无法充分有效地提供公共产品。公共部门在公共产品提供中应负起主要责任，特别是在国防、国内秩序、外交等纯公共产品的提供上。应注意的是，我们说公共部门提供公共产品，并不是说私人不能提供公共产品。

近几十年里，第三部门（例如慈善组织和各种各样的公益基金会）兴起，它们汇集了私人的力量，更推动了私人提供公共产品。强调公共部门在公共产品的提供中起主要的和基本的作用，是因为私人提供的公共产品不能完全满足整个社会的要求。这表现在两方面：一是私人提供的公共产品数量不足，即"搭便车"问题；二是私人提供公共产品可能会存在资金用途的冲突，从而无法有效提供。例如，私人可能同时对某种公共产品的提供进行捐款，结果捐款金额超过所需金额，但私人对资金的用途作了只能用于该项目的限定；与此同时，其他公共产品可能由于缺乏资金而无法提供出来。

2. 外部性

外部性的存在可能导致市场失灵。1960 年，科斯（R. H. Coase, 1910—2013，1991 年诺贝尔经济学奖得主）在《社会成本问题》一文中指出：如果交易费用为零，那么自愿的市场交易必然达到资源最优配置的结果。通常人的思维是，一个人的行为给另一个人带来了伤害，那么害人者应该赔偿受害者。科斯的这篇文章石破天惊地表明，也许应该是受害者赔偿受益者，问题的关键在于受益者是否有权害人。如果受益者有权害人的话，那么问题解决的焦点就要转向受害者。如果要让受益者不继续害人的话，那么受害人就必须给害人者相应的补偿。同理，如果受益者无权损害受害者，那么或者受益者停止侵害，或者受益者给受害者相应的赔偿。就所谓的"外部性"问题而言，谁补偿谁不重要，只要交易费用为零，相关各方之间的讨价还价总是可以得到最有效的结果。这就是"科斯定理"。后来的研究者发现，科斯定理没有考虑收入分配因素，可能带来公平问题。

专栏 1-5

太原市污染权交易

2001 年 10 月 13 日，中国第一个关于二氧化硫排污交易的地方性规章《太原市二氧化硫排污交易管理办法》发布。在美国未来资源研究所和中国环境科学研究院的帮助下，太原市开展了二氧化硫排污交易的研究，中外专家共同起草了二氧化硫交易管理办法。该办法在太原市经过充分讨论和反复修改，更符合太原实际。该办法共 29 条，目标是以最低费用控制二氧化硫总量。该办法规定：二氧化硫排污交易，是指在总量控制的前提下，排污单位之间所进行的二氧化硫排放配额的买卖；市环境保护行政主管部门对二氧化硫排污交易实施统一监督管理；计划、经济、法制、财政、物价等部门，各司其职做好二氧化硫排污交易管理工作；由环保部门下达的年度排放指标中的每一吨二氧化硫允许排放量，即为一个二氧化硫排放配额，配额可以交易，余额可以储存，但不得提前使用。该办法还对交易中的具体问题和违规行为处罚作出了详细规定。

资料来源：http://cydgn.cyol.com/gb/cydgn/content_723642.htm；http://www.zhb.gov.cn/649087893364539392/20030602/1038606.shtml。

现实中，交易费用并不为零。在这时，外部性内部化是解决问题的基本思路。相关各方如果有共同的利益，那么通过妥协合作的办法，都可以促进问题的解决，例如不同企业之间的并购，又如矛盾冲突的男女双方结成夫妻等。公共部门在促进问题的解决上，也可以采取有效措施。

公共部门的措施主要有以下三个方面：第一，对带来外部成本的一方征税，此即"庇古税"，使得其边际私人成本加上庇古税等于边际社会成本。这样，坏东西就不会生产得过多。庇古税方案是英国经济学家庇古（A. C. Pigou，1877—1959）提出的，故因此而得名。第二，补助带来外部收益（正外部性）的一方，使得其边际私人收益等于边际社会收益，促进好东西的产量达到社会有效水平。第三，对负外部性行为进行管制。课税罚款不能解决所有的负外部性问题，禁止环境污染行为等管制方式就要派上用场。

需要注意的是，公共部门措施的有效性对信息提出较高的要求。如果没有较为准确的信息，课征多少庇古税，提供多少补助，都很难确定。

3. 自然垄断

自然垄断的定价问题，不一定会长期存在。技术进步导致许多传统上被视为自然垄断的行业逐步演变成为具有一定竞争性的行业，例如电信业、自来水行业、电力行业等。

对于那些仍然有着较高自然垄断性的行业，效率损失客观存在。公共部门可以通过限价政策（公共定价）、进入和退出行业规制来对这些行业进行管理，以实现整个社会福利的最大化。不过，在具体工作中，公共部门如何规制，如何定价，都不容易处理。

4. 信息不对称

信息不对称问题，有些可以通过市场得到解决，例如，行业协会制定的标准、市场交易各方的承诺、信号的发布，让交易相关经济主体可以更好地做出选择。但许多信息不对称问题引发的逆向选择和道德风险问题，仍需要公共部门的介入，才有可能得到有效解决。例如，养老保险制度的建立和完善。虽然市场会提供商业养老保险业务，但不是每个人都能买得起，保险公司也不愿意不分对象地销售保单。

1.3.2 收入分配

公共部门在收入分配中的经济作用，是指公共部门按照社会认可的公平标准，通过公共支出、公共收入或公共规制等方式对收入、财富以及社会福利进行再分配，以实现社会对公平标准的要求。

福利经济学第二定理为公共部门在收入分配中的作用提供理论支持。福利经济学第一定理认为，完全竞争市场经济的一般均衡是帕累托最优的。在完全竞争条件下，市场机制能通过价格有效地协调千头万绪的经济活动，配置有限的稀缺资源。那么给定一个帕累托最优配置，能不能通过完全竞争市场机制来达到这一配置？或者说，在什么条件下，完全竞争市场能达到社会所要求的帕累托最优配置？经济学家一般以埃奇沃斯方盒图来说明这个问题。结论是，在所有消费者的偏好为凸性以及其他一些条件下，任何一个帕累托最优配置都可以通过适当的初始配置调节之后经由完全竞争市场来实现。这就是福利经济学第二定理。福利经济学第二定理所要求的调节初始配置，实际上就是要对收入、财富和福利进行再分配。在埃奇沃思方盒图上，契约线上的所有的点都是帕累托最优点，一个社会可以根据自己的公平标准，选择适合的帕累托最优状态。

公共部门通过公共支出、公共收入或公共规制等手段，调节收入、财富和福利的初始分布，仍然能够实现资源的最优配置。例如，增加政府对个人和家庭的转移性支出，可以增加穷人收入；开征累进的个人所得税可缩小收入差距；公共规制可以限制某些人的行为，从而影响他们的收入、财富和福利状况。

1.3.3 经济稳定

公共部门的经济稳定作用，是指公共部门通过税收和公共支出等手段，去实现充分就业、物价稳定、国际收支平衡和经济增长这些目标。

从某种意义上说，市场越是有效配置社会资源，市场的发展状况越好，则生产相对过剩状态的可能性就越大，出现经济危机的规模就越大，损失就越惨重，对市场经济的威胁就越大。因此，从理论上说，市场经济在微观上能够达到资源最优配置状态，但在宏观上却无能为力。

公共部门有可能对全国范围内的宏观经济活动进行调节控制和施加影响,通过收入制度的设计和支出总量的调节,调节社会的总需求和总供给,实现两者的平衡,促进经济的稳定。

本书第 14 章还将涉及这个问题的分析。

1.3.4 资源配置、收入分配和经济稳定的关系

资源配置所对应的是公共部门的效率职能,收入分配对应的是公平职能,经济稳定对应的是稳定职能。这三者之间既是一致的,又存在矛盾。只有解决了效率问题,社会才有可能真正解决公平问题。否则,所促进的公平很可能只是"贫困中的公平",并非社会所需要。从人类社会的发展史来看,社会的发展是一个不断走向富裕的过程。计划经济条件下,国家在缺乏效率的基础上通过平均主义的分配方法来解决公平问题,其最终结果是对计划经济初衷的否定。当时所形成的所谓公平状态,随着市场经济的兴起而烟消云散。

相反,当一个经济体大致处于经济效率状态时,它就具备了解决公平问题的基本条件。只要处置得当,它就能较好地解决公平问题。在市场有效运行的发达经济体中,当社会公平尖锐化时,国家就可能凭借雄厚的经济力量建立起一整套社会保障体系,从而相对较好地解决公平问题。效率和公平问题存在着一致性。现实中,公共部门的收支活动可以兼顾两者,提高效率的同时改善公平状况。

同样地,只有解决了效率问题,宏观经济稳定目标才可能真正实现。一个没有效率的社会,是没有前途的社会,是走向没落的社会,必然是经济社会危机层出不穷的社会。这样的社会显然不可能从根本上解决宏观经济稳定问题。计划经济条件下,尽管人们试图通过中央的控制和安排,来确保经济稳定高速运行,但国民经济的严重失衡状态总是不时地出现。最终,计划经济被否定。相反,市场经济国家通过宏观经济调控相对较好地解决了宏观经济稳定问题,从根本上看是依靠其微观经济活动所具有的市场效率。

问题一般都具有两面性。效率、公平和稳定三大政策目标之间,也会有冲突。例如,有时如果希望促进公平,则可能损害效率;而为了提高效率,则可能减少公平。改革开放以来,中国的经济效率改进很多,但公平问题还较突出。中国财政政策效力的充分发挥,需要相应的微观经济基础,需要有效运行的市场支持。中国是一个经济转型国家,正在从计划经济体制转向社会主义市场经济体制,财产权利保护体系还在健全之中;中国是一个发展中大国,经济发展方式在转变,高质量发展成为主旋律,但发展任务仍很艰巨;中国是文明古国,如何汲取中华民族传统文化的智慧,避免不利于市场经济发展的文化因素的干扰,同样需要时间和努力。中国问题的特殊性,并不妨碍公共部门三大经济作用存在和发挥的必要性。只是,公共部门的经济作用在中国可能有不同的表现方式。

公共部门的三大经济作用(三大职能)是公共部门经济活动中应予以综合考虑的。公共部门经济活动的有关法律法规制度等的确立,公共部门的各项具体收入、支

出活动和规制活动,都要在综合考虑社会资源的有效配置、国民收入的公平分配和宏观经济稳定三个目标之后,做出一揽子安排,而不应是为了实现各个目标所分别成立的三个收支系统。任何一种税收、公共支出或规制活动,都可能直接或间接地影响上述三个目标,因而公共部门经济活动也不可能是单纯针对某一目标的。

1.3.5 公共部门经济作用的历史演变

从历史上看,公共部门的经济作用所承担的职能及具体内容也不是一成不变的,而是经历了一个随市场经济变化而逐步演变的过程。

在自由放任时期,"小政府"理念广为流行,各市场经济国家尽可能限制公共部门的活动范围。公共部门的职能,基本上可归结为"效率"职能。大致来看,它集中在亚当·斯密等人所指出的那些内容上,包括:维持政府机构运行,提供国防服务;对内维护社会秩序;提供各种基础设施,如道路、桥梁、路灯、港口、堤坝等;提供诸如消防、垃圾清理、市镇规划等。这些职责是西方社会自中世纪末期现代意义上的国家形成伊始,公共部门天然具有的,也是现代国家所不可或缺的。公共部门规模较小,职责很少,内容也较单纯。随着市场经济的发展,公共部门的服务职责逐步扩大,无论是其规模、内容,还是其具体形式等,都有了极大变化。

自亚当·斯密的《国富论》出版两百多年以来,公共部门的职能大幅度扩展。从效率职能来看,其内容、范围和规模有了很大扩展,例如对环境污染问题从放任不管到全力干预和管制,就是典型事例。公平职能和稳定职能,是随着市场经济从自由放任向政府干预的转化,即在19世纪末之后逐步产生的。20世纪30年代之后,这两大职能表现得更为明显。公共部门经济作用范围的扩大,抛弃了传统的小政府主张和政策,开始了公共部门几乎全面干预社会经济生活的时期。但无论如何改变,公共部门仍遵循一些基本准则,即只能为市场提供公共服务,只能从事弥补市场失灵的活动。

从20世纪80年代开始,西方社会掀起了新公共管理革命,压缩公共部门,提高公共部门效率成为另外一道风景线。同时,许多计划经济国家也进行市场化改革。无论如何,只要坚持市场经济,那么改革目标就是给政府和市场找到合适的定位。哪怕全球遭受2008年国际金融危机的严重袭击,这一基本理念也未改变。

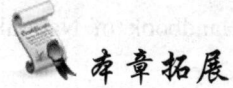

关于"公平"较为通俗的讨论,可参阅桑德尔(2011)。关于收入分配问题,只是着眼于静态是不够的。收入分配政策的选择更应该有动态的视角,可参阅王弟海(2009)。

- 在经济学中,帕累托效率是最为常用的效率概念。帕累托最优是指一个经济体

已经处于一种状态,在这种状态中,如果不使至少一个人的利益受损,那么经济效率已无法得到进一步提高的状态。如果一种经济行为可以使至少一个人的处境得到改善,而不会给任何一个人的福利带来负面影响,那么这种行为就是帕累托改善。

● 社会福利要综合考虑效率和公平因素。公平的标准有多种,一个社会根据当时的状况,选择适合自己的标准。

● 市场失灵存在的领域和原因主要有:公共产品、外部性、自然垄断、信息不对称、收入分配不公和宏观经济总量失衡。

● 公共部门的三大经济作用是资源配置、收入分配和经济稳定,这分别对应于公共部门的效率、公平和稳定三大职能。

● 市场经济的发展史表明公共部门的作用从最初的"小政府"走向了"大政府"理念。

思考题

1. 中国是否需要产业政策?如果需要,那么什么样的产业政策才是适当的?
2. 自 2008 年 1 月 1 日起,江苏省太湖流域开展主要水污染物排污权有偿使用试点,对占用、使用环境资源的实行收费,对破坏环境资源的实行补偿。如何看待这种做法?请结合科斯定理予以说明。
3. 青藏高原上如果没有牦牛放牧,那么草场就可能退化。你怎么看待这种外部性?
4. 对公平的理解,可谓见仁见智。怎样理解特定社会中公共部门如何根据不同的公平内涵选择适当的收入分配政策?

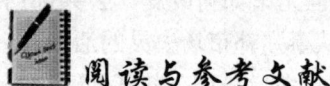

阅读与参考文献

[1] Akerlof G. The Markct for Lemons: Qualitative Uncertainty and the Market Mechanism[J]. Quarterly Journal of Economic, 1970 (84) 488-500.

[2] Goldman M I. Economics of environment and renewable resources in socialist systems: Part 1: Russia[J]//A.V. Kneese, J. L. Sweeney (eds.). Handbook of Natural Resource and Energy Economics, 1985 (2) 725-746.

[3] Samuelson Paul A. The Pure Theory of Public Expenditure[J]. Review of Economics and Statistics, 1954, 36 (4): 387-389.

[4] 布朗,杰克逊. 公共部门经济学[M]. 第 4 版. 北京:中国人民大学出版社,2000.

[5] 布西诺. 维尔弗里多. 帕累托(1848—1923)[M]//新帕尔格雷夫经济学大辞典. 第三卷. 北京:经济科学出版社,1996:856-861.

[6] 科曼. 作为经济学家的帕累托[M]//新帕尔格雷夫经济学大辞典. 第三卷. 北京:经济科学出版社,1996:861-866.

[7] 迈克尔·桑德尔. 公正——该如何做是好？[M]. 北京：中信出版社，2011.

[8] 樊纲. 市场机制与经济效率[M]. 上海：上海三联书店，上海人民出版社，1994.

[9] 王弟海. 收入和财富分配不平等：动态视角[M]. 上海：格致出版社，上海三联书店，上海人民出版社，2009.

[10] 王小鲁. 我国的灰色收入与居民收入差距[M]//吴敬琏. 比较（第三十一辑）. 北京：中信出版社，2007：33-70.

[11] 余斌，陈昌盛. 我国收入分配改革的思路与政策建议[R]. 第12届中国发展高层论坛背景报告，2011. http://www.cdrf.org.cn/uploads/soft/PDF/20120329/baogao106.pdf.

[12] 张欣. 对自然垄断的管制[M]//汤敏，茅于轼. 现代经济学前沿专题，第2集. 北京：商务印书馆，1993：20-39.

[13] 张馨，杨志勇，郝联峰，等. 当代财政与财政学主流[M]. 大连：东北财经大学出版社，2000.

[14] 张馨. 公共财政论纲[M]. 北京：经济科学出版社，1999.

[15] 周惠中. 微观经济学[M]. 第3版. 上海：格致出版社，上海三联书店，上海人民出版社，2003.

2 公共产品

学习目标

▶▶ 了解公共产品提供的局部均衡模型；
▶▶ 了解公共产品提供的一般均衡模型；
▶▶ 了解公共产品提供的困难；
▶▶ 了解私人提供公共产品的原因；
▶▶ 了解实验经济学对公共产品的研究。

引例

复印价格大幅度下降之后，一些人已习惯了不买书，而选择复印。显然，从价格上来看，复印具有绝对优势。但问题也随之而来，没人买书，那又应该由谁来创造知识呢？知识载体电子化后，破解使用就成了一些人的选择。但如果大家都不付费，那么电子化产品也将不复提供。此间涉及的是知识作为一种公共产品的提供问题。

公共产品如果作广义解，那么政府在收入分配和经济稳定中的作用，也可以视为提供公共产品。按此，税收是公共产品的价格，这样，公共产品理论就是公共经济学的核心理论，公共经济学就是围绕公共产品理论展开论述的。

本章介绍公共产品提供的几个经典模型，并在此基础之上分析公共产品提供的困难，以及私人提供公共产品的问题。

2.1 公共产品提供的局部均衡模型

2.1.1 庇古模型

庇古（A. C. Pigou，1877—1959）是英国著名经济学家。庇古模型基于功利主义社会福利函数。他假定：每人都从公共产品的消费中受益（获得效用）；公共产品的提供成本是税收。纳税给纳税人（即公共产品的消费者）带来负效用；纳税人的负效用，就是放弃私人产品消费的机会成本。公共产品的提供应持续到最后一个单位税额所得到的边际社会效用与所缴纳的最后一个单位税额的负边际效用绝对值相等时，如图2-1所示。

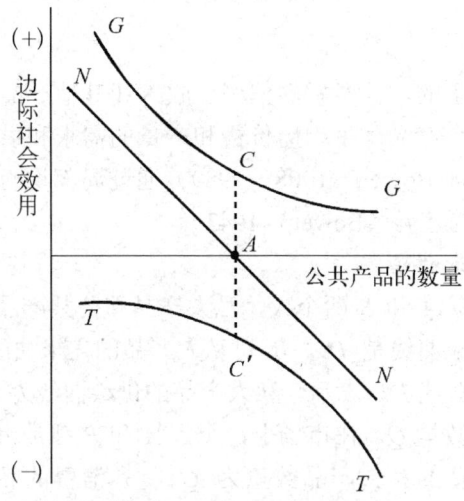

图 2-1　庇古的公共产品提供图

在图 2-1 中，GG 表示公共产品提供所带来的正边际社会效用，TT 表示为提供公共产品而纳税所带来的负边际社会效用，NN 表示二者相抵之后的边际社会净效用。在该图中，点 A 是公共产品提供最佳数量所在之处。该点满足 $|AC|=|AC'|$，这时，NN 为零。

庇古模型给出了局部均衡条件下公共产品最优提供水平的条件。以下对个人 i 的公共产品最优提供条件给出简单的数学证明。

证明：

设 G_i 为个人 i 得到的公共产品，即公共部门（政府）对 i 的支出；

T_i 为个人 i 为公共产品所支付的税收；

M_i 为个人 i 的收入，U_i 为个人 i 得到的效用，NU_i 为个人 i 的净效用。

假定 $T_i = G_i$，$\dfrac{\partial U_i}{\partial G_i} > 0$，$\dfrac{\partial U_i}{\partial T_i} < 0$

$$\max NU_i = U(G_i) - U(T_i) \tag{2-1}$$

$$s.t. G_i + X_i P_i = M_i \tag{2-2}$$

其中，X_i 为个人 i 消费的私人产品数量，P_i 为其所支付的价格。

设拉格朗日函数 L 如下所示：

$$L = U_i(G_i) - U_i(T_i) + \lambda(M_i - G_i - X_i P_i) \tag{2-3}$$

分别就 L 对 G_i 和 T_i 求偏导，并令结果为零，即

$$\frac{\partial L}{\partial G_i} = \frac{\partial U_i}{\partial G_i} - \lambda = 0 \tag{2-4}$$

$$\frac{\partial L}{\partial T_i} = -\frac{\partial U_i}{\partial T_i} - \lambda = 0 \tag{2-5}$$

所以

$$\frac{\partial U_i}{\partial G_i} = -\frac{\partial U_i}{\partial T_i} \tag{2-6}$$

以上证明显示：公共产品有效提供的条件是个人对公共产品消费的边际效用等于纳税的边际负效用。

2.1.2 鲍温模型

假定市场是完全竞争的，消费者的偏好、收入和其他产品的价格既定。局部均衡分析，旨在寻找能使单个产品产生均衡价格和产量的需求和供给条件。美国经济学家鲍温（Howard Rothmann Bowen，1908－1989）通过局部均衡分析，比较了私人产品和纯公共产品提供之间的差异（Bowen，1943）。

1. 私人产品的需求和供给

假定一个社会中只有 A 和 B 两个人，私人产品和公共产品两种产品。如图 2-2 所示，A 对私人产品的需求曲线是 D_A，B 对私人产品的需求曲线是 D_B，那么市场需求 $D=D_A+D_B$，用市场需求曲线 DD 表示。私人产品的供给曲线为 SS。SS 和 DD 相交，决定了市场均衡价格 P 和数量 Q。在市场上，个人 A 和 B 都是市场价格接受者。在价格为 P 的前提下，A 消费的私人产品数量为 Q_A，B 消费的私人产品数量为 Q_B，且 $Q=Q_A+Q_B$；价格等于边际成本，即 $P=MC$。

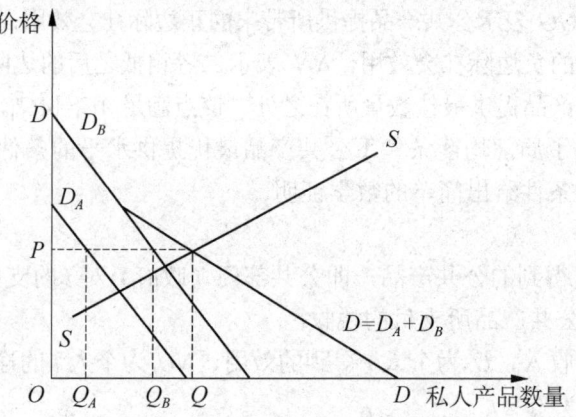

图 2-2　私人产品的需求与供给

2. 公共产品的需求和供给

公共产品的需求和供给如图 2-3 所示。个人 A 对公共产品的需求曲线为 D_A，B 对公共产品的需求曲线是 D_B，那么市场需求 $D=D_A+D_B$。需求曲线 DD 与公共产品的供给曲线 SS 相交于一点，该点决定了市场均衡价格 P 和数量 Q。在公共产品需求和供给中，每个人都是数量的接受者，这样，A 和 B 所消费的公共产品数量都是 Q，但 A 所支付的价格是 P_A，B 支付的价格是 P_B，且 $P=P_A+P_B$。公共产品价格等于边际成本，但该边际成本是 A 和 B 所支付的价格之和，即 $P=MC=P_A+P_B$。

私人产品和公共产品市场需求曲线的差别主要是，私人产品的市场需求曲线是个人需求曲线横向加总的结果；公共产品的市场需求曲线是个人需求曲线纵向相加而来。这是由私人产品和公共产品的基本特征，即私人消费性与共同消费性所决定的。个人 A 和 B 所消费的公共产品数量之所以一样，是因为一个人对公共产品的消费不会影响其他人对公共产品的消费。

与私人产品需求曲线不同，公共产品的需求曲线是虚拟的。消费者购买私人产品所支付的货币数量，能反映其对私人产品的实际需求，但市场无法直接提供公共产品的实际需求信息。所假定的某人对公共产品的需求曲线,是模拟市场而作。这种假定的意义是突出私人产品与公共产品的需求差异。

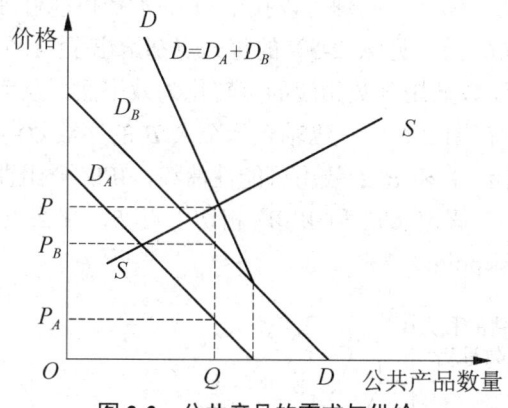

图 2-3 公共产品的需求与供给

图 2-3 中向下倾斜的虚拟需求曲线,表明个人的公共产品的边际效用也是递减的。站在不同的角度,可以得出纯公共产品的有效提供满足以下条件。

(1) ∑个人价格=边际成本。
(2) ∑边际替代率=边际成本。
(3) ∑边际评价=边际成本。

2.2 纯公共产品最优提供的一般均衡模型

局部均衡分析和一般均衡分析不同,前者仅限于单个产品情形,后者通常是对两个人和两种产品进行分析。美国著名经济学家萨缪尔森(Paul A. Samuelson,1915—2009)在其两篇文章中提出并阐释了公共产品最优提供的一般均衡模型(Samuelson,1954,1955)。

萨缪尔森假定一个社会有两名消费者 A 和 B,两种产品(私人产品 X 和公共产品 G),其生产可能性组合既定,消费者偏好既定。现在寻求公共产品的最优提供条件。

这个分析可借助图 2-4 来理解。图 2-4 中,纵轴代表私人产品提供的数量,横轴代表公共产品提供的数量。图中整个社会的私人产品和公共产品的提供数量,根据公共产品和私人产品的不同特征得出。FF 代表生产可能性曲线,表明整个社会所能生产最大数量的可用于消费的私人产品和公共产品。图 2-4(b)中,B 的无差异曲线由 B_1、B_2 和 B_3 表示,B 可以有多种选择消费组合。如果 B 所处的无差异曲线是 B_2,那么,在图 2-4(c)中,我们可以看到 B 的消费与生产可能性曲线之间的关系。由于整个社会的生产可能性组合既定,B 消费剩下的私人产品由 A 消费,但 A 和 B 所消费的公共产品数量一样,由此可以得到图 2-4(a)。图 2-4(a)中的消费可能性曲线 TT 表示可供 A 消费的公共产品和私人产品的组合。TT 和 A_1A_1 相切于点 M。这样,当 B 的消费处于 B_2 上时,M 表示 A 所消费的私人产品和公共产品的最优组合点,即 A 所消费的私人产品是 X'_A 和公共产品是 G'。这样,B 所消费的公共产品也是 G',所能消费的私人产品的最大数量是 X'_B，且 $X'_A + X'_B = X'$。也就是说，整个社会选择的私人产品和公共产品数量组合位于生产可能性曲线点 E 上。如果 B 消费所处的无差异曲线是 B_2 或者其他无差异曲线，那么，同理可以找出 A 的消费可能性曲线和无差异曲线的切点，这些切点的连线 LL 上（见图 2-5）的每一点都给出了 A 的序数效用函数。相应地，可以把 A 和 B 的序数效用函数相应的点转化为效用面，从而得出所有帕累托最优点的效用可能性轨迹。在图 2-6 中，纵轴表示个人 B 的序数效用函数，横轴表示 A 的序数效用函数，UU 表示 A 和 B 的效用可能性曲线，WW 一组曲线为社会无差异曲线（用社会福利函数表示）。假定 UU 和 W_0W_0 相切于点 B，那么点 B 代表的是最佳社会状态或"极乐点"（bliss point）。

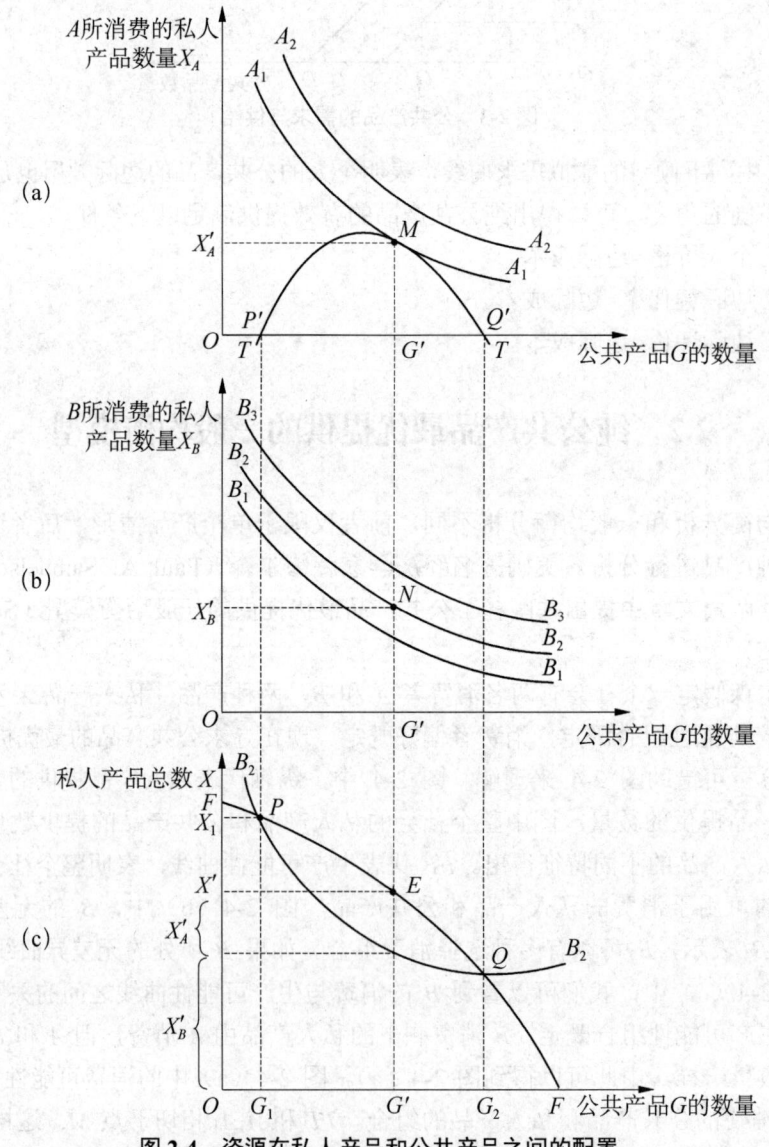

图 2-4 资源在私人产品和公共产品之间的配置

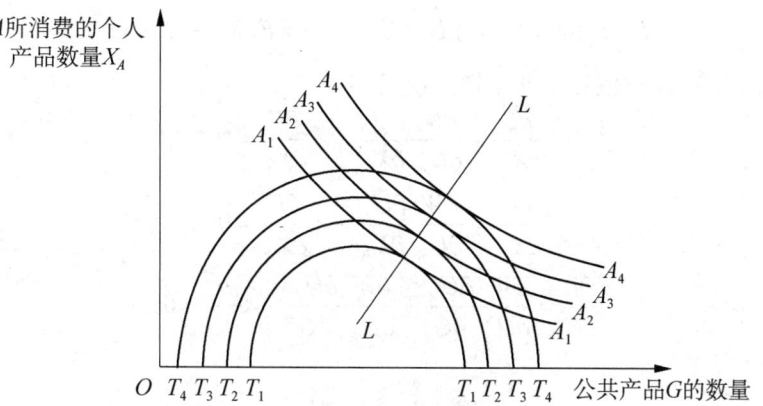

图 2-5 社会资源最优配置轨迹

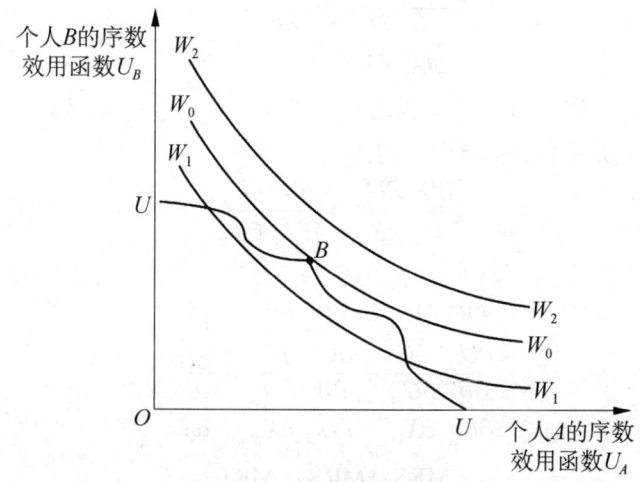

图 2-6 社会资源配置极乐点

图示法便于理解。严格的说明需要数学证明。一般均衡条件下，公共产品最优提供的条件与私人产品不同。一般均衡分析的结果是：消费上的边际替代率之和等于生产上的边际转换率。这就是公共产品最优提供的萨缪尔森条件。在学习中，读者可以将其与局部均衡分析中只考虑一种公共产品的情况进行比较。

下面给出萨缪尔森条件的简单数学证明。

这个证明是要保证：$MRS_A + MRS_B = MRT$。

证明：为了达到极乐点 B，即最大化社会福利函数 W，设

$$W = W(U_A, U_B) \tag{2-7}$$

$$U_A = U_A(X_A, G) \tag{2-8}$$

$$U_B = U_B(X_B, G) \tag{2-9}$$

生产可能性曲线

$$F(X_A + X_B, G) = 0 \tag{2-10}$$

设拉格朗日函数

$$L = W(U_A(X_A,G), U_B(X_B,G)) - \lambda F(X_A + X_B, G) \tag{2-11}$$

分别对 X_A、X_B 和 G 求偏导,并令该式值为零,有

$$\frac{\partial L}{\partial X_A} = \frac{\partial W}{\partial U_A}\frac{\partial U_A}{\partial X_A} - \lambda \frac{\partial F}{\partial X_A} = 0 \tag{2-12}$$

$$\frac{\partial L}{\partial X_B} = \frac{\partial W}{\partial U_B}\frac{\partial U_B}{\partial X_B} - \lambda \frac{\partial F}{\partial X_B} = 0 \tag{2-13}$$

$$\frac{\partial L}{\partial G} = \frac{\partial W}{\partial U_A}\frac{\partial U_A}{\partial G} + \frac{\partial W}{\partial U_B}\frac{\partial U_B}{\partial G} - \lambda \frac{\partial F}{\partial G} = 0 \tag{2-14}$$

整理得

$$\frac{\dfrac{\partial W}{\partial U_A}\dfrac{\partial U_A}{\partial X_A}}{\dfrac{\partial W}{\partial U_B}\dfrac{\partial U_B}{\partial X_B}} = \frac{\dfrac{\partial F}{\partial X_A}}{\dfrac{\partial F}{\partial X_B}} = 1 \tag{2-15}$$

等式右边之所以等于 1,是因为最后一单位 X_A 的变化和最后一单位 X_B 对函数 (X_A+X_B,G) 的变化所做的贡献相同。得

$$\frac{\partial W}{\partial U_A}\frac{\partial U_A}{\partial X_A} = \frac{\partial W}{\partial U_B}\frac{\partial U_B}{\partial X_B} \tag{2-16}$$

还可得

$$\frac{\dfrac{\partial W}{\partial U_A}\dfrac{\partial U_A}{\partial G}}{\dfrac{\partial W}{\partial U_A}\dfrac{\partial U_A}{\partial X_A}} + \frac{\dfrac{\partial W}{\partial U_B}\dfrac{\partial U_B}{\partial G}}{\dfrac{\partial W}{\partial U_B}\dfrac{\partial U_B}{\partial X_B}} = \frac{\dfrac{\partial F}{\partial G}}{\dfrac{\partial F}{\partial X}} \tag{2-17}$$

$$\text{MRS}_A + \text{MRS}_B = \text{MRT} \tag{2-18}$$

2.3 公共产品提供的威克塞尔—林达尔模型

威克塞尔(Knut Wicksell,1851—1926)和林达尔(Eric Lindahl,1891—1960)都是瑞典学派的重要代表人物。他们的模型即"W-L 模型",重在说明公共产品的提供应是由社会中的个人经讨价还价和磋商而定。最优条件是每个人所愿意承担的成本份额之和等于1。W-L 模型与现实关系更密切,对公共选择理论也产生了重要影响。

W-L 模型是局部均衡模型,提出的时间比萨缪尔森模型早。它考虑了政治因素,不同于鲍温和庇古的模型。W-L 模型试图找出民主社会中公共产品提供数量的合理水平,并说明个人是如何分摊公共产品的成本即税收负担问题的。

W-L 模型描述的是公共产品提供的虚拟均衡过程。在该模型中,有两个消费者 A 和 B,A 和 B 也可以视为代表具有共同偏好的两组选民的两个政党。目标是找到保证一组均衡税收和公共产品产量所需的条件,并考察该均衡状态的性质,即单一性和稳定性。W-L 模型假定两组人政治权力相同,假设选定一组预算(一定规模的公共支出、公共产品和税收的特定组合)时采用相同的决策规则,这就可以满足前一假定,

即每一个政党都同意该预算。假定每一位拍卖者报出不同的税收份额和预算规模（支出），那么，经过某一拍卖程序，均衡结果就能得到。该模型还假定每个人都准确报告各自的偏好。

如图 2-7 所示，纵轴 h 代表消费者 A 承担的提供公共产品总成本的份额。如果 A 的税收份额为 h，那么 B 的份额为 $(1-h)$。为便于分析，我们把税收份额视为税收价格。横轴 G 代表所提供的公共产品数量或公共支出量。曲线 AA 和 BB 分别代表个人 A 和 B 对公共产品的需求。曲线 AA 的原点是 O_A，BB 的原点是 O_B。

每个消费者对公共产品 G 和私人产品 X 的效用函数为

$$U_A = U_A(X_A, G) \tag{2-19}$$
$$U_B = U_B(X_B, G) \tag{2-20}$$

其中，X_A 和 X_B 分别为 A 和 B 所消费的私人产品的向量，G 为所消费的公共产品的向量。

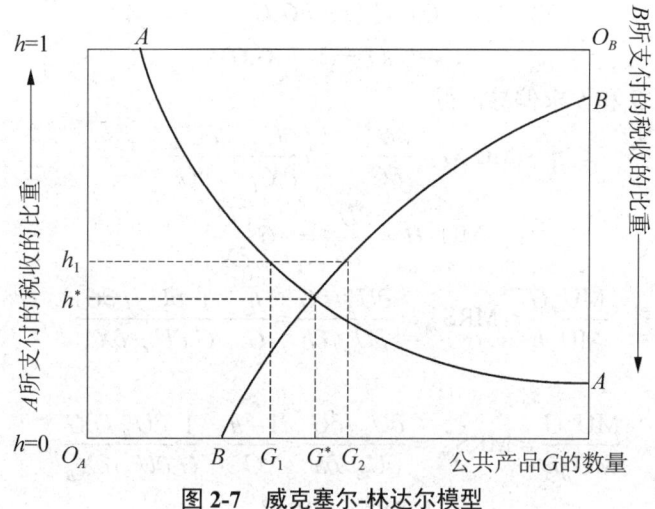

图 2-7 威克塞尔-林达尔模型

A 和 B 都力图在各自的预算约束下最大化自己的效用：

$$pX_A + hG \leq Y_A \tag{2-21}$$
$$pX_B + (1-h)G \leq Y_B \tag{2-22}$$

其中，Y_A 和 Y_B 分别指个人 A 和 B 的收入，p 是私人产品的价格向量。

现改变 h 并让其他变量不变，就可得出 A 的需求曲线；同理可得 B 的需求曲线。图 2-7 中的曲线 AA 和 BB 既定，下一步就可以确定 A 的均衡税收份额（h^*）和均衡产出水平（G^*）。任选一个税收份额 h_1，A 愿意得到 G_1 水平的公共产品，B 愿意得到 G_2 水平的公共产品。二者有分歧。这时，权力更大的一方取胜，这是所有双边垄断状况下的正常结果。因此，最后结果是不确定的，它取决于双方的相对权力。要克服这种不确定性，威克塞尔和林达尔假定双方力量相当，为此提出了另一税收份额，并通过 A 和 B 的重新比较，另行确定 G 的产出。这种拍卖过程将持续下去，直到税收份额为 h^* 为止。在点 h^* 处，A 和 B 都同意公共产品的产出水平为 G^*，且 A 支付税

收份额 h^*，B 支付 $(1-h^*)$。h^* 和 G^* 的组合是林达尔均衡，相应的税收价格就是林达尔价格。

下面给出简要的证明。

个人 A 和 B 的预算约束如下

$$Y_A = X_A + hG \tag{2-23}$$

$$Y_B = X_B + (1-h)G \tag{2-24}$$

$$Y = Y_A + Y_B = X_A + X_B + G \tag{2-25}$$

个人 A 和 B 的效用函数如式（2-19）、式（2-20）所示。

转换个人 A 和 B 的预算约束如下

$$X_A = Y_A - hG \tag{2-26}$$

$$X_B = Y_B - (1-h)G \tag{2-27}$$

效用函数变为

$$U_A = U_A(Y_A - hG, G) \tag{2-28}$$

$$U_B = U_B(Y_B - (1-h)G, G) \tag{2-29}$$

下面分别对 G 和 h 求偏导，得

$$\mathrm{MU}_A G = \frac{\partial U_A}{\partial G} = -h\frac{\partial U_A}{\partial X_A} + \frac{\partial U_A}{\partial G} \tag{2-30}$$

$$\mathrm{MU}_A H = \frac{\partial U_A}{\partial h} = -G\frac{\partial U_A}{\partial X_A} \tag{2-31}$$

$$\frac{\mathrm{MU}_A G}{\mathrm{MU}_A h} = \mathrm{MRS}_{gh}^A = \frac{\partial U_A/\partial G}{\partial U_A/\partial h} = \frac{h}{G} - \frac{1}{G}\frac{\partial U_A/\partial G}{\partial U_A/\partial X_A} \tag{2-32}$$

对 B 同样有

$$\frac{\mathrm{MU}_B G}{\mathrm{MU}_B h} = \mathrm{MRS}_{gh}^B = \frac{\partial U_B/\partial G}{\partial U_B/\partial h} = \frac{1-h}{G} - \frac{1}{G}\frac{\partial U_B/\partial G}{\partial U_B/\partial X_B} \tag{2-33}$$

$$\mathrm{MRS}_{gh}^A = \mathrm{MRS}_{gh}^B \tag{2-34}$$

$$\frac{h}{G} - \frac{1}{G}\frac{\partial U_A/\partial G}{\partial U_A/\partial X_A} = -\frac{1-h}{G} + \frac{1}{G}\frac{\partial U_B/\partial G}{\partial U_B/\partial X_B} \tag{2-35}$$

公共产品提供的效率条件为

$$\mathrm{MRS}_{gx}^A + \mathrm{MRS}_{gx}^B = 1 \tag{2-36}$$

结果是一致通过的。这是一种纳什均衡。它意味着任何个人或一组人，如果改变配置后处境变坏，那么他们就会阻止这种结果发生。因此，林达尔均衡实现时达到帕累托最优。

威克塞尔和林达尔注意到预算过程分两个阶段。第一阶段，是根据特定社会公平标准对全社会的福利分配进行调节。在形成了公正的福利分配之后，第二阶段是找出合理的公共支出和税收份额。这一结果在民主国家中采用一致同意规则就可得到，据此税收和公共支出议案只有得到 100%的选票通过才会被接受。任何人对任一组可能

导致其处境恶化的提案都有否决权。

2.4 公共产品提供的困难与公共产品的私人提供

公共产品的有效提供是个难题。本章前三节给出了在不同背景中公共产品最优提供的最优条件，实际上我们并不知道每个人的公共产品需求曲线。如同前文所言，这些需求曲线都是虚拟的。从理论上看，只要每个人如实说出自己对某种公共产品的偏好，公共产品提供的困难问题就可迎刃而解。但问题是说真话的激励并不是在任何时候都充分。以上分析表明，个人支付的公共产品价格是其对公共产品的偏好程度。越是喜欢该种公共产品，所需缴纳的税收价格越高。这样，利益驱使人们隐瞒自己对公共产品的真实偏好。个人对公共产品的偏好是私人信息，其他人无从得知，"搭便车"心理以及相关的回报激励（少缴纳税收），让政府要达到公共产品的最优提供条件难上加难。

2.4.1 "囚徒困境"模型

囚徒困境描述了从个人利益出发的两个独立行动的当事人是如何注定不会相互合作，并将给对方带来极大损害的负和博弈，如图 2-8 所示。

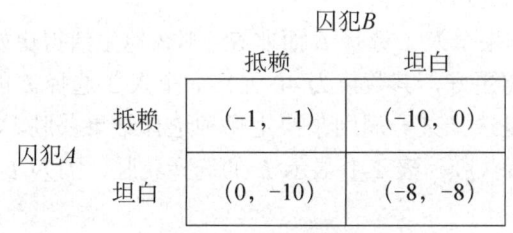

图 2-8 囚徒困境

假定有两名合谋犯案的人 A 和 B 被抓获后，分别被关在两间不能串供的牢房中，并由警察分别对他们做出完全相同的承诺："如果你坦白罪行，就会被马上释放，而另一人将被处以 10 年监禁。""如果他也坦白，那么你们将各自被判 8 年。""如果你们都不坦白，那么你们将各被判 1 年。"

假设囚徒的效用只取决于自身被监禁的时间，而集体利益是两人监禁时间的总和。囚徒 A 不知道囚徒 B 会采取什么行动，但他在任何状况下，都可能试图通过坦白策略来改善自己的处境。也就是说，不管 B 选择了什么策略，A 的策略都应是坦白。从图 2-8 中可以看到，假设 B 抵赖，那么，若 A 同样也应抵赖，则 A 将被判 1 年；但若 A 坦白，则 A 将马上被释放，因此 A 理应选择坦白。假设 B 坦白，那么 A 也只能选择坦白，因为坦白只要被关 8 年，而抵赖会被关更长时间（10 年）。同理，囚徒 B 在任何情况下也会选择坦白。图 2-8 所示的（-8，-8）就是占优策略。

在 A 和 B 所组成的小社会中，（-1，-1）显然最可取，因为它能够使集体利益最大化；相反，(−8，−8)则是整个社会最糟糕的结果。但上述分析表明，人们偏偏会做出后一选择。在这个社会中，如果两人都抵赖，那么这说明双方在为集体利益最大化进行合作；如果两人都坦白，那么双方在损人利己的动机驱动下不能进行合作。

公共产品的有效提供是整个社会所需要的，但其成本要靠社会成员来分摊。每个人承担足够的份额，公共产品才能顺利提供出来。这样，公共产品提供问题犹如"囚徒困境"。选择不合作的人过多，"搭便车"问题过于严重，公共产品就不能充分有效地提供出来，结果是所有人的利益受损。

2.4.2 "囚徒困境"的解脱

囚徒困境说明公共产品提供的困难，但该困境可以走出。上述囚徒困境是一次性博弈。如果博弈重复进行，那么一人为得到与他人的下一次合作机会，就可能改变行为选择。这样，如果博弈无数次持续进行，那么困境就可以走出。如果在双方博弈中引入第三种力量，例如对不合作方给予额外的惩罚等，那么这也可能迫使参与博弈的各方合作。

公共产品提供的困难，很大程度上是因为个人对公共产品需求信息的显示困难。经济学家为此设计了各种机制来迫使参与各方说实话。下面举例说明。

假定有三个消费者1、2和3。他们要决定提供某一数量的产品 L，或者选择某一数量的产品 S。每一消费者用各自的"货币选票"去投 L 和 S 的任意一个，而他们的付出将等于他们所得到的边际收益。

如表2-1所示。如果个人1选择 L 而非 S，那么他生活得更好的数值为30元；而个人2选择 S 将生活得更好，其数值为40元；而个人3选择 L 的数值为20元。假定 S 是既定的，接下来是选择某一规则来决定哪种选择结果获胜。将每一种选择有关的收益加总，其数值多者获胜。表2-1显示 L 的选择获胜，因为 L 的50元超过了 S 的40元。

表2-1 消费者选择表

个 人	选 择		税 收
	L	S	
1	30		20
2		40	0
3	20		10
合 计	50	40	30

需要确保每个人的选择是按其真正偏好进行的。为此，要求每个人都将依据下列方式计算并被课税：将除了第 i 个人外的其他人的所有"货币选票"加总起来，并找出哪一种选择获胜。接下来将第 i 个人的"货币选票"加总进去，并找出哪一种选择获胜。如果第 i 个人的加入没有改变选择的结果，那么他将不用支付税收；如果因之结果改变了，那么他就要付税，其税额等于由于他的缺席使得另一种选择获胜而得到

的净胜数。在这种规则下,人们当且仅当他的选择对于哪方获胜是决定性时,他才付税。在表 2-1 中,若个人 1 不投票,则 S 获胜;若加上 1 的选票,则 L 获胜。因此,个人要支付税收,其支付的税收等于另一种的选择,即 S 的 40 元相对于他自己缺席时 L 的选票 20 元的净胜数,也为 20 元(40-20=20 元)。这样,他将纳税 20 元。个人 2 因为不论他参与投票与否,都不会改变投票结果,因此他无须纳税。个人 3 与 1 一样,需要纳税,纳税额为 10 元。

在这种机制中,个人有激励动因去说出自己的真正偏好。这是因为,如果个人 1 所申报的收益低于 20 元,那么 S 将获胜。而如果他所申报的收益大于 20 元,那么 L 获胜。这里,不存在任何利益动因去鼓励人们低报自己的偏好,因为这会冒失败的风险。但反过来,这里也不存在鼓励多报的利益动因,因为这又会冒成为决定性选票从而需要纳税和多纳税的风险。

在现实中,个人对居住地的选择,如果是因为公共部门的原因所致,那么这也表明其对公共产品的需求信息。在理论上这种行为被称为"用脚投票"。①

2.4.3 公共产品的私人提供

公共产品"搭便车"问题的存在,并不意味着私人就不能提供公共产品。公共产品一般要由公共部门提供,是因为私人或者无法提供某些公共产品,或者无法提供充足数量的公共产品。世界各地广泛存在的捐赠现象就是私人提供公共产品的典型例子,在这类现象中人们捐款给慈善机构、政治组织、宗教和文化团体等,中国的希望工程(专栏 2-1)也是私人提供公共产品的例子。

专栏 2-1

希望工程

希望工程是中国青少年发展基金会于 1989 年发起实施的一项社会公益事业。19 年来,希望工程募集资金逾 35 亿元人民币,资助贫困学生 290 多万名,援建希望小学 13 000 多所,捐赠希望书库、希望图书室 13 000 多套,培训乡村教师逾 35 000 名。援建希望小学与资助贫困学生是希望工程实施的两大主要公益项目。

2007 年 5 月 20 日,中国青少年发展基金会对外宣布希望工程全面升级,将对学生的"救助"模式拓展为"救助—发展"模式。根据受助对象的需求,学生资助方面在动员社会力量,继续为家庭经济困难学生提供助学金,让莘莘学子圆上学梦的同时,更加关注贫困学生的自我发展能力的提高,不仅"授人以鱼",更要"授人以渔",通过物质、精神多方面的持续扶持,帮助受助学生学会自助助人。希望工程在原有助学金等经济资助项目的基础上,面向所有受助学生设计开发了勤工俭学、社会实践等能力资助项目;同时增加了优秀大学毕业生到希望小学担任希望教师的志愿服务

---

① 用脚投票的理论详见本书第 15 章。

项目，为大学生及社会爱心人士参与公益活动提供了新的平台。

资料来源：中国青少年发展基金会网站。http://www.cydf.org.cn。

发达国家有大量非营利性组织，它们也是应私人提供公共产品的需要而存在的。对此，有两种经济解释（史蒂文斯，1999）：一是居民对现有的公共部门产出太少或甚至未提供这种产出感到不满。在16世纪的英国，政府提供的民用产品或服务非常欠缺，这导致了私人慈善机构的资金用于范围广泛的集体利益，如学校、医院、免费道路、消防器材、公园、桥梁、码头、港口的清理、图书馆、赈济穷人等。这种观点认为非营利性组织的出现，是由于市场失灵和公共产品提供不足。只有在政治上的多数派认为提供公共产品是公共部门的职责时，非营利性组织才会不再充当这类公共产品的主要提供者。二是合约失灵（contract failure）思想。据此，潜在的捐赠人担心营利性企业不能确保未来令他们合意的产品质量和数量。在捐赠人眼里，捐赠基金的使用和生产率极不确定，为此非营利性组织必须把净利润用于再投资，才能让捐赠人放心，而不是将其分配给经营者、工作人员或股东。

在20世纪60年代，灯塔经常被当作公共产品提供的经典案例，给坊间留下的印象似乎是它只能由公共部门提供。然而，科斯改变了这种印象。他在1974年发表的《经济学中的灯塔》（*The Light house in Economics*）一文中，回顾英国早期历史上灯塔的提供情况。在1610—1675年间，领港公会（当时英国的灯塔制度是英国领港公会有特权建造灯塔，并向船只收取费用）没有建造一个新灯塔，但私人至少建造了10个灯塔。私人建塔须向政府申请许可证，得到政府授权批准才能收费，形成船只收费制度。1820年，英国灯塔公营的有24个，私营的有22个，但这46个灯塔中私人投资兴建的有34个。1842年，全部灯塔才收归公营，其原因是私人收费过高。

在科斯看来，英国灯塔制度的演变过程表明，公共产品不一定非要由政府提供不可。公共产品的存在，并不会绝对导致市场失灵。但是，科斯忽略了私人收费是在政府许以特权的前提下进行的。政府许以特权，事实上是私人在公共部门的配合下联合提供公共产品，其中不乏私人提供公共产品的成分。在这一联合提供过程中，私人确实发挥了更重要的作用，但公共部门也帮助私人部门克服了两种收费困难：一是公共产品的消费者不承认受益而不肯付费（纳税）；另一是承认受益，但就是不肯付费（张五常，1988）。

2.5 公共产品理论的实验经济学视角研究[①]

实验经济学是经济学的一个新分支，它的兴起对公共产品理论研究产生了影响，

[①] 本部分主要以杨志勇（2003）为基础形成。

加深了"搭便车"问题的研究。实验经济学对如何有效地提供公共产品,也给出了有益的启示。

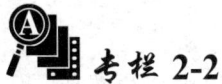
专栏 2-2

史密斯与实验经济学

美国乔治·梅森大学教授弗农·史密斯(Vernon L. Smith, 1927—)因为对实验经济学的研究,而与研究行为经济学的卡尼曼(Daniel Kahneman, 1934—)共享2002年的诺贝尔经济学奖。

传统上,经济学研究依赖于一种基本假设,即人们受自我利益驱动,有能力做出理性判断和决策。因此许多经济学家认为研究人的心理、情绪是不科学的。另一方面,正统的经济学家认为经济学是一种非实验科学,主要依赖于对现实世界经济现象的研究而非实验室的模型。然而,当前越来越多的研究人员开始尝试用实验的方法来研究经济学,使得经济学的研究越来越多地依赖于实验和各种数据的搜集,从而变得更加可信。这种研究植根于两个相辅相成的领域:一个是用认知心理学分析法研究人类的判断和决策行为的领域,另一个是通过实验室实验来测试根据经济学理论所作出的预测的领域。

史密斯奠定了实验经济学的基础。他将经济分析引入实验室,发展了一系列经济学实验方法,并为通过实验进行可靠的经济学研究确定了标准。早在20世纪60年代,史密斯就发展了经济学领域的"风洞实验",提倡在实施经济政策前先在实验室里进行模拟运作,例如在决定是否放开电力市场、是否对公共部门实施私有化等问题上进行实验等。瑞典皇家科学院说,"由于社会经济行为十分复杂,仅凭传统经济理论很难评估它们的效果,因此这种实验方法很有用"。他的选择性市场机制实验表明,一个运作良好的市场不一定要有大量买主和卖主;一个拍卖者的预期收入依赖于他选择的拍卖方式等。他的许多实验被奉为实验经济学的典范。

资料来源:刘仲华.背离传统——2002年诺贝尔经济学奖解析[N].国际金融报,2002-10-11.

2.5.1 对公共产品提供实验的分类

根据莱迪亚德的研究成果(Ledyard, 1995),实验经济学家对公共产品提供的实验可分为四种类型:第一,大范围环境下的自愿捐献机制实验;第二,对于有限阶层的经济环境中的大范围机制实验;第三,政治环境机制的实验;第四,应用或政策问题的实验。第一类实验倾向于隔离集体行为的基本面(fundamental aspects of group behavior),即自愿捐献从社会上看可取,但从个人角度来看不可取。第二类实验旨在区分机制在哪些方面可以导致社会最优结果的出现。第三类实验是针对政治环境而做的。在这样的环境中,没有给集体决策以相应补偿,是政治市场中的讨价还价实验。第四类可以看作是前三类的应用实验。实验者作为机制设计者,将设计想象创造的机制在受控环境中进行验证。

不管是哪种分类实验,核心问题是对公共产品提供中"搭便车"行为的研究。

2.5.2 对"搭便车"程度的研究

从经济学的角度来看,"搭便车"决定了市场无法充分有效地提供公共产品。当然,这只是人类看问题的一个视角。关于公共产品提供问题,社会学-心理学认为,利他主义和社会规范会导致社会中的每一个人都自愿地为公共产品提供捐款,从而实现公共产品的最优提供。那么,在现实中,公共产品到底是怎样提供的?到底有没有"搭便车"现象?如果有,"搭便车"行为到底有多严重?

传统的公共产品理论难以验证现实生活中"搭便车"的程度。实验经济学为验证现实问题打开了一扇窗户,使得验证理论的真伪有了可能。实验经济学最初对公共产品自愿提供的实验表明:在许多情况下,有人不愿意为公共产品的提供出钱,有人则愿意按照公共产品最优供应的要求付费,也有人只愿意支付公共产品提供费用的一个份额(介于 0 和最优提供数之间),即只愿意提供 40%~60%的最优数量,当然这是对连续性公共产品而言的。对于非连续性(离散性)公共产品,则是另外一种结论。[①]早期的实验是简单的,往往是一次博弈,后来的实验变得复杂,变成了重复博弈。这些实验一方面指出原先公共产品理论无法充分反映公共产品提供的现实,另一方面则引出了一个新问题,即是什么因素影响了人们对公共产品的自愿捐献,什么制度可以有效地约束人们的"搭便车"行为?

2.5.3 减少"搭便车"机制的研究

1. 对不同特性的人实验的不同结果

基于研究结果的不稳定性,实验经济学家怀疑这是因为参与实验的人的特性引起的。马维尔(Marwell)和阿么斯(Armes)1981 年对 32 个一年级经济学研究生所做的实验表明,人们只愿意出 20%的最优数量,这远远低于一般人所愿意出的数量。[②]

Keser 等人的实验表明,熟悉的伙伴(partners condition)比陌生人(strangers condition)愿意提供更多的公共产品。他们在一系列的实验中比较了这么一种情形,即对成员不变的一个 4 人组进行了 25 次公共产品提供的重复博弈与另一种情形,即对成员变化的另一个 4 人组也进行了 25 次公共产品提供的重复博弈。结果表明,熟悉的伙伴比陌生人提供了明显多的公共产品。这种差异在第一期就明显地表现出来。在陌生条件下,人们的捐献热情持续衰减;而在相互熟悉的条件下,捐献热情在波动中逐

---

① 对于非连续性公共产品来说,如果没有足够的资金,公共产品将无法提供出来,而不是多提供或少提供的问题。Menezes 等人对不完美信息下的非连续性公共产品从实验经济学的角度做了研究。他们区分了捐献(contribution)和订购(subscription)博弈的影响和结果。捐献对应的是如果公共产品没有提供出来却不退款的情形,而订购针对的是如果公共产品没有提供就要退款的情形。在完全信息下,这两种情形的博弈均衡结果没有什么差异;而在不完全信息下,订购博弈比捐献博弈更优。

② 一个有趣的结果是,这最终导致了研究结果以标题为"经济学家搭便车,其他人也这样吗"的论文发表。但是,也有研究表明,是有更多自利倾向的人选择学习经济学。

步达到相对高的水平，直到最后时期迅速下降。他们认为这是公共产品提供过程中的有条件合作，以未来导向和简单的反应行为为特征。

2. 差异性学习对公共产品提供的影响

实验经济学对公共产品理论研究的基础也产生影响。首当其冲的是个人理性问题。公共产品理论与经济学中的其他理论一样，假定人是理性的。但是实验经济学告诉我们，人的决策受信息条件约束，实际上只能是"有限理性"；人的决策也不是完全符合根据概率计算的期望效用函数，而是有其特殊规律；人的行为是在经验中不断调整的，人是在不断学习的，但不同的人对外界事物的接受能力和反应能力是不一样的，会有不同的认知水平。所有这些都对公共产品理论已有的众多基于个人理性的理论假设是否成立，以及在多大程度上成立的看法产生一定的影响。这集中体现在原先的理论假定人们具有完备的计算能力，但学习实验得出的结论是个人之间的这种能力分布是不均匀的。

3. 减少"搭便车"机制的研究

基于"搭便车"行为很难完全避免的实验现实，实验经济学家对如何减少"搭便车"机制进行了研究。研究结果表明，通过交流或者给参与实验的人以额外的激励，如提供分数（provision points）机制和返还选择（give-back option），可以大大增加公共产品的提供。这实际上比较了在不同制度背景下人们的"搭便车"行为，进一步推动了公共产品激励机制的研究。但直至今日，如何根据不同的人的不同特性更有效地减少"搭便车"行为的研究，还没有取得公认的有效结果。

2.5.4 对公共产品理论研究的其他影响

1. 公共产品理论研究方法的多样性问题

实验经济学研究方法的引入，深化了公共产品理论研究。如同已有的公共产品提供实验的结果所显示的那样，公共产品理论中的许多成果或可重新得到实验方法的验证，或可通过实验改进与发展。实验经济学的早期研究，主要靠设计模型来研究经济问题，而今出现了模拟现实的新趋势。现实中大规模的公共产品提供问题可能因之得到更透彻的研究。实验经济学的发展过程，特别是近年来与认知心理学的融合，凸显跨学科研究的重要性。公共产品理论研究，同样需要跨学科进行。与心理学的结合是直接的启示。公共产品理论还需要政治学、社会学、法学等研究方法的引进，因为公共产品提供并不纯粹是一个经济问题。

2. 公共产品决策机制的研究

公共产品理论中的威克塞尔—林达尔模型，可以通过实验方法得到进一步验证。该模型中，林达尔价格是在假定存在一个拍卖者进行公开拍卖的公共产品市场情形下经"一致同意"得到的。实验经济学可将研究成果用于这一决策机制的研究。普洛特等人区分了公共产品提供机制研究的四种情形：一致意见下的直接捐献、非一致意见下的直接捐献、一致意见下的公共产品拍卖过程和非一致意见下的公共产品拍卖过程。他们的最终结论是：公共产品拍卖过程要优于直接拨款；一致意见会降低直接捐款和拍卖的效率。实际上，实验经济学对不同拍卖形式的研究结论也可以应用于此。

实验经济学虽已走向成熟，但它的局限性也是明显的，毕竟实验不能完全替代现实，甚至还有异议[①]。例如已有的实验表明，公共产品对环境的影响非常敏感，这可能导致实验难以有效控制，而有效控制是实验所必备的一个条件。这样，许多相互作用的未知因素就无法得到显示。公共产品环境条件的苛刻甚至会对熟练的实验者提出严峻挑战。这对如何进一步推动实验方法在公共产品研究中的应用提出了更高要求。

张五常（2010）第八章"共用品的经济解释"以作为知识载体的经济学教科书的销售为例，说明了公共产品搭配私人产品进行提供的可能。Kreiner and Verdelin（2012）对公共产品的最优提供方法作了综合。孙广振（Sun，2017）在网络经济背景中拓展了公共产品理论。

2007年诺贝尔经济学奖得主赫维茨（Leonid Hurwicz，1917—2008）的激励机制设计理论研究对公共产品提供有启示意义，可参阅赫维茨和瑞特（2010）。

BBV1986（Bergstrom，Blume，and Varian，1986）是关于公共产品私人提供的经典之作。发表该文的《公共经济学学报》（*Journal of Public Economics*）还专门为该文发表20周年举办纪念会。会议的主要论文发表于该学报2007年的第91卷上。

- 公共产品最优提供的庇古模型说明，公共产品的提供带给个人的边际效用，应该等于纳税带给他的负边际效用。
- 鲍温模型指出，私人产品的市场需求曲线是个人需求曲线横向相加的结果，而公共产品的社会需求曲线是个人需求曲线纵向相加的结果。
- 萨缪尔森模型给出了公共产品提供的最优条件，即个人对公共产品的消费的边际替代率之和等于公共产品生产的边际转换率。
- 公共产品最优提供的威克塞尔—林达尔模型，研究了平等的个人（政党）之间共同分摊公共产品成本的问题。
- 公共产品提供的困难，在于个人对公共产品的偏好不易显示所致。
- 公共产品主要由公共部门提供，原因是私人不能有效地提供，而非私人绝对不

---

① 例如，英国皇家经济学会会刊《经济学学报》（*Economic Journal*）1999年2月号就对实验经济学的适用性展开了讨论。

能或不愿提供公共产品。
- 实验经济学对公共产品的提供,进行了多方面的实验。

思考题

1. 为什么人们提出了不同的公共产品最优提供模型?它们之间有哪些联系和区别?
2. "虚拟"的公共产品最优供应模型是否具有现实意义?
3. 如何看待运用实验经济学的方法研究公共产品问题?

阅读与参考文献

[1] Bergstrom T C, Blume L E, Varian H R. On the Private Provision of Public Goods[J]. Journal of Public Economics, 1986 (29): 25-49.

[2] Bowen H R. The Interpretation of Voting in the Allocation of Economic Resources[J]. Quarterly Journal of Economics, 1943, 58 (1): 27-48.

[3] Kreiner C T, Verdelin N. Optimal Provision of Public Goods: A Synthesis[J]. Scandinavian Journal of Economics, 2012, 114 (2): 384-408.

[4] SUN GuangZhen. The Samuelson Condition and the Lindahl Scheme in Networks[J]. Journal of Public Economics, 2017 (156): 73-80.

[5] 布朗,杰克逊. 公共部门经济学[M]. 北京:中国人民大学出版社,1999.

[6] 利奥尼德·赫维茨,斯坦利·瑞特. 经济机制设计[M]. 上海:格致出版社,上海三联书店,上海人民出版社,2010.

[7] 史蒂文斯. 集体选择经济学[M]. 上海:上海三联书店,上海人民出版社,1999.

[8] 薛天栋. 现代西方财政学[M]. 上海:上海人民出版社,1983.

[9] 杨志勇. 实验经济学的兴起与公共产品理论的发展[J]. 财经问题研究,2003(4).

[10] 张维迎. 博弈论与信息经济学[M]. 上海:上海三联书店,上海人民出版社,1996.

[11] 张五常. 卖桔者言[M]. 成都:四川人民出版社,1988.

[12] 张五常. 科学谈需求(经济解释 卷一)[M]. 神州增订版. 北京:中信出版社,2010.

[13] 张馨. 公共财政论纲[M]. 北京:经济科学出版社,1999.

3 公共选择

学习目标

▶▶ 了解公共选择理论的基本方法论；
▶▶ 了解投票悖论、阿罗不可能定理、单峰定理、中间投票人定理；
▶▶ 了解公共选择过程中各经济主体的行为选择；
▶▶ 了解寻租理论。

2012年年底，山西发生苯胺泄漏事故，造成了河流污染，影响下游的河北、河南两省。污染物流经多个省份的河流如何治理？水资源配置如何有效进行？工业用水与居民用水之间的矛盾如何化解？水体污染问题又应该如何问责？工业化时代，流域管理问题将越发突出。流经9个国家的多瑙河都能得到有效治理，一国之内的流域治理应该更加简单，其中涉及集体决策问题，最终结果的达成必然要基于某种集体决策规则。

2012年国家发改委降低了一批旅游景点门票价格，其中包括13家5A级景区门票价格。但是社会各界的反应是，降价很不过瘾，有些降价的景区甚至默默无闻。为什么努力却不讨好？公共决策又是怎么做出来的？

选择是经济学的永恒主题。我们经常要选择。大学本科毕业之后，是继续攻读研究生，还是跨出象牙塔？这就是选择。这种选择主要是个人选择。关于毕业去向，如果选择纯由你自己做出，那么这种选择是个人选择；如果你的选择是你的家人和你共同做出的，那么这种选择是集体选择，也就是一种公共选择。当然，公共选择理论所要处理的主要是集体事务，而不是个人事务。例如，政府是否要修某条高速铁路，在很大程度上就是一个公共选择问题。公共选择涉及面非常广。现代民主社会中，公共选择可谓无孔不入。

本章涉及的内容，包括直接民主制下的公共选择、代议制下的公共选择、公共选择与公共部门经济活动等。

3.1 公共选择理论概述

3.1.1 公共选择理论的发展

公共选择,又称集体选择。公共选择理论是用经济学的方法研究政治问题的一种理论。①公共选择理论从经济学角度研究非市场决策。它和财政学有着千丝万缕的关系,且起源于财政理论。

18—19世纪,一些数学家对投票问题产生了兴趣,并做了研究。从19世纪末到20世纪上半叶,一些经济学家对财政决策问题做了初步研究。这些研究成果与启蒙思想家的政治哲学及古典经济学一起,构成公共选择理论的思想源头。数学家孔多塞、波德等研究了投票过程,发现了一些投票悖论。瑞典经济学家威克塞尔研究财政决策问题,是现代公共选择理论的先驱者。布坎南(J. M. Buchanan)等人基于此的研究,大大丰富和发展了公共选择理论。

20世纪50年代和60年代是公共选择理论的创建期。公共选择理论的早期开拓者主要有肯尼思·阿罗(Kenneth J. Arrow,1921—2017)、布莱克(Duncan Black,1908—1991)、布坎南、塔洛克(Gordon Tullock,1922—2014)等人。阿罗于1951年出版了《社会选择与个人价值》(*Social Choice and Individual Value*)(1963年第二版),阐述了阿罗不可能定理的基本内容。布莱克于1958年出版的《委员会与选举理论》(*The Theory of Committee and Elections*)一书研究委员会的集体决策。布坎南和塔洛克于1962年出版的《同意的计算》(*The Calculus of Consent*,又译《一致的计算》)一书,对公共选择理论作了全面研究。以后,公共选择理论发展迅速,多家学术刊物的创办,如《公共选择》(*Public Choice*)、《欧洲政治经济学学报》(*European Journal of Political Economy*)、《立宪政治经济学》(*Constitutional Political Economy*)等,更是推动了公共选择理论的研究。

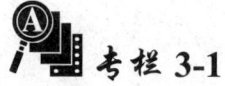

专栏 3-1

布 坎 南

布坎南(James M. Buchanan,1919—2013,见图3-1),1986年因"发展了经济与政治决策理论的契约与宪政基础",将经济学的自利原理用于理解政治人物的所作所为而获得诺贝尔经济学奖得主。他将政治决策分析同经济理论结合起来,将公共选择理论总结为"缺乏浪漫的政治学"。布坎南对公共选择理论的贡献,多是在研究财政问题时做出的。1948年,他在芝加哥大学获得博士

图 3-1 布坎南像

---

① 现在,也有人用"政治经济学"(political economy)来取代传统所说的"公共选择理论"。例如,Rosen(2002)就是一例。

学位。他曾在田纳西大学、佛罗里达州立大学、弗吉尼亚大学和弗吉尼亚理工学院任教，生前为乔治·梅森大学教授。他和塔洛克（Gordon Tullock）合著有《同意的计算：立宪民主的逻辑基础》（1962），独著有《成本与选择》（1969）、《自由的限度》（1975）、《自由、市场与国家》（1985）等。

资料来源：乔治·梅森大学公共选择研究中心（The Center for Study of Public Choice）网站，http://www.gmu.edu/centers/publicchoice；编者引用时根据其他资料作了补充。

3.1.2 公共选择理论研究的方法论

公共选择理论研究方法论的三要素是方法论上的个人主义、经济人和交易政治。

1. 方法论上的个人主义

方法论上的个人主义与集体主义相对应。公共选择理论通过个人视角来分析问题。例如，分析公共部门行为，分析的是公共部门中各经济主体的行为。这里，读者可以再次回顾本书开篇所提到的"机械体"和"有机体"国家观的区别。方法论上的个人主义与"机械体"的国家观一脉相承。

2. 经济人

公共选择理论认为人人都是经济人。在私人部门和公共部门工作的人，目标行为没有太大差别，既不更好，也不更坏。从政的人不像传统政治学理论所假设的那样，只追求公共利益。参与政治决策的个人与市场中决策的个人一样，都是经济人。关于官僚政治行为理论以及关于公共规制理论的著作，深受此假设影响。

3. 交易政治

政治活动也是交易活动，是政治市场上的交易活动。市场与政治的根本区别，不在于个人追求的利益或价值的种类，而在于他们追求各自不同利益时的约束条件不同。实现个人目标的制度约束，在行政部门要比在私人企业松。在政治决策中，个人以其所同意承担的成本份额而获得公共需要。关于立宪分析的理论主要受此影响。

3.2 直接民主制下的公共选择

直接民主制，是指集体决策中所有相关利益的人都可以直接参与投票决策的制度。一些国家在重大事项的决策中，实行全民公决。例如，许多欧洲国家通过全民公决，决定是否加入欧盟。直接民主制是最原始的集体决策制度，也最能直接反映全民意愿。但直接民主制有其适用范围。

3.2.1 一致同意规则（一致性规则）

所谓一致同意规则（unanimity rule），是指一项集体行动方案，只有在所有参与者都同意，或者至少没有任何一个人反对的前提下，才能实现的一种表决方式。此时，每一个参与者都对将要达成的集体决策享有否决权。只有在一致同意的前提下，集体行动（公共选择）才能进行。当然，一般来说，"同意"包括不反对/弃权。

一致同意规则具有以下特点。

1. 帕累托改善的选择

由一致同意规则得出的集体行动方案，是帕累托最优方案。对于所有参与者来说，这一规则都具有一个特点，即对该方案的任何改动，都不可能在不损害任何一方利益的前提下，使参与者中的某些人获益。相反，一切非一致同意的决策规则，都只能导致用帕累托标准衡量的非最优决策。

2. 参与者平等的选择

一致同意规则下，所有参与者的权利能得到平等保障。每个人都有否决权。个人选择对集体选择至关重要，任何人都难以将个人愿望强加给他人。

3. 避免"搭便车"行为

一致同意规则可以避免"搭便车"问题。如果个人觉得无利可图，那么他可以投反对票。

4. 交易成本高

一致同意规则实施的交易成本较高。一致同意虽好，但代价也非常昂贵。交易成本包括选举（投票）制度的行政管理成本、决策过程的参与成本（谈判成本等）以及投票结果与分配的效率成本。这些成本又可以简单区分为决策通过之前的决策成本（D）和决策通过之后的外部成本（E）。交易成本如图 3-2 所示。该图的纵轴代表预期成本，横轴代表同意人数，原点表示没有人同意，N（整个投票委员会的人数）代表所有人一致同意。一般来说，为了争取更多人同意，决策成本（D）会越来越高。有时 99%的人同意，但剩下的 1%不同意，决策就无法通过。这样，决策成本曲线从左往右向上倾斜。外部成本则是递减的，这是因为，同意集体行动方案的人越多，利益受损的人就越少。投票过程的成本之和为（$D+E$），在 K 人同意的情况下，（$D+E$）最小，因此，权衡取舍的结果，应该是采取 K/N 同意的规则。

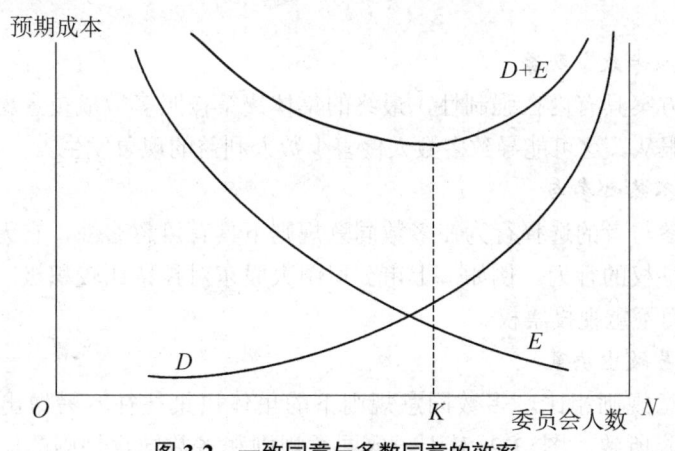

图 3-2 一致同意与多数同意的效率

一致同意规则只适用于重要行动和重要场合。就企业重大投资事项而言，董事会成员一致同意可能是较好的选择。联合国重大决策中实行的五大国（五个常任理事国）一致的规定，同样是公共选择一致同意的例子。"一致同意"的实行相当困难。面积小、人口少的国家与地域辽阔、人口众多的国家相比,"一致同意"实行的条件更容易满足。"近似一致同意"是对"一致同意"的发展,也是更为现实的选择。实行该规则,集体行动方案的通过只要绝大多数人同意即可。

3.2.2 多数同意规则

所谓多数同意规则(majority voting rules),是指一项集体行动方案,支持或认可(即同意或者不反对)的人数最多才能实施。集体行动中多数同意的多数人,可以是 1/2 以上,也可以是 2/3 以上或其他多数比例。多数同意可进一步区分为简单多数和绝对多数。就一种方案表决而言,简单多数规则下,所有备选方案中得到支持数量最多的方案就可以通过。绝对多数规则下,支持比例往往要求大大超过 1/2,可以是 2/3,也可以是 3/4,4/5,5/6……在对多方案选一的表决中,简单多数甚至不要求票数过半。投票规则繁多。较为复杂的有多次重复投票的多数规则,即对多个备选方案择一进行投票表决,如投票未能决出超过一半人支持的方案,那么每投一次票,就把得票最少的方案去掉,再对其他所有方案进行投票;投票就这样持续下去,直到最后,超过一半人支持的方案决出为止。国际奥委会关于奥运会举办城市的决策就采用了这一规则。

多数同意规则的特点主要有以下几项。

1. 部分人利益受损

最终决策实施,可能使多数派参与者的福利得到改善,少数派参与者的福利遭到损失,其结果是非帕累托改善。这种投票的结果甚至可能是多数人不喜欢的方案当选。例如,对三个方案选一的一次性简单多数投票而言,每一个方案所获的票数都没有超过半数,但其中有一个所获的票数最多,这种方案当选了,实际上,这个方案是多数人不喜欢的方案。例如,陈水扁于 2000 年当选中国台湾地区领导人就是其中一例。

2. "多数人专政"现象

集体行动方案具有内在强制性,最终的集体决策按照多数成员意愿决定,结果又要求全体成员服从。这可能导致多数人侵害少数人利益的现象发生。

3. 少数人不热心参与

由于单个参与者的选择行为在多数同意规则下具有可忽略性,它无形之中助长了选民不重视选举权的行为。例如,上市公司中大股东对投票比较积极,而小股东因为"人微言轻",而不重视投票权。

4. 相对容易做出决策

与一致同意规则相比,多数同意规则下的集体决策往往容易做出。这是因为集体决策成本下降所致。图 3-2 对于一致同意规则和多数同意规则的比较,就说明了这一点。

5. 可能出现多种选择结果

最终选择的结果可能不是唯一的,且完全取决于投票程序。这部分内容的进一步表述，详见 3.2.3 节的"投票悖论"。

6. 无法表达个人选择的偏好程度

多数同意规则无法充分反映个人对方案的偏好程度。例如，一人对三种方案进行选择，他最喜欢 A，其次是 B，再次是 C，但是，这样的排列就无法反映出他对 A、B 和 C 的偏好程度。如果用打分的方法来衡量，他给 A 打了 71 分，给 B 打了 15 分，给 C 打了 14 分，也就是说，他对 B 和 C 的偏好差别不大。

7. 可能存在投票交易

在多种选择中，参与者之间可能通过交易，谋取自身利益的最大化，但同时损害了其他人的利益。投票交易（logrolling，又译"表决合作"）的利弊，下文还将进行分析。

在现实中，多数同意规则经常被采用。

3.2.3 投票悖论

一般情况下，多数同意规则会有均衡结果。举例说明：三个人 1、2 和 3 对 A、B 和 C 三种方案进行两两投票，即一次投票只是对其中的两个进行，胜出者再与第三个方案对决，决定最后的胜利者。

三个人对三种方案的偏好次序如下所示：

$$1: A \succ C \succ B$$
$$2: B \succ C \succ A$$
$$3: C \succ A \succ B$$

如果投票人在 A 和 B 之间进行选择，A 得到 1 和 3 的支持，B 只得到 2 的支持，显然，A 胜出；接着投票人必须在 A 和 C 之间进行选择，C 得到 2 和 3 的支持，A 只得到 1 的支持，因此结果是 C 获胜。如果换一下投票顺序，投票人先对 B 和 C 进行投票，那么 C 将获胜，再对 C 和 A 进行投票，C 同样将取胜。如果投票人先对 A 和 C 进行投票，那么 C 将获胜，再对 C 和 B 进行投票，C 也将获胜。也就是说，无论怎样进行投票，C 都将获胜。投票的结果如图 3-3 所示。

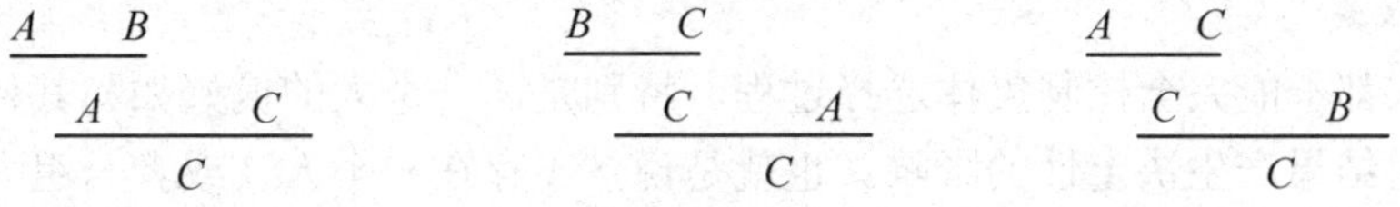

A B	B C	A C
A C	C A	C B
C	C	C
(a)	(b)	(c)

图 3-3 投票均衡

再假定三个人 1、2 和 3 的偏好次序如下所示：

$$1: A \succ B \succ C$$
$$2: B \succ C \succ A$$
$$3: C \succ A \succ B$$

三个人同样要对三种方案进行两两投票。首先，投票人要在 A 和 B 之间进行选择，A 得到 1 和 3 的支持，B 只得到 2 的支持，因此 A 获胜；接着投票人在 A 和 C 的选择中，C 得到 2 和 3 的支持，A 只得到 1 的支持，最终结果是 C 获胜。如果投票人先进行 B 和 C 之间的投票，那么，最终获胜方案是 A。如果投票人先进行的是 A 和 C 之间的投票，那么获胜方案将是 B。投票的结果如图 3-4 所示。

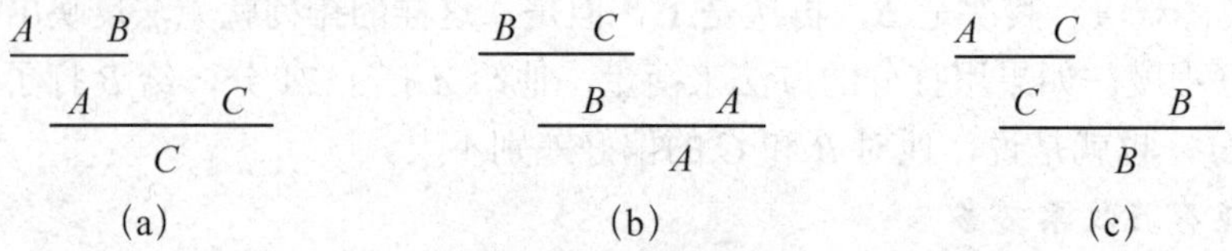

$$
\begin{array}{ccc}
\underline{A \quad B} & \underline{B \quad C} & \underline{A \quad C} \\
\underline{A \quad C} & \underline{B \quad A} & \underline{C \quad B} \\
C & A & B \\
(a) & (b) & (c)
\end{array}
$$

图 3-4 投票悖论

后一种情形中，三种方案都可能获胜，均衡结果不会出现。此时，"投票悖论"出现。总结后一种情形，我们可以看到，哪种方案最终能够获胜取决于投票程序，"枪打出头鸟""好戏在后头""谁笑到最后就笑得最好"等俗语所包含的哲理，在这里表现得淋漓尽致。由此，我们可以看到：多数同意的民主制度下，人们可能通过操纵投票程序，力促个人所支持方案的通过。"投票悖论"也导致人们怀疑民主制度的有效性，并引发了相关研究。有一种方法是给每个人 100 分，用于反映个人对三种方案的偏好程度，得分最多的方案获胜。该方法大大降低了投票悖论出现的可能性，但它还是不能从根本上解决投票悖论的问题，因为不能排除两个或两个以上方案得分相等的可能。

与"投票悖论"有关的最著名的研究成果是阿罗不可能定理（Arrow's impossibility theorem）。该定理是 1972 年诺贝尔经济学奖得主阿罗在《社会选择与个人价值》（1951，1963）一书中提出来的。在民主社会中，能否找到一种投票程序，所产生的结果不受投票程序影响；同时又尊重每个人的偏好，能将全部个人偏好转换为一种社会偏好，并做出前后一致的决策吗？阿罗证明了这是不可能做到的，这就是著名的阿罗不可能定理。

阿罗认为，在民主社会中，一个集体决策规则应该符合以下标准。[①]

1. 帕累托最优

如果人人都偏好某种选择 X，而非其他选择 Y，那么，集体选择应选择 X，而非 Y。

2. 非独裁

任何人都不能完全控制集体选择过程。特别是，一个人的偏好如与其他人完全对立，也能对结果产生决定性的影响。也就是说，不存在一个人（或者一组人）代替其他人做出选择的可能性，民主社会中不存在专制君主和希特勒。

3. 无约束域

对备选方案的个人偏好排序的所有可能组合，集体选择过程都有能力达成集体决策。

4. 理性

集体选择过程是理性的：第一，通过陈述 X 比 Y 更受偏爱，或者 Y 比 X 更受偏爱，或者 X 和 Y 是同等合意以致二者无差异，那么对所有备选方案可以进行排序。第

[①] 阿罗原著的论述较为复杂，本书采用史蒂文斯（1999）的转述。

二,所有排序都能显示传递性特点。某人对三种方案 X、Y 和 Z 之间进行选择,如果他认为 X 比 Y 好,Y 比 Z 好,那么他一定认为 X 比 Z 好。

5. 无关备选方案的独立性

对两个备选方案的任一选择,只取决于个人对这两个方案 X 和 Y 的排序,与其他备选方案 Z 无关。

总的来看,这些假定相当合理。它们的基本点是强调社会选择机制应合乎逻辑,且尊重个人偏好。阿罗据此证明,一般无法找到一个能符合所有这些假定要求的投票规则,也不能指望民主社会能做出前后一致的决策。

3.2.4 单峰定理和中间投票人定理

1. 单峰定理

把一个人偏好曲线中,比所有邻近点都高的点定义为"峰"(peak,又译作"极值")。如果某投票人偏离他最中意的选择,不论偏离的方向如何,他的效用都将下降,那么该投票人的偏好是单峰的。如果该投票人偏离他最中意的选择,其效用是先下降后上升,则其偏好是双峰的。如果多次重复出现这种情形,那么他的偏好是多峰的。图 3-5(a)所示的 1、2 和 3 三个人的偏好都是单峰的。1 最偏好的点是在 A 对应的曲线的点,只要偏离该点,他的效用都将下降。2 和 3 最偏好的点分别是 B 和 C 所对应的曲线的点。而图 3-5(b)所示的是个人 1 的偏好图。他的偏好是双峰的。选择 A 时,他的效用达到一个峰值,往右偏离,效用先是下降,后又继续上升,到项目 C,又达到一个峰值。

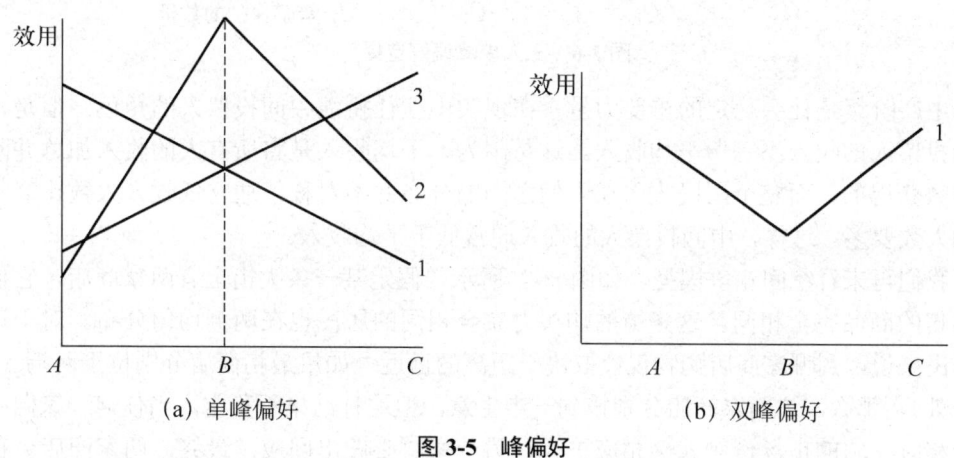

(a) 单峰偏好　　　　　　　　(b) 双峰偏好

图 3-5 峰偏好

一般地说,如果所有选民的偏好都是单峰的,那么投票悖论就不会出现。[①]这就是所谓的单峰定理。

2. 中间投票人定理

如果投票人的偏好都是单峰的,那么投票悖论不会出现,并能得到一个稳定的均

---

① 更严格的条件是所有投票方案必须是单维的。

衡结果，而且还会确认一类（或一位）偏好占优势的投票人。当全部投票人按照各自偏好的预算规模进行排列时，处于中间位置的投票人最偏好的结果，位于所有投票人最偏好的结果的中间状态。公共选择（集体决策）中，获胜方案正好是这一类（位）的偏好。这样的投票人就是中间投票人。他们的偏好正好处于所有投票人偏好中间的位置。中间投票人定理的内容是：如果所有投票人的偏好是单峰的，那么多数同意规则下，投票结果是中间投票人偏好的方案获胜。

如图 3-6 所示的三人单峰偏好下，所选择的警察保护数量应该是 Q_2。三个人 1、2 和 3 所对应的警察保护数量的需求曲线分别是 D_1、D_2 和 D_3。个人 1 和 2 所希望的选择结果处于 Q_3 的左边，而个人 2 和 3 所希望的选择结果位于 Q_1 的右边。这些共同决定了个人 2 所持有的方案会被选中。在西方，各政党和候选人在选举中竭力讨好中间投票人，就是中间投票人定理的现实表现。

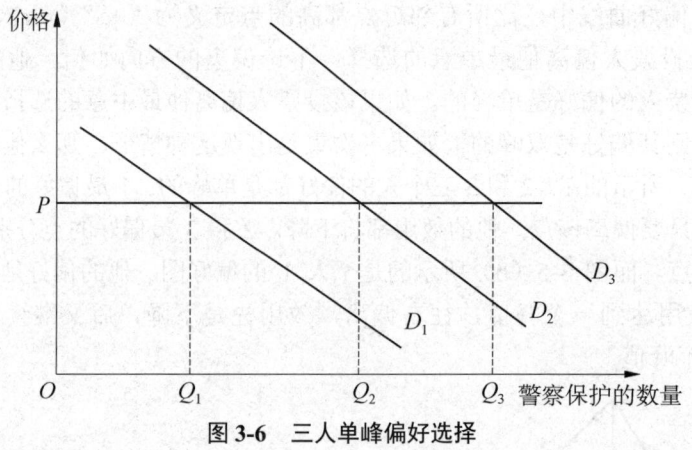

图 3-6　三人单峰偏好选择

中产阶级是社会稳定的重要力量，在现实中往往扮演中间投票人的角色。但是，中间投票人的收入不等于平均收入。这是因为，平均收入是将所有人的收入加总并除以总数获得的，而整个国民收入在人们之间的分布并不对称，通常低收入人数比高收入的人数要多。这样，中间投票人的收入通常低于平均收入。

我们再来看空间竞争模型。如图 3-7 所示，假定某一条大街上有两家商店，它们所出售的商品完全相同。这条街的购买力完全相同的居民也在两侧均匀分布。对于这些居民来说，到哪家商店购物仅仅取决于距离的远近。如果最初商店分别位于两端（0 和 1 处），那么，这两家商店分别揽到一半生意，但这种结果不稳定。当任何一家向中间迁移时，它的市场份额就会相应扩大，另一家势必做出回应。最终，两家商店会在大街的中间（0.5 处）稳定下来。这样的结果与中间投票人定理极为相似。附带说明一下，空间竞争模型解释了现实中金融中心和商业街的形成等现象。

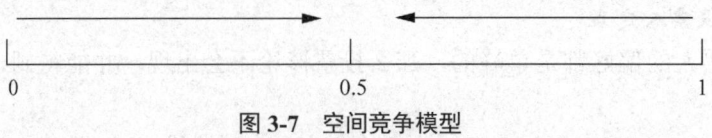

图 3-7　空间竞争模型

3.3 间接民主制（代议制）下的公共选择

间接民主制可以看作是多重（多层次）的直接民主制。最简单的间接民主制是投票人（选民）选出代表，再由代表就某一议案进行投票，决定该议案是否通过。投票人选代表可以视为直接民主制的表现。代表投票也可以看作另一层面的直接民主制的表现。这样，直接民主制下的公共选择理论同样适用于间接民主制。

本节着重讲述间接民主制下不同经济主体的经济行为。这些经济主体有投票人（选民）、政治家、公共雇员（官僚）、利益集团等。

3.3.1 投票人

投票人投什么票，取决于其对所投项目的成本效益比较。假定一名投票人所喜欢的项目如能通过，收益为 R；该项目通过的概率为 p，该投票人的投票成本为 C，那么，只要 $pR-C>0$，他就愿意去投票。投票人要了解项目通过的概率以及项目的成本与收益，必然要花费时间、金钱和精力，相关成本用 C 表示。投票时如遇恶劣天气，如雨雪天就会增加 C，影响投票人投票。

在民主社会中，没有人逼迫投票人如何投票。投票人行为取决于个人对成本与收益的比较。一般情况下，投票人要真正了解投票项目，要费很多时间、金钱和精力，因此经常不去了解项目，而选择了"理性的无知"。投票人也可能觉得自己的一票无足轻重，左右不了全局，从而放弃投票。这种行为就是"投票冷漠症"的表现。在西方国家，许多选举投票率甚至不过半。关于"投票冷漠症"，有两种截然不同的理解。一种是正面的：政治制度已非常完善，政治文明已达到相当高度，人们对政治制度已非常放心，不用参加投票，社会也能正常运转；另一种是负面的：人们已对政治制度非常失望，个人投票已无法改变这种状况，所以不投票。

同时，我们也看到，在西方社会，当重大政治事件发生时，投票参与率较高。这可能是对预期收益 R 的估计极高所致。

公共选择过程中，有时某一票会成为关键的一票。这一票投给哪一方，哪一方就可能获胜。例如，当年中国北京市和澳大利亚悉尼市都申办 2000 年夏季奥运会，但最后北京以 43∶45 惜败（专栏 3-2），就是关键的一票在作祟。在现实中，我们也不时听到类似的关键一票的事例。

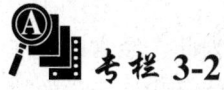
专栏 3-2

北京申奥的关键一票

1991 年 2 月 22 日，北京市向中国奥委会正式提出承办 2000 年奥运会的申请。4 月 1 日，北京 2000 年奥运会申办委员会正式成立。12 月 4 日，北京向国际奥委会呈交了承办 2000 年奥运会申请书。1993 年 1 月 11 日北京正式向国际奥委会呈交了《申办报告》。3 月,国际奥委会一行 12 人在北京作为期 3 天的考察,临走时留下一句"祝你们好运"。时任国际奥委会主席的萨马兰奇先生对北京的祝愿并未成为现实。北京时间 9 月 24 日凌晨 2 时 30 分,萨马兰奇宣布,悉尼获得 2000 年第 27 届奥运会的举办权。在前 3 轮投票中,北京的得票数为 32、37 和 40 票,悉尼为 30、30 和 37 票。最后一轮投票中,悉尼和北京的得票数为 45 和 43,悉尼获得 2000 年奥运会主办权,北京以 2 票之差落选。后来,北京申办 2008 年奥运会,很轻松地在第二轮投票过程中就以 56 票的过半票数胜出。

资料来源:根据新浪网有关资料整理。

多数同意规则下,投票人之间可能进行投票交易。投票交易在许多情况下是不允许的,但从经济学视角来看,投票交易既可能降低全社会福利,也可能提升社会福利。表 3-1 和表 3-2 所示分别反映了投票交易降低和提升社会福利的不同情形。从表中我们可以看到,投票人 1 喜欢建医院,投票人 2 喜欢建桥,投票人 3 希望修隧道。每个人所赞同的方案都是其他人所不喜欢的,因此,多数同意规则下投票结果是所有的项目都无法推行。如果此时投票人之间进行交易,那么表 3-1 和表 3-2 中的三个项目都可能得以建设,而这可能导致不同的社会福利结果。

表 3-1 投票交易导致社会福利的下降

项　目	投票人 1	投票人 2	投票人 3	净总福利
医院	200	-110	-105	-15
大桥	-40	150	-120	-10
隧道	-270	-140	400	-10

表 3-2 投票交易导致社会福利的上升

项　目	投票人 1	投票人 2	投票人 3	净总福利
医院	200	-50	-55	95
大桥	-40	150	-30	80
隧道	-120	-60	400	220

3.3.2 政治家

在现实中,所有的公共选择都要通过直接民主制,成本很高。为此,经常的做法是让投票人(选民)投票选出代表,再由代表代为决策。这些代表就是我们所说的政治家。政治家从投票人中分化而来,专门代行全部投票人职责。因此,政治家是选举出来的。注意,这里所说的政治家是指一种职业,而非对某人一生的评价。之所以需要专门人员来当政治家,是社会分工的结果。要让人们愿意出任政治家,社会需要提供相应激励。一般认为，政治家的收益有：得到一般权力和特权，可以为他人提供服务，获得货币回报等。布雷顿（Breton，1974）提出了一个被选出的政治家的效用函数公式，这个函数的变量包括：再次当选（或当选）的概率、个人的金钱收入、个人的权势、自己的历史形象、对崇高的个人理想的追求、个人对公共产品的看法以及政治家特有的其他东西。布雷顿模型是

$$U_p = U_p(\pi, a_m) \tag{3-1}$$

其中，U_p是被选出的政治家的效用，π是当选和再次当选的主观概率，而a_m是布雷顿提到的其他变量。

想当政治家的人和一般投票人一样，都是效用最大化者。政治家获益的前提是保证能够当选。大多数被选出来的政治家，往往充分利用中间投票人定理，而不走极端。任何一个极端都会导致当选概率下降。想当政治家的人往往依托于政党。西方社会多实行两党制或多党制。政党建立之初可能差别很大，但随着时光的流逝，政党差异缩小，就是因为政治家都想讨好中间投票人。

3.3.3 官僚（公共雇员）

投票人选出政治家，再由政治家通过立法来开展政治活动，其法律制度的规定往往比较含糊。具体计划的实施需要通过官僚（公共雇员）。[①]在西方社会中，官僚是维持公共部门稳定运转的重要力量。而且，官僚更多是技术官僚，或者说他们之所以为官，是因为他们拥有特别的专业技术（技能）。从这个角度来看，他们与一般的职业人士，如会计师、律师、工程师等，没有太大差别。差别仅在于各自所服务的部门不同。在西方社会，官僚已是一个相当稳定的阶层，他们享受正常的晋升和加薪。

尼斯坎南（William A. Niskanen, Jr.）在1971年出版的《官僚制与代议制政府》中指出，一个政府机构首脑及其主要办事人员的薪金、职务特权（如权力、名望、人情等）以及政府机构首脑和机构本身的声誉等，都和政府预算规模正相关。因此，官僚利益最大化，需要通过预算规模最大化来实现。这样，官僚所追求的预算规模，往往不是如图3-8所示的B^*，产出不是最优的Q^*。实际预算规模和实际产出可能分别是B_a和Q_a。在这一点，收益和成本相抵。一般情况下，预算规模和产出不会超过此等规模。官僚之所以能够让预算规模在B^*和B_a之间徘徊，是因为官僚的专业知识，使得官僚能够利用政治家和普通民众与他们之间的信息不对称，谋取自身福利。官僚不能让预算无限膨胀。预算过分扩大，会为政治家和普通民众所觉察而遭到制止，官僚甚至可能因此受到惩罚。尼斯坎南的官僚模型从公共选择理论的角度，解释了长期以来政府支出（公共支出）持续增长的原因。

[①] 中文"官僚"一词常与"官僚主义"联系在一起，让人感觉带有贬义。实际上，与之对应的英文bureaucrat没有褒贬之分。阅读时请注意我们是在不带褒贬的意义上使用"官僚"一词的。

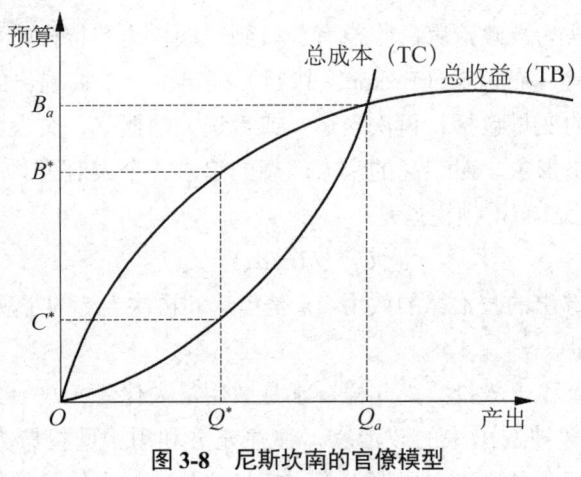

图 3-8 尼斯坎南的官僚模型

国内政府雇员制的推行

2003 年 6 月 10 日，吉林省政府召开新闻发布会，面向全国公开招聘 3 名政府雇员。以面向全国招聘的形式启动"政府雇员制"，这在全国尚属首例。雇员的聘用是相对于中国传统的行政管理体制的一种崭新、灵活的机制。它打破了政府传统的录用人员办法，解决了人员能进不能出、终身制和不合理流动的问题，是对中国现行行政管理体制的有益补充。几乎与此同时，全国各地又有政府机构启动或变相启动"政府雇员制"。江苏无锡市政府宣布：以 50 万元年薪向海内外招聘市首席科学技术顾问等 7 个特聘岗位人员；湖北武汉市也提出将从海内外招聘一批具有财税、金融、信息、法律专业知识的急需人才，探索实施"政府雇员制"。一场高层次人才的竞争，正以招聘政府雇员的形式在全国展开。政府雇员是政府机构从社会上雇用的为政府工作的法律、金融、经贸、信息、高新技术等方面的专门人才。与公务员不同的是，政府雇员不具有行政职务，不行使行政权力；不占用政府行政编制；有一定聘用期限，不采用终身制；根据岗位需要可享受较高薪酬。但是，考不上公务员，或完不成规定目标任务，就可能要走人，政府雇员制正在遇冷。

资料来源：根据吉林省政府网站以及其他资料整理。

从专栏 3-3 对政府雇员的解释来看，政府雇员与公共选择理论所说的"官僚"有较大差异。"官僚"的含义更偏向"公务员"，但不局限于公务员，它与有着雇佣期限的政府雇员明显不同。

3.3.4 利益集团

具有共同利益的人组成特殊利益集团。不同收入来源的人形成各自的利益集团，如以资本为收入来源的人形成资本家集团（资产阶级），而以劳动为主要收入来源的人形成无产阶级；收入水平不同的个人分别形成穷人集团、中产阶级集团和富人集团；以就业部门不同，分别形成纺织业集团、汽车业集团、飞机制造业集团等；居住地区不同，分别形成东部集团、中部集团和西部集团；人口和个人特点不同，形成老年人集团、中年人集团、年轻人集团等。一个人可分属于不同的利益集团。利益集团可以是松散型的，不一定有严密的组织（狭义的定义要求有组织）。

在现代社会中，投票决策从根本上说是个人做出的。奥尔森（Mancur Lloyd Olson，1932—1998）对利益集团理论作出了杰出贡献。他先从集团与集体利益入手，提出这样的问题：具有相同利益的个人所形成的集团，都有进一步扩大这种集团利益的倾向吗？他的答案是：不一定。个人对集团状况改善所付出的成本与所获得的集团收益份额可能极不相称。集团收益的公共性，导致集团中的每一个成员都能均匀受益，而不论他是否付出代价。也就是说，"搭便车"问题出现。集团越大，分享收益的人越多，为实现集体利益而进行活动的个人分享的份额就越少。因此，理性的个人不会为集团的共同利益采取行动或较多的行动。在奥尔森看来，集体利益可以分为包容性的（inclusive）和排他性的（exclusive）两种。利益主体在追求包容性利益时是相互包容的，而在排他性利益时是相互排斥的，相应地，集团分为包容性集团和排他性集团，前者比后者更有可能实现集体的共同利益。

包容性集团在集体行动中仍会有"搭便车"问题，这就需要通过"选择性激励（selective incentives）"来解决，即对集团成员区别对待，按照对集团利益的贡献，实行奖惩分明的制度。能够充分实施"选择性激励"的集团，行动效率较高。由此，我们发现，集团规模大小不是集团力量大小的充分条件。一个实行有效的"选择性激励"的小集团，可能比无法推行选择性激励、"搭便车"问题严重的大集团更有力量。发达国家农民人数较少，发展中国家农民人数较多，而前者却比后者更容易从政府那里获得补贴。经济学家常常以此作为小集团力量可能更为强大的例证。

在西方社会中，有"铁三角"的说法。所谓"铁三角"，是指议员批准一个既定项目，官僚实施这一项目，利益集团则从中获利。

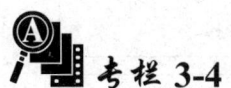专栏 3-4

影响地方政府决策的利益集团

地方政府的决策受利益集团的影响已经很深。这种影响不仅仅局限在人事任免上。调查显示，利益集团施加影响的方式包括：贿赂，个人关系网络，游说，求助于"精英人物"，通过主管部门及其领导，借助媒体呼吁，利用既定的规则、惯例或者直接诉诸法律，施压性集体行动，参与或操纵选举等。这些方式，有直接的，也有间接的；有正式的，也有非正式的；有合法的，也有不合法的。而影响的内容包括：地方政府公共投资、财政资金分配、财政税收、政策法规的制定。

资料来源：于津涛，王吉陆. 解读中国利益集团：影响地方决策 政府如何应对[J]. 瞭望东方周刊，2004（6）.

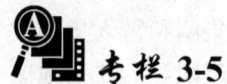

专栏 3-5

当代中国十大社会阶层

由陆学艺担任组长的中国社会科学院重大研究项目——"当代中国社会阶层研究"课题，经过数十位社会学学者历时 3 年的调查研究，在 2001 年年底，终于取得重大研究成果。专家们通过大量翔实的调查数据，以职业分类为基础，以组织资源、经济资源和文化资源的占有状况为标准，划分出了"十大阶层"，即国家与社会管理者阶层，经理人员阶层，私营企业主阶层，专业技术人员阶层，办事人员阶层，个体工商户阶层，商业服务业员工阶层，产业工人阶层，农业劳动者阶层，城乡无业、失业、半失业者阶层。他们又分属五个经济社会等级。这十大阶层实际上就形成了十大利益集团，如图 3-9 所示。

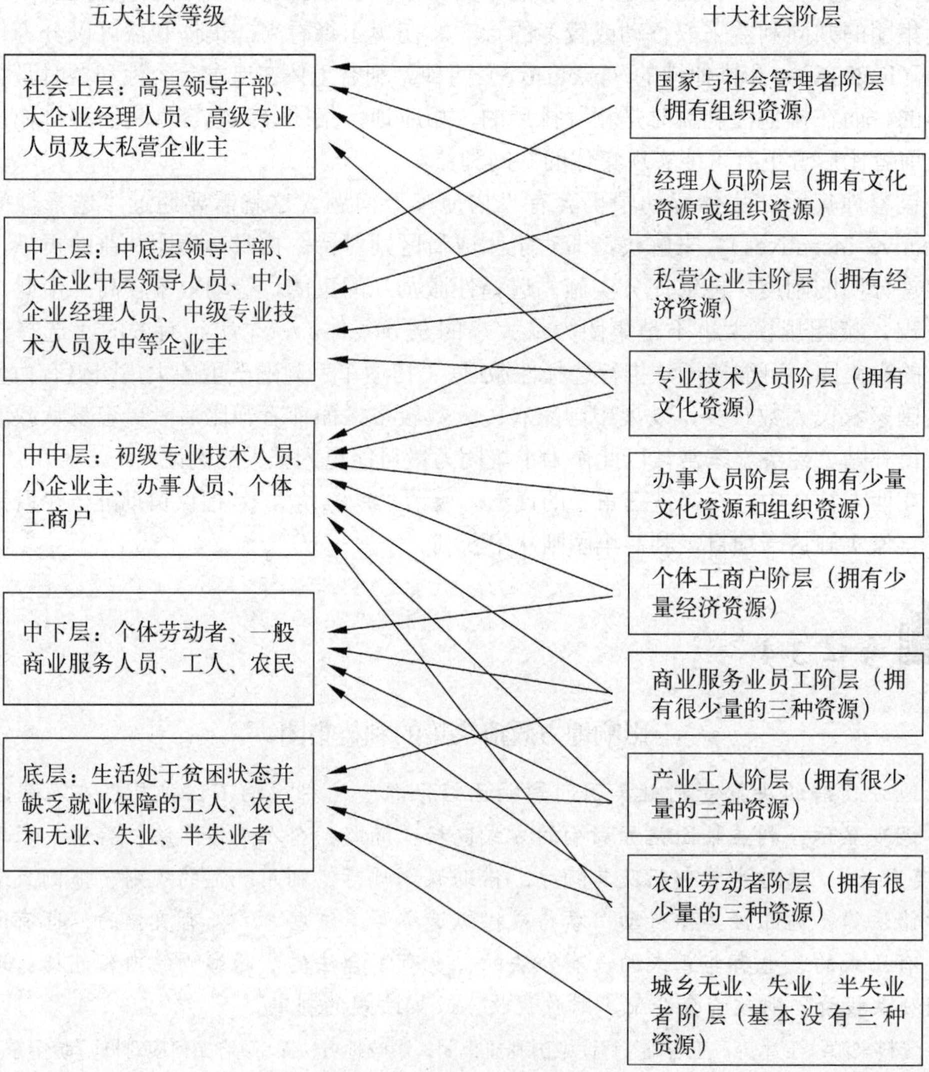

图 3-9 中国社会阶层状态

杨继绳（2011）根据职业、财富、声望等因素，将中国当代社会分成五个阶层。他以 2008 年全国经济活动人口 7.924 3 亿人来划分。第一个阶层包括政府中高级官员，国家银行、国有大型事业单位正副领导成员，国有及国有控股大型垄断企业的政府领导成员，大中型私有企业主。人数约为 1 200 万。第二个阶层为高级知识分子、中高级干部、国家和省属事业单位中高级管理人员、中型企业经理和大型企业的高层管理人员、中型私有企业主、外资企业的白领雇员、国家垄断行业的白领职员和资深蓝领员工。人数约为 2 500 万。这一阶层对一般人来说，就是成功的象征。第三个阶层具有一定的知识资本及职业声望；从事以脑力劳动为主的职业；掌握并提供市场需要的职业技能。这个阶层有向上流动的机会，但也有向下流动的可能。他们的人数约为 10 499 万。第四个阶层包括农民、农民工、蓝领工人，人数约 54 000 万。他们向上流动的机会不太多，往往寄希望于子女。最后一个阶层主要是城乡贫困人口，如农村无地、无业者和城市下岗、失业人员。这个阶层约有 14 500 万人，他们没有固定收入，向上流动更难。

他认为，在未来，中国社会的中间阶层会不断扩大，低层阶层会缩小，社会将逐渐成为橄榄形结构。

资料来源：1. 陆学艺. 当代中国社会阶层研究报告[M]. 北京：社会科学文献出版社，2002.
2. 杨继绳. 中国当代社会阶层分析[M]. 南昌：江西高校出版社，2011.
3. 石剑锋. 杨继绳谈当代中国社会阶层[N]. 东方早报，2011-09-11.

3.3.5 其他人员

新闻记者、专家、法官等都可能影响公共选择行为。新闻报道可以给投票人更多的相关信息，从而影响公共选择行为。新闻媒体对食品安全的深度报道，也会影响政府行为的变化。专家意见更是可能影响公共选择行为。许多公共事务的决策，需要较为专业的知识。专家意见可能影响普通公众的选择，如果专家意见不一致，那么此时新闻记者的报道的作用可能更大。在美国历史上，法官会直接影响公共选择行为。例如，联邦最高法院曾判决联邦个人所得税违宪。当然，法官的判决在不同法系国家的影响不一，英美法系的法官影响力较大陆法系大。

3.3.6 寻租

"租（金）"，又称"经济租（金）"，其原意是指一种生产要素的所有者获得的收入中，超过这种要素的机会成本的剩余。在完全竞争中，各生产要素在各产业部门的使用和配置，会使其机会成本和要素收入相等。企业家成功开发一项新产品，其企业就可能得到高于其他企业的超额收入。这种活动是"创租"（rent creation）或"寻利"（profit-seeking）。"寻利"是正常的市场竞争机制的表现，其作用是降低成本和开发新产品。这种活动是在追求新增社会经济利益，因而会增加社会福利。

如果人们追求的是既得的经济利益，那么根据其行为的性质，这种活动就变成"寻租"。偷盗抢劫是最原始的寻租方式。现代意义上的寻租，一般是人们通过行政法律手段，来达到维护既得利益或对既得利益进行再分配的目的。例如，某家企业的市场竞争力不如别人，就寻求政府保护，获得垄断市场的势力。一部分企业寻求税收优惠和财政补贴，抽东补西，在企业间重新分配资源，让部分企业享受其他企业的"输血"，从而获得经济租。

"租金"（rent）一词，在经济学发展的早期阶段，是指某些资源（首先是土地资源）因供给弹性不足，供给不能无限增加而产生的超额收入。例如，土地所有权垄断或经营权垄断会带来地租，杰出艺术家会因天赋才能的稀缺性获得高额收入。

抑制竞争，会扩大供给和需求的差额，形成超额收入。在寻租理论中，租金仍指由于缺乏供给弹性而产生的差价收入。其中的供给弹性不足，已不是因为某种生产要素的自然性质所致，而是由于政府干预和行政规制的人为因素，阻止了供给增加所形成的。有人形象地说，这类租金的形成，是因为"看不见的脚"踩住了"看不见的手"。

寻租活动与 DUP 活动（directly unproductive profit-seeking activities）的含义基本相同。DUP 是指只消耗实际资源，而没有任何产出的经济活动。广义的寻租，是指人类社会中非生产性的追求经济利益的活动，或者说是指那种维护既得的经济利益，或是对既得经济利益进行再分配的非生产性活动。狭义的寻租，总是和行政审批、官员拍板等联系在一起的。利用权力大发横财的行为是寻租活动。在经济转型期，许多人习惯于通过寻租保护自己的利益，例如，某一条街上的书店开多了，就会有人呼吁政府要加强对书店行业的数量规制。

寻租的特点主要有以下几项。

（1）间接造成经济资源配置的扭曲，阻止更有效的生产方式的实施。

（2）直接浪费经济资源，利用时间、精力和金钱去游说的结果，对寻租者来说可能更有效率，但对社会来说没有效率可言。

（3）导致其他层次的寻租（参见下文中布坎南对与出租车牌照有关的论述）或"避租"。

（4）政府部门工作人员为了对付寻租者的游说与贿赂，需要时间和精力反击。

寻租有合法与非法之分。企业通过正常路径向政府争取优惠待遇，利用特殊政策维护自身的独家垄断，就属于合法的寻租活动。行贿和走私则属于非法的寻租活动。

布坎南将寻租活动分为三个层次。第一层次是应对数量规制寻租，即争夺特许权。这往往涉及牌照发放。例如，政府发放出租车营运牌照。政府限制数量，会将数量限制在自由竞争水平之下。既然政府官员可以决定数量，那么争取官员职位就形成第二层次的寻租活动。第三层次是争夺超额收入（部分或全部）转化来的财政收入。

围绕租金会有一系列相关活动，如寻租、设租、护租、反寻租等。与政府有关的设租活动，是指政府部门利用所掌握的权力，规定某些活动只能经过政府的批准才能进行，而企业和个人要获得政府的批准，往往要给有关官员"进贡"。这样，政府部门有关官员设置障碍是一种"设租"行为。在加入世界贸易组织之前，中国政府部门有大量的审批权限，而这些权限往往与"设租"有关。当然，政府的审批权限的确定并不都是"设租"行为，判断一种行政活动是否属于"设租"，要视获得权限是否要以

"寻租"为前提。只有通过"寻租"才能进行的经济活动，才有可能与"设租"相关联。政府的许多活动可能与"设租"联系在一起。例如，政府对某些商品发放的特别生产许可权或特别销售许可权（烟酒专卖等）、进出口配额、政府采购（订货）等。公开拍卖可以有效地避免政府的这些活动带来寻租行为。当寻租者有了获取租金的权限之后，他们往往要采取措施，耗费稀缺资源，来保护这些租金不为他人所获得，这就是护租。

专栏 3-6

寻租理论的发展

寻租思想渊源可追溯到古典经济学家亚当·斯密。斯密已经觉察到当时英国许多法令助长了某些经济集团的私利，却未能着重说明人们在追逐垄断权时所浪费的未来可用于其他用途的资源。

萨伊发展了斯密的思想。他不仅对寻租的成本和收益进行了实证分析，并且对这种追求认为稀缺性权利的行为所造成的社会福利负效应作出了规范性的判断。

1967年，塔洛克在《关税、垄断和盗窃的福利成本》一文初步探讨有关寻租现象的问题。据说，塔洛克的寻租理论受到了他在中国天津经历的影响。1949年之前的天津有许多缺胳膊少腿的乞丐。塔洛克甚为奇怪，询问他人，此为何故，后得知如不自残，则无人同情，讨不到钱，要不到饭。乞丐行为是浪费资源，寻租活动何尝不是如此？1974年，安妮·克鲁格（Anne O. Kruger）的《寻租社会的政治经济学》一文首先明确使用"寻租"一词，不仅向人们展示了竞相寻租的各种做法，而且提出一个在国际贸易中受到数量规制从而带来租金的重要场合下，竞相寻租的简单模型。寻租理论是在这次探讨国际贸易保护主义政策形成原因的研究中正式提出的。

此后，寻租理论获得长足的发展。其理论影响已遍及经济学各分支，也为社会科学其他学科——社会学、政治学、行政管理学等提供了新研究思路。

资料来源：塔洛克（1999）。

公共选择理论的发展，推动了公共经济制度选择的研究。在此之前，经济学主要研究既有制度的经济效应问题。公共选择理论是公共经济学的重要内容。公共选择理论发展很快，已演变成为一门相对独立的社会科学的分支学科。对于所有社会科学来说，公共选择理论提供了看问题的其他视角。从这个意义上说，公共选择理论从研究财政问题入手，研究范围已远超财政学（或公共经济学）。

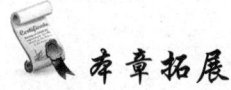

本章拓展

缪勒（2010）是一部全面阐述公共选择论的著作。Young（1995）讨论最优规则的选择问题。关于阿罗不可能定理较为全面深入的探讨，可参阅马斯金、森等

（2016）。关于公共选择理论，一直存在争议，可参阅 Pressman（2004）。奥尔森（2005）研究的是属于政治学的"权力"和属于经济学的"繁荣"问题，对政府在市场发展中的作用作了深入的研究。赫希曼（Hirschman，1970）阐述了公共选择的三种可能反应：退出、抱怨和忠诚。对赫希曼的经历感兴趣者，可进一步阅读阿德尔曼（2016）。Rowley and Schneider（2008）是公共选择读本，内容涉及公共选择理论主要代表人物传记、重要理论及应用，并有专章介绍实验经济学在公共选择理论中的应用。

 小结

- 现代公共选择理论大致从 20 世纪 50 年代至 60 年代起步。
- 公共选择理论的方法论三要素是方法论上的个人主义、经济人和交易政治。
- 根据现代民主制度的实际，公共选择理论可以分为直接民主制下的公共选择理论和间接民主制下的公共选择理论。
- 一致同意规则下通过的集体行动方案是帕累托改善的方案，但一致同意规则的实施成本较高。
- 阿罗不可能定理证明了投票悖论出现的可能性，其假设符合现代民主制度的基本要求。
- 单峰定理是指所有人的偏好是单峰的，单维集体行动方案可以是确定性的。相应的公共选择的结果是中间投票人所支持的方案，这就是中间投票人定理。
- 投票人、政治家、官僚、利益集团等的行为根据成本—收益原则做出。
- 现代寻租理论通常与政府规制有关，寻租导致社会经济资源的浪费。

 思考题

1. "一致同意"规则是"少数人专政"，"多数同意"规则是"多数人专政"。你是如何理解上述说法的？
2. "投票悖论"的存在是否意味着民主制度存在根本性缺陷？
3. 中国的利益集团对公共产品和公共服务的提供有何影响？试结合现实进行分析。
4. 你所在的城市出租车行业是如何管理的？该制度的形成与演变和"寻租"有关吗？

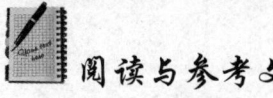 阅读与参考文献

[1] 丹尼斯·缪勒. 公共选择理论[M]. 第 3 版. 北京：中国社会科学出版社，

2010.

[2] Hirschman A O. Exit, Voice, and Loyalty: Responses to Decline in Firms, Organizations, and States[M]. Harvard，1970.

[3] Niskanen W A. The Case for a New Fiscal Constitution[J]. Journal of Economic Perspectives，1992，6（2）：13-24.

[4] Pressman S. What Is Wrong with Public Choice[J]. Journal of Post Keynesian Economics，2004, 27（1）：3-18.

[5] Rowley C K，Schneider F. Readings in Public Choice and Constitutional Political Economy[M]. Springer，2008.

[6] Rosen H S. Public Finance[M]. 6th ed. New York：McGraw-Hill，2002.

[7] Young P. Optimal Voting Rules[J]. Journal of Economic Perspectives，1995，9（1）：51-64.

[8]《经济社会体制比较》编辑部. 腐败：权力与金钱的交换[M]. 北京：中国经济出版社，1993.

[9] 陆丁. 寻租理论[M]//汤敏，茅于轼. 现代经济学前沿专题，第二集. 北京：商务印书馆，1993：139-167.

[10] 陆学艺. 当代中国社会阶层研究报告[M]. 北京：社会科学文献出版社，2002.

[11] 尼斯坎南. 官僚制与公共经济学[M]. 北京：中国青年出版社，2004.

[12] 埃里克·马斯金，阿马蒂亚·森，等. 选择的悖论：阿罗不可能定理与社会选择真相[M]. 北京：中信出版社，2016.

[13] 杰里米·阿德尔曼. 入世哲学家：阿尔伯特·赫希曼的奥德赛之旅[M]. 北京：中信出版社，2016.

[14] 奥尔森. 集体行动的逻辑[M]. 上海：上海人民出版社，上海三联书店，1995.

[15] 奥尔森. 权力与繁荣[M]. 上海：上海人民出版社，2005.

[16] 盛洪. 经济学透视下的民主[M]//汤敏，茅于轼. 现代经济学前沿专题，第二集. 北京：商务印书馆，1993：92-106.

[17] 石剑峰. 杨继绳谈当代中国社会阶层[N]. 东方早报，2011-09-11. http://www.dfdaily.com/html/1170/2011/9/11/663767.shtml.

[18] 史蒂文斯. 集体选择经济学[M]. 上海：上海三联书店，上海人民出版社，1999.

[19] 塔洛克. 对寻租活动的经济学分析[M]. 成都：西南财经大学出版社，1999.

[20] 汪翔，钱南. 公共选择理论导论[M]. 上海：上海人民出版社，1993.

[21] 杨继绳. 中国当代社会阶层分析[M]. 南昌：江西高校出版社，2011.

[22] 张千帆. 宪法学导论：原理与应用[M]. 北京：法律出版社，2004.

4 公共支出理论

学习目标

- 了解公共支出的分类；
- 了解公共支出的定义；
- 了解公共支出演变趋势；
- 了解公共支出增长理论；
- 了解中国公共支出现实；
- 了解社会成本效益分析。

 引例

中国近年来在养老、医疗卫生、教育、住房保障等民生上投入较多，但仍有欠账，未来仍需耗费巨资，财政支出压力较大。显然，摆脱压力，需要多方着力。一些不必要的支出应及时终止。财政支出结构应进一步优化，并注意财政支出效率的提高。

2016 年全国一般公共预算支出基本情况如表 4-1 所示。

表 4-1 2016 年全国一般公共预算支出表

单位：亿元

项　目	公共财政支出	项　目	公共财政支出
一、一般公共服务支出	14 790.52	十、节能环保支出	4 734.82
二、外交支出	482.00	十一、城乡社区事务支出	18 394.62
三、国防支出	9 765.84	十二、农林水事务支出	18 587.36
四、公共安全支出	11 031.98	十三、交通运输	10 498.71
五、教育支出	28 072.78	十四、资源勘探信息等支出	5 791.33
六、科学技术支出	6 563.96	十五、商业服务业等支出	1 724.82
七、文化体育与传媒支出	3 163.08	十六、金融支出	1 302.55
八、社会保障和就业支出	21 591.45	十七、援助其他地区支出	303.175
九、医疗卫生与计划生育支出	13 158.77	十八、国土资源气象等支出	1 787.06

续表

项　目	公共财政支出	项　目	公共财政支出
十九、住房保障支出	6 776.21	二十四、预备费	
二十、粮油物资储备支出	2 190.01	全国一般公共预算支出	187 755.21
二十一、其他支出	1 899.33	扣除地方使用结转结余及调入资金后支出	181 843.90
二十二、债务付息支出	5 074.94	补充中央预算稳定调节基金	876.13
二十三、债务发行费用支出	69.90		

资料来源：2016 年全国一般公共预算支出决算表. http://yss.mof.gov.cn/2016js/201707/t20170713_2648981.html.

本章将集中分析公共支出问题。

所谓"公共支出"，就是公共部门提供公共服务的支出。社会一旦决定提供哪些产品和服务以及产量和品质，往往就意味着要有相应的公共支出。公共支出代表着执行这些政策的成本。

4.1　公共支出分类

公共支出可以有两种理解：一是通过公共部门预算提供产品和服务的成本。这是常见的公共支出的含义，等同于"财政支出"，也是公共部门账户上陈述的数目。二是除了财政支出外，还应加上私人的相关支出。政府执行的大多数规章制度和法律，都会导致私人部门的支出。如政府要求饭店改善消防设备的要求，就会导致店主花费相应的钱款。有些经济学家认为在计算公共部门支出时，应包括这类支出，因为这种支出是公共部门决策引起的。

4.1.1　按支出功能分类

公共支出按支出功能分类，即按政府支出的费用类别分类，可以分为投资性支出、教科文卫等事业支出、国家管理支出、国防支出和补贴支出。

1. 投资性支出

在计划经济条件下，政府直接组织经济建设，提供全社会经济建设资金。这就是财政的经济建设支出，包括财政的基本建设投资、增拨企业流动资金、挖潜改造资金支出、支援农业生产支出和其他经济建设支出等。市场化改革后，政府直接投资大量减少。当然，这不等于说政府从此不再承担任何投资性活动。从 20 世纪 80 年代的重点建设投资，到 1998 年和 2008 年两度实行积极财政政策的大规模基础设施投资，中国政府的投资性支出规模依旧不小。中国财政的公共化程度在加深，但为市场提供公共服务，决定了今后政府仍会有大量公共工程和其他公共设施的投资性支出。

2. 教科文卫等事业支出

教育、科研、文化、卫生、体育等活动，有助于国民经济发展、人民生活水平的提高和健康状况的改善。这些活动具有不同程度的正外部性，政府同样必须介入，并提供相应的财力支持。政府的这类支出是财政的教科文卫事业支出，主要包括受支持单位的人员经费支出、公用经费支出和其他事业发展支出等，也包括财政用于这些部门的投资性支出。在市场经济下，这类支出也是政府重要的支出内容之一，是政府为市场提供公共服务的重要手段。

3. 国家管理支出

国家管理活动是国家和政府存在与运转的具体体现。政府职责的履行，就是通过各种政务和管理活动完成的。在市场经济下，政府为市场提供公共服务，需要付出相应的费用。财政用于各级国家权力机关和国家行政机关的支出，构成了财政的国家管理费用支出，如各级人民代表大会及其常务委员会机关经费，政府机关经费，公安、检察、法院、司法、安全等国家机关的人员经费、公用经费等。此外，驻外使馆等机构经费、国际组织经费、捐赠支出等也属于国家管理支出。随着国家机构改革的深入，这类财政支出的内容和具体项目也会发生重大变化，最终将完全具有公共支出性质。

4. 国防支出

国家防务自古以来就一直是必须由国家承担的基本职责之一。提供防务保护是国家存在的典型特征。国家防务的提供，需耗费巨额资源和要素。近现代国家每年都必须在其预算中安排相当数额的支出，用于军队和其他国防建设。这就是财政的国防支出。在中国，国防支出包括现役部队、国防科研事业费、专项工程、国防动员和其他国防支出。

5. 补贴支出

现代国家通过提供各种补贴来履行其所承担的社会经济职责，调节社会经济活动，不受计划经济或市场经济背景影响。只是在不同的经济背景下，补贴的范围、规模、内容、程度乃至作用不同。

计划经济时期的财政补贴，与国家计划价格相配合，直接服务于国家配置社会资源的指令性计划。改革开放以来，财政补贴不再服务于国有企业营利行为，而服务于市场，服务于经济体制改革和社会稳定的内容逐步增大，从而逐步增强了财政支出的公共性质。

此外，公共支出还包括一些杂项支出。

按政府职能对公共支出进行分类，能够清晰、全面、具体地反映政府执行了哪些功能及政策侧重点，能够对一个国家的公共支出结构变化作动态分析，从而看出政府职能结构和内容的演进状况，有助于预测未来公共支出的发展变化趋势。按功能分类还可用于对政府经济和社会职能履行情况作国际横向比较，揭示各国各项政府职能的构成及异同。

政府支出功能分类，就是按政府主要职能活动分类。中国政府支出功能分类设置一般公共服务、外交、国防等大类，类下设款、项两级。《2018年政府收支分类科目》支出功能分类类级科目包括：一般公共服务支出、外交支出、国防支出、公共安全支出、教育支出、科学技术支出、文化体育与传媒支出、社会保障和就业支出、医疗卫生与计划生育支出、节能环保支出、城乡社区支出、农林水支出、交通运输支出、资源勘探信息等支出、商业服务业等支出、金融支出、援助其他地区支出、国土海洋气象等支出、住房保障支出、粮油物资储备支出、预备费、其他支出、转移性支出、债务还本支出、债务付息支出和债务费用发行支出。

4.1.2 按支出经济分类

财政支出用途由政府职责决定。在不同时期不同国家，政府的具体职责和任务不同。不同的经济体制下政府职责差异更大。这样，不同时期不同国家的财政支出，具体用途纷繁复杂，甚至千差万别，不存在一个固定模式。

支出经济分类，是按支出的经济性质和具体用途所做的一种分类。在支出功能分类明确反映政府职能活动的基础上，支出经济分类明确反映政府的钱究竟是怎么花出去的。这种分类也有利于公共支出份额的分配，有利于公共支出的管理监督。中国政府支出经济分类设置工资福利支出、商品和服务支出等大类，类下设款级科目。《2018年政府收支分类科目》部门预算支出经济分类类级科目包括：工资福利支出、商品和服务支出、对个人和家庭的补助、对企业补助、债务利息支出、债务还本支出、基本建设支出、其他资本性支出和其他支出。

4.1.3 按支出的使用部门分类

公共支出按使用部门分类，即按政府组织机构分类，表现为公共支出在政府各部门之间的配置结构。不同时期不同国家的政府组织机构也不尽相同。目前中国政府支出按其使用部门来考察，主要包括用于工业、农业、林业、水利、交通运输、商务、文化、教育、科学、卫生、国防、行政等部门的支出。每个部门还可细分，如对工业部门的支出，可分为对各具体工业部门的支出；对教育部门的支出，可分为对各级各类学校的支出等。通过这种分类，有利于提高部门支出绩效，也为保持公共支出在各部门之间的合理比例关系提供了条件。

专栏 4-1

中国政府收支分类改革之后的政府支出分类

2007 年，中国政府收支分类进行了一次重要的改革。建立新的政府支出功能分类体系是这次科目改革的核心。新的支出功能分类从根本上作了改变，不再按经费性质设置科目，而是按政府的职能和活动设置科目。政府各项支出究竟做了什么事，就能直接从科目上看出来。支出功能分类设置类、款、项三级。类级科目反映政府的某一项职能，款级科目反映为完成某项政府职能所进行的某一方面工作，项级科目反映某一方面工作的具体支出。例如教育是类级科目，普通教育是款级科目，普通教育下的小学教育就是项级科目。这样，政府的钱做了什么事，做每项事花了多少钱，在预算上就能清楚地反映出来，老百姓也能看得懂。

这次改革旨在建立新型的支出经济分类体系。支出经济分类简单说就是对支出的具体经济构成进行分类。例如，用于小学教育的支出，究竟是盖了校舍还是发了工资，就要通过经济分类来反映。如果说功能分类是反映政府支出"做了什么事"的问题，经济分类则是反映"怎么去做"的问题。按照这个思路，支出经济分类对原来的支出目级科目作了扩充和完善。

支出经济分类与支出功能分类从不同侧面、以不同方式反映政府支出活动。支出分类与部门分类编码和基本支出预算、项目支出预算相配合，在财政信息管理系统的有力支持下，可对任何一项财政支出进行"多维"定位，清清楚楚地说明政府的钱是怎么来的，干了什么事，最终用到了什么地方，为预算管理、统计分析、宏观决策和财政监督等提供全面、真实、准确的经济信息。

资料来源：1. 李丽辉. 财政部副部长楼继伟介绍政府收支分类改革[N]. 人民日报，2006-03-13.
2. 财政部. 中国财政基本情况 2011[EB/OL]. http://www.mof.gov.cn/zhuantihuigu/czjbqk2011/.

4.1.4 按对市场需求的影响分类

根据对市场需求的影响不同，公共支出可区分为购买性支出和转移性支出两大类。购买性支出是政府用于购买经常性商品和服务（即劳动力、消费品等）、资本品和服务（即道路、学校和医院等公共部门投资）等的支出，是公共部门为了获得经济资源的所有权而安排的支出。一旦公共部门使用了资源，就排除了其他部门对这些资源的使用。公共支出是以放弃其他部门的产出为机会成本的。

转移性支出是公共部门无偿地将一部分资金的所有权转移给他人所形成的支出。例如，财政安排的养老金支出、补贴支出、失业救济金支出等。转移性支出的经济含义，是政府从某些私人主体获得资源，然后转给另一些私人主体。这是资源在社会成员之间的再分配活动，公共部门是资源流动的中介机构或中转站。

专栏 4-2

中国的公共支出

中国尚处于经济社会转型期，公共支出散落于各部门，理论上对之可以有预算内公共支出、预算外公共支出和制度外公共支出之分。预算内公共支出是列入政府的年度预算的财政支出，其数据容易获得。预算外资金是各地各部门根据有关法律法规提取的不在预算内反映的财政资金。预算外支出是以预算外资金为基础形成的支出。中国预算外资金的范围经过多次调整。1993 年之前，其范围广泛，包括国有企业的大量预算外资金。以后，中国又对预算外资金的管理进行了多次调整。预算外资金规模相对下降。预算内公共支出和预算外公共支出都是在政府的正式制度之内形成的，统称制度内公共支出。制度外公共支出是指游离于此之外的公共支出。从支出的用途上看，它和预算内、预算外公共支出并无太多差异。差异主要在于支出的资金来源上。

制度外资金来源通常没有法律依据，它可能是通过民众自愿集资来的（例如，自愿集资举办大型公共工程），也可能是政府部门违规收费、摊派、罚款所带来的。中国预算内公共支出、预算外公共支出和制度外公共支出一度三足鼎立。随着公共支出管理改革步伐的推进，所有的公共支出最终将全部并入预算内。

在中国，除了直接的公共支出之外，还有多种形式不计入公共支出，但实际上承担着公共支出职责的经济活动，例如国有企业提供的公共服务、村委会的准财政活动、代替公共支出的政府管制、中央银行的准财政活动等。

资料来源：樊纲（1995）；王雍君（2000）。

4.2 公共支出演变的理论分析

各国公共支出规模都经历了一个从小到大的演变过程。工业化国家从19世纪70年代直至20世纪90年代中期，公共支出基本上保持增长态势。转型之前的各个社会主义国家，尽管政府掌握了大量的经济资源，而不同于市场经济国家，但公共支出的演变也表现出相同趋势。从20世纪80年代开始，英美等发达国家开始进行财政调整，公共支出规模得到控制，支出增长得到一定程度的遏制。转型国家的政府则在改革中逐渐退出营利性经济领域，公共支出的相对规模也在一定时期内呈现出缩小的状态。

有多种理论致力于解释公共支出的增长现象。本节将简要介绍。

4.2.1 瓦格纳法则

德国财政学家阿道夫·瓦格纳（Adolph Wagner，1835—1917）探讨了公共部门规模问题。在考察了19世纪许多西欧国家以及美国和日本的公共部门增长状况之后，瓦格纳认为，公共支出的增长是政治和经济因素共同作用的结果。

瓦格纳指出，随着经济的工业化，不断扩张的市场和市场主体之间的关系已变得越来越复杂。市场相互作用的复杂性使得商业规则和契约变得很有必要，需要建立一套司法制度来执行法律。城市化程度和居住密度的提高，导致外部性和拥挤问题的加剧，从而要求公共部门进行干预和管理，需要公共部门提供服务。

公共部门服务体现在法律、警察和金融等多个方面。至于教育、娱乐和文化、医疗和服务方面公共支出的增长，瓦格纳认为这些服务代表着更高一级的或具有收入弹性的需要。随着人民实际收入的提高，对这些服务的公共支出的比例也会提高。后来的学者将他的这些观点概括为瓦格纳法则或瓦格纳定律。该法则指出，财政支出占国民生产总值的比例是不断增长的，即随着经济中人均收入的增长，公共部门的相对规模也相应扩大。

瓦格纳法则集中分析了公共支出的需求因素。瓦格纳所处的是工业化还在进行中的德国。这样特殊的历史背景，使得瓦格纳不可能也没必要去解释以下问题：如果经济进入成熟阶段或陷入滞胀阶段，公共部门会怎么演变？瓦格纳假定国家是个有机体，含有技术决定论（目的论）的因素，并认为收入增长几乎不可避免地会导致公共部门的扩张。

从对理论发展的贡献角度来看，瓦格纳对公共支出演变趋势的分析，更多的是提醒人们注意公共支出不断增长这一现象。

4.2.2 时间型态模型

皮科克和怀斯曼（Peacock and Wiseman，1961）分析了1890—1955年英国公共支出的演变情况，提出了公共支出增长的时间型态模型。他们假定，政府喜欢多花钱，老百姓不喜欢多纳税，因此政府必须注意人民的意愿。据此，他们的公共支出分析转向投票箱对公共支出增长的影响上来。在他们看来，作为投票人的人民乐于享受公共产品的收益，却不愿为此纳税。因此，政府在支出决策时，必须密切关注人民对所隐含的税收的反应。

时间型态模型假定存在一个人民可以容忍的税收水平，政府支出安排必须考虑该因素的约束。他们认为，随着经济增长和人民收入的增加，税率不变，税收收入也会自动增加；公共支出规模不仅会随着国民生产总值（GNP）的增长而绝对增长，而且由于累进税制的存在还会呈现出相对增长的态势。进一步看，公共支出在正常时期就有内在增长趋势，而在特殊时期（例如，发生社会大动乱、战争、严重的自然灾害等），公共支出的逐渐上升曲线会受到影响而改变。例如，战争、饥荒和某些大规模的社会灾难等大事变，要求政府采取应对措施，导致公共支出剧增。相应地，政府将被迫提高税收水平以满足新增的支出需要。不过，在危机发生时，税收收入的增加通常是人民可以接受的，从而使得公共支出的渐进上升状态转变成为急剧上升状态。但在特殊时期过后，公共支出通常不会回落到原有水平上，而是会有所增加，是在新的水平线上进行新一轮的渐进上升。

以上分析包含了两种效应：一是"替代效应"（displacement effect），即在危机时期，公共支出会替代私人支出；二是"意识效应"（inspection effect，又译为"审查效应"），即危机发生后，人们意识到了某些问题的严重性，从而愿意相应地增加公共支出。一般来说，公共支出不会回落到原来的水平上。另外，在特殊时期，中央政府通常还会加强财政集权，表现为中央政府支出占全部公共支出比重的上升，这就是"集中效应"（concentration effect）。

图4-1（a）描述时间型态模型。该图横轴表示时间，纵轴代表财政支出占GNP的比重。图4-1（b）和图4-1（c）具体展示了时间型态模型的其他两个版本。图4-1（b）说明特殊时期过后，财政支出会在更高的起点上按照原来的内在增长趋势增长。图4-1（c）则说明财政支出回到原来的水平。

注意，图4-1（c）实际上假设财政支出占GNP的比重本来保持在一个较为稳定的水平上。这种提法与标准的时间型态模型有差异，但在税收都受到人民的约束这一点上，两者是一致的。

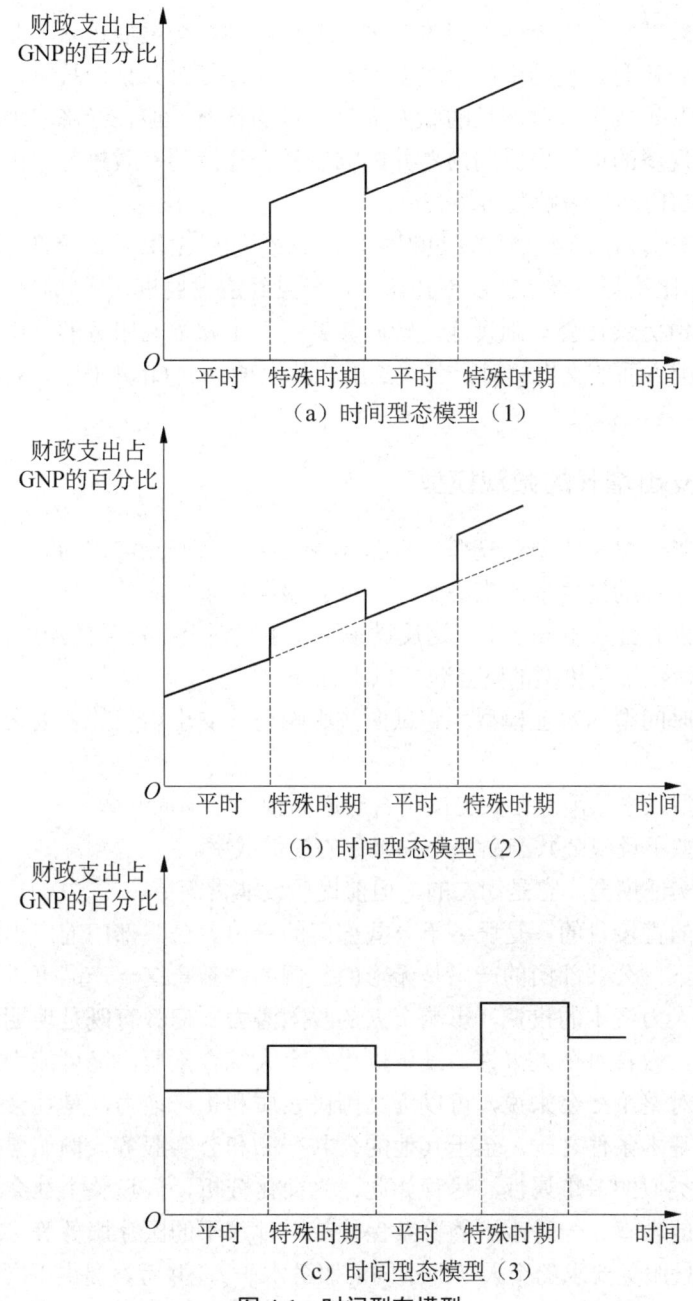

图 4-1　时间型态模型

资料来源：Peacock&Wiseman（1961）；Gemmell（1993）。

4.2.3 "发展型"增长论

马斯格雷夫（Richard A. Musgrave，1911—2007）和罗斯托（Walt Whitman Rostow，1916—2003）从经济发展的角度，分别对公共支出增长进行了分析。他们认为，在经济增长和发展的初始阶段，公共部门的投资在整个国家经济总投资中占有很高的比重，为社会提供了诸如治安、道路、交通、教育和卫生等必不可少的公共产品和公共服务。这就必须有足够的公共部门投资来促使经济和社会发展进入"起飞"的中级阶段。到了经济和社会发展的中级阶段后，政府继续进行公共部门投资，而此时的公共部门投资已经开始成为日益增长的私人部门投资的补充。但在经济发展的所有阶段，随时都可能出现新的市场失灵的问题并影响着社会经济的有效进行。因此，政府还要通过增加公共部门活动来解决市场失灵问题。[①]

马斯格雷夫认为，在经济发展过程中，当总投资占 GNP 的比重增加时，公共部门投资占 GNP 的比重却下降了。罗斯托认为，一旦经济发展进入成熟阶段，公共支出的主要目的将会由提供社会基础设施，转向教育、卫生和福利服务的支出。用于社会保障和收入再分配方面的支出相对于公共支出的其他项目及 GNP 而言，都将会有较大幅度的增长。

4.2.4 公共支出增长的微观模型[②]

构建公共支出增长的微观模型，旨在寻找引起公共产品需求的微观因素，并检验该需求对公共服务的提供所产生的影响。公共服务供求之间的相互作用，决定着通过公共预算所提供的公共服务水平。这反过来又产生了对公共产品的派生性需求。

公共支出微观增长模型的特点包括以下几项。

（1）它是时间型的实证模型。它试图按影响公共支出增长的各因素来说明公共支出的增长路径。

（2）该模型几乎不涉及公共支出是否应遵循预算平衡的问题。

（3）该模型不反映公共产品和公共服务的提供效率。

（4）作为实证模型，它是动态的，但前提假设非常简单。

公共支出的直接目的，是服务于公共部门的产出。公共部门的产出很难衡量，因为在多数情况下，公共部门的产出是无形的。例如，教育这一产品可以发挥多方面的作用：它是对人力资本的投资，影响个人的收入潜力。但教育既是现期消费品，又是可持续消费品。教育对个人来说，既可以提高个人综合素质，又可能为未来多赚钱打下基础。教育对整个社会来说，可以提高国民素质和生产能力，是社会发展和整体生活水准提高的基本条件之一。至于其他的公共产品和公共服务，例如警察、消防、卫生等，也都有类似的多重属性。尽管如此，为简化分析，假设整个社会只提供或高或低的一种水平的教育、一种水平的警察保护或一种水平的医疗服务等。这就使得可以考虑有不同数量服务要求的个人（即不同的服务水平），并考察提供不同服务水平的公共部门。

然而，公共部门产出衡量的难度不应夸大。私人产品往往也有多重属性。例如，玉器是一种中介性消费品，个人购买玉器可能不仅仅是用于欣赏，可能是因为拥有玉器可提高身价，还可能是希望通过收藏玉器来实现自身资产的保值增值。只不过对于

[①] 马斯格雷夫的有关论述，详见马斯格雷夫（1996），马斯格雷夫和马斯格雷夫（2003）；罗斯托的论述详见罗斯托（1998）和罗斯托（2001）。

[②] 本节主要根据布朗和杰克逊（2000，Ch.5）改写。

公共部门的产出来说，在许多时候，某一水平的产品和服务一旦提供，就马上被消费掉，并带来消费收益。消费者感兴趣的只是消费收益，如图4-2所示。

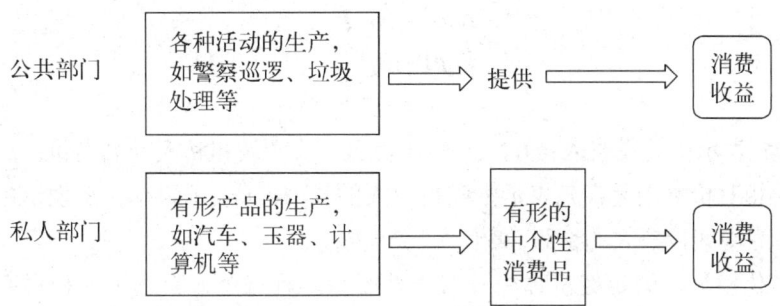

图 4-2 公共部门与私人部门产出与消费收益的比较

第 i 个人（任何人都是消费者）从公共部门和私人部门的产品消费中所获得的收益可以表示为

$$U^i = U^i(\boldsymbol{G}, \boldsymbol{P}) \tag{4-1}$$

其中，$\boldsymbol{G}$ 是公共部门的最后产出向量；$\boldsymbol{P}$ 是私人部门的最后产出向量；U 是效用函数。

这样，个人在一定的预算约束下要求特定水平的 G_k（即第 k 种公共提供的产品）。用 G_k^i 代表个人 i 对第 k 种公共部门提供的产品特定水平的需求。为提供特定水平的 G_k，公共部门组织了若干生产活动。公共部门的最终产出，以及用于生产这些产出的公共部门活动方式之间的关系，可以概括为

$$X_k = X_k(L_k, M_k) \tag{4-2}$$

$$G_k = G_k(X_k, N) \tag{4-3}$$

其中，G_k 是第 k 种公共服务的最后产出；X_k 是用于生产 G_k 的中介活动；L_k 是生产 G_k 的劳动要素；M_k 是生产 G_k 使用的原材料；N 是人口规模。

总之，公共支出增长的原因包括以下几方面。

（1）对公共部门最终产出需求的改变。

（2）生产公共部门产出活动方式的改变，以及由此引起的生产过程中要素组合的改变。

（3）公共部门产出质量的改变。

（4）要素价格的改变。

4.2.5　公共产出水平的决定

前文已经对公共产品和公共服务的提供模型和公共选择理论作了初步分析。从中可以知道，公共产出由需求和供给双方共同决定，最终产出水平取决于双方力量对比。

从作为供给者的政治家角度来看，政治家的效用函数为

$$U^p = U^p(S, \boldsymbol{G}, \boldsymbol{P}) \tag{4-4}$$

其中，U^p 是第 p 个政治家的效用函数；S 是因职位而获得的个人收益；$\boldsymbol{G}$ 是公共供应的产品/服务的向量；$\boldsymbol{P}$ 是私人部门产品的向量。

政治家为了当选，通常要考虑中间投票人的意愿。中间投票人的目标是最大化其效用函数，用公式表示为

$$\max U^i(\boldsymbol{G}, \boldsymbol{P})$$
$$s.t. \boldsymbol{p}\boldsymbol{P} + tB_i \leqslant Y_i \quad (4\text{-}5)$$
$$T_i = tB_i$$

其中，i 表示中间投票人；$\boldsymbol{G}$，$\boldsymbol{P}$ 分别表示公共产品和私人产品向量；$\boldsymbol{p}$ 表示私人部门产品的相对价格向量；Y_i 表示中间投票人的收入；t 表示税率；B_i 表示中间投票人的税基；T_i 为中间投票人的纳税总额，即 $T_i = tB_i$。

为了简化模型，假定经济体中只有一种税基，且每个人只适用一种税率，那么根据定义有

$$t \equiv \frac{e\boldsymbol{G}}{\sum B_i} \quad (4\text{-}6)$$

其中，e 是所有公共产出中公共部门单位成本的向量，即 $e = \{e_1, \cdots, e_k, \cdots, e_m\}$；$\sum B_i$ 表示经济体中的总税基。

中间投票人对公共总产出（D_G^i）的需求函数定义为

$$D_G^i = D_G^i(\boldsymbol{p}, B_i, Y_i, \sum B_i) \quad (4\text{-}7)$$

图 4-3 描述了中间投票人对第 k 种公共部门产品 G_k 的需求状况（D_0^i）。这时，可以把第 k 种公共部门产品的价格 t_k 视为中间投票人承担公共产品和公共服务成本的份额。这样，对于公共产品和公共服务需求的分析，与市场上的私人产品需求的分析相比，并无太大差异。该图表示：若其他条件不变，税基 B_i 下降，则产量提高，需求曲线外移，例如，从 D_0^i 到 D_1^i。如果其他条件不变，中间投票人的收入 Y_i 提高，那么产量也将提高。如果其他条件不变，总税基 $\sum B_i$ 提高，产量也将提高。

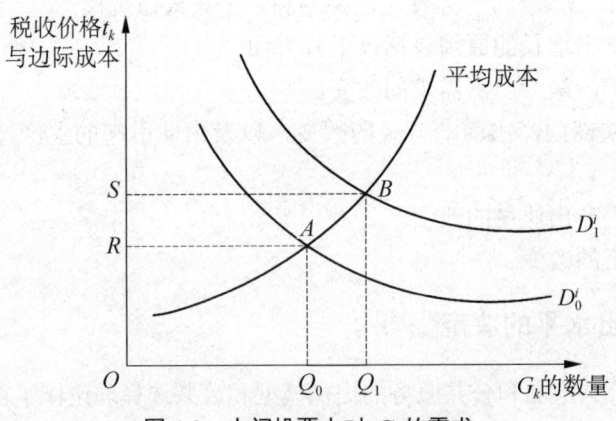

图 4-3 中间投票人对 G_k 的需求

图 4-3 给出不同水平 G_k 的平均成本曲线。G_k 的均衡水平为 OQ（分别由 OQ_0 和 OQ_1 表示）。如果需求曲线外移，那么总成本也相应发生变化（从 OQ_0AR 提高到 OQ_1BS）。

一般认为，随着收入的增加，对公共产品和公共服务的需求也会随之增加。增加的水平还取决于成本曲线的变化状况。

1. 服务环境

公共支出的大小受到服务环境的制约，即提供某种水平产出所需资源的一组社会经济和地理变量的制约。

以警察服务为例。中间投票人在任何时候都有一定的需求。假设提供的服务达到均衡水平。提供公共安全和社会治安保护的警察活动，将随着特定环境变化而变化，而该环境则是由该地的"赃物"数量、逮捕犯人的概率，以及该地社会稳定总体状态和人口结构等因素所组成。

2. 人口变化对公共支出的影响

人口规模、年龄结构、人口密度等，都会对公共支出产生影响。

纯公共产品具有消费的非竞争性，人口增长不会导致公共支出增长。由于人口增加，每个人所分摊的公共产品和公共服务成本（人均支出）反而会下降。这种下降相当于价格变化（下降），会导致对服务需求水平的上升。

对于公共部门所提供的产品，从人口规模对公共支出影响的角度来看，可以概括为一种拥挤函数：

$$A_k = \frac{X_k}{N^\alpha} \tag{4-8}$$

其中，A_k 是第 k 种公共产品 G_k 的效用服务；X_k 是用于生产 G_k 的活动（或设备）；N 为人口规模；α 为拥挤指数。

对于纯公共产品来说，α 等于 0；就私人产品而言，α 等于 1。其他大量产品的 α，则介于 0 和 1 之间。

后面的章节所要分析的教育，就是一种 α 介于 0 和 1 之间的产品。学龄儿童人数增加，可能要求扩大学校规模或数量。人口老龄化对社会保障支出的需求，就比一般社会要高得多。在地广人稀和人口稠密的社会中，公共部门产出的规模效应和受益范围也有很大差别。陈岱孙先生早在 1926 年的博士论文中就讨论了人口密度与政府开支的关系（见专栏 4-3）。

专栏 4-3

陈岱孙关于地方政府开支和人口密度关系的研究

陈岱孙（1900—1997）早年留学美国哈佛大学，并获得博士学位。他 1926 年提交的博士论文为《马萨诸塞州地方政府开支和人口密度的关系》。人口密度和地方政府开支之间的关系，是一个重要的问题。人口增加了，地方政府的开支会有何变化？陈岱孙根据马萨诸塞州市镇人口和开支的丰富统计资料，对二者的关系作了深入研究，对当时各界的不同看法作了回答。如果人口增多，政府活动必有相应增加，那么在其他条件不变时，政府活动扩大必然引起货币开支总额的增长。问题不在于总开支会随人口增长而增加，而在于以什么比例增加。是相同的比例，还是大于人口增长的比例，或是小于人口增长的比例增加？这关系到纳税人的人均负担或不变、或增加、或下降的问题。

陈岱孙对不同项目的经常开支与人口增长关系做了研究。他的研究表明：随着人口增长，教育开支和公路开支显示出明确的下降趋势；保护人身及财产、卫生和保健、慈善事业和军人福利、图书馆、娱乐和支付利息的开支都显示出上升的趋势。此外，还有项目的变化趋势是随人口密度增长既不上升也不下降。总经常开支的变化趋势是合成了具体项目的不同趋势的结果。

资料来源：陈岱孙（1989）；晏智杰，唐斯复（1998）。

3. 公共提供产品的质量

公共产品和公共服务提供的质量变化，也会影响公共支出。例如，学生与教师的数量比率规定的变化，就可能导致教师数量的增加或减少。又如，教育水平的提高，往往要求政府扩大教育投资规模，增加经费投入。再如，医生和病人比率的变化，医疗水平的提高，也会要求政府医疗卫生支出的相应变化。

4.2.6 非均衡增长模型：公共部门要素价格和公共支出

鲍莫尔（William Jack Baumol，1922—2017）将经济体分为两个部门：进步部门和非进步部门。进步部门生产率高，非进步部门生产率相对较低。这是因为：进步部门具有规模经济和技术革新优势，劳动生产率容易提高。生产率差异的直接原因是劳动要素在生产过程中的作用差异所致。在进步部门，劳动主要是作为工具使用，是生产最终产品所不可或缺的要素。而在非进步部门，劳动本身就是最终产品。进步部门可以用资本替代劳动而不影响产品的性质，而非进步部门由于劳动服务本身就是提供消费的产品的一部分，劳动量的减少就会改变所生产的产品的性质。

非进步部门通常包括服务性行业，如公共部门的服务、餐馆、手工艺行业、表演行业等。这些行业的生产和服务都是劳动密集型的。生产率提高在这些行业中虽并非不可能，但只是偶然发生，且速度缓慢。

而对于经济体中的进步部门，假定劳动生产率提高与小时工资率一致，即进步部门的单位成本长期保持不变。为了防止劳动力从非进步部门流向进步部门，非进步部门不得不把工资率提高到与进步部门相当的水平。如果非进步部门生产率提高速度不如进步部门，那么非进步部门的单位成本就会提高，这意味着下一阶段非进步部门相对于进步部门产出的机会成本的提高。如果非进步部门产出不下降，那么，总成本必然上升。

鲍莫尔把公共部门视为非进步部门，把私人部门视为进步部门，对公共支出增长提供了一种解释。

假设非进步公共部门的产出 X_1 完全只由生产率水平不变的劳动要素 L_1 生产，进步的私人部门中劳动生产率则以指数为 r 的速度增长，这就使私人部门 X_2 的产出出现指数增长。

其生产函数为

$$X_{1t} = \alpha_1 L_{1t} \tag{4-9}$$

$$X_{2t} = (\alpha_2 e^{rt})L_{2t} \tag{4-10}$$

$$\frac{X_{1t}}{X_{1t}+X_{2t}} = \frac{\alpha_1 L_{1t}}{\alpha_1 L_{1t}+(\alpha_2 e^{rt})L_{2t}} \tag{4-11}$$

假设各部门间的工资率相等,其增长与私人部门生产率同步,则

$$w_t = w_0 e^{rt} \tag{4-12}$$

公共部门的单位成本为 C_{1t},则

$$C_{1t} = \frac{(w_0 e^{rt})L_{1t}}{\alpha_1 L_{1t}} = \frac{w_0 e^{rt}}{\alpha_1} \tag{4-13}$$

私人部门的单位成本为 C_{2t},则

$$C_{2t} = \frac{(w_0 e^{rt})L_{2t}}{(\alpha_2 e^{rt})L_{2t}} = \frac{w_0}{\alpha_2} \tag{4-14}$$

公共部门的单位成本将随私人部门生产率的提高而逐步提高;私人部门的单位成本则保持不变(Baumol,1967)。

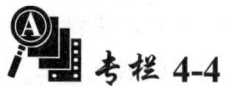

专栏 4-4

中国公务员加薪

1999—2003 年,中国公务员四次加薪。国务院总理朱镕基 1998 年定下三年内公务员工资翻一番的目标,而原定于 2002 年下半年的加薪计划由于国家财政紧张,资金首先用于了扶贫。2003 年的加薪计划由于 SARS 突发而受到影响,国家财政被紧急用于疫情控制,所以这笔资金一直没有到位。而经济形势在 2003 年年末得到好转之后,财政部立刻调拨资金实施公务员补薪方案。

加薪的原因,有的认为是为了扩大内需,有的认为是公务员收入太低。对原因所持看法的差异,导致对加薪的不同态度。有的认为社会存在困难群体,不宜给公务员加薪。有的则从公务员收入与企业收入的差距角度,认为提高公务员工资势在必行。经济学家戴园晨说:"第一次给公务员加工资,我举双手拥护,第二次给公务员加工资,我一个手拥护,一个手不拥护,2002 年还要给公务员加工资,我举双手反对。加一次工资 1 000 多亿元,这 1 000 多亿元用在解决农村义务教育方面,可以减轻农民的负担,有 1 000 亿元,农村义务教育都解决了。"现在,包括戴园晨在内的许多学者认为重要的是加薪机制,而不是加薪的多少问题。

社会存在困难群体并不意味着不能给公务员加工资,不应该把这两个问题简单地联系在一起。

资料来源:1. 安明静. 由双手拥护到双手反对 经济专家反对公务员再加薪[N]. 国际金融报,2002-04-02.

2. 刁冬梅. 公务员加薪遇挫缺钱还是缺机制[N]. 中国经营报,2003-02-11.

3. 刘尚希. 公务员加薪与增加内需无关[EB/OL]. http://finance.sina.com.cn,2003-12-03. 原载金羊网《羊城晚报》(刘尚希访谈录)。

4. 周浩. 公务员加薪本月实施 职务工资月增 30~300 元不等[N]. 东方早报,2003-12-04.

中国财政支出占国内生产总值（GDP）的比重从 1979 年开始，经历了一个迅速下滑的过程，1996 年仅为 11.16%，1997 年下滑趋势才得以扭转，2017 年增长到 24.58%。[①]

4.2.7 未来的公共支出

从 20 世纪 80 年代至今，各国公共支出总量不再像以前那样不断增长，而是出现了调整趋势。其中，最引人注目的是西方许多国家推行私有化计划。英国在 1979 年撒切尔夫人上台之后，掀起了国有企业私有化浪潮，并波及全世界；前计划经济国家向市场经济的转轨，大大缩小了公共支出规模。

对这种现象的常见的解释是：公共部门的低效率导致了压缩公共部门的必要性。多数国家的公共支出用于提供直接的公共产品和公共服务：法律与秩序的维持、国防等；公共雇员的工资（公共产品提供的成本）；具有再分配性质的转移性支出（它们也有公共产品的某些特征）。这样，公共产品提供效率的降低，也可能会成为提高最优公共支出规模的理由：效率降低减少了公共支出的（总）效益，但（由于物理提供量的不足）反倒增加了对公共支出的需要（黄有光，2003）。如果这种理由能够成立，那么未来公共支出可能进一步增长。

黄有光认为，尽管公共部门的相对规模较以前有所扩大，但它依旧低于最优水平。原因如下：环境质量在很大程度上是一种全球性公共产品。环境质量是一个极具长期性的问题。在比较公共支出与私人支出效益时，人们倾向于过高估计后者的重要性。由于受相对收入效应的影响，其中包括相互攀比的心理，人们非常重视私人消费。科学研究，尤其是基础理论研究，在很大程度上也是一种全球性公共产品，各国的科研支出也低于理想水平。但是，在给定知识水平的条件下，一旦某个基本的消费水平得以满足，再增加私人消费对福利的增进作用就不太明显了（特别是就整个社会而言，原因是存在相对收入效应）。由于公共组织运作效率较低，在一些领域实行私有化和放松有损效率的管制措施，都不失为明智之举。公共支出在某些方面的确存在浪费和低效率问题。不过，近年风行全世界的削减公共支出的浪潮，尤其是由此引起的科研经费的减少，可能对社会福利极其有害。为此，极有必要在国际上开展合作，以迅速扩大在环保和科研等全球性公共产品上的支出。

总之，他认为，私人消费水平达到一定程度，福利已很难再增加；而公共支出的增加，将会继续增加福利，因此，应增加公共支出。

关于未来公共支出总量应当多大的问题仍然存在争议。有许多学者认为，既然公共部门效率相对较低，那么更多的事应由私人部门来做，这决定了断无公共支出增长之理。

在公共支出结构上，也有许多争论。公共支出应主要用于哪些方面：是更多地用

[①] 中国国内生产总值（GDP）数据经过多次调整，本书 GDP 所依据的数据是国家统计局网站（www.stats.gov.cn）公布的最新数据（截至 2018 年 6 月 23 日）。2017 年财政支出数据见财政部网站（www.mof.gov.cn）。

于国防、教育、科研、农业,还是其他?在民主社会中,公共支出的用途最终取决于公共选择的结果。

4.3 社会成本—效益分析法

衡量公共支出效益需要采取一定的技术方法。美国最早对联邦政府的水利资源支出利用成本—效益分析法进行了评价,1950 年以后,这种技术才在公共投资上广泛运用。1965 年,设计—计划—预算制度(Planning Programming and Budgeting System, PPBS)开始推行。成本—效益分析(Cost-Benefit Analysis, CBA)方法常用来评估公共支出项目。如果一个公共支出项目的收益大于成本,那么该公共支出项目就是可行的。一般来说,公共支出项目的成本和收益不会均匀分布,因此即使收益总量超过成本,有人也可能受损。

4.3.1 社会成本—效益分析法的基本原理

公共支出的成本—效益分析方法,即社会成本—效益分析法,是在借鉴私人企业财务分析方法的基础上形成的,其基本原理是用最小的成本去获得最大的效益。在市场有效运作时,判断项目是否有效,根据的是价格与边际成本的对比关系,只要价格大于边际成本,项目就是可行的。在社会成本—效益分析中,所考虑的边际收益和边际成本都是社会的,而不是私人的。只要边际社会收益大于边际社会成本,公共支出项目就是可行的。

如果某一投资方案在第 t 期的净收益(收入减成本)为 R_t,r 为利息率,则该方案在第 t 年的净收益为 $1/(1+r)^t$,并且该方案预定项目的持续时间为 N 期,则它的净收益 PDV 总值为

$$\text{PDV} = R_0 + \frac{R_1}{1+r} + \frac{R_2}{(1+r)^2} + \cdots + \frac{R_t}{(1+r)^t} + \cdots + \frac{R_N}{(1+r)^N} \tag{4-15}$$

$$R_t = B_t - C_t \quad (t = 0, 1, \cdots, t, \cdots, N) \tag{4-16}$$

其中,B_t 为每期的收益;C_t 为每期的成本。

上述公式所讨论的是,只要项目收益大于成本,项目就可行。这种方法的变种,是成本有效性方法。该方法是在收益既定(有几种方案都能实现同样目标)时,选择成本最低的方案。例如,京沪高速铁路可供选择的方案有磁悬浮和轮轨,如果效果差不多,那么所比较的就是成本了。再如,一国要扩大高校入学率,有多种方案可供选择,如创办新校,或老校扩招,或对其他类型的学校进行改造,或这几种方法混合使用等。

另一方法是用收益与成本之比来判断项目是否可行。如果(收益/成本)大于 1,那么该项目可行。若有几个方案可供选择,且各方案的该值都大于 1,则该比值最大的项目优先。内部收益率法也是进行成本—效益分析经常采用的方法。

公共支出的社会成本—效益分析方法没什么特别,企业的成本—效益分析法同样适用。只不过在分析中应该注意,企业(私人)仅考虑本企业内发生的成本和收益,

而公共支出项目则除了考察项目自身的直接成本和收益外，还要考虑该项目对社会发生的影响，即该项目之外的间接成本和费用。

4.3.2 社会成本—效益分析方法的困难

如何考虑和确定社会成本和社会收益，是社会成本—效益分析方法实施的困难之所在。

现代人早已熟悉"时间就是金钱"，但要评估公共支出项目推行后所节约的时间价值，真是难事。政府投资改善城市交通状况，节约了人们的通行时间。怎样计算时间价值呢？一种观点认为，时间价值可以用小时工资率来计算。这是因为，人们节约的时间可用于创造新价值。如果一个人的工资率是每小时 100 元，那么节约两个小时的时间价值就是 200 元。有人则认为，用工资率来衡量时间价值不合理，因为有人不愿意再增加工作时间（或者无法增加工作时间），而更愿意选择休闲。如果他们对休闲的时间价值评价更低的话，那么这种估计方法高估时间价值。但是，如果他们对休闲评价更高的话，那么这种方法又低估了时间价值。

公共支出项目的推行，可能有助于挽救人们生命。例如，改善交通状况，降低了事故发生率，但生命价值该如何估计？生命无价！如果确实如此，那么只要能够挽救一条性命，投入增多也值得。显然，这会令项目评估根本无法进行。因此，现实选择是，根据预期寿命去估计人的时间价值。常用方法是估计所挽救的人的未来工作时间，再乘以工资率去计算出相应的价值。这种方法并非完美无瑕。有人就提出，退休之后个人的价值是否为负？果真如此，那么所挽救的个人的生命的价值就可能为负。

时间价值还可以用影子价格来测度。市场失灵意味着市场价格不能反映边际价值。例如，一度电的价格是 0.42 元，但电的生产会带来污染，其价值为 0.10 元，那么电的边际收益就不是市场价格，而是 0.32 元（0.42-0.10），这就是影子价格。影子价格是资源的真实成本或机会成本。[①]在不完全市场中，商品交易价格一般不能反映出这些商品的边际社会成本。垄断、征税、失业等都会导致这种现象的发生。这是社会成本—效益分析之所以要引入影子价格的原因。

假定私人投资 100 万元的年收益率为 12%。如果政府把这 100 万元抽走，用于公共项目，私人投资就会相应减少 100 万元，社会因此损失了私人项目可以获得的 12 万元。因此，公共项目的机会成本是私人部门的 12%的收益率。由于 12%衡量的是机会成本，所以选择它作为贴现率是合适的。至于这个收益是否应该课税，则无关紧要。无论收益给了投资者，还是一部分给了政府，税前收益率衡量的是这笔资金为社会所创造的价值。如果某人在进行本年度的消费和储蓄决策，他今年每消费 1 元，明年就要少消费 1 元以及这 1 元钱存款带来的利息。因此，现在消费 1 元钱的机会成本等于这 1 元钱存起来所能挣到的收益率。假定某人有一次税前收益为 12%的投资机会，但他必须按其收益的 50%向政府纳税。这样，他多消费 1 元钱，实际上放弃的是 6%的

[①] 发展中国家价格受多种因素的影响，常常是扭曲的。以扭曲的价格进行社会成本—效益分析，所得出的结论也势必是扭曲的。关于影子价格的进一步内容，可参阅 Boardman，Greenberg，Vining，Weimer（2011）。

税后收益率。由于税后收益率衡量的是个人消费减少时的损失，故通过减少消费而筹措的资金应按税后收益率来贴现。

公共部门融资减少私人部门的消费和投资，因此，解决办法之一是用税前收益率和税后收益率的加权平均数来贴现。税前收益率的权数是投资所占的资金比例，税后收益率的权数为来自消费的资金比例。如果所筹措的资金 1/4 来自投资的减少，3/4 来自消费的减少，那么，公共部门的贴现率为 7.5%（12%×1/4+6%×3/4）。在现实中，要算出多少资金来自投资，多少来自消费，也很难做到。

关于贴现率还有一种不同看法，即公共项目评价所使用的社会贴现率，不应等于私人投资所用的贴现率，而是前者应比后者低。公共项目通常能够造福后代就是其中的理由之一。

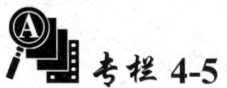

专栏 4-5

大坝惹是非

《中国国家地理》2003 年第 10 期特别策划了"水坝惹是非"专题。中国是世界上拥有水坝数量最多的国家，除了雅鲁藏布江和怒江，几乎所有大小江河的干流或支流上都建有水坝，总数超过 8.6 万座。一方面是人口膨胀、经济增长对水、电资源与日俱增的期望，另一方面则是来自生态环境和社会分配的一片讨伐声。怒江是否应该进行水电开发？主张建坝者认为，这是让河流为人类造福。有关专家所罗列的好处大致有：发电、防洪、供水、灌溉、旅游、航运、养殖、有效扶贫等。反对者认为怒江的水电开发是一个"要大坝，还是要世界自然遗产"的问题，水电开发并不能使当地农民变富，他们指出大坝发电是落后的生产力，甚至高呼中国正以历史上最脆弱的生态系统承受着最多的人口和最强的发展压力。

在人类的筑坝历史上，大型水坝的建设，常常被认为是人类意志力的骄傲和进步的象征。但随着人类环境意识的觉醒以及可持续发展理念的诞生，在经历了对大坝的顶礼膜拜之后，在世界范围内，人们终于开始重新审视和反思大坝带来的一系列问题，开始放弃大坝是解决水资源问题的唯一方法的理念。同时，以世界上最早建造大型水坝的美国为代表，因为生态、老化、公共安全等方面的原因，拆除那些老化的以及有严重问题的水坝，恢复自然的、富有生气的河流，已成为一种新的趋势，预示着后大坝时代的到来。

资料来源：中国国家地理，2003（10）。

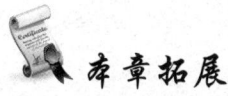

本章拓展

坦齐和舒克内希特（2005）对 20 世纪公共支出的演变做了系统的阐述。Hauptmeier, Heipertz, Schuknecht（2007）以八个国家为例，研究了过去 20 年工业化国家公共支出改革情况。Boardman，Greenberg，Vining，Weimer（2011）系统介绍了成本—效益分析方法。朱幼棣（2011；2012）对中国多个重点工程的成本和效益进行了反思。读者可结合社会成本—效益分析法进行阅读。

- 公共支出是公共部门提供公共服务的支出，它反映政府的政策选择。政府一旦决定供应哪些产品和服务，生产多少、产量质量如何，公共支出就代表着执行这些政策的成本。
- 公共支出可以按政府职能、支出的用途、支出的使用部门、对市场需求的影响不同等标志进行分类。
- 根据对市场需求影响的不同，公共支出分为购买性支出和转移性支出。
- 转型期中国公共支出包括预算内公共支出、预算外公共支出和制度外公共支出。
- 截至20世纪80年代，各国公共支出出现了不断增长的趋势。瓦格纳法则概括了公共支出的这种趋势。解释公共支出不断增长的理论有许多，例如时间型态模型、"发展型"的公共支出增长理论、公共支出的微观模型等。
- 进入20世纪80年代之后，各国公共支出进行了调整。未来公共支出应当继续增长，还是应当缩减仍有争议。公共部门的低效率既可以是公共支出缩减的理由，也可能成为公共支出增长的理由。
- 社会成本—效益分析法，是评价公共支出成本和效益的基本方法。其原理和私人企业财务评价相同，但社会成本—效益分析法因为所要评价的许多成本和收益没有市场价格而变得更难。

1. 结合本章以及前面相关章节的理论，评价中国三峡工程、南水北调、西气东输、青藏铁路等大型公共项目。
2. 公共支出的变化趋势是不是带有偶然性？2003年"非典"（SARS）过后，中国增加了公共卫生支出。如果没有SARS，那么公共卫生支出有可能增加吗？2017年，天舟一号货运飞船由长征七号遥二运载火箭成功发射升空，同年长征五号发射失利和长征三号乙三级工作异常，中国的航空航天支出是否会因此而大幅度增加？
3. 当前中国影响公共支出增减的因素有哪些？

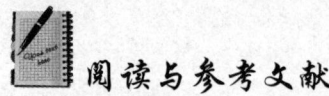

[1] Baumol W J. The Macroeconomics of Unbalanced Growth[J]. American Economic

Review, 1967, 6 (57): 415-426.

[2] Boardman A E, Greenberg D H, Vining A R, et al. Cost-Benefit Analysis: Concepts and Practice[M]. 4th ed. Prentice Hall, 2011.

[3] Hauptmeier S, Heipertz M, Schuknecht L. Expenditure Reform in Industrialised Countries: A Case-Study Approach. Fiscal Studies, 2007, 28 (3): 293-342.

[4] Gemmell N. The Growth of the Public Sector:Theories and International Evidence[M]. Edward Elgar, 1993.

[5] Peacock A T, Wiseman J. The Growth of Public Expenditure in the United Kingdom[M]. Princeton University Press, 1961.

[6] Rosen H S. Public Finance[M]. 6th ed. New York: McGraw-Hill, 2002.

[7] 布朗,杰克逊. 公共部门经济学（中文版）[M]. 北京：中国人民大学出版社,2000.

[8] 陈岱孙. 马萨诸塞州地方政府开支和人口密度的关系（1926）[M]//陈岱孙文集（上卷）. 北京：北京大学出版社,1989: 1-186.

[9] 樊纲. 论公共收支的新规范——中国乡镇"非规范收入"若干个案的研究与思考[J]. 经济研究,1995（6）.

[10] 海曼. 公共财政：现代理论在政策中的应用（中文版）[M]. 北京：中国财政经济出版社,2001.

[11] 黄有光. 效率、公平与公共政策：扩大公共支出势在必行[M]. 北京：社会科学文献出版社,2003.

[12] 李金桐. 财政学[M]. 台北：五南图书出版公司,1995.

[13] 王雍君. 中国公共支出实证分析[M]. 北京：经济科学出版社,2000.

[14] 马斯格雷夫 R A. 比较财政分析[M]. 上海：上海三联书店,1996.

[15] 马斯格雷夫 R A,马斯格雷夫 P B. 财政理论与实践[M]. 北京：中国财政经济出版社,2003.

[16] 罗斯托. 经济增长的阶段：非共产党宣言[M]. 北京：中国社会科学出版社,2001.

[17] 罗斯托. 从起飞进入持续增长的经济学[M]. 成都：四川人民出版社,1988.

[18] 维托·坦齐,卢德格尔·舒克内希特. 20 世纪的公共支出[M]. 北京：商务印书馆,2005.

[19] 晏智杰,唐斯复. 陈岱孙学术精要与解读[M]. 福州：福建人民出版社,1998.

[20] 朱幼棣. 后望书[M]. 全新修订版. 北京：中信出版社,2011.

[21] 朱幼棣. 怅望山河[M]. 北京：世界图书出版公司,2012.

5 购买性支出

学习目标

- ▶▶ 了解购买性支出的主要种类；
- ▶▶ 了解行政支出状况；
- ▶▶ 了解国防支出状况；
- ▶▶ 了解教育支出状况；
- ▶▶ 了解公共投资状况。

 引例

2011年11月16日9时15分许，甘肃省庆阳市正宁县榆林子小博士幼儿园一辆号牌为甘MA4975的运送幼儿的校车（核载9人、实载64人），由西向东行驶至正宁县正（宁）周（家）公路榆林子镇下沟村一组砖厂门前路段时，与由东向西行驶的号牌为陕D72231的重型自卸货车发生正面相撞，造成21人死亡（其中幼儿19人）、43人受伤。该事故暴露出一些地区存在车辆违法严重超载、非法擅自改装车辆以及有关部门在校车安全管理方面责任不落实、措施不到位、监管有漏洞等突出问题。国务院安全生产委员会办公室的通报提出了一系列要求。其中之一是：要加大校车购置经费投入力度，引导学校（幼儿园）购置符合国家安全技术标准的校车；要创新校车经营管理模式，完善公共财政支持补贴政策，提高校车的普及应用程度。（《国务院安委会办公室关于甘肃省庆阳市"11·16"重大道路交通事故情况的通报》（安委办〔2011〕43号），http://www.gov.cn/zwgk/2011-11/29/content_2005741.htm）

此后，许多地方加强了校车管理，但一些问题也随之而生。校车购置需要财政资金的投入，校车司机需要支付工资……这是购买性支出中"教育支出"问题在现实中的表现。

购买性支出是指政府按等价交换原则购买产品和劳务的支出，旨在向公众提供各种公共产品和公共服务。购买性支出包括两部分：一是日常行政事务所需的产品和劳务支出；二是公共投资支出。因此，政府购买性支出可大致分为消费性支出和投资性支出。二者的区别在于支出后是否形成资本。值得注意的是，消费与投资的界限越来越模糊。例如，常常被当作"消费性支出"的教育支出，可以提高人力资本价值，又

可以视为投资性支出。本章分析购买性支出中的行政支出、国防支出、教育支出、科研支出、公共投资支出等内容。

5.1 行政支出

行政支出的目的主要是提供公共产品和公共服务。它是公共部门维持正常运转所必需的支出，是公共部门用于国家各级权力机关、行政管理机关、司法机关和外事机构行使职能所需的费用支出（广义的行政管理支出还包括国防支出）。它是维持国家政权存在、保证国家管理机构正常运转所必需的费用，也是纳税人所必须支付的社会成本。行政支出的多少反映公共部门效率的高低。其经费来源主要是税收。

行政支出具有稳定性。在一定时期内，政府职能相对稳定。行政机构依政府职能设置，且需通过一定的法律或制度程序。它体现国家在既定时期内管理经济社会工作的需要，与各级政府或职能机构的职权划分有着密切联系。

行政经费通常包括公用经费、人员经费和项目经费。公用经费是指用于保证公共部门正常开展公务所花费的支出，包括公务费、业务费、购置费、修缮费等。人员经费是指用于保证行政人员个人正常履行职责的费用支出，包括职工工资、职工福利费与离退休人员费用等。项目经费是指为完成特定的行政工作任务或事业发展目标而发生的经费。

图 5-1 显示中国一般公共服务支出的基本态势。[①]2007—2016 年一般公共服务支出有减有增。判断行政支出规模是否合理，涉及多种因素，如经济总量、经济增长水平、财政收支规模、政府职能、政府机构的设置方式、行政效率等。经济总量是行政支出的源泉，从根本上决定着行政支出的最大规模。经济总量一定，政府职能对行政支出影响较大。政府活动范围越广，相应的行政支出就越多。政府机构的设置方式也影响行政支出规模。例如，中央政府设置一个新部门，如各地要设置对应机构，就算只设到县一级，就要增加 2 000 多个机构，会相应地增加了行政支出。[②]

计划生育事务是中国政府的一种特殊事务。2011 年人口与计划生育事务的一般公共服务支出概况：2011 年人口与计划生育服务支出 694.38 亿元。2016 年医疗卫生与计划生育支出中的计划生育事务支出 754.10 亿元。[③]

行政支出合理与否和政府支出效率高低有关。政府机构通过加强内部管理，改变行政方式，优化人员结构和资源配置，可以促进效率的提高。2008—2016 年年底全国公务员总数分别为 659.7 万人、678.9 万人、689.4 万人、702.1 万人、708.9 万人、

[①] 因 2007 年政府收支分类改革，行政管理费用数据难以获得，这里用与行政管理支出最为接近的一般公共服务支出加以替代。
[②] 中国目前不鼓励地方政府机构的设立与上级和中央一一对应。
[③] 资料来源：2011 年全国公共财政支出决算表. http://yss.mof.gov.cn/2011qgczjs/201207/t20120710_665233.html；2016 年全国一般公共预算支出决算表. http://yss.mof.gov.cn/2016js/201707/t20170713_2648981.html.

717.1万人、717万人、716.7万人、719万人。①

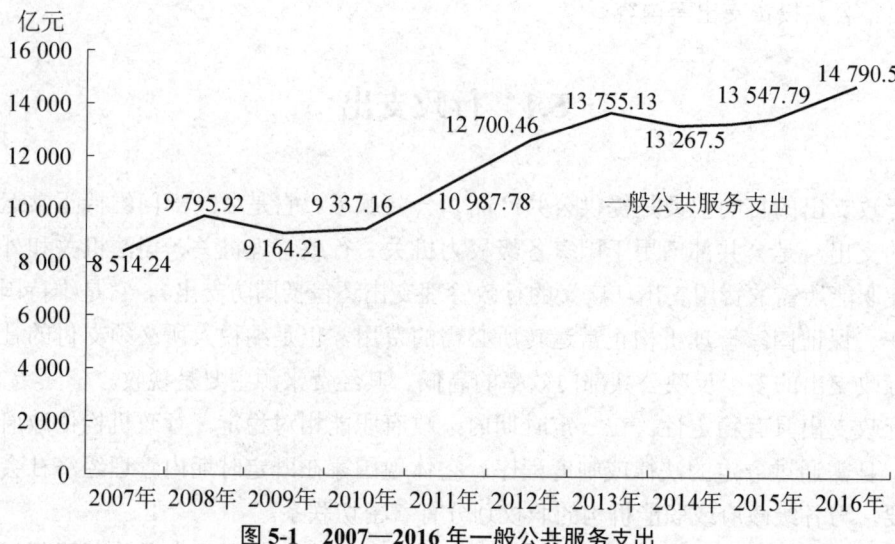

图 5-1　2007—2016 年一般公共服务支出

资料来源：国家统计局网站. http://data.stats.gov.cn/easyquery.htm?cn=C01.

更准确反映人员支出负担的数据应该是财政供养人数。它包括公务员、参公管理人员和其他工资收入来自财政资金的人员（主要是事业单位人员）。专栏 5-1 提供了关于中国的行政支出的感性认识。近年来，中国推广政府采购制度就是提高政府支出效率的有益尝试。

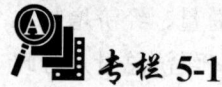 专栏 5-1

专家谈中国的行政成本

2003 年 5 月 26 日，中央电视台晚 7 点《新闻联播》的头条是不足 1 分钟的口播新闻：国家主席胡锦涛离京出访俄罗斯等国并参加国际会议。这次国家领导人出访取消送迎仪式、减少代表团人员和交通工具等，对减少政府日常行政开支有多大影响？记者专门向财政部预算司咨询的结果是：在中央预算中，对这一类支出并没有单项成本核算，而且这一支出在整个政府行政支出中"所占比重很小"。而首都社会经济发展研究所研究员辛向阳认为，行政成本改革的举措对政府行政支出的影响是巨大的。他对《财经时报》重申："目前中国行政体制改革的关键不再是精简哪一机构和哪些人，而是将成本概念引入行政管理和改革中。"而降低行政成本并不需要在体制层面上做大手术。"行政管理中被忽略的小细节，带来的往往是巨额的隐形行政成本。"他举例

---

① 数据来源：1. 人民网. http://lianghui.people.com.cn/2012npc/GB/17378311.html. 此外，中国还有 88.4 万参照公务员法管理的群团机关、事业单位工作人员。2. 2012 年 11 月 9 日，中共中央组织部副部长王京清在中共十八大新闻中心首场记者招待会上所提供的数据，资料来源：http://finance.cctvcj.com/1302694.shtml. 3. 中华人民共和国人力资源和社会保障部相关统计公报. http://www.mohrss.gov.cn/SYrlzyhshbzb/zwgk/szrs/tjgb/.

说，北京郊区某县改为区时，需要更换公章上百万个；一枚公章的成本低则几十元，高则过百元，总支出就要以千万元计。"类似巨额的隐形成本人们常常视而不见。一些地方官员更热衷于做'大文章'，做'形象工程'；而减少、消除这类行政管理中的隐形成本，同样需要建立相应的处理机制。"

政府履行监管职能的成本有多大？"中国是全世界行政成本最高的国家。"政治和行政问题专家、国家行政学院教授杜刚建接受《财经时报》采访时说，行政审批制度是造成高成本的主要原因之一；烦琐的行政审批程序使政府机构设置臃肿，人员增加，不仅直接导致政府行政效率低下，更因行政经费开支庞大而带来了行政效益的降低。"目前看，中国政府降低行政成本的突破口应该是减少行政审批——这是有效途径，又具有可操作性。"杜刚建、辛向阳两位行政研究专家表达了同样的观点。

资料来源：杨眉. 中国行政成本全世界最高 国家主席带头压缩[N]. 财经时报. http://www.sina.com.cn，2003-06-08.

专栏 5-2

政府采购制度的形成与发展

1782 年，英国政府设立文具公用局。该机构逐步发展成国家物资供应部，专门负责政府各部门物资需求的采购工作，这就是"公共采购"，即政府采购。1861 年，美国通过一项联邦法案，规定超过一定金额的联邦政府采购，必须通过公开招标程序。美国的政府采购已有二百多年历史，起初只是在国防部门实行，后扩大到联邦民用机构。

中国政府采购起步较晚。先是一些地方财政部门，如上海、河北、山东等地，将一些较大规模的采购由财政部门集中起来，实行统一采购。2002 年 6 月 29 日，九届全国人大常务委员会第二十八次会议通过了《中华人民共和国政府采购法》，该法自 2003 年 1 月 1 日起施行，标志着中国政府采购制度走上法治化轨道。

全国政府采购规模从 2002 年的 1 000 亿元增加到 2016 年的 30 000 亿元，节约了大量财政资金。建立健全了与政府采购法相配套的行政法规、部门规章、规范性文件和地方性法规等一整套法律制度体系，在政府采购体制机制、执行操作、政策功能、基础管理、监督检查及市场开放等具有"四梁八柱"性质的关键环节实施了一系列具有里程碑意义的重要改革举措。为了履行入世承诺，2007 年年底中国向世界贸易组织（WTO）提交了加入 WTO《政府采购协议》（GPA）申请书。加入世界贸易组织《政府采购协定》（GPA）是我国政府采购市场走向开放迈出的关键一步，要进一步加快我国加入 GPA 谈判进程，以实际行动维护多边贸易体制。要积极探索在双边机制下开展政府采购市场开放谈判的新路子，稳步推进自由贸易区建设，提升双边开放水平。要积极参与政府采购国际规则制定，提升我国在全球经济治理中的制度性话语权。要以政府采购市场开放为抓手，带来更大范围、更宽领域、更深层次的开放，为推动建设开放型世界经济做出更大贡献。

资料来源：1. 中国政府采购网. http://www.ccgp.gov.cn.

2. 刘伟. 在全国政府采购工作会议上的讲话[EB/OL]. [2017-12-08]. http://gks.mof.gov.cn/zhengfuxinxi/lingdaojianghua/201712/t20171215_2777535.html.

5.2 国防支出

国防是政府提供的一种纯公共产品。国防支出在公共支出中占重要地位。国内国际因素都会影响国防支出。国力水平为国防支出提供最根本的财力保证，超越财力的国防支出会拖累一国经济。一国政府必须在国防支出和民用支出之间进行权衡取舍，寻找合适的国防支出水平。

国防支出水平可以通过一国民众对国防的需求曲线和供给曲线图进行分析，如图 5-2 所示。最初的需求曲线 S 和供给曲线 D 决定了均衡的国防规模 A_0。需求曲线移动，表示价格（成本）之外的因素对民众的需求产生了影响。例如，军备竞赛会导致需求曲线右移。假定右移到 D'，相应地，新的需求量扩大到 A_1。如果国际环境变得更有利于和平，那么需求曲线左移。假定左移到 D''，那么新的需求量为 A_2。同样地，供给曲线也可能上下移动。这样可以得到不同的供给曲线与需求曲线的交点，相应地，新的国防规模需求量就决定出来了。具体如图 5-3 所示。

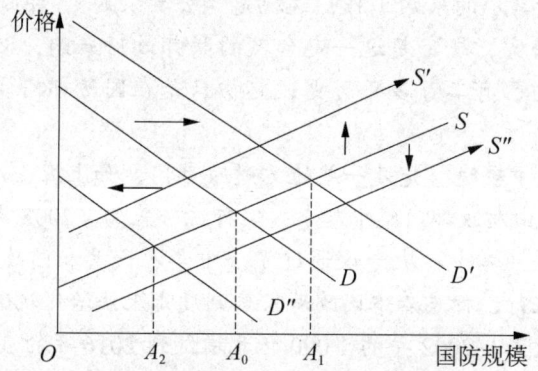

图 5-2 国防需求、供给与规模选择

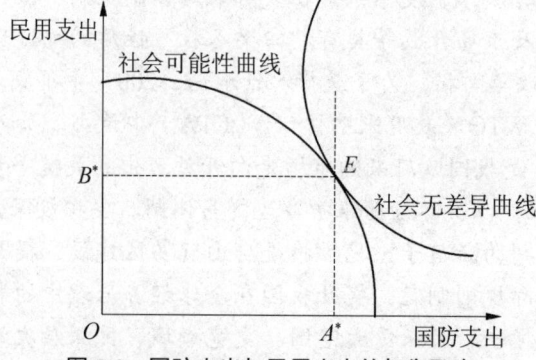

图 5-3 国防支出与民用支出的权衡取舍

国防支出的效率评价是一个难题。该问题广泛涉及他国政策和接受军事冲突风险的意愿性等。国防支出效率评价涉及武器装备成本问题、军队现代化、国防支出对产业和经济增长的影响等。

专栏 5-3

国防支出与"和平红利"

20 世纪 80 年代，1981—1988 年，美国的国防支出显著增长，经过通货膨胀调整之后，以每年近 6%的速度增长。从 1980—1987 年，为提供国防而进行的联邦政府购买从占联邦支出的 23.2%上升到 27.5%。1986 年，美国的国防支出已占 GDP 的 6.3%。苏联解体之后，随着核威胁的消除，美国的国防支出迅速下降。1996 年，国防支出占 GDP 的 3.5%。国防支出的下降使得原先本来应用于国防的资源能够作为他用，即带来了"和平红利"。俄罗斯也同样拥有"和平红利"。

资料来源：大卫·N. 海曼（2001，p.139-141）。

2007—2016 年中国年度国防费占国家财政支出的比例如图 5-4 所示。该比例 2007 年为 7.14%，2016 年为 5.20%。国防支出是否合理，从经济学视角来看，同样必须进行成本—效益分析。国防支出规模只是问题的一方面，支出是否达到目标实现的要求同样非常重要。国防支出中所购买的飞机、导弹、航空母舰等军备，显然不是越便宜越好。决策中必须综合考虑这些装备的打击能力。

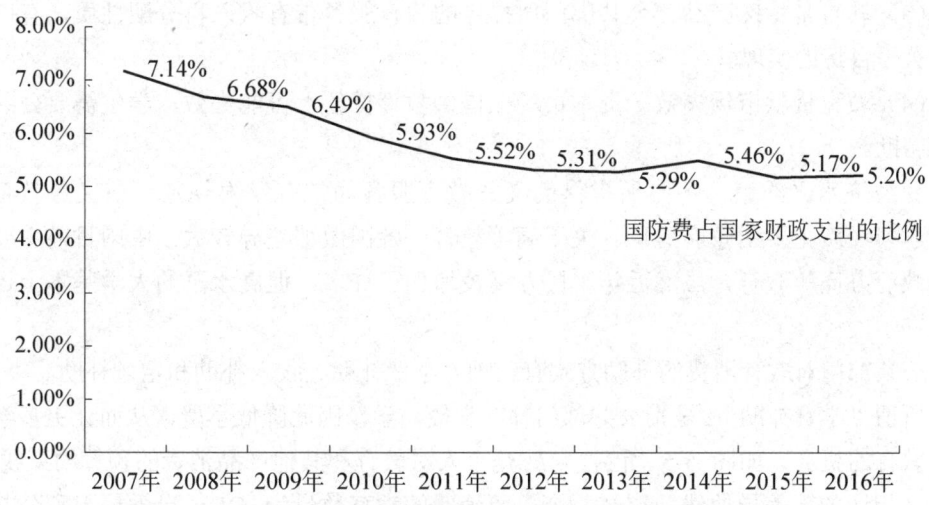

图 5-4 中国年度国防费占国家财政支出的比例

资料来源：国家统计局网站. http://data.stats.gov.cn/easyquery.htm?cn=C01。

5.3 教育支出

现实中，教育支出和科研支出经常混杂在一起。研究型大学的办学经费既可能是教育经费，也可能是科研经费。

教育是带有正外部性的私人产品，各国政府都安排有教育支出。在西方国家，私人和教会也参与提供教育服务，私立学校和教会学校占有重要地位，但公立学校在整个教育体系中的地位不容小觑。在计划经济条件下，中国各种教育服务由公共部门提供。改革开放以来，中国民办教育发展迅速。中国已有大量民办教育培训机构，但没有一所研究型大学是民办的；民办大学在招生上还处于最不利的地位。与发达国家相比，中国民办教育发展空间依然很大。

教育是人力资本投资。由此出发，教育服务似应完全由私人提供。但是，如果完全由私人来提供教育服务，那么考上大学却没有钱付学费的问题就会出现。现实中，在政府支持下，中国大学入学有"绿色通道"，不允许任何一名学生因缴不起学费而辍学。

教育通常分为义务教育和非义务教育。义务教育不符合严格意义上的公共产品定义，但因为它具有正外部性，各国政府都提供义务教育服务。和所有公共支出一样，义务教育时间的长短受制于各国经济发展水平。中国目前实行九年制义务教育。

公共部门广泛参与各种教育服务的提供。主要理由如下。

（1）教育具有正外部性。整个社会因受教育者文化程度提高而受益。具有正外部性的私人产品，市场通常无法充分提供。

（2）教育是"德优产品"（merit goods，又译为"有益产品"或"有益品"）。无论从道义，还是从社会发展来看，人人不能因为家庭贫困而无法获得教育机会。

（3）教育是特殊产品。公共部门所提供的教育服务带有收入再分配性质，有助于社会公平目标的实现。

（4）教育贷款市场失效。资本市场在提供教育贷款上可能失效，学生需要公共部门的帮助。

受经济水平约束，各国所提供的义务教育服务通常有年限规定。在义务教育阶段，学习经费主要由政府提供。关于高等教育，各国做法差异较大。中国目前主要还是由政府办高等教育，虽然近年来民办高校增加了许多，但高水平的大学基本上还都是公立学校。

公共部门对教育消费的补助方式有三种：学费补助、收入补助和定额补助。

所谓"学费补助"，是指公共部门补助学校，学校因此降低学费，从而让更多学生有受教育的机会。如图 5-5 所示，AB 是个人对教育和其他产品消费的预算约束线，I 是与之相切的无差异曲线。这样，个人所消费的教育数量为 OD。当学校得到公共部门的资助之后，学费下降，个人预算约束线外移到 AC。这时，新预算约束线与无差异曲线 I' 相切于 E'，所对应的个人教育消费为 OD'。个人的消费水平提高了。

所谓"收入补助"是公共部门通过补助提高低收入家庭的收入水平，以相应改善他们的教育消费能力。如图 5-6 所示，得到补助后，个人预算约束线外移到 FC，相应地，对教育的消费能力也上升到 OD'。

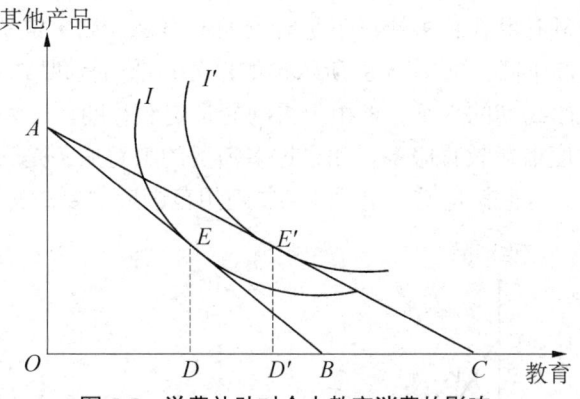

图 5-5　学费补助对个人教育消费的影响

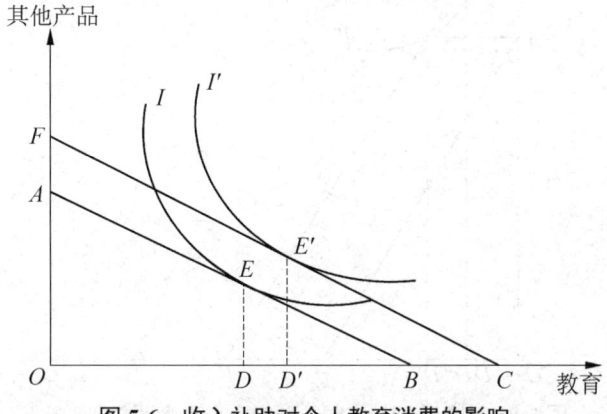

图 5-6　收入补助对个人教育消费的影响

定额补助旨在让居民享受到一定数额的免费教育。如图 5-7 所示，个人得到定额补助之后，预算约束线从 AB 外移到 AGC。其中，AG 表示免费教育，相当于定额补助部分。在接受免费教育的情况下，居民不必放弃对其他产品的消费。GC 实际上是曲线 AB 向右平移 BC 之间的距离。这种补助方式提高了居民的教育消费能力，而不增加其他产品的消费，个人的教育消费从 OD 增加到 OD'。

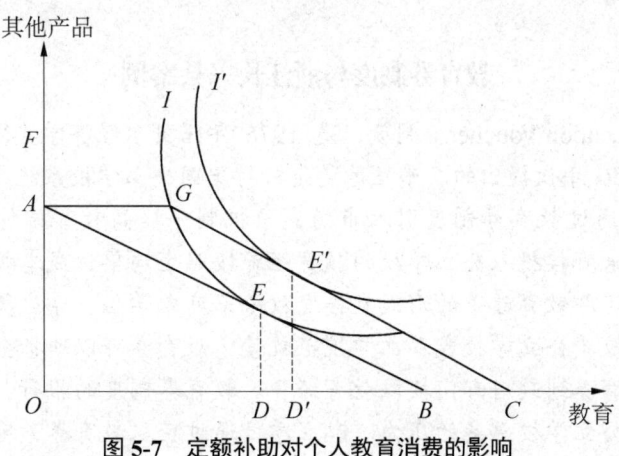

图 5-7　定额补助对个人教育消费的影响

收入补助与定额补助在许多情况下是等价的。但是，如果定额补助过多，那么个人福利水平反而可能下降。如图 5-8 所示。如果公共部门提供收入补助，那么，个人福利能达到无差异曲线 I' 的水平。但由于得到的是定额补助，个人福利只能达到 I'' 的水平。个人只能过度消费教育服务。如果过多消费的教育服务是义务教育的话，那正好与社会要求一致。这也就是说，定额补助的适用范围应主要是义务教育。

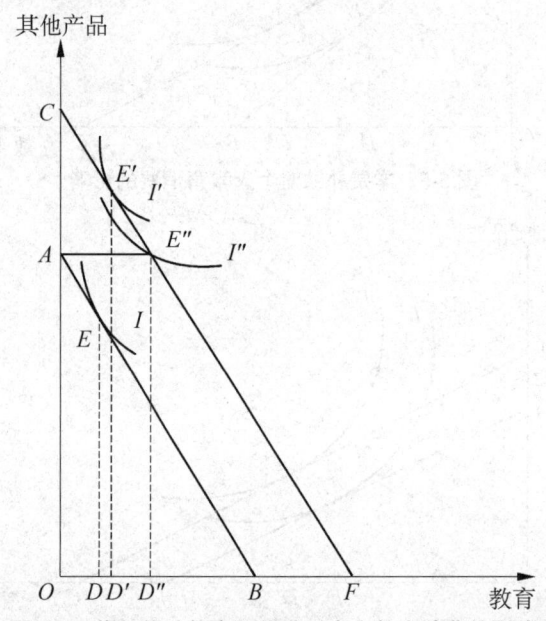

图 5-8 收入补助与定额补助对个人教育消费的影响

教育券制度从理论到现实，反映了人们对教育产品提供的积极探索。浙江省长兴县对教育券制度进行了探索。教育券制度推动了民办教育的发展，也推动了公办学校效率的提高。具体内容见专栏 5-4。

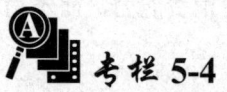专栏 5-4

教育券制度与浙江长兴县案例

教育券（Education Voucher）制度，是 1976 年诺贝尔经济学奖得主米尔顿·弗里德曼于 20 世纪 50 年代提出的。弗里德曼是针对美国公立学校系统办学质量和效率低下的现实，希望通过教育券制度引入市场竞争机制，提高教育质量。实施教育券制度，即政府把原来直接投入公立学校的教育经费按照生均单位成本折算以后，以面额固定的有价证券（即教育券）的形式直接发放给家庭或学生，学生凭教育券自由选择政府所认可的学校（公立学校或私立学校）就读，教育券可以冲抵全部或部分学费，学校凭收到的教育券到政府部门换取教育经费。教育券制度的推行，给家长和学生更多的选择，也给公立学校更多的压力。私立学校通过获取教育券，可以获得原先难以从政府那里获得的教育经费，与公立学校进行竞争可以在更加公平的基础之上进行。

2000年11月,浙江省长兴县教育局局长在美国加利福尼亚州考察时学到了"教育券"这一概念,这个"拿来主义"使该县于2001年夏天出台了"教育券使用办法":向就读民办学校的新生发放面值500元的"教育券",向就读公办或民办职业学校的学生发放面值300元的"教育券"。入学后教育局根据教育券金额将经费直接发给相应学校。2002年,"教育券"的发放范围又扩大到贫困家庭学生。当年秋天,全县351名贫困家庭的初中生、小学生分别领到了面值300元和200元的"教育券",贫困学生无一辍学。实行这项制度以来,长兴县已发放总额达221万元的"教育券",共有5 046名学生受益。

长兴县教育局局长表示,推行"教育券"制度的初衷,是给予民办学校和职业学校平等的待遇和发展机会,鼓励社会力量办学、调控普通高中和职业教育的招生比例。他认为,民办学校实际上也承担了一部分义务教育的责任,政府对义务教育的投入面向每个学龄儿童,就读民办学校同样应该享受政府的教育福利。

浙江省教育厅于2002年12月初在长兴县召开了专题研讨会。目前,浙江省教育厅已经发文在全省推广"教育券"。"教育券"由财政部门印制,"教育券"上应载明政府资助家庭经济困难学生的具体金额和使用时限,面额与当地当年小学、初中减免费标准相等。"教育券"通过教育行政部门直接发给经认定的家庭经济困难学生(或家庭),学生凭"教育券"充抵应交学校的相关费用。学校按收到的"教育券"总额和资助学生的名单,经教育局审核汇总后与县级财政部门结算,取得拨款。

资料来源:郭雀屏."教育券"风暴冲击杭州[EB/OL].中国教育先锋网. http://www.ep-china.net/meeting/20030410/a/20030414202427.htm, 2003. 浙江省政务服务网. http://wzlw.zjzwfw.gov.cn/art/2014/5/21/art_15864_19708.html.

关于教育券的争论一直存在,支持者和反对者对教育券的影响(学业成就、对学生的社会和种族隔离,以及对差学生的隔离)看法不一(Ladd, 2002)。

图5-9显示2012—2017年全国财政教育支出情况。2012年,全国财政教育性经费占GDP的比例达到4.28%,之后每年均达到4%的要求。

图5-9 2012—2017年全国财政教育支出

资料来源:根据教育部网站(http://www.moe.gov.cn)的相关材料整理。

5.4 科研支出

科学研究包括基础研究和应用研究。基础研究成果具有正外部性,甚至可以看作是公共产品。显然,公共部门应支持基础研究工作。

应用研究包括成果可以直接运用带来经济回报的研究,也包括成果不能直接应用,在一定范围内具有公共产品和正外部性特征的研究。前者通常是由市场提供科研支出;后者需公共部门支持(直接支出或者给予特许权和专利权)。

近年来,中国财政科技拨款从 2007 年的 2 135.7 亿元增长到 2016 年的 6 564 亿元,如图 5-10 所示,占财政总支出的比值大约在 3.3%～4.7%之间。这个比值较低,与中国建设创新型国家要求仍有一定差距。科研支出评价不仅仅是投入,还要看产出。产出的指标有发明专利数、论文发表数等。表 5-2 提供了 2007—2016 年中国部分科技成果的指标。从绝对数来看,中国所发表的数量已经不少,接下来的任务是进一步提高论文的质量。科研支出的目标不只是发表论文,更重要的应该有助于国家科技核心竞争力的形成,从而更好地造福人民。

图 5-10　2007—2016 年国家财政科技支出占财政支出的比例

资料来源:根据国家统计局网站国家数据(http://data.stats.gov.cn)相关资料整理。

表 5-2　中国科技成果部分指标(2007—2016 年)

时间	发表科技论文(万篇)	出版科技著作(种)	专利申请受理数(项)	发明专利申请受理数(项)	专利申请授权数(项)	发明专利申请授权数(项)
2007 年	114.26	43 063	693 917	245 161	351 782	67 948
2008 年	119.32	45 296	828 328	289 838	411 982	93 706
2009 年	136.1	49 080	976 686	314 573	581 992	128 489
2010 年	141.6	45 563	1 222 286	391 177	814 825	135 110
2011 年	150	45 472	1 633 347	526 412	960 513	172 113
2012 年	152	46 751	2 050 649	652 777	1 255 138	217 105

续表

时间	发表科技论文（万篇）	出版科技著作（种）	专利申请受理数（项）	发明专利申请受理数（项）	专利申请授权数（项）	发明专利申请授权数（项）
2013年	154	45 730	2 377 061	825 136	1 313 000	207 688
2014年	157	47 470	2 361 243	928 177	1 302 687	233 228
2015年	164	52 207	2 798 500	1101864	1 718 192	359 316
2016年	165	53 284	3 464 800	1338503	1 753 800	404 208

资料来源：根据国家统计局国际数据（http://data.stats.gov.cn/）整理。

近年来，中国航天事业发展迅速，这与财政投入有着密切的关系，参见专栏5-5。

专栏 5-5

中国航天与财政支出

2003年10月16日，是中国人永远值得纪念和骄傲的日子。这一天，中国人靠自己的力量成功地完成了首次载人航天飞行。中国载人航天工程办公室主任谢名苞介绍，中国载人航天计划的预算是经过政府批准的。载人航天到当时为止一共进行了11年，大约使用资金人民币180亿元。这180亿元的使用，一是形成了产品，包括飞船、火箭、电子设备、应用设备等消耗性产品，这些产品大部分在每次飞行实验以后都消耗掉了；二是形成了研制载人航天器的各种技术的基础设施，如建成了航天城、载人航天发射场以及加工设备、测试设备各个方面的固定资产，这些技术基础设施大约80亿元人民币。在国家投资中，大约不到60%的资金是在这11年科研实验过程当中消耗掉了，包括人才培养。另外40%多一点，形成了将来继续发展的技术基础设施。

2012年6月24日国务院新闻办公室举行"天宫一号与神舟九号载人交会对接试验"新闻发布会。会上，中国载人航天工程新闻发言人武平介绍了中国开展载人航天工程的经费支出。中国从1992年开始实施载人航天工程，在完成第一步任务，也就是完成神舟六号任务以后，经费一共花了200亿元人民币。

根据《2016 中国的航天》白皮书，未来五年，中国将加快航天强国建设步伐，持续提升航天工业基础能力，加强关键技术攻关和前沿技术研究，继续实施载人航天、月球探测、北斗卫星导航系统、高分辨率对地观测系统、新一代运载火箭等重大工程，启动实施一批新的重大科技项目和重大工程，基本建成空间基础设施体系，拓展空间应用深度和广度，深入开展空间科学研究，推动空间科学、空间技术、空间应用全面发展。在发展政策与措施中，包括健全完善航天多元化投入体系。内容有：进一步明确政府投资范围，优化政府投资安排方式，规范政府投资管理，保持政府对航天活动经费支持的持续稳定。进一步完善准入和退出机制，建立航天投资项目清单管理制度，鼓励引导民间资本和社会力量有序参与航天科研生产、空间基础设施建设、空间信息产品服务、卫星运营等航天活动,大力发展商业航天。推动政府与社会资本合作,完善政府购买航天产品与服务机制。

资料来源:1. http://www.scio.gov.cn/xwfbh/xwbfbh/wqfbh/2012/0624/index.htm.

2. http://www.scio.gov.cn/xwfbh/xwbfbh/wqfbh/2003/1016/200905/t327322.htm.

3. 中华人民共和国国务院新闻办公室. 2011 年中国的航天[EB/OL]. [2011-12]. http://www.scio.gov.cn/zfbps/ndhf/2011/201112/ t1073256.htm.

4. 中华人民共和国国务院新闻办公室. 2016 中国的航天[EB/OL]. [2016-12-27]. http://www.scio.gov.cn/ztk/ dtzt/34102/35723/index.html.

5.5 公共投资支出

在市场经济中,基础设施投资总和公共投资联系在一起。世界银行的《世界发展报告 1994 年》对基础设施做了定义。基础设施是指永久性的成套的工程构筑、设备、设施和它们所提供的为所有企业生产和居民生活都共同需要的服务。经济基础设施主要包括以下三部分。

(1)公共设施:电力、电信、自来水、卫生设备和排污、固体废弃物的收集和处理、管道煤气。

(2)公共工程:公路、大坝和排灌渠道等水利设施。

(3)其他交通部门:铁路、市内交通、港口和航道、机场。

基础设施具有规模经济效应和正外部性。不是市场能有效发挥作用的领域,往往要求公共部门的介入。公共基础设施的垄断性,决定了公共部门必须约束相关经济主体的收费行为和收费标准。公共部门对公共基础设施的介入方式,包括直接投资、价格限制、财政贴息等。在计划经济时期,公共部门覆盖面广,政府几乎全面介入投资活动。随着改革的深入,公共投资体制已经在发生变化(见专栏 5-6)。

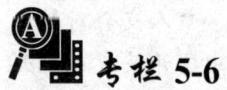
专栏 5-6

中国公共投资体制的演变

中国公共投资包括基本建设支出、更新改造支出、流动资金支出、支援农业支出和其他的经济建设支出。基本建设支出的变化是政府投资性支出演变的代表。

在计划经济条件下,基本建设投资一直采用财政无偿拨款、建设单位无偿使用的方式。1979 年中国开始实行"拨改贷"改革试点;1985 年,"拨改贷"全面实行。由于不是每个项目都有还款能力,1986 年起,中国对规定豁免本息的建设项目不再实行财政投资贷款,而恢复拨款,财政在基本建设支出上实行了拨贷并存的资金供应方式。

1988 年投资管理体制改革之后,中国确立了基本建设基金制。1994 年基本建设财务管理改革之后，各级财政部门陆续收回原委托建设银行代行的财政职责。

2004年7月16日，《国务院关于投资体制改革的决定》（国发〔2004〕20号）提出了深化投资体制改革的目标，要求合理界定政府投资职能，提高投资决策的科学化、民主化水平，建立投资决策责任追究制度。

党的十八大以来，党中央、国务院大力推进简政放权、放管结合、优化服务改革，投融资体制改革取得新的突破，同时也存在一些问题。《中共中央国务院关于深化投融资体制改革的意见》（中发〔2016〕18号）要求，完善政府投资体制，发挥好政府投资的引导和带动作用。其中，关于进一步明确政府投资范围的要求是：政府投资资金只投向市场不能有效配置资源的社会公益服务、公共基础设施、农业农村、生态环境保护和修复、重大科技进步、社会管理、国家安全等公共领域的项目，以非经营性项目为主，原则上不支持经营性项目。建立政府投资范围定期评估调整机制，不断优化投资方向和结构，提高投资效率；关于鼓励政府和社会资本合作的具体要求是：各地区各部门可以根据需要和财力状况，通过特许经营、政府购买服务等方式，在交通、环保、医疗、养老等领域采取单个项目、组合项目、连片开发等多种形式，扩大公共产品和服务供给。要合理把握价格、土地、金融等方面的政策支持力度，稳定项目预期收益。要发挥工程咨询、金融、财务、法律等方面专业机构作用，提高项目决策的科学性、项目管理的专业性和项目实施的有效性。

资料来源：1. 张馨（2002）。

2. 国务院关于投资体制改革的决定（国发〔2004〕20号）[EB/OL]. http://www.gov.cn/zwgk/2005-08/12/content_21939.htm.

3. 中共中央国务院关于深化投融资体制改革的意见（中发〔2016〕18号）[EB/OL]. [2016-07-05]. http:// www.ndrc.gov.cn/fzgggz/gdzctz/tzgz/201607/t20160719_811627.html.

公共基础设施建设需投入较多资金。在经济发展初期，基础设施较为落后，公共部门的基础设施建设支出规模较大。随着经济发展，基础设施条件改善之后，公共部门的此类支出所占比重将大幅下降。

许多公共基础设施，例如高速公路、铁路、机场等的使用，可以很容易做到排他，因此，公共部门可以考虑通过授予私人企业一些特权，鼓励私人企业参与这些设施的建设，通过引进市场竞争，提高公共基础设施的投资和运营效率。例如，BOT（build-operate-transfer，建设－运营－移交）就是常用的一种方式。

BOT是一种项目融资。运用BOT方式承建的工程，一般都是大型资本、技术密集型项目，主要集中在市政、道路、交通、电力、通信、环保等方面。它是指私人机构参与国家公共基础设施项目，并与公共部门（政府机构）形成一种"伙伴"式的关系，在互利互惠的基础上分配该项目的资源、风险和利益的融资方式。私人投资者组成项目公司，从项目所在国政府获取"特许权协议"，作为项目开发和安排融资的基础。BOT的通常做法包括：政府批准项目公司建设开发和经营项目，并给予使用土地、获取原材料等方面的便利条件；政府按照固定价格购买项目产品（如发电项目），或政府担保项目可以获得最低收入；在特许权协议终止时，政府以固定价格或无偿收回整个项目。融资安排中,一般要求项目公司特许权协议的权益转让给贷款银行作为抵押,有时贷款银行要求政府提供一定的从属贷款或贷款担保作为融资的附加条件;项目所在国政府为项目建设和经营提供一种特许权协议(concession agreement)作为项目融资的信用保证基础;由本国公司或外国公司作为项目的投资者和经营者筹集资金和建设基础设施项目,承担风险;项目公司在特许期限内拥有、运营和维护这项设施,并通过收取使用费或服务费用,回收投资并取得合理的利润。特许期满后,这项基础设施的所有权无偿移交给政府。BOT 实施过程中,可能不会直接发生公共基础设施支出,但相关的支出是不可避免的。专栏 5-7 提供了一个 PPP(public-private partnership,公私合作伙伴关系)的案例。

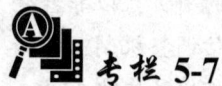 专栏 5-7

京港地铁

北京京港地铁有限公司(简称"京港地铁")是中国大陆地区城市轨道交通领域首家引入外资的合作经营企业。京港地铁成立于 2006 年 1 月 16 日,注册资本 13.8 亿元人民币,由北京市基础设施投资有限公司出资 2%,北京首都创业集团有限公司和香港铁路有限公司各出资 49%组建。

目前京港地铁以 PPP 模式参与投资、建设并运营北京的地铁 4 号线、14 号线、16 号线,特许经营期均为 30 年。同时,京港地铁以委托运营的方式运营管理大兴线。

根据与北京市人民政府签订的《北京地铁 4 号线项目特许协议》,京港地铁以 PPP 模式建设和运营北京地铁 4 号线,发展与铁路相关的商业活动,特许经营期限为 30 年。4 号线项目总投资 153 亿元人民币,其中京港地铁投资额约 46 亿元人民币,负责投资、建设北京地铁 4 号线项目 B 部分(车辆、信号、自动售检票机等),并租赁使用 4 号线项目 A 部分(洞体、车站结构等)。北京地铁 4 号线已于 2009 年 9 月 28 日开通试运营。2009 年 12 月 30 日,《北京轨道交通大兴线委托运营协议》正式签署,京港地铁取得了北京轨道交通大兴线的委托运营权,负责大兴线资产运营管理和养护维修,并提供客运服务。2010 年 12 月 30 日,大兴线与 4 号线贯通试运营。

4 号线运营票价实行政府定价管理,实际平均人次票价不能完全反映地铁线路本身的运行成本和合理收益等财务特征。因此,项目采用"测算票价"作为确定投资方运营收入的依据,同时建立了测算票价的调整机制。以测算票价为基础,特许经营协议中约定了相应的票价差额补偿和收益分享机制,构建了票价风险的分担机制。如果实际票价收入水平低于测算票价收入水平,市政府需就其差额给予特许经营公司补偿。如果实际票价收入水平高于测算票价收入水平,特许经营公司应将其差额的 70% 返还给市政府。

票款是 4 号线实现盈利的主要收入来源,由于采用政府定价,客流量成为影响项目收益的主要因素。客流量既受特许公司服务质量的影响,也受市政府城市规划等因素的影响,因此,需要建立一种风险共担、收益共享的客流机制。4 号线项目的客流机制为：当客流量连续三年低于预测客流的 80%，特许经营公司可申请补偿，或者放弃项目；当客流量超过预测客流时，政府分享超出预测客流量 10%以内票款收入的 50%、超出客流量 10%以上的票款收入的 60%。此外，项目具有相对完备的监管体系。清晰确定政府与市场的边界、详细设计相应监管机制是 PPP 模式下做好政府监管工作的关键。

通过 PPP 项目运作，北京市政府在地铁上少投入资金。更重要的是，PPP 探索后来对北京地铁乃至全国地铁建设和运作都有广泛的影响。政府鼓励公交地铁出行，采取了财政补贴的方式，但如何补贴才是最有效的呢？这是一个值得深思的问题。

资料来源：1. 京港地铁官方网站. http://www.mtr.bj.cn.
2. 李志勇. 北京地铁"四号线模式"能否复制[N]. 经济参考报，2011-05-30.
3. 汤旸. 北京去年补贴公交地铁 135 亿以维持低票价[N]. 新京报，2011-01-02.
4. 国家发改委 PPP 项目典型案例：北京地铁 4 号线项目. 2015-07-21.

 本章拓展

关于教育券的基本原理，有关理论阐述可参阅 Friedman and Friedman（1980）；浙江长兴教育券的实践，可参阅周其仁（2004）。教育券的实施也有不同看法，请参阅 Ladd（2002）。

关于国防经济学的基础知识，可参见蒋百里（2011）。

 小结

- 购买性支出是指政府按照等价交换原则购买产品和劳务，以便向公众提供各种公共产品和服务的支出。
- 中国财政购买性支出包括行政支出、国防支出、教育支出、科研支出、公共投资支出等内容。
- 行政支出合理与否和政府支出效率高低有关。
- 国防支出与民用支出存在权衡取舍关系。
- 教育是具有正外部性的私人产品。公共部门广泛参与各种教育服务的提供的主要理由包括：教育具有正外部性；教育是"德优产品"；教育是具有收入再分配性质的特殊产品；教育贷款市场失效。
- 科学研究包括基础研究和应用研究。公共部门应支持基础研究工作，还应支持成果不能直接应用在一定范围内具有公共产品和正外部性特征的应用研究。
- 基础设施具有规模经济效应和正外部性，往往要求公共部门的介入。中国公共投资体制经历了从计划经济到市场经济的变化。
- 鼓励私人企业参与公共基础设施建设，通过引进市场竞争，如通过 BOT 等方式，提高公共基础设施的投资和运营效率。

思考题

1. 公务员工资支出是行政支出的重要组成部分。公务员的薪酬标准确定应该考虑哪些因素？中国行政支出中人员经费支出有压缩空间吗？

2. 影响中国军费开支的主要因素有哪些？中国正处于"和平发展"的阶段，这与军费开支的变化是否存在矛盾？

3. 大学是否应该收学费？如果应该，那么收多少才是合理的？世界上许多著名大学都得到了校友强有力的财务支持，而在中国，校友捐款占大学经费的比例还较低。这是什么原因造成的？校友捐款又是如何影响政府的教育支出的？

4. 各地小学升初中（"小升初"）为什么那么难？

5. 嫦娥奔月工程有何意义？政府为什么要支持航空航天事业的发展？私人有无可能担当这一使命？

6. 拥有自主的大型飞机是几代中国航空人的梦想。在经历多年的曲折和争论后，中央政府毅然决定发展大型飞机。这是中国继 20 世纪 80 年代首个大型飞机制造项目——"运 10"下马后第一次公开宣布要造大型飞机。业界所说的大飞机，一般指起飞总重量超过 100 吨的运输类飞机，包括军用和民用大型运输机，也包括 150 座以上的干线客机。从 20 世纪 80 年代中国第一代大型客机"运 10"的发展被搁置之后，国内航空界对发展大型飞机的必要性和方向争论甚多，在中国经济实力日益强大、航空运输迅速发展的今天，研制中国自主的大型飞机工业被提上日程。根据中外各方的预测，今后 20 年，中国至少还需要增加 1 500 架大型飞机，采购这些飞机还需要 1 000 亿美元，这是国家决定自主发展大型飞机的产业背景。（曹海东，赵静. 中国大飞机负重"起飞"[N]. 南方周末，2006-03-29.）在波音飞机和空中巴士已占据大飞机市场绝对支配地位的现实中，2008 年 5 月 11 日，承担中国大型客机研制重任的中国商用飞机有限责任公司（中国商飞公司）成立。请分析政府在中国大飞机项目中是否应该提供财政资金支持。

阅读与参考文献

[1] Friedman M，Friedman R. Free to Choose: A Personal Statement[M]. Harcourt，1980.

[2] Ladd H F. School Vouchers：A Critical View[J]. Journal of Economic Perspectives，2002，16（4）：3-24.

[3] 蒋洪. 财政学[M]. 北京：高等教育出版社，2000.

[4] 马斯格雷夫 R A,马斯格雷夫 P B. 财政理论与实践[M]. 第 5 版. 北京:中国财政经济出版社,2003.

[5] 周其仁. 收入分配是一连串事件[M]. 北京:中国发展出版社,2004.

[6] 张馨. 财政学[M]. 北京:人民出版社,2002.

[7] 蒋百里. 国防论[M]. 上海:上海书店出版社,2011.

[8] 弗里德曼. 资本主义与自由[M]. 北京:商务印书馆,2001.

6 转移性支出

学习目标

- 了解各主要转移性支出的类型；
- 了解社会保障制度建立的原因及公共部门的作用；
- 了解财政补贴的原因和主要种类。

 引例

看病应该由谁埋单？显然，这完全属于私人产品的提供问题。但私人全额负担医疗费用可能导致收入分配问题加重。有人可能因此致贫，有人可能连病都看不起。因此，公共部门应该对医疗提供补助。但是，补助方式争议很大。是补助病人（需求方），还是补助医院（供给方）？是补助全部费用，还是补助部分费用？是补助小病费用，还是补助大病费用？如果没有资金压力，那么对全体人民来说，全部费用补助最好，但问题是经费总是有限的。医疗保障是社会保障的一部分，其他社会保障制度也面临类似问题。

转移性支出是相对购买性支出而言的，是公共支出的一个重要组成部分。在许多国家，转移性支出约占公共支出的一半。在转移性支出中，社会保障支出占比最大。本章介绍社会保障支出、财政补贴等其他转移性支出。

6.1 社会保障制度与公共部门

人们的活动都是在特定的社会环境中进行的，经济活动也不例外。无论社会经济运转状况如何，在任何时期，对于所有社会成员来说，总有部分人由于各种原因陷入生活困境，此时仅靠个人力量难以摆脱。这时，借助公共部门或社会力量来克服这些困难，即建立社会保障制度，从根本上解决此类问题。

所谓社会保障，是指公共部门向丧失劳动能力，失去就业机会，收入未能达到应有水平，或者由于其他原因陷入困境的社会成员，以货币或实物形式提供基本生活保障的活动。它由社会保险和社会福利两部分组成。

所谓社会保险,是指公共部门对公众在年老、患病、伤残等丧失或部分丧失劳动能力时,或在失业时给予货币或实物补助的活动。享受社会保险收益的前提是缴纳社会保险税(费)。社会福利包括社会救济和社会优抚,是指公共部门通过货币或实物补助方式,向生活困难或处于某些特定情形下的居民提供补助的活动。

收入再分配是政府的三大经济作用之一,旨在促进社会公平。市场越是有效运行,越是维持最初的收入(财富)分配格局,越是不能通过有效运行的市场来解决收入分配不公问题。

公共部门介入社会保障制度的原因主要有以下几方面。

1. 信息不对称

信息不对称带来逆向选择和道德风险问题。逆向选择影响有效的保险市场形成,从而需帮助者难以得到保障。健康保险就是一例。如果保险公司按统一标准向所有人收取统一的保险费,那么身体健康者不会投保,而身体不健康者所支付的保险费又不能保证保险公司的正常运作。保险公司只能提高保险费,但问题会变得更严重。如此循环往复,结果是保险公司无法提供普遍的健康保险。同理,仅靠商业运作,覆盖面广的养老保险市场、医疗保险市场、失业保险市场、贫困保险市场均无法真正建立起来。现实中,有人生来就贫困,即使有市场,也无法购买保单。

2. 短视行为

如果公共部门没有介入社会保障,那么人们由于行为上的短视,无法积累起足够的资金,以应对年老、失业、患病等困境。这还会影响社会稳定。因此,强制所有人加入社会保障体系非常有必要。

3. 节约成本

统一的社会保障制度具有规模经济效应,节约制度运转成本,形成社会安全网。

社会保障支出是指公共部门为了维持暂时或永久丧失劳动能力、失去工作机会或生活面临困难的社会成员的基本生活所提供保障的支出。社会保障支出是各国公共支出的一个重要项目,与国家的社会保障制度联系在一起。一般来说,财政为实施社会保障制度提供财力保障。它对保障社会成员的基本生活、缓和不公平的分配制度造成的两极分化和维护社会稳定,都有十分重要的作用。

现代社会保障制度始于俾斯麦(见专栏6-1)。

专栏 6-1

俾斯麦与社会保障制度

1881年11月17日,德国在铁血宰相俾斯麦的建议下,由皇帝威廉一世颁布了《建立完善的社会保险的皇帝诏书》。诏书宣布,工人在患病、发生事故、伤残和老年经济困难时应该受到保障,他们有权要求救济,工人保障应由工人自行管理。诏书还对社会保险的发展做出规划,确定职业医疗保险、养老保险、失业救济等制度。此后,德国在1883年颁布实施了《疾病保险法》,1884年颁布实施了《工伤保险法》,1889年颁布了《养老、残疾、死亡保险法》。1911 年，上述三项法规被汇总为《帝国保险条例》。政府开始为死难者家属发放孤寡抚恤金，伤残与老年保险的范围也扩大到全体职员。社会保障制度的建立缓和了德国国内的各种矛盾冲突，对德国经济的发展起到重要作用。19 世纪后期，德国的工业生产迅速增长，增速大大超过英法等国。此后，欧洲各国也相继建立了本国的社会保障制度。

资料来源：王砚峰. 铁血宰相创建社保制度[N]. 中国经营报，2003-11-14.

关于社会保障制度的存废，理论界一直有另外一种声音。专栏 6-2 提供了米尔顿·弗里德曼和罗斯·弗里德曼夫妇的福利国家的有关评论。

专栏 6-2

弗里德曼夫妇：福利国家的谬论

20 世纪初纪元初始之时，一切看来都好。要救济的人很少，能资助他们的纳税人很多——这样每人只需支付不大的数目，就可以为少数穷人提供可观的救济金。随着福利计划的扩大，这些数字发生了变化。今天，我们大家都从一个口袋里掏出钱，又把它或它可以买得的东西装进另一只口袋里。

当你花钱时，可能花的是你自己的钱，也可能是别人的钱，你可能是为自己花，也可能是为别人花。

立法者投票表决时是决定如何花别人的钱。选出立法者的选民在某种意义上是投票决定如何为自己花自己的钱，但不是在直接花费自己的钱。在个人缴纳的税款与他投票赞成的花费之间几乎没有什么联系。实际上，选民同立法者一样，倾向于认为是别人在支付由立法者直接投票赞成、由选民间接投票赞成的计划。管理这些计划的官僚们也花别人的钱。因此，开支数目激增也就不足为奇了。

官僚们为别人的需要花别人的钱，只有用良心，而不是用那强烈得多和可靠得多的私利的刺激，来保证他们以最有利于福利金领取者的方式花钱。这就造成花钱上的浪费和不求效果。

事情到此并没有结束。拿别人钱的引诱力是强烈的。包括管理这些计划的官僚们在内，许多人都设法为自己得到钱，而不让钱落到别人手里。进行贪污和欺诈的诱惑力也是强烈的，而且并不总是能遭到反抗或制止。那些不愿进行欺骗的人，会用合法的手段使钱归于自己。他们会游说议员通过于他们有利的立法，定出他们能从中获利的规章。管理这些计划的官员们会力求为他们自己得到更高的薪水和额外的好处——这正是较大的福利计划可以帮助达到的目标。

人们试图把政府开支归入自己的腰包，产生两个不大容易被人察觉的后果。首先，它说明了为什么如此多的计划施惠于中等和上等收入者，而不是那些本应当得到好处的穷人。穷人变得不仅缺少市场上所看重的本事，而且缺少在政治斗争中成功地争得资金的本事。的确，他们在政治市场上的劣势看来比在经济市场上的劣势更大。

一旦好心的改革者帮助通过了一项福利措施，转入下一项改革时，穷人就只好自己照料自己，他们几乎总是被那些已经表明更善于见机行事的集团所压倒。

第二个后果是，福利金领取者得到的净额往往少于转移金的总额。如果有别人的一百美元可以攫取，那么为得到它你花上自己的一百美元也值得。花钱运动立法者和制定规章的当局，为政治运动和无数其他事项捐款纯属浪费——既损害出钱的纳税者，又无益于任何人。必须把它们从转移总额中除去，才得到净所得——当然，它们常常超过转移总额，结果剩下的不是净所得，而是净损失。

争取补贴的这种结果也有助于说明为什么有人要施加压力来增加开支和福利计划。最初的措施未能达到提倡它们的好心的改革者们所要达到的目的，他们就得出结论认为做得还不够，并谋求增添福利计划。他们同那些希望管理这些计划的官僚们，以及相信能从福利开支中捞到油水的人们结成了同盟。

资料来源：弗里德·米尔顿，罗斯·和弗里德曼（1982）。

6.2 现实中的社会保障制度与社会保障支出

社会保障支出规模与各国（地区）的社会保障制度类型密切相关。本节先介绍现实中的社会保障制度的基本类型，接着分析与之相关的社会保障支出问题。

6.2.1 社会保障制度的基本类型

历史上和现实中曾存在或仍在运行的社会保障制度主要有四种：福利型社会保障制度、保障型社会保障制度、国家型社会保障制度和储蓄型社会保障制度。

福利型社会保障制度以英国为代表。该制度的主要特点有以下几项。

（1）按照"普遍性"原则，"收入均等化、就业充分化、福利普遍化、福利设施体系化"，覆盖了"从摇篮到坟墓"的各种生活需要。

（2）按统一标准缴费，统一标准给付，社会保障支出由国家税收负担。

（3）制度运行由政府负责，全面实行高福利。

保障型社会保障制度以美国和日本为代表。传统社会保障制度指的就是这种制度。该制度的主要特点有以下几项。

（1）企业、个人和政府都是责任主体，在不同项目中发挥不同作用。在社会保险中，主要缴税（费）人为企业和个人，政府是最后责任人。在社会救济和社会福利制度中，政府是最主要的责任人。

（2）与福利型社会保障制度相比，该类型制度的保障对象是有选择的，所提供的保障水平较低，强调的是保障而非高福利。

国家型社会保障制度以苏联为代表。该制度强调国家的作用。在该制度下，社会保险对象是国有经济部门的雇员，保险费由单位负担。中华人民共和国成立后一直到改革之前就是按照这一制度的要求构建城镇社会保障制度的。

储蓄型社会保障制度以智利和新加坡为代表。该制度强调效率，而非公平。社会保障制度的筹资机制是基金积累制（funded），而非现收现付制（pay-as-you-go）。给付水平是缴费确定制（defined contribution，又称"确定供款制度"或"供款基准制"），而非受益确定制（defined benefit，又称"确定受益制度"或"受益基准制"）。给付水平的高低，主要取决于个人账户的积累。在一般情况下，保障计划只给予最低的支付保障。近年来，各国社会保障制度改革深受这种类型的影响。

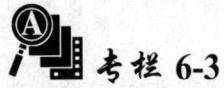

专栏 6-3

智利的个人账户制度

1973 年，皮诺切特军政府上台。智利于 20 世纪 70 年代末期开始推行全面的经济自由化政策。养老金管理的私有化是这次改革的主要内容之一。推动这次改革的是一批从美国芝加哥大学学成归国的经济学家（又称"芝加哥男孩"）。1981 年，智利进行养老金制度改革。

智利实行强制性储蓄，建立个人账户，由私人公司代替政府机构负责养老金基金的管理。其具体做法是：基金由私人养老金基金公司（AFP）管理。这些公司受基金所有者的委托，为他们承办养老金基金的投资运营，负责基金的增值，为基金所有者创造利润。基金管理公司还为投保者办理附加的工伤保险和家属的养老保险。与此同时，基金管理公司向委托人收取管理费用。收费率的高低取决于各公司之间的竞争。投保人有选择加入任何一家基金管理公司的权利，还可以随时转换基金管理公司。AFP 将它们受托的基金投资于资本市场。当基金所有者达到法定退休年龄，他可以从自己所选择的 AFP 按月领取养老金，或是将自己的养老金基金连本带利转向人寿保险公司，支取年金。如果到退休年龄时尚未交足养老保险规定的最低限额，只要其投保已满 20 年，不足部分就由国家予以补齐。国家对于 AFP 的活动进行严格的监督。

智利的改革成就有目共睹：第一，给投保者带来了较高的收益。1981—1995 年，全国养老金基金的平均回报率，扣除通货膨胀之后，高达 13.3%。这就使新体系中的养老金发放标准大大高于旧体系。第二，养老金管理成本降低，服务改善。在私人管理公司的竞争约束下，管理公司收取的管理费用降低得很快。1981 年开始时投保人缴纳给管理公司的管理费约占工资的 8%，到 20 世纪 90 年代中期约为 3%。第三，有力地推动了本国储蓄率的提高，促进了经济增长。第四，促进了资本市场的发育。第五，减轻了财政负担。在原有体系中，养老金支出让政府背上了沉重包袱，政府财政连年赤字。20 世纪 90 年代中期开始，这种情况得到扭转。

关于智利模式仍存在很多争议，其中主要是管理成本偏高，养老保障覆盖面偏窄，投资回报率偏低等。这些都影响着智利模式的前途。

社会保障制度的基本模式还可根据筹资机制不同，分为现收现付制、基金积累制和混合制；根据给付标准，分为受益基准制、供款基准制和混合制，如表 6-1 所示。

表 6-1　不同社会保障模式的比较

筹资机制	给付标准	实施方式	管理方式
现收现付制	受益基准制 供款基准制	政府强制实施	政府统一管理
基金积累制	供款基准制 受益基准制	政府强制实施 自愿投保	政府统一管理 公众机构管理 私人机构管理
混合制	混合制	多层次模式	多层次模式

资料来源：吴敬琏（2004，p.320）；王新梅（2005，2006）。

所谓现收现付制，是指一个时期的社会保障收入全部用于支付社会保障支出的制度。例如，现收现付制下的养老保险制度就是用当时的劳动者所缴纳的资金发放退休者的养老金。

所谓基金积累制，是指通过建立个人账户，将个人和企业（所在机构）的缴费直接记入个人名下，待符合规定条件时，个人可以领取该账户资金的制度。就养老保障制度而言，劳动者在职期间按照规定标准为养老金账户存款，待退休之后从该账户支取养老金。

在实行受益确定制的社会中，社会保障组织根据预先规定的受益标准，对受益人进行给付。准确估计受益人对社会保障支出的实际需要难度很大，给付标准的选择通常是受益人在享受受益时的年龄、工龄、健康状况、失业持续时间、财产、抚养人口数量等易识别的条件，而不论受益人缴费多少。在这种情况下，受益的公平性意味着受益水平的平均化。受益人缺乏激励改变自己的经济状况，没有动力向社会保障体系多缴款，也没有动力节约使用资源，因而往往造成社会资源浪费，带来入不敷出的压力。

在实行缴费确定制的社会中，参加社会保障计划的成员都有个人账户；个人为社会保障计划的缴费进入该账户，并由专门投资机构管理；成员符合支取条件时，账户累积的缴费额和投资收益返还给账户持有人或指定受益人。

近年来，出现了一种新的制度——名义账户制（notional account system）。其基本形式和个人账户制相似。参加社会保障计划的个人都有个人账户。个人符合条件领取收益与缴费数额有关。但是，受益金额不是个人缴费数额和投资收益的总和，而是以缴费数额为基础，考虑国民收入增长、工资增长、物价指数等情况，政府规定一定的收益率，再据此支付。瑞典自 1999 年起实行的是名义账户制和个人账户制的混合制度（见专栏 6-4）。

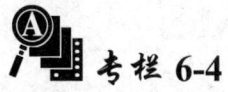
专栏 6-4

瑞典的名义账户制

瑞典 1999 年开始实行新的养老保障制度。新制度适用于 1954 年或之后出生并正在工作的人。根据新制度,每个劳动者未来的养老金将取决于两个独立个人账户所累积的资金数量。一是来自政府代表个人维持的名义账户。二是完全私有化的个人账户。总缴费率是 18.5%,由雇主和雇员平等分摊,各自支付 9.25%。新制度有四个特点:第一,部分私有化。18.5 个百分点中的 2.5 个百分点投入一个个人账户。劳动者可以选择最适合各自投资偏好的养老金基金。第二,个人账户。剩下的 16 个百分点是税收,通过现收现付制的方式支付当期退休者的养老金。退休者所领取的养老金数量取决于其在职业生涯中所支付的税收数量。名义账户制(实际上没有存款)将个人的退休收益与其一生的收入联系起来。名义账户的收益根据瑞典人均工资增长率调整。劳动者从 61 岁开始可以退休,政府用这些名义账户中的资金来计算每个劳动者的年金(每年退休收益)。劳动者留在劳动力队伍中的时间越长,得到的年金越多。以 65 岁退休收到 100%养老金为准,那么 61 岁退休只能领到 72%的养老金,而 67 岁退休可以领到的是 119%的养老金。领取养老金方法的改变旨在对劳动者早退休起到负激励作用。第三,保护穷人的安全网。新的养老保障制度中,仍然有安全网。政府用一般税收收入继续保证最低的养老金。第四,对年龄较大的退休者实行转轨保护。旧养老保障制度虽已取消,但目前的退休者和年龄较大的劳动者将根据改革前存在的法律法规得到退休收入。例如,1938 年出生的个人,将得到旧制度所承诺的全部收益。1938—1953 年出生的退休者,退休收入根据新旧制度综合计算。

瑞典新的养老保障制度中较有特色的是名义账户制。政府要对名义账户收取适当的管理费,以弥补政府管理项目的成本。名义账户的余额也不能继承。名义账户金额不只是 1999 年改革开始之后所得到的税收总额,金额数据追溯到 1960 年。

资料来源:Goran Normann, Daniel J. Mitchell. Pension Reform in Sweden: Lessons for American Policymakers,2000; http://www.heritage.org/Research/SocialSecurity/bg1381.cfm; http://www.cato-at-liberty.org/2007/03/08/swedish-pension-reform/.

社会保障制度具有强制性,但类型不同,管理方式不同。从理论上说,各种类型都可以采取政府统一管理方式。但现实中,现收现付制采用政府统一管理的形式,而基金积累制的个人账户管理形式包括政府管理、公众机构管理和私人机构管理。

6.2.2 中国的社会保障体系

当前,中国正面临严峻的社会保障形势(专栏 6-5 提供了中国人口的相关材料)。

专栏 6-5

重新认识中国的人口形势

当前中国的主要人口风险已不再是迅猛的人口增长,而是生育率过低以及由此导致的严重少子化和过度老龄化。重新认识人口形势不仅极为重要,而且已到了极为紧迫的境地。在中国人口发展的这个关键时刻,错误判断和犹豫不决将贻误战机,危及中国人口长期均衡发展。

全国第六次人口普查（以下简称"六普"）提供了权威人口数据。六普数据表明，中国总人口增长远低于以往人口预测和规划的水平，而在人口结构方面的少子化和老龄化的严重程度则明显超出以往人口预测和规划。六普公布的少儿人口比例极低，只有16.6%，表明少子化程度十分严重，远超预期。然而，冰冻三尺非一日之寒。这种少子化过程早已开始，也早现端倪，只是人们一味拒绝相信而已，反而基于一些不实的间接估计构建出一幅与事实大相径庭的人口图景。

近20年来，绝大多数全国人口调查数据的总和生育率均处于1.3~1.5之间。六普结果确认了以往全国性调查所揭示的极低生育率。有人建议全国不分城乡搞一刀切的独生子女政策，那就是维持1.0的总和生育率，这种生育率的"内在"人口趋势是人口每20多年就会减半。所以，实事求是地反映当前实际生育率、恰当地选择未来的生育率等问题就绝不再是一般学术问题，而是事关国家和民族前途的重大战略决策问题。不论是否提高生育率都已经不可能逆转人口老龄化的总趋势，然而能否提高生育率则能决定未来人口老龄化的程度差异。

以往的许多人口预测都是在"一旦需要，生育率便能有效提高"的假设前提下做出的，但是现有很多相关研究已经揭示出，群众的理想子女数已经远低于更替水平，相当比例符合生育二孩条件的夫妇却自愿放弃二孩生育，甚至一个孩子都不想要的比例也在提升。

根据六普数据的人口预测模拟揭示出，只要未来的生育率不超过更替水平（即2.1），那么中国总人口规模未来将处于下降趋势，21世纪内总人口将减少几亿人。然而，未来人口老龄化来势凶猛，老年人口比例和人口总抚养比将达到人类史无前例的程度。因此，中国人口在21世纪中的主要矛盾已经由总人口规模问题转向人口年龄结构问题。

资料来源：郭志刚（2012）。

中国目前的社会保障体系如图6-1所示，它包括社会保险、社会福利、社会救助、社会优抚、住房保障和农村社会保障[①]，其中社会保险是社会保障的核心。

所谓"社会保险"，是指国家通过立法手段，运用社会力量对劳动者暂时或永久丧失劳动能力，或虽有劳动能力，但因失业而丧失收入来源时给予一定的物质帮助，以维持其基本生活的一种社会保障制度。社会保险制度主要包括养老保险、医疗保险、失业保险等项目。社会保险基金的收入，主要是通过对企业和个人征收的社会保险税或社会保险费来筹集。

养老保险是国家通过立法规定一个年龄界限，当劳动者达到法律规定的这个年龄时，即依法判定其进入老年，解除其劳动义务，由国家、社会提供一定的物质帮助和服务，以保障其晚年生活的制度。医疗保险是国家通过立法对劳动者给予假期和收入补偿，提供医疗服务以帮助其进行治疗和维持基本生活的制度。失业保险是国家通

---

① 国务院新闻办公室.中国的社会保障状况和政策（白皮书），2004-09-07。

立法对劳动者由于非本人原因而暂时失去工作、收入时,给予物质性援助帮助其维持基本生活的制度。

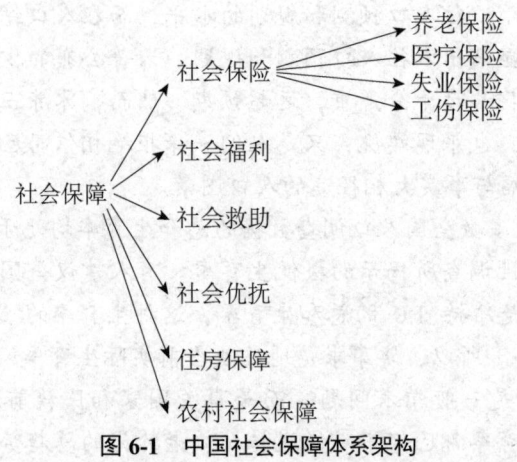

图 6-1　中国社会保障体系架构

所谓"社会救济",也称社会救助,是指国家按照法定程序和标准,向因自然灾害或其他社会、经济原因而难以维持最低生活水平的社会成员提供财力或物质援助,以保证其最低生活需求的一种社会保障制度。它是向由于各种原因陷入生活困境中的社会成员提供最基本的生活保障的最有效方式。它保障的是公民的生存权,对维护社会稳定有着积极的作用。社会救助的内容,主要是贫困人口救济、自然灾害救济和孤寡病残救济救助等。

对于"社会福利"概念及其内涵与外延,各界还未形成统一的认识,因而对"社会福利"概念的界定有三个不同层次的认识:一是广义上的社会福利。它指的是为全体社会成员提供生活所必需的各种设施、服务和环境,给予各种社会津贴以及采取各种保护性福利措施的这类活动与制度。二是中义上的社会福利,它包括除社会保险以外的所有社会保障活动。因此,中义上的社会福利将社会优抚、社会救助都涵盖在内,本章开始所提到的就是这一含义上的"社会福利"。三是狭义上的社会福利,它指的是为社会中特别需要关怀的弱者群体(老人、儿童、残疾人等)提供必要的财力或物质援助,以提高他们的生活水平和自立能力。

不论从哪一个层次来看,"社会福利"都不限于满足社会成员的基本生活需要,而是在此基础之上进一步追求生活质量和生活水平的提高。所以有人将社会福利看成是社会保障中的最高层次。中国城乡居民最低生活保障制度已基本确立。

所谓"社会优抚",是指国家和社会根据宪法及有关法律、政策的规定,对现役军人、退伍军人和烈军属等提供保证一定生活水平的资金和服务,是一种带有褒扬优待和抚恤性质的特殊社会保障制度。

社会救济、社会福利和社会优抚等所需财力主要来源于政府预算拨款支出。

中国已初步建立了住房保障制度。经济适用住房制度、公共租赁住房(包括廉租房)制度、限价商品房、共有产权住房等多种形式的保障性住房已在住房保障上发挥了积极作用。中国也早已建立住房公积金制度,为个人(家庭)购买商品房提供支持。当然，住房保障面、保障程度、保障方式等都还有改善的空间。经济适用房是否应该存在都有很大的争议。住房保障制度是中国住房制度的组成部分，关于中国住房制度改革的情况，参见专栏6-6。

专栏6-6

中国住房制度改革

党的十八大以来，住房城乡建设事业蓬勃发展，成就斐然。人民群众住房条件明显改善，城镇居民人均住房建筑面积由2012年的32.9平方米提高到2016年的36.6平方米，6 000多万棚户区居民"出棚进楼"，2 600多万住房困难群众住进了公租房。2018年，要深化住房制度改革，加快建立多主体供给、多渠道保障、租购并举的住房制度。大力发展住房租赁市场，特别是长期租赁，在人口净流入的大中城市加快培育和发展住房租赁市场，推进国有租赁企业的建设，充分发挥对市场的引领、规范、激活和调控作用。支持专业化、机构化住房租赁企业发展，加快建设政府主导的住房租赁管理服务平台，加快推进住房租赁立法，保护租赁利益相关方的合法权益。扎实推进新一轮棚改工作，2018年改造各类棚户区580万套。全力做好公租房工作，增加公租房实物供给，持续提升公租房保障能力，优先保障环卫、公交等行业困难群体，将符合条件的新就业无房职工、外来务工人员和青年医生、青年教师等纳入保障范围，对低保、低收入住房困难家庭，要实现应保尽保。因地制宜发展共有产权住房，多渠道解决群众住房问题。改革完善住房公积金制度，提高住房公积金管理服务水平。

资料来源：中央人民政府网站. http://www.gov.cn/xinwen/2017-12/25/content_5250135.htm.

中国农村人口多，经济发展水平较低。在农村，土地既是生产资料，又是生活资料；土地属于集体所有，实行家庭联产承包责任制。受历史传统文化影响，农村具有家庭供养、自我保障、家族互助的长期传统。受制于多种条件，当前城乡社会保障水平不一样，农村从整体上仍然落后于城市。

6.2.3 社会保障制度的改革

当今世界各国的社会保障制度改革多是针对现收现付制进行的。这样，对改革问题的讨论首先需要对现收现付制和基金积累制进行比较分析。从理论上说，现收现付制与基金积累制是可以等价的。那么各国为什么多对现收现付制进行了改革？

1. 现收现付制等价于基金积累制（个人账户制）：以养老金制度为例[①]

假定人的一生分为两个时期：工作期和养老期。在$(t-1)$期工作的人们，根据τ_{t-1}从工资中缴纳养老保险金。这样，个人的养老金缴纳数额为$\tau_{t-1}W_{t-1}$。进入退休期$(t$期$)$，个人从政府养老体系中领取养老金，养老金的数额P_t由式（6-1）决定

---

① 本部分以袁志刚（2001）为基础。

$$P_t = (1+x)\tau_{t-1}W_{t-1} \tag{6-1}$$

其中，x 为养老金储蓄额 $\tau_{t-1}W_{t-1}$ 的回报率。

根据现收现付制的特点，上一代人养老金的给付，需要靠下一代人缴纳的养老金来维持。用 N_{t-1} 表示在 t 期进入退休期的老一代的人数，N_t 表示 t 期工作的一代的人数，那么养老金缴纳与给付的均衡等式（6-2）为

$$p_t N_{t-1} = N_t \tau_t W_t \tag{6-2}$$

假定养老金的缴纳比例不变，即 $\tau_{t-1} = \tau_t$，设人口增长率为 n，则

$$\frac{N_t}{N_{t-1}} = 1+n \tag{6-3}$$

假定两代人之间劳动生产率的增长为 λ，劳动生产率的增长完全体现在实际工资的增长上，得

$$\frac{W_t}{W_{t-1}} = 1+\lambda \tag{6-4}$$

综合以上各式，得

$$P_t = (1+n)(1+\lambda)\tau W_{t-1} \tag{6-5}$$

$$P_t \approx (1+n+\lambda)\tau W_{t-1} \tag{6-6}$$

因此，式（6-6）中的养老储蓄的回报率 $x \approx n+\lambda$，即现收现付制下的养老储蓄的回报率，约等于一个经济中的人口增长率与劳动生产率之和。

赡养率（DB_t）是老年人口和就业人口之间的比例。其计算公式为

$$DB_t = \frac{N_{t-1}}{N_t} = \frac{1}{1+n} \tag{6-7}$$

替代率（RR_t）是养老金给付与工资的比率。其计算公式为

$$RR_t = \frac{P_t}{W_{t-1}} = \tau(1+n+\lambda) \tag{6-8}$$

$$\tau = \frac{RR_t}{1+n+\lambda} \tag{6-9}$$

在完全基金积累制下，在 $t-1$ 期就业的人口中，每人按照一定比例（假定这个比例与现收现付制的比例 τ 相同），从工资中扣除养老金，所不同的只是他们不将养老金扣除数额（τW_{t-1}）交给公共养老管理机构，而是交给养老基金营运公司，投资于资本市场。当这一代就业人口在 t 期退休时，根据资本市场回报率，即市场利率 r 获得养老金给付。因此，t 期的养老金由式（6-10）决定。其计算公式为

$$P_t = (1+r)\tau W_{t-1} \tag{6-10}$$

那么，一个经济体的长期资本回报率由什么决定？这里借用索洛（Solow，1956）的新古典经济增长模型来讨论问题。该模型假定产出是由资本和劳动两种投入要素决定的生产函数，生产过程遵循规模报酬不变和要素的边际报酬递减律，在资本市场和劳动市场达到均衡状态时，两种要素的价格——利率和工资将分别等于各自的边际生产率。从长期来看，劳动的增长为 n，即 $N_t = N_0(1+n)^t$。如果以每期人均消费量最大化作为长期经济效率最优的标准，索洛在其增长模型中推导出经济增长的黄金

法则：当一个经济体的资本增长率等于人口增长率加上劳动生产率的增长率时，经济体处于最优增长的路径，与此相应的利率即为长期动态最优利率。

一个经济体中的总储蓄分为两部分：一是形成资本的储蓄。根据索洛模型，这部分的储蓄由资本利润转化而来。这部分储蓄的百分比就形成资本 K。二是就业人口的养老储蓄。每一个人的养老储蓄为 τW_{t-1}，全社会的养老储蓄总额为 $\tau W_{t-1} N_{t-1}$。在一种完全积累制的养老保险体系中，经过 n 代人之后，每一代人的养老储蓄同时是上一代人的养老给付，该部分养老储蓄与养老给付之间的关系相对稳定。当经济体处于索洛所描述的黄金增长路径时，我们就有

$$\frac{K_t - K_{t-1}}{K_t} = r - \delta = n + \lambda \tag{6-11}$$

式（6-11）表明，经济体中资本增长必须保持这样的关系：资本的边际回报率（即利率 r）减去资本折旧率 δ 之后，等于人口的增长率加上劳动生产率的增长率。因此，当经济体处于黄金增长路径时，资本市场毛利率应该为

$$r = n + \lambda + \delta \tag{6-12}$$

$$r_{net} = n + \lambda \tag{6-13}$$

其中，r_{net} 为净利润。

将净利润 r_{net} 代入式（6-10），得

$$P_t = (1 + n + \lambda)\tau W_{t-1} \tag{6-14}$$

该式与现收现付制下的式（6-6）完全一样，说明二者完全可以等价，问题的关键是具体制度的设计。

从上述分析可以看出，养老保险体系无论采用现收现付制，还是基金积累制，只要一个经济体的最优储蓄率得以保证，那么养老金增长的物质基础完全一样，即养老金增长的物质源泉只能是下一代就业人口的增长和劳动生产率的提高。

2. 社会保障制度改革的争论

（1）改革原因

智利改革后，许多国家进行了社会保障制度改革，但改革的目标模式仍在探索之中。

改革之前，各国多实行现收现付制，或者是对现收现付制进行局面调整的修正的现收现付制。各国之所以改革现收现付制，直接原因是财政危机。当然，改革中资源配置、收入分配和宏观经济稳定因素也得到了应有的考虑。

在现收现付制中，财政必须直接负担社会保障收不抵支的责任。而实行基金积累制，个人拥有自己的账户，直接为自己的未来进行储蓄，从理论上说财政责任相对较轻。另外，在基金积累制（个人账户制）下，对社会保障基金可在资本市场获得高回报率的憧憬，吸引了许多国家选择基金积累制。

（2）现收现付制是否降低了储蓄

从理论上说，一个经济体只有当现收现付制下的总储蓄不足，即该经济体的利率高于黄金增长的最优利率时，引入基金积累制，国民储蓄才能增加，利率才能恢复到与黄金增长一致的水平。在这种情况下，养老体系从现收现付制向基金积累制（个人账户制）的过渡，可以改进经济效率。

在不需要更多资本积累的状况下,现收现付制是理想的。在现实经济生活中,资本积累总是需要,资本的边际产出率高于总工资的增长率。这意味着政府采用基金积累制的长期成本低于现收现付制。也就是说,在提供相同福利的条件下,基金积累制中的储蓄额将低于现收现付制所要求的税收额(费)。

现收现付制下的养老保险是否影响储蓄行为并降低了储蓄?生命周期理论认为,个人的消费和储蓄决策以一生收入为基础。人们在工作时将一部分收入储蓄起来,用于退休时的消费。这笔资金使用之前可用于投资,从而增加社会资本存量。马丁·费尔德斯坦(Martin Feldstein,1939—)认为,美国因实行现收现付制降低了60%的私人储蓄,此即所谓财富的替代效应。个人交了社会保障税(费),就认为退休收入有保障,从而将社会保障税(费)视为自己对未来的储蓄。相应地,降低储蓄就成为他们的理性选择。但是,如果社会保障税(费)所形成的公共储蓄水平低于所降低的个人储蓄,那么资本积累总额就会下降。罗伯特·巴罗(Robert Barro,1944—)不赞同费尔德斯坦的看法。他认为,从理论上说,现收现付制不影响储蓄,只是父母要为此调整留给子女的遗产。

关于这个问题的讨论,还没有共识。假定储蓄的一个重要原因是遗赠,年老一代可能会储蓄更多,以便给子孙后代留下更多遗产,这也会增加储蓄。

(3)现收现付制的政治经济学与基金积累制优势问题的争论

在政治上,现收现付制容易得到支持,因为它能给当今退休人员和将要退休的人员以额外好处。但是,这好处要由未来的纳税人支付。

现在,全世界实行现收现付制的国家认识到进一步增加社会福利的余地已经不复存在。现实是,随着人口平均寿命的普遍提高,众多国家进入老龄化社会,这意味着人口增长率 n 下降。在许多发达国家,人口增长率甚至为负。如果再加上需要供养的老人数量的增加,赡养率的提高,那么在劳动生产率(体现为工资增长率)不变的情况下,未来的税(费)率必须要提高,以保证社会保障制度的正常运行。但是,税(费)率提高必然会影响一国竞争力。如果税(费)率不能提高,但社会保障支出标准已经确定,公共部门只能靠债务融资来确保社会保障支出受益水平不变。这样,公共部门债务负担必然加重,最终这会导致社会保障支出水平难以为继。其结果只能是,公共部门要么提高税(费)率,要么不再实行现收现付制。总之,现收现付制的最主要约束条件是税(费)率不能无限制地提高。

资本高回报率增加了基金积累制的吸引力。基金积累制管理成本较高,而现收现付制的收入用于即期支出,管理成本较低。如果基金积累制有相应的资本市场配套,那么资本高回报率可补偿较高的管理成本。如果较为完善的资本市场缺乏,那么问题就会变得更复杂。有一种观点认为,基金积累制社会保障制度的建立会促进资本市场的发展。但也有另一种观点认为,如果没有较为健全的运作良好的资本市场,或者说,资本市场像赌场,那么基金积累制的高收益风险可能过大。如果没有相对有保障的资本市场收益作为保证,那么基金积累制最终也可能给公共部门带来沉重的财政负担。

(4)社会保障制度的经济效应的争论

以养老保险为例,养老保险制度具有退休效应。在没有养老金的年代,人们多工作到身体不能承受为止。养老保险制度导致达到法定退休年龄人口的劳动力参与率下降，人们更早退休，不工作只消费的年限延长，积累资金的工作年份相应地缩短。个人可能会担心，养老保险制度不能充分满足自己的需要，从而增加个人储蓄（Rosen，2002，Ch.9）。这与私人养老金计划规模的显著扩大一致。当然，在开放经济中，储蓄下降并不必然直接转换为投资的同步下降，从而降低生产率。

政府的社会保障项目有收入效应和替代效应。养老保险制度对老人的资源转移有收入效应。老人有了收入，休闲时间随之增加，同时工作回报也改变了，这就是替代效应。但是，关于替代规模和方向有很大争论。养老金的多少，仍取决于个人在过去年份中的缴款。个人工作年份延长后，缴款总额必然会增加，且每年收益也会增加。但问题是，收益增加是否足以补偿受益的增加？近年来，美国的社会保障项目鼓励继续工作的效应在增大。

任何一个保险项目的本质是，有人得到的比所出的保险费要多，有人得到的要少。养老保险制度中，活得越长的人得到的越多；而退休前就去世的个人所拿回的就比自己所缴纳的保险税（费）少，这在本质上是不公平的。但从总体来说，缴款数量一样的人得到不同回报（预期回报率不同）。在许多国家，单身一人的收益小于选择婚姻的人的回报。婚姻是自由选择的结果，对一些人来说，这些差异也是不公平的：为什么某人只是因为选择了婚姻，就应得到更多呢？

当然，养老保险有再分配作用。有人收益大大超过缴款，这会让人感到不公平。但对于大部分人来说，这并不是不公平的，因为他们接受了再分配在"某种意义上"是值得的观点。但是，在决定再分配数量中，养老保险只是依据个人的社会保障缴款，而非个人财富或工资收入。

社会保险制度的内容，除了养老保险之外，主要的还有医疗保险、失业保险等。上述关于养老保险制度的分析，大体上也适用于其他社会保险项目。

（5）中国社会保障体系的筹资问题

还是以养老保险为例来说明。养老保险体系的基本筹资问题，在修正的现收现付制下，该体系的筹资的自生能力，取决于工人数量与退休者的比例。人口老龄化给中国现收现付制的养老保险制度运行带来了巨大压力。特别需要注意的是，中国的"人口转变"是从高出生率与高死亡率阶段，迅速越过了高出生率与低死亡率阶段，进入低出生率和低死亡率阶段的。低出生率和低死亡率同时出现一般是发达国家人口增长变化的特征，而作为发展中国家的中国迅速进入这个阶段，是人口政策（计划生育政策）和良好的医疗卫生条件共同作用的结果。在发达国家，如美国，现在差不多是3人养1人；在接下来的50年中，预期是2人养1人，但就是这样，人口老龄化的巨大压力并没有消失。更何况中国还是一个发展中国家。需要注意的是，一个社会的医疗费很大部分是用于老年人的。人口老龄化也意味着医疗费用负担也随之加重。

生产率提高对缓解养老保险制度运行压力有利。养老保险制度正常运行，要看在职者收益与退休者收益的比较。如果在职者收入因生产率提高而迅速增加，那么，更多的收入可用于支持退休者。但是生产率提高的速度会随着经济总量扩大而下降。当前中国就是从生产率提高受益而增长的养老保险收入，以弥补老龄化资金缺口。

实践中，现收现付制降低储蓄的观点似乎占了上风。中国养老保险对储蓄的影响现还有待进一步评估。近年来，中国养老保险制度总体上在不断完善（见专栏6-7）。

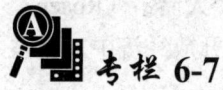
专栏 6-7

当前中国的养老保险

2017年末全国参加基本养老保险人数为91 548万人，比2016年年末增加2 771万人。全年基本养老保险基金收入46 614亿元，比2016年增长22.7%，其中征缴收入34 213亿元，比2016年增长24.4%。全年基本养老保险基金支出40 424亿元，比2016年增长18.9%。2017年年末基本养老保险基金累计结存50 202亿元。

2017年年末全国参加城镇职工基本养老保险人数为40 293万人，比2016年年末增加2 364万人，其中，参保职工29 268万人，参保离退休人员11 026万人，分别比2016年年末增加1 441万人和922万人。2017年年末参加城镇职工基本养老保险的农民工人数为6 202万人，比2016年年末增加262万人。2017年年末城镇职工基本养老保险执行企业制度参保人数为35 317万人，比2016年年末增加1 053万人。

2017年全年城镇职工基本养老保险基金总收入43 310亿元，比2016年增长23.5%，其中征缴收入33 403亿元，比2016年增长24.8%。各级财政补贴基本养老保险基金8 004亿元。全年基金总支出38 052亿元，比2016年增长19.5%。年末城镇职工基本养老保险基金累计结存43 885亿元。

2017年年末城乡居民基本养老保险参保人数51 255万人，比2016年年末增加408万人，其中，实际领取待遇人数15 598万人。全年城乡居民基本养老保险基金收入3 304亿元，比2016年增长12.6%，其中个人缴费810亿元。基金支出2 372亿元，比2016年增长10.3%。基金累计结存6 318亿元。

2017年年末全国有8.04万户企业建立了企业年金，比2016年增长5.4%。参加职工人数为2 331万人，比2016年增长0.3%。2017年年末企业年金基金累计结存12 880亿元。

资料来源：人力资源和社会保障部. 2017年度人力资源和社会保障事业发展统计公报[EB/OL]. http://www.mohrss.gov.cn/SYrlzyhshbzb/zwgk/szrs/tjgb/201805/W020180521567611022649.pdf.

对未来养老保险制度潜在财政危机的预期，使得许多人不敢消费，而只能进行储蓄。现实中，虽有鼓吹用"明天的钱来圆今天的梦"的说法，但许多人也同时感叹"明天的钱在哪里"。在转型时期，不完善的养老保险导致储蓄增加。

（6）社会保障制度改革与财政的理论分析

现实中，各国社会保障制度改革多因财政危机（出现巨额财政赤字或者未来潜在的财政风险）而起。多数国家希望用基金积累制替代现收现付制，并走出财政危机。国家通过基金积累制改革，增加储蓄，让私人有更强的硬预算约束，以提高回报率。基金积累制的推行也有潜在风险，但由于智利等国的成功实践，激励了众多国家跟进。

从理论上说，如果公共部门在现收现付制下，总能筹集到足够的资金，那么现收现付制同样可以持续运转；如果在基金积累制下，个人账户资金投资严重失误，基金积累制同样可能带来危机，而这种有着广大影响面的危机，最后只能由财政来收拾残局。

财政是社会保障活动的重要财力来源和最后一道防线。社会福利、社会救助和社会优抚没有固定收入来源，一般通过公共收入来安排支出。而社会保险主要采用缴税（费）的方式来筹集社会保险基金，为此，似乎公共部门不必安排相应的支出，可以自成体系、自收自支、自我循环周转，仅仅靠自身的基金预算就可以解决问题了。其实不然，从性质上看，社会保险税费的缴纳和社会保障资金的分配本身就是公共部门的经济活动，一旦社会保险收不抵支，那么它也必须依靠公共部门的一般性收入来维持。社会保险本身就是弥补市场失效的活动。公共部门相对于私人部门来说，在这个问题的解决上更有优势。公共部门在特殊情况下用一般性收入支持社会保险，也是促进公共部门的公平目标的实现。社会保险不是以营利为目标的保险，某些时期社会保险基金收不抵支是正常的，这时，公共部门的一般性收入就成为实现社会保险基金收支平衡的最后手段。也正因如此，社会保险预算在各国多是它们的公共预算体系中的一个独立设置的子预算。

一方面，根据权利义务对等原则，公共部门在为社会保险基金提供一般性公共收入支持的同时，社会保险基金结余也主要由公共部门集中掌握使用。由于这部分财力以基金形式存在，政府不能无偿平调。而且，通常来说，政府只能以公债形式来使用这部分资金。社会保险基金作为专用基金，不能用于政府一般性支出。另一方面，基金的保值增值本性要求社会保险基金也应尽可能地运营自己的结余。社会保险基金是公众尤其是社会弱势群体的基本生活费和保命钱，因而投资必须确保安全性和变现性。政府债券是"金边债券"，安全性很高，流动性较强，是社会保险基金结余投资的最佳选择。专栏 6-8 提供了中国一家专门从事社会保障基金管理的机构——全国社会保障基金理事会的基本材料。

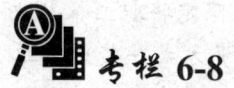

专栏 6-8

全国社会保障基金理事会

全国社会保障基金理事会（National Council for Social Security Fund, SSF）成立于 2000 年 11 月，在 2018 年国家机构改革之前一直是国务院直属事业单位，经费实行财政全额预算拨款，2018 年改为财政部管理。全国社会保障基金为中央政府集中的国家战略储备基金，由中央财政拨入资金、国有股减持所获资金和股票、划入的股权资产和经国务院批准以其他方式筹集的资金及其投资收益构成。

2016 年年底，社保基金会管理的资产总额为 20 427.55 亿元，比 2014 年年初增加 8 011.58 亿元，增长 64.53%。其中，基金权益 19 492.34 亿元，比 2014 年年初增加 7 564.56 亿元，增长 63.42%。在基金权益总额中，全国社保基金权益 16 047.67 亿元，个人账户基金权益1 181.22亿元,地方委托资金权益2 263.45亿元。投资收益保持稳定增长。过去三年,社保基金累计投资收益达到4 033.18亿元,年均投资收益率9.37%。

资料来源:全国社会保障基金理事会网站.http://www.ssf.gov.cn.

美国的401(k)计划较有特色(见专栏6-9),部分做法值得中国借鉴,以促进更加有效的社会保障制度的建立。

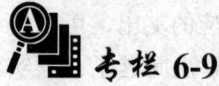
专栏6-9

美国的401(k)计划

美国的401(k)计划,即"现金或延期支付报酬安排"(cash or deferred arrangement)。该计划的参加者有两种选择:一是直接接受雇主付给现金报酬;二是让雇主把这部分现金直接以税前缴费形式存入其利润分享或股票红利计划的账户中。此名称源于美国《国内税收条例》第401条之k款。该税法条款规定雇主和雇员的养老金存款的税收优惠待遇。401(k)比其他养老金计划成本更低,雇主为雇员的存款可以按工资的15%取得税收扣除;雇员的存款及其收益都延期缴税,等于减免了当期税收。由于高薪雇员比低薪雇员更愿意参与401(k)计划,美国税法规定,缴费者在满足其他税收优惠退休金计划的,除禁止对高薪职员进行优惠的各种要求外,还必须符合该计划特别附加的对缴费金额的限制和年度测试(调查)的要求。

安然公司的破产暴露了该计划的一大问题:由于许多职工直接投资本公司股票,一旦公司出现问题,员工就很可能陷入养老积蓄与工作一起丢掉的困境。多年来,安然为其员工设立了401(k)养老金账户。按照公司的建议,员工用账户中个人所存入的钱购买安然股票,而公司提供的配套资金也全部以股票形式支付。该公司总值超过21亿美元的职工养老基金中,安然股票占了58%。公司破产后,安然两万名员工的401(k)退休基金化为乌有,损失高达数十亿美元。

安然事件暴露了401(k)计划的一个隐含风险,那就是它没有限定将职工养老储蓄用于购买一只股票的比例。由于公司提供给员工的养老基金投资方式一般比较单调,购买自己公司的股份就成了员工最方便的选择。美国大公司职工将自己的养老基金中约1/3的资金用于购买本公司股票。经安然一役,原来的401(k)条款可能不得不有所调整,已有参议员提议规定,每个职工的401(k)储蓄用于购买某一只股票的比例不得超过20%。

美国的401(k)是团体养老投资连接保险的一种。投资连接保险是一种金融服务产品,兼具保险保障与投资理财双重功能。企业和个人每月向养老金计划供款,而养老金管理机构(保险公司等)通过投资行为对养老金进行保值增值,它没有固定利率,投保人的未来收益取决于保险公司的投资收益。

资料来源:林羿,胡泳.我的退休方案什么样[N].经济观察报,2002-10-14. http://eobserver.com.cn/ReadNews.asp?NewsID=1861.

6.3 财政补贴

财政补贴是政府为了某种特定的政策目标,向家庭、企业或个人提供的补助和津贴。世界各国政府普遍重视财政补贴。财政补贴已成为各国政府重要的政策工具之一。它是政府将从纳税人手中取得的一部分收入无偿转移给企业或居民支配使用,是政府财政进行收入再分配的一种形式。政府通过财政补贴调节供求关系,稳定市场价格,促进特定产业的发展,维护企业和消费者的自身利益,从而影响全社会资源配置结构及经济社会的整体发展。

6.3.1 财政补贴的种类

政府所需作用的社会经济生活极为复杂,从而政府财政补贴的作用对象和希望达到的目标也是多种多样的,这些决定了财政补贴相应地有多种形式。

1. 价格补贴

价格补贴是指政府为实现特定的政策目标,因价格上涨而向个人、家庭、企业等支付的补助和津贴。现实中,对人民支付的价格补贴多因与居民生活密切相关的商品价格上涨所致,旨在稳定城乡人民生活水平。它以政府预算直接安排支出的方式提供。

2. 企业亏损补贴

企业亏损补贴是政府为了弥补企业亏损,确保企业能够继续正常运营下去而给予的补贴。在计划经济条件下,国有企业亏损都能得到财政补贴。改革开放以来,不是所有的企业亏损都能得到补贴。国有企业亏损能否得到补贴,亏损原因至关重要。如果亏损是因为企业生产经营不善所致,那么财政一般不会给予补贴。如果是因为企业执行政府政策所致,即企业亏损是政策性的,那么企业就容易得到财政补贴。

自然垄断行业由于缺乏完全竞争,市场价格无法有效配置资源,需要政府干预。如果任凭自然垄断企业自主定价,那么企业将制定垄断价格,获得超过正常利润水平之上的超额利润,从而损害广大消费者利益。自然垄断主要发生在供水、供电、供气等直接关系社会成员利益的行业上。政府为了不损害绝大部分社会成员的利益,往往实行限价政策,以增进社会福利。企业因执行政府限价政策或其他政策所带来的亏损,属于政策性亏损,应得到财政补贴。只有这样,企业才能维持正常发展,相关的公共服务才能够得到充分的提供。

企业亏损补贴可以直接由政府支出安排,也可以通过冲减政府收入或冲减企业上缴的利润来提供。如中国目前的企业亏损补贴主要是采用冲减政府收入的方式来提供。

企业亏损补贴与价格补贴的主要区别有:第一,价格补贴受益对象主要是个人,甚至拨给企业的价格补贴也是如此;而企业亏损补贴以企业为直接受益对象,尽管它也可能因为企业没破产而间接使企业员工受益。第二,价格补贴往往直接关系到个人生活水准，而企业亏损补贴常常决定着企业的生产经营活动能否持续。第三，价格补贴多在流通环节，向个人和商业企业提供；而企业亏损补贴多在生产环节，主要向生产企业提供。第四，政府有时也将价格补贴拨付给企业，这是为了弥补政策性原因所造成的购销价差损失；而政府之所以将企业亏损补贴拨付给企业，则是为了让企业在政府政策引起经营价格倒挂的情况下，能够弥补所需的经营费用和获得合理的利润。

中国经济正在转型之中，近年来，"新式企业亏损补贴"正在蔓延（见专栏 6-10）。另外，一些事业单位为了实现公益性目标，财务收不抵支，也需要财政补贴。

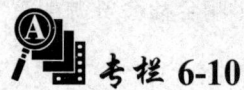

专栏 6-10

新式企业亏损补贴

在计划经济年代，国有企业执行政府计划而出现亏损，财政会给予补贴。市场经济条件下，国有企业的政策性亏损同样会获得政府的财政补贴。营利性国有企业按照市场经济运作的要求，财政不应当给予补贴。近年来，不少地方的上市公司亏损就可能从地方政府那里获得的补贴，此即所谓新式企业亏损补贴。更有甚者，只要地方企业上市，就能从地方政府那里得到金额不等的资助。

新式企业亏损补贴在形成的初期，基本上属于黑箱作业，地方政府会不会给、给多少，投资者事前都无从知晓，而且还要看当地政府的"心情"，2003 年有 20 多家的 ST 公司就靠着财政补贴而一举"扭亏为盈"，逃过退市命运。

会计制度渐趋严格，基本上堵住了利用关联交易等财务手段大幅拉高利润的途径，可是"上有政策，下有对策"，半路杀出的这个"财政补贴"却没有一个政策能管住它，明明是有关联的，因为全部都是当地政府在"自扫门前雪"，从未有地方政府"补贴"外省公司，但目前监管部门对"财政补贴"归入上市公司利润一事似乎采取"三不管"的态度，难怪"财政补贴"大行其道，不少公司竞相"效法"。

地方政府"救"当地的上市公司，通过财政补贴的方法虽然"简单"，但带来的副作用也是明显的，首先容易助长权钱交易，因为整个过程是不透明的，不劳而获的财政补贴谁不想要？拿不到补贴或者拿得少的其他公司与拿到较多补贴的公司之间的市场竞争就不可能是公平的。而且，长此以往，靠财政补贴养活上市公司的依赖心理就很难消除，对于公司的长期发展也是不利的。

不幸的是，这种补贴不仅没有减少，而且越来越多，且范围早已不再局限于亏损企业。地方政府对上市公司可谓关爱有加。2010 年共有 1 454 家公司得到政府补贴，涉及总金额高达 463.40 亿元，平均每家公司获 3 187.09 万元。1 454 家公司中，享受到政府税费返还和减免的有 514 家，涉及金额 79.32 亿元，平均每家 1 543.03 万元。

这种状况到 2018 年，并没有发生太大的变化，多家上市公司仍然获得政府的巨额补助。

资料来源：张旭晖. 上市公司自讨苦吃的财政"补贴"[EB/OL]. http://finance.sina.com.cn/ychd/20040130/1518613751. shtml，2004-01-30. 刘永刚. 上市公司"政府"造[J]. 中国经济周刊，2011（46）.

3. 财政贴息

财政贴息是指政府为了特定的政策目标，对使用某些规定用途的银行贷款的借款人补助贷款利息。财政补贴是政府代替借款人向银行支付全部或部分利息，是国家财政支持有关企业或项目发展，分摊市场风险的一种形式。

4. 税式支出

税式支出（tax expenditure，又称"税收支出"）是指根据税收制度的各种优惠规定，对某些纳税人或课税对象给予的减免税。第 7 章将对此作进一步分析。税式支出是一种较隐蔽的财政补贴。税式支出与财政支出一样，都减少了政府可支配收入，实质上是以冲减税收收入的方式发生财政支出。

财政补贴的具体种类和范围是不断发生变化的。从西方发达国家的情况来看，财政补贴主要是针对农业的补贴。中国是否也应该向西方学习？专栏 6-11 和专栏 6-12 提供了一些背景材料。

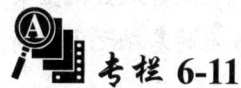
专栏 6-11

世界贸易组织《财政与反补贴措施协议》

《财政与反补贴措施协议》将补贴分为三类：红箱补贴、绿箱补贴和黄箱补贴。红箱补贴又称禁止性补贴，针对价格补贴和进出口补贴，认为它们会严重扭曲价格机制，造成不公平竞争。

绿箱补贴，即不可起诉补贴，这种补贴并不直接刺激生产，对价格和市场影响不大，成员国可以自由实行，其他国家也不能以此为由，而采取反补贴措施。拿农业来说，绿箱补贴有产品研究、人员培训、技术推广、检验、农业基础设施建设、为保障食品供给的储存费用、自然灾害补贴、农业生产结构调整补贴、农业生产条件恶劣地区发展补贴等。

黄箱补贴，又称可诉补贴。它介于红箱补贴和绿箱补贴之间，指那些虽被禁止，又能自动免于质疑的补贴。评判其是否合理，就看该项补贴是否使起诉的成员国利益受损，若利益受损，就是不合理的，否则，就是合理的。例如，中国的农药、化肥价格高于国际市场价格，对这些生产资料进行价格补贴，并不会造成不公平竞争，也不会使成员国利益受损；有的国家耕地很少，或几乎没有耕地，向这些国家出口粮食时，实行适当的补贴，出口商得了补贴，进口国享受低价，对当地农业发展影响不大。黄箱补贴基于互利互惠，只要贸易双方两相情愿、心照不宣，世贸组织就不予过问。

资料来源：林毅夫，刘欢. 适应加入世贸组织要求 丰富和完善反补贴立法与实践[EB/OL]. 中国贸易救济信息网，2003-04-28. http://www.cacs.gov.cn/text.asp?id=1045& texttype=1.

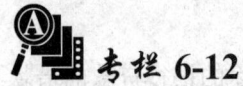 专栏 6-12

林毅夫论中国的农业财政补贴

中国已经加入世界贸易组织（WTO），根据 WTO 的黄箱政策，中国政府对农民的收入补贴可以达到农业总产值的 8.5%。当时，中国政府的黄箱政策补贴只占农业总产值的 3.3%，有许多人建议把这个政策用足，可将补贴提高到 8.5%。2001 年，中国农业总产值为 26 810 亿元，3.3% 的补贴是 864 亿元，如果提高到 8.5%，补贴总额可达 2 225 亿元。

第一，中国财政收入无法支持这样大的补贴，补贴占财政收入之比过高。相对于 2001 年的中央财政收入 8 582.74 亿元，3.3% 的补贴已占 10.1%，如果加上地方财政收入，则占中央和地方财政总收入的 5.3%。如果用足 8.5%，那么 2 225 亿元的补贴占 2001 年中央财政收入的比例将高达 25.9%，占财政总收入的 12.5%。而且从效果上来看，即使用足黄箱政策，也仅是在 2001 年农村居民人均收入 2 366 元的基础之上提高 7.2%，两者给财政带来了沉重的负担。

第二，如果对农业进行补贴会导致农产品过剩，产生一系列棘手的问题。农产品一旦严重过剩，不是让这些产品烂在国内，就是低价卖到国外。

第三，如果对农业开始进行补贴，就很难取消掉，因为取消补贴往往会引发政治问题。欧盟、美国、日本的农业补贴经历表明了这一点。

第四，对农产品进行补贴，在执行上非常困难。如果进行反周期补贴，也就是对自然灾害等造成的减产进行补贴，会产生严重激励问题。由于农业生产本身的特性，很难分辨一个农户减产是由于自然灾害还是其他人为因素，因而很容易出现故意减少投入造成减产而向政府要补贴的事例。如果直接对农民的收入进行补贴，从国外的经验来看，经常会出现应该得到补贴的农民实际拿不到补贴，拿到补贴的往往是各方面关系较好的中等收入的甚至是富有的农民。美国的农业补贴就是这样的情形，美国每个农户平均得到的补贴是 12 500 美元，而占农户总数 10% 的大农场平均得到补贴高达 85 000 美元。

中国政府对农村的支持应该采取其他可行方式，如取消农业税和农业特产税、支付农村中小学教师工资、加大农业科研投入支持力度、建立全国统一的农产品市场、创造有利于农村劳动力向非农产业转移的条件。

资料来源：林毅夫（2003）。

6.3.2 财政补贴效应

财政补贴与价格变动密切相关。不是财政补贴引起价格变动，就是价格变动导致财政补贴，因此，财政补贴会影响资源配置，影响需求和供给。

1. 财政补贴对资源配置的影响

财政补贴与价格变动关系密切。财政补贴会改变原有的相对价格体系，引起生产者和消费者行为的变化，生产者倾向于多生产，消费者倾向于多消费。在市场经济下，价格是市场机制引导资源配置的最重要信号，一旦相对价格变动，资源配置势必相应变化，从而实现政府的政策目标。

2. 财政补贴对需求的影响

一方面，财政补贴影响价格水平。价格是影响需求的最重要因素之一。一般而言，商品和劳务的价格越低，企业和个人的需求量越大。财政补贴影响了一些商品和劳务的价格，还可能影响企业和个人扩大或减少相关的可替代产品的需求，带来替代效应。另一方面，财政补贴改变原有的国民收入分配结构，一部分企业和个人因获得财政补贴而增加了收入，购买力增强，有能力购买更多的商品和劳务，从而对商品和劳务需求的扩大带来了收入效应。

3. 财政补贴对供给的影响

财政对企业补贴会降低企业生产成本，提高企业盈利水平，鼓励企业从事该生产活动，以得到更多补贴。对个人的财政补贴增加了个人可支配收入，增强了个人购买力，从而扩大了个人对产品和劳务的需求，由此刺激供给的相应增加。

4. 财政补贴对社会生活的影响

政府在实施某些经济社会政策时，扭曲了市场竞争条件，干扰了市场价格机制，从而影响了一些企业或个人的经济利益。这些企业或个人如得不到政府补贴，难以生存，更谈不上发展。例如，农业生产受天气变化影响，各年产量差异很大，而农产品需求相对缺乏弹性，因此，在农业丰收的年份，政府通过补贴多收购农产品，保证农产品价格不会跌得过低，以保护农民的生产积极性，减少农业资源的浪费；在农业歉收的年份，政府通过调动储备投放市场，避免农产品价格上涨过高，同时给予消费者一定的补贴，以稳定人民生活水平和维护社会秩序。在发达国家，农业补贴是最主要的财政补贴形式。

石油价格影响国计民生。专栏 6-13 提供了中国石油特别收益金与财政补贴的概况。

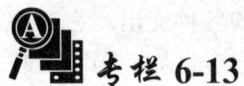
专栏 6-13

石油特别收益金与财政补贴

2006 年 3 月 26 日，我国开始征收石油特别收益金。石油特别收益金，是指国家对石油开采企业销售国产原油因价格超过一定水平所获得的超额收入按比例征收的收益金。石油特别收益金属中央财政非税收入，纳入中央财政预算管理。财政部负责石油特别收益金的征收管理工作。中央石油开采企业向财政部申报缴纳石油特别收益金；地方石油开采企业向财政部驻所在地财政监察专员办事处申报缴纳；合资合作企业应当缴纳的石油特别收益金由合资合作的中方企业代扣代缴。石油特别收益金实行 5 级超额累进从价定率计征，按月计算、按季缴纳。石油特别收益金征收比率按石油开采企业销售原油的月加权平均价格确定。为便于参照国际市场油价水平，原油价格按美元/桶计价，起征点最初设定为40美元/桶，2011年11月1日起上调到55美元。具体征收比率及速算扣除数如表6-2所示。

表6-2 石油特别收益金的征收比率与速算扣除数

原测价格（美元/桶）	征收比率	速算扣除数（美元/桶）
55～60（含）	20%	0
60～65（含）	25%	0.25
65～70（含）	30%	0.75
70～75（含）	35%	1.5
75以上	40%	2.5

石油特别收益金列入企业成本费用，准予在企业所得税税前扣除。

石油开采企业因原油价格与国际市场接轨带来高额利润，国家就此开征特别收益金进行调节。征收特别收益金的收入，用于对成品油价格调整影响较大的困难群体和公益性行业的补贴。石油特别收益金用于政府对公益性行业和困难群体进行补贴，以消除成品油价上调对其造成的影响。

资料来源：关于提高石油特别收益金起征点的通知（财企〔2011〕480号）[EB/OL]. http://qys.mof.gov.cn/zhengwuxinxi/ zhengcefabu/ 201201/t20120106_621802.html.

6.4 其他转移性支出

转移性支出中除了社会保障支出和财政补贴这两大部分外，还有其他一些支出项目，主要有援外支出、债务利息支出和其他支出。虽然它们所占的比例并不大，但也有其特殊的作用。

6.4.1 援外支出

援外支出，是指政府财政用于援助其他国家或国际组织项目的各种支出。它在不直接形成国内商品和劳务的需求时，具有转移性支出的性质。在当今世界，国际上政治经济联系日益密切，对外交流日益增加，援外支出对于加快本国经济发展，维护世界和平，都具有重要意义。这样，如同接受外援一样，国家很自然地要对外提供或大或小的援助。作为发展中国家，中国的援外支出能力有限，在外援上应量力而行，同时注意援外支出的方式与效果。专栏6-14提供了中国为联合国支付会费的情况。

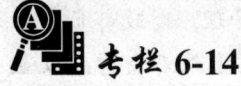
专栏6-14

中国的联合国会费缴纳情况

中国是最大的发展中国家，尽管人均收入不高，但仍以实际行动为联合国拥有一个坚实的财政基础做出力所能及的贡献。2000 年以来，中国在联合国的常规会费比额大幅攀升，从 2000 年以前的 0.995%上升到 2001 年的 1.54%、2004 年的 2.053%、2007 年的 2.667%到 2010 年的 3.189%。

2011 年，中国应缴纳联合国常规会费为 8 446 万美元，分摊比例为 3.189%，名列第八。前七位分别是美国 22%、日本 12.53%、德国 8.018%、英国 6.604%、法国 6.123%、意大利 4.999%和加拿大 3.207%。

2018 年，联合国会费的分摊比例发生了很大的变化。中国所分摊的比例进一步上升到 7.921%。其他分摊比例较高的有美国 22.000%、日本 9.680%、德国 6.389%、英国 4.463%、法国 4.859%、意大利 3.748%、加拿大 2.921%。2019 年中国所分摊比例预计将超过日本。

财政是联合国作为当今世界最重要的国际组织履行职能的基础。所有会员国应认真履行应尽的财政义务，及时缴纳各项摊款。否则联合国的财政收支关系将会扭曲，联合国预算就成为没有任何约束力，各项工作将难以获得充足的资源保障。

资料来源：中国新闻网. http://www.chinanews.com.cn/gn/news/2007/11-21/1083100.shtml，2007-11-21.；刘坤喆. 中国联合国会费飙升 美国仍是欠费大户[N]. 中国青年报，2011-10-22.；联合国官方网站. http://www.un.org/zh/members/ contribution.shtml#z.

6.4.2 债务利息支出

债务支出是指政府财政用于偿还国内公债和国外借款的还本付息支出。现代国家债务本金的偿还多采取借新还旧的方式。债务利息支出属于转移性支出范畴。国家债务的利息支出，并不对国内资源和要素（商品和劳务）形成直接的需求压力，从这个意义上说，财政的债务利息支出具有转移性支出的性质。

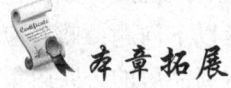
本章拓展

人口形势直接关系到社会保障负担。关于中国人口问题，可参阅郭志刚（2012）和易富贤（2013）。关于人口预测方法，可参阅王广州（2018）。

对个人的医疗卫生支出，可以归为财政补贴的一种。医疗卫生支出的多少与医药卫生体制改革的方向和进展密切相关。对医改感兴趣者可参阅朱幼棣（2011）。

关于发达国家与新兴经济体养老制度改革面临的挑战，可参阅国际货币基金组织财政事务部的研究成果（Fiscal Affairs Department，2011）。

小结

- 转移性支出是公共支出的重要内容。社会保障支出又是转移性支出的重点。
- 社会保障制度的建立与公共部门有着密切的关系。
- 社会保障制度类型的选择直接影响着财政的社会保障支出。现收现付制下，财政的社会保障支出责任较大。个人账户制下，财政的生活保障支出责任较小。
- 财政补贴的种类主要有价格补贴、企业补贴、财政贴息和税式支出。
- 其他转移性支出还有援外支出和债务利息支出。

 思考题

1. 现实中，许多老年人拥有的收入和财富超过了年轻人，那么养老保障制度在收入分配上是否发生了逆向调节作用？

2. 有一种观点认为，西欧市场经济从中世纪走过来，机会垄断，特权严重，起点不公平，所以欧洲人倾向于福利国家；而欧洲人到美国大都是白手起家的移民，没有封建特权，起码在白人之间，他们认为起点是相同的，所以他们相对更认可自由竞争。（秦晖. 为自由而限权，为福利而问责——关于"福利国家"的答问[N]. 经济观察报，2007-07-16.）你是否赞同这种看法？到了今天，强调人与人平等的市场经济国家越来越多，为什么还会出现政府提供社会保障责任的差异？

3. 2007年，国家大剧院（http://www.chncpa.org/）建成。"作为中国最高表演艺术中心，国家大剧院将秉承人民性、艺术性、国际性的宗旨，以'艺术改变生活'为核心价值理念，努力成为国际知名剧院的重要成员、国家表演艺术的最高殿堂；艺术教育普及的引领者；中外文化交流的最大平台；文化创意产业的重要基地。"从网站可见，国家大剧院有一些企业合作伙伴。国家大剧院的正常运作是否需要财政拨款？社会捐款与财政补贴之间是否存在权衡取舍关系？

4. 中国的农业补贴应该怎么进行才更加有效？中国农业补贴应考虑哪些政策目标？政府财力对农业补贴有哪些限制？

5. 请访问北京市保障性住房建设投资中心网站（http://www.bphc.com.cn/）或其他地方政府的相关网站，了解政府在住房保障中的具体行动，并思考以下问题：政府应如何帮助人人实现有房住的目标？公共住房（保障性住房）政策与商品房的公共政策应该如何协调，才能实现有效率的公平目标？

6. 延长退休年龄，无疑可以减轻政府的养老保障压力，也是大势所趋。老龄化社会不仅意味着养老金负担的沉重，而且与老人直接相关的医疗费负担也会居高不下。面对这样的形势，个人能做什么？政府又能做什么呢？

 阅读与参考文献

[1] Fiscal Affairs Department（IMF）. The Challenge of Public Pension Reform in Advanced and Emerging Economies[EB/OL]. [2011-12-28]. http://www.imf.org/external/np/pp/eng/2011/122811.pdf.

[2] Rosen H S. Public Finance[M]. 6th ed. New York：McGraw-Hill，2000.

[3] Stiglitz J E. Economics of the Public Sector[M]. 3rd ed. W. W. Norton and

Company,2000.

[4] 蔡昉,孟昕. 人口转变、体制转轨与养老保障模式的可持续性[M]//吴敬琏. 比较(第十辑). 北京:中信出版社,2004.

[5] 弗里德曼·米尔顿,罗斯·弗里德曼. 自由选择:个人声明[M]. 北京:商务印书馆,1982.

[6] 郭志刚. 重新认识中国的人口形势[J]. 国际经济评论,2012(1).

[7] 李扬. 财政补贴经济分析[M]. 上海:上海三联书店,1990.

[8] 李珍. 社会保障理论[M]. 北京:中国劳动社会保障出版社,2001.

[9] 林羿. 美国的私有退休金体制[M]. 北京:北京大学出版社,2002.

[10] 林毅夫. 中国还没达到工业反哺农业阶段. 南方周末,2003-07-17.

[11] 马丁·菲尔斯坦(Martin Feldstein). 中国的社会保障改革[M]//徐滇庆,等. 中国社会保障制度改革. 北京:经济科学出版社,1999.

[11] 孙光德,董克用. 社会保障概论[M]. 北京:中国人民大学出版社,2000.

[12] 王广州. 中国人口预测方法及未来人口政策[J]. 财经智库,2017(3).

[13] 王新梅. 全球性公共养老保障制度改革与中国的选择——与GDP相连的空账比与资本市场的实账更可靠更可取[J]. (上,下). 世界经济文汇,2005(6),2006(1).

[14] 吴敬琏. 当代中国经济改革[M]. 上海:上海远东出版社,2004.

[15] 叶振鹏,张馨. 公共财政论[M]. 北京:经济科学出版社,1999.

[16] 易富贤. 大国空巢:反思中国计划生育政策[M]. 北京:中国发展出版,2013.

[17] 袁志刚. 中国养老保险体系选择的经济学分析[J]. 经济研究,2001(5).

[18] 曾毅. 中国人口老龄化的"二高三大"特征及对策探讨[J]. 人口与经济,2001(5).

[19] 张馨. 财政学[M]. 北京:人民出版社,2002.

[20] 朱幼棣. 大国医改[M]. 北京:世界图书出版公司,2011.

7 税收理论

学习目标

- ▶▶ 了解税收的基本概念和形式特征；
- ▶▶ 了解现代税收原则理论；
- ▶▶ 了解局部均衡下的税负转嫁与归宿理论；
- ▶▶ 了解税收的收入效应和替代效应；
- ▶▶ 了解最优税收理论；
- ▶▶ 了解税制设计理论。

香港著名报人林行止在《从筷子税说到筷子》一文中对2006年中国就"木制一次性筷子"征收5%的"筷子税"（正式名称是"消费税"）发表评论。他认为，政府希望人民少用"一次性筷子"，要借此避免林木被大量砍伐以保护环境，是一厢情愿，亦可以说是受环保分子误导。道理很简单。林木商人必会种植更多适合市场需求的树木，形成对木材需求越多，绿林面积越广的良性循环。如果"一次性筷子"因被课税消费量萎缩，那么木材商植林的速度肯定放缓！这种情况与白报纸的消耗量和环保的关系相仿。如果人人上网阅读，报刊（以至书籍）突然人间蒸发，那么北欧、加拿大和东南亚的木材商人还会投放大量资源植林吗？答案当然是否定的。没有报刊的同时也是为造纸而种植的树林的消失。这对环保是利是害，毋须解说。（林行止. 好吃[M]. 上海：上海书店出版社，2012.）

那么，税应该怎么收呢？本章将系统介绍税收的基本理论。

西方社会流行一句俗语："只有死亡和税收是不可避免的。"在中国，税收也已是现实社会生活不可或缺的组成部分。

7.1 税收概述

公共部门活动离不开经费。经费筹集主要靠税收。在市场经济下，税收是政府收入的最主要形式。现代国家的财政收入主要依靠税收。我们经常见到各种税收标语，如"社会主义税收取之于民，用之于民"；又如"依法纳税是每个公民的应尽义务"。税收到底是什么？本节将对此进行剖析。

税收在国家产生之初就已出现。税收是国家（或政府）凭借政治权力强制征纳而取得的收入。

专栏 7-1

税收的起源：一种思想试验

美国经济学家奥尔森（M. Olson, 1932—1998）在讨论国家起源时，提出了一种有意思的税收起源观。他假定：国家出现之前，兵荒马乱，土匪横行，而土匪又分为两种，一是"流寇"，二是"坐寇"。"流寇"到处抢掠，流窜犯案。"坐寇"在固定区域内活动。"流寇"到处奔走，累了，就会变成"坐寇"。"坐寇"不能无限度地掠夺财产，因为过度掠夺的结果，很可能是未来再也抢不到财物了。经过缓慢的演变，"坐寇"开始理性地思考如何从势力范围内获得财物。渐渐地，"坐寇"给势力所及的范围内居民提供安全和其他保护措施，而居民要按照规定的标准给"坐寇"进贡。最后，"坐寇"变成了国家，居民的捐献就成了税收。

吴思也曾讨论过四川广汉土匪的事，土匪收费保安全，事情已过去约百年。民国初期，广汉土匪横行，川陕大道路人不走，宁愿绕小路，也不敢穿行，收费的土匪什么也收不到。于是，各路匪帮达成一致，划分势力范围，分段收钱，匪帮绝不重复收费。之后，路人恢复行走。当时，广汉土地荒芜，土匪采取措施吸引人民回来耕作，保证 1 亩地只收捐 1 斗谷。当时一亩地约有两石收成，1 斗谷意味着只收 5% 的捐。收捐之后，土匪负责治安。外来土匪来犯，他们负责赶走。如果土匪内部有人敲诈勒索，那么土匪头子承诺严肃处理。广汉建立起一种安定秩序，土匪们也有了稳定的收入。

资料来源：张宇燕（1997）；吴思（2009）。

7.1.1 税收概念

税收是公共产品的价格。公共经济学中有"税收价格"（tax price）的提法。这种提法我们一下子可能难以适应。税收怎么能和平时购物所支付的价格相提并论呢？事实上，只有在作为纳税人的我们支付税收之后，才能充分地享受到政府提供的公共产品和公共服务。

理解现代意义上的税收概念，必须从税收的形式特征入手。税收的形式特征有三个：强制性、无偿性和固定性。

1. 强制性

税收的强制性，是指国家（政府）的征税活动以法律法令为依据，任何单位和个人都必须依法履行纳税义务，否则会受到法律制裁。税收的强制性，是人们感受到的最明显的税收形式特征，也是税收与公债收入、规费收入、公有财产收入（公产收入)等其他财政收入最显著的区别点。

公共产品具有消费的非竞争性和非排他性特征。其提供常会遇到"搭便车"问题。如果任凭纳税人"自觉"纳税,那么政府就可能缺乏足够财力为社会公众提供必不可少的公共产品。国家(政府)往往采取强制办法来解决"搭便车"问题。政府拥有政治权力,能够进行强制性征税。当然,现代政府征税,必须得到立法部门的同意或授权。

2. 无偿性

税收的无偿性,是指国家征税之后税款即为国家所有,归国家自主支配,国家没有义务将税款等额直接返还给纳税人,或向纳税人支付任何报酬。从税收是公共产品价格角度来看,市场经济下国家征税的本性不是无偿的,征税的前提是政府必须向全社会提供公共产品和公共服务。但如果从具体的税收征纳活动来看,那么政府与纳税人之间发生税收征纳关系时,没有义务将税款直接返还给纳税人。

3. 固定性

政府征税之前,法律就规定了税收制度,规定了各项税制要素和征税标准。税收的固定性是指征税根据预定标准进行,不得随意变更。税法一旦公布施行,征纳双方就必须严格遵守。纳税人必须依法纳税,不得逃税、欠税和抗税;税务机构必须依法征税,不得擅自减免,不得超越法律授权擅自取予。现代社会中,税法通过政治程序由立法部门制定。税收制度以法律形式固定下来,不仅有约束强制企业和个人履行纳税义务的一面,也有约束政府正常有度地征税的另一面。

从税收的固定性角度来看,现实中的税收任务问题是非常有意思的。有一段时间,中央政府为了保证财政收入能够满足支出的需要,制定了税收任务,而后在各级税务部门之间进行层层分解。这种税收任务是硬任务,必须完成,否则就会给相关官员带来极大的负面影响。各地税务官员在税收任务难以完成时,为了完成当年的税收任务,可能征收"过头税"(今年税收不够,先预征明年,明年的还不够,征后年的税,依此类推);或者在正常的税收收入较大幅度超过税收任务时,为了防止以后税收任务的增加,而"藏税于民"(税收任务的确定常用基数法,每年的任务一般是在前一年的基础之上递增的。大幅度超收可能抬高未来税收任务,从而导致以后的税收任务的完成更加困难)。这些都影响到税法的严肃性和权威性,税收的固定性形式特征似也遭到破坏。这种硬性任务规定随着2014年预算法的修正而消失。预算收入只是预测性指标,但从管理学的角度来看,税务部门内部的税收任务分解是无可非议的。税收任务完成与否提供了评价税务部门绩效的一个重要指标,但税务部门是否因此担责,要区分不同因素。税务部门的行为必须受到税法约束,应该根据税法,把所有应征税收全部征上来,不该征收的税收一分也不能征收。依法征税原则不能破坏。

专栏 7-2

英国对征税权的限制及其影响

现代税收区别于传统税收的一个标志,是征税权必须得到人民的认可。英国议会的产生与议会制度的建立同样与《大宪章》(1215)密不可分。《大宪章》为议会拥有征税权提供了法律依据。英国有一个古老的传统,即"国王靠自己生活"。按照这一传统,管理国家是国王个人的事情,所需经费应由国王自己来承担。除非发生对外战争,国王一般不得向臣民征税。平时王室和政府的财政开支全靠国王自己的经济收入来解决。英国资产阶级革命初期,国王征税权受到议会制约。该传统以后一直延续下来,并为其他国家所效仿。有意思的是,美国独立战争的理论依据就是"无代表不纳税"的英国自由传统。当时的美国人认为,殖民地在帝国议会中无代表,故绝对不应纳税。

在中国传统社会,国家的征税权与英国不同,人们通常觉得缴纳"皇粮国税"乃天经地义,只是后来受到各国资产阶级革命的影响,这种征税权观念也开始变化。

资料来源:张千帆(2004);柏克(2003)。

税收的形式特征,使得税收区别于公共部门的其他收入。税收的强制性区分了税收与公债、政府收费和捐款等公共部门收入。与税收相比,公债收入的取得取决于债权人的意愿;捐款收入取决于捐赠者的意愿。税收的无偿性是就国家和具体纳税人对社会资源的占有关系而言的。从国家与全体纳税人的利益归宿关系来看,国家征税虽然让纳税人丧失了部分经济利益,但是国家用税收收入为全体纳税人提供社会秩序、公共安全以及其他共同生产和生活条件,即公共产品和公共服务。纳税人无偿地享受了国家提供的公共产品和公共服务所带来的利益。从这个意义上说,税收对全体纳税人而言是有偿的。税收整体的有偿性是更深层次的问题,而非税收的形式特征。税收形式上的无偿性和本质上的整体有偿性,将税收与罚款收入、特许权收入等区分开来,也让税收与债务收入、规费收入区别开来。债务收入的取得必须以按期还本付息为前提;规费收入是国家通过直接为付费者提供服务而取得的收入。税收的固定性让税收与货币的财政发行、摊派和罚没收入等区分开来。货币的财政发行、摊派和罚没收入等都不是具有确定性的规范的财政收入形式。

7.1.2 税制要素

近现代税收活动由法律来加以规范。不同税种制度内容不同,且各有特点,但税收制度的构成要素相同。任何一种税收制度都要规定税制要素,即规定对什么征税、向谁征税、征多少税、如何征税等内容。税制要素包括纳税人、征税对象、税率、纳税环节、纳税期限、减税免税、违章处理和纳税地点等内容。其中,纳税人、征税对象、税率是税制的基本要素。

1. 纳税人

所谓纳税人,是指税法规定的直接负有纳税义务的单位和个人。每一种税都有纳税义务人。纳税人不履行纳税义务,就要承担相应的法律责任。

税法规定的直接负有纳税义务的人包括自然人(个人)和法人。所谓"法人",是指依法成立并能独立地行使法定权利和承担法律义务的社会组织,如社团、企业等。

这里需要区分一组概念:纳税人、负税人和扣缴义务人。负税人,即税款的实际负担者，与纳税人有联系，也有区别。有些税种，税款最终由纳税人自己承担。在这种情况下，纳税人就是负税人。有些税种，税款名义上由纳税人缴纳，但纳税人可通过各种方式将税款转嫁给别人负担。在这种情况下，纳税人不等同于负税人。

下面举例说明。某商店销售德化白瓷茶杯。在未征税的前提下，每个茶杯售价100元。一旦政府决定对商店就此课征20%税收，茶杯价格就可能变化。如果征税后每个茶杯的售价为120元，那么商店就可以将税收全部转嫁给购买者。此时的负税人不是商店，而是购买者。如果茶杯的售价不变，那么负税人是商店。如果售价在每个100元以上120元以下，那么商店和购买者共同承担税收，都是负税人。无论纳税人和负税人发生什么变化，税法规定的纳税人一直都是商店。

扣缴义务人是税法规定的在其生产经营活动中负有代扣税款并向国库缴纳税款义务的单位和个人。扣缴义务人不是纳税人，不负有纳税义务。它只是代替税务机构向纳税人征税，同时又代纳税人将收取的税款上缴给税务机构。目前，中国多数人取得工资、薪金所得所要缴纳的个人所得税是由作为扣缴义务人的支付机构代扣代缴的。一般情况下，扣缴义务人可以得到占税款一定比例的手续费。

2. 征税对象

所谓征税对象，又称课税对象，或征税客体。它是指征税的标的物。征税对象的规定解决的是对什么征税问题。不同税种的征税对象不同。它是区别不同税种的主要标志。不同税种的名称由来和性质差别，也主要是因为征税对象不同。理解征税对象，需要注意区分以下一组概念：税目、计税依据和税源。

税目是税法所规定的征税对象的具体项目，将征税对象具体化，反映具体的征税范围，代表征税的广度。有些税的征税对象简单明确，但多数税种的征税对象比较复杂，需要作具体规定，即规定具体的税目。规定税目是税收制度执行的需要，例如有些税目适用较高税率，有些适用普通税率，有些则适用较低税率。规定税目也是征税技术上的需要。规定税目可以划分各税目的征免界限。凡属于列举税目之内的商品或经营项目，都要按照相应税率征收，不属于这些税目的就不按此征税。

计税依据是计算应纳税额的依据，常分为两类：一是计税金额。这是采用从价计征方法时计算应纳税额的依据，如收入额、利润额、财产额、资金额等。计税价格乘以征税对象的数量，就可以得出计税金额；再用计税金额乘以适用税率，就可以得出应纳税额。二是计税数量。这是采用从量计征方法时计算应纳税额的依据，如水资源税一般是根据取水量和适用税额计税的。以适用税额乘以计税数量，就可以得出应纳税额。

税源是指税款的最终来源。税收只能源于国民收入。具体到每一种税，征税对象与税源不一定完全一致。个人所得税的税源与征税对象都是纳税人的收入。房产税的征税对象是纳税人拥有的房产数量或价值，而税源是房产所带来的收益或财产所有人的收入。这里涉及税本与税源的区别问题。税本是基础，税源是基础所产生的果实。有税本才有税源，有税源才有税收。国家运用税收对经济进行调节的作用点在征税对象上，但作用的归宿主要在税源上。

税基（tax base or basis of taxation，课税基础）是一个与征税对象内涵有交叉的概念。税基是某一税种的课税基础。在税制设计上,税基选择是一个重要问题。一是税基本身的选择涉及的问题,如是以收入为税基课征所得税,还是以支出为基础课征支出税,或者是以消费为基础课征消费税?二是税基大小的选择问题,如是以全部商品为基础课征一般消费税,还是以部分商品为基础课征选择性消费税?税基在大小选择方面的含义,接近于课税范围(tax scope or coverage)。

3. 税率

所谓税率,是税法规定的应征税额与征税对象之间的比例,是计算应征税额的标准,是税收制度的中心环节。税率高低,体现征税深度,反映着国家在一定时期内的经济政策、社会政策和国家其他政策,直接关系到国家财政收入和纳税人的税收负担。一般来说,税率可分为比例税率、定额税率(固定税额)和累进(退)税率。

比例税率是指对于同一征税对象,不论其数量大小,都适用同一比例的税率。其主要特点是,税率不随征税对象数量的变动而变动。在其具体运用上,包括单一比例税率和差别比例税率。其中,差别比例税率又可分为产品差别比例税率、行业比例税率、地区比例税率和幅度比例税率四种。

定额税率是税率的一种特殊形式。它是指按征税对象的一定计量单位规定固定税额,而不是规定征收比例的一种税率制度。它是以绝对金额表示的税率,一般适用于从量计征的税种。在具体运用上,定额税率可分为单一定额税率和差别定额税率、幅度定额税率和分类分级定额税率。

累进税率是指税率随着课税对象的增大而提高的一种税率制度。它按征税对象数额的大小分为若干等级,每个等级由低到高规定相应的税率,征税对象数额越大,税率越高。累进税率根据计算方法和依据不同,又可分为全额累进税率、超额累进税率、超率累进税率。常见的有全额累进税率和超额累进税率。前者即对征税对象的全部数额都按与之相应的税率计算税额。在征税对象提高到税收的一个等级档次时,对征税对象全部都按提高一级的税率征税。后者即把征税对象按数额大小划分为若干等级,每个等级由低到高规定相应的税率,分别按该等级的税率计征。此时一定的课税对象同时适用多个税率,纳税人的应纳税款总额由各个等级计算出来的税额加总而成。

累退税率与累进税率正好相反,这里不再详述。

在经济分析中,平均税率和边际税率经常用到。边际税率是指在征税对象的一定数量水平上,征税对象数量的变化导致的所纳税额的变化与征税对象数量变化之间的比例。平均税率是指全部税额与征税对象总量之比。按比例税率征税时,边际税率等于平均税率,而按累进税率征税时,边际税率往往大于平均税率。为了分析税收负担和税收作用效果等,税率还常分为名义税率和实际税率。名义税率是税法规定的税率;实际税率是纳税人在一定时期内实际缴纳税额占其计税依据的比例。税收减免等因素的存在,决定了实际税率通常低于名义税率。

4. 纳税环节

所谓纳税环节,是指纳税的节点,解决的是税收在经济行为的哪个环节缴纳的问题。

商品税的纳税环节是指在商品流转过程中按照税法规定应当缴纳税款的环节。商品从生产到消费，中间经过多个环节，如工业产品要经过工厂生产、商品采购、商业批发和商业零售等环节。在哪个环节缴纳税款，是商品流转额课税的一个重要问题。它关系到税制结构和整体税收收入体系的布局，影响商品生产、流通和价格变化，也影响税款能否及时足额地缴纳入库，影响到税款收入在地区间的分配，也会影响纳税人纳税的便利性。

5. 纳税期限

所谓纳税期限，是指税法规定的纳税人发生纳税义务后向国家缴纳税款的期限。各个税种的法律都需明确规定缴纳税款的期限。规定纳税期限，是为了促使纳税人及时依法纳税，以便保证国家财政支出的需要。同时，这也是税收强制性和固定性的体现。

6. 减税免税

所谓减税免税，是指税法对某些纳税人或征税对象给予鼓励和照顾的一种特殊规定。它是税收的严肃性和必要的灵活性的结合。税收制度可以因此更加适应不同地区不同事物发展的需要，更好地落实国家的税收政策。税收制度的减税免税要素主要包括以下内容。

（1）减税和免税。所谓减税，是指对应纳税额少征一部分税款；所谓免税，是指对应纳税额全部免征。除税法列举的免税项目外，一般性的减税、免税属于定期减免，税法规定有具体的减免条件和期限，到期恢复征税。

（2）起征点。所谓起征点，是征税对象达到征税数额开始征税的界限。征税对象的数额未达到起征点时不征税。而一旦征税对象的数额达到或超过起征点时，则要就其全部的数额征税，而不是仅对其超过起征点的部分征税。

（3）免征额。所谓免征额，是在征税对象总额中免予征税的数额。它是按照一定标准从征税对象总额中预先减除的数额。免征额部分不征税，只对超过免征额部分征税。免征额和起征点在现实中经常被误用，需要特别加以注意。

第6章介绍的税式支出（税收支出），包括减税、免税、退税、税收抵免等税收优惠措施。税式支出是基于税收优惠政策管理角度提出的概念，旨在采取类似于支出预算管理的方式，将税收优惠减少的税收收入数量列入专门的预算（税式支出预算），以加强税收优惠管理。

7. 违章处理

所谓违章处理，是税务机关对纳税人违反税法的行为采取的处罚性措施。它是税收强制性形式特征的体现。它解决不缴税、少缴税、迟缴税、逃税等违背税法的现象和行为怎样处理的问题。

8. 纳税地点

所谓纳税地点，是纳税人应当缴纳税款的地点。纳税地点和纳税义务发生地通常是一致的。但在某些情况下，纳税地点和纳税义务发生地不一致，如与总公司不在同一地区的分公司的利润在总公司汇总纳税。纳税人在不同地区纳税，对地方政府财政收入有着直接的影响。

7.1.3 税收分类

1. 以税收的征税对象为标准的分类

以税收的征税对象为标准，税收可以分为商品税（旧称流转税，现改称货物和劳务税）、所得税、财产税与行为税等。这是最基本的税收分类方法，为世界各国所普遍使用。

所谓商品税，一般是指对货物流转额和劳务营业额所征收的那一类税收，如消费税、增值税、营业税、关税等。所谓所得税，一般是指对纳税人的各种所得征收的那一类税收，如企业所得税（公司所得税）、个人所得税等。所谓财产税，一般是指以属纳税人所有的财产或归其支配的财产数量或价值额征收的那一类税收，如房产税、契税、车船税、遗产及赠与税等。所谓行为税，是指以某些特定行为为课税对象的税，如印花税等。

2. 以税收负担是否容易转嫁为标准的分类

以税收负担是否容易转嫁为标准，税收可分为直接税和间接税两大类。所谓直接税，是指税负不易转嫁，由纳税人直接负担的税收，如各种所得税、土地使用税、社会保险税、房地产税、遗产及赠与税等。所谓间接税，是指纳税人容易将税负全部或部分转嫁给他人负担的税收，如以商品流转额或非商品营业额为课税对象的消费税、营业税、增值税、销售税、关税等。直接税与间接税的分类方法与经济分析有着密切的联系。

3. 以管理权限为标准的分类

以管理权限为标准，税收可分为中央税、地方税以及中央地方共享税。属于中央政府管理并支配其收入的税种称为中央税。属于地方政府管理，收入由地方政府支配的税种称为地方税。属于中央与地方政府共同享有按一定比例分别管理和支配的税种称为中央地方共享税。各国财政管理体制（预算管理体制）具体规定哪些税种属于中央，哪些税种属于地方，哪些税种属于中央与地方共享。现实中，中央和地方共享税的收入最后还是要进一步划分为中央税和地方税。

4. 以征收实体为标准的分类

以征收实体为标准，税收可分为实物税、货币税和劳役税。所谓实物税，是指国家以实物形式征收的税。在自然经济下，经济货币化程度很低，经济活动主要以实物形式进行，也有相当部分以劳役形式进行。这种背景下，田赋是主要的财政收入种类，征收的形式主要是实物；此外，政府也采用劳役形式开展若干活动，如各类公共工程的建造等。进入市场经济后，随着经济货币化程度的加深，货币税逐步成为主流。以货币形式缴纳的各种税，都属于货币税。

5. 以计税依据为标准的分类

以计税依据为标准，税收可以分为从价税和从量税。所谓从价税，是指以课税对象及其计税依据的价格或金额为标准，按一定税率计征的税收，如中国现行的增值税、关税等。所谓从量税，是指依据课税对象的重量、数量、容积、面积等，采用固定税额计征的税收，如车船税等。从价税的应纳税额随商品价格变化而变化；从量税的应纳税额随商品数量变化而变化，计算简便，其税负轻重与价格无关。

6. 以税收与价格的关系为标准的分类

以税收与价格的关系为标准，税收可分为价内税和价外税。凡税金包括在价格之内的称为价内税。凡税金作为价格之外附加的，称为价外税。与之相适应，价内税的计税依据为含税价格，价外税的计税依据为不含税价格。中国的增值税是价外税，消费税是价内税。

7.1.4 税制结构

所谓税制结构，是指一国税制中各税种的组合状况，反映各税种在税收收入体系中的地位。以税制结构中的税种的多少为标准进行分类，税制可分为单一税制与复合税制。前者是指一个国家基本上只有一个税种的税收制度。后者是指一个国家由多种税种组成的税收制度。

单一税制（单一土地税制、单一消费税制、单一财产税制、单一所得税制、单一资本税制等）只是理论构想。现实中，完全的单一税制从未有过。人们往往将中国计划经济下的税收制度称为单一税制。当时，国有经济占整个经济的绝大部分比重，对国有企业曾只征收"工商税"一种税，但对非国有企业征收的税不止一种。

复合税制是各国现实的选择。不同税种在税收收入体系中的地位不同，形成不同税制结构。据此，可以将税制结构分为以商品税为主体的税制结构、以所得税为主体的税制结构、所得税与商品税并重的税制结构以及其他特殊税制结构。[①]

现实中，发达国家多采用以所得税（直接税）为主体的税制结构，发展中国家则多选择商品税（间接税）为主体的税制结构。发展中国家在向发达国家迈进中，则可能选择商品税（间接税）与所得税（直接税）并重的税制结构。一些财政收入严重依赖某些特殊税制（如资源税）的国家形成了特殊的税制结构。

经济发展水平不同的国家，之所以形成不同的税制结构，原因主要有以下四种。

1. 财政收入

商品税税基较广。只要有生产交易活动，税收收入就可以保证。所得税对所得额征收，计税依据是收入扣除掉成本费用，这样的税收很难保证政府收入的稳定性。发展中国家经济实力较为薄弱，出于财政收入稳定性的考虑，多选择以商品税为主体的税制结构。发达国家有条件更多地考虑税收的收入分配和宏观经济调控功能，多选择以所得税为主体的税制结构。

2. 税收征管

传统意义上的商品税，对税收征管水平要求较所得税低。发展中国家税收征管水平较低，比较倚重商品税。相反，发达国家税收征管水平较高，在主体税种的选择上受这一因素约束较少，可多选择所得税。需注意的是，商品税的征管水平较低并不是

---

① 在讨论税制结构时，各界也经常关注间接税与直接税在税制结构中的地位问题。商品税对应的是间接税。所得税和财产税对应的是直接税。

绝对的，现代意义上的商品税——增值税同样要求较高的税收征管水平。

3. 宏观经济调控

所得税在宏观经济调控中，可发挥"自动稳定器"作用。商品税一般无此功能。尽管累进的所得税有这个优势，但发展中国家所得税收入水平较低，"自动稳定器"作用就会大打折扣。

4. 收入再分配

所得税在收入再分配中的调节作用优于商品税。发展中国家通常更注重经济效率的提高，而发达国家经济发展任务已完成，更关注公平。

随着经济全球化的加深，国际税收竞争愈演愈烈。发展中国家选择以商品税为主体的税制结构正面临严峻的挑战。中国当前的税制结构优化问题探讨，就是在这一背景下进行的。

税制结构选择的进一步分析，需要结合 7.2 节的"税收原则"理论进行。

7.2 税收原则

所谓税收原则，是制定和评价税收制度与税收政策的标准，是支配税收制度的废立，影响税收制度运行的深层次观念体系，是税收的行为准则。它反映一定时期、一定社会经济条件下的治税思想。随着客观条件的变化，税收原则也在发展变化。

7.2.1 税收原则思想的发展概述

现代意义上的税收原则理论起源于西方。中国古代也有一些零散的治税思想。春秋时期，管仲就提出"治国必先富民"，刘晏提出"理财当以养民为先"。这些主张都深刻地体现了税收与经济的辩证关系，其核心思想就是在发展经济的基础上增加财政收入。同时，古代理财家还注意到，税收制度必须"确实"和"便利"，这样才能减轻由于课税而对经济产生的消极影响。西晋傅玄又进一步提出"至平"、"积俭而趣公"和"有常"三条税收原则，体现了税收效率思想。

关于中国的税负公平思想，《禹贡》记载的古代土地税制度就有体现。其主要特点是根据土地肥瘦以及距离帝都的远近、水陆交通、产品种类等因素，将土地分为若干等级，在此基础上确定税负水平；后来管仲提出的"相地而衰征"，也体现了类似的思想。西晋的占田制以及北朝和隋唐的均田制，都鲜明体现了以劳动能力强弱作为课税标准的思想。再往后，唐代杨炎的"两税法"更是明确规定"人无丁中，以贫富为差"的课税制度，体现以占有财产的数量为课税标准的思想。

最早明确提出税收原则的，是英国古典经济学的创始人威廉·配第（William Petty，1623—1687），他在《赋税论》和《政治算术》中提出公平、方便、节省等基本原则。在西方，明确系统地提出现代税收原则并产生了较大影响的则是亚当·斯密（Adam Smith，1723—1790）。他在 1776 年出版的《国民财富的性质及原因的研究》（即《国富论》）一书中，提出了税收四原则，即平等、确实、便利和节俭（也译为

"最少征收费")原则。斯密的税收四原则,是对税收原则最早的系统科学阐述,体现了市场经济上升时期经济自由发展、国家不干预或少干预的客观要求。斯密的税收四原则虽然提出时间较早,但它深深地影响了后来的税收原则理论。

7.2.2 亚当·斯密的税收原则

亚当·斯密在《国富论》第五篇(斯密,1981,中文版,pp.384-385)提出了其著名的税收四原则,现分述如下。

所谓平等原则,是指一国国民都必须在可能的范围内,按照各自能力的比例,即按照各自在国家保护下获得的收入的比例,向国家缴纳税收,以供维持政府的正常运转之需。

所谓确实原则,是指各个国民应当完纳的税收必须是确定的,不得随意变更。完纳的日期、完纳的方法、完纳的数额,都应当让一切纳税者及其他人了解得十分清楚明白。确实原则要求实现课税的确定性,以便纳税人在事前做出决策。

所谓便利原则,是指各种税收完纳的日期及完纳的方法须给纳税者以最大的便利。

所谓节俭原则,是指税收的课征费用应当最少的原则,换言之,它要求一切税收的征收须设法使人民所付出的尽可能等于国家所得的收入。

斯密的税收四原则与自由资本主义时期市场和资本的基本要求,即尽量限制政府干预的"守夜人"的国家理念是一致的。

7.2.3 瓦格纳的税收原则

当资本主义从自由竞争发展到垄断时期,社会矛盾日益突出,财富分配不公日益严重,此时市场和资本要求国家不仅是"守夜人",更要执行社会政策,进行收入和财富再分配,以缩小贫富差距,缓和社会矛盾。于是,德国财政学家瓦格纳(Adolph Wagner,1835—1917)提出了四项九目的税收原则。

所谓财政收入原则,包括充足原则和弹性原则两方面。也就是说,税收收入应能充分满足国家财政的需要,而且要有弹性,随着财政支出需要的变动而相应地增减。

所谓国民经济原则,包括税源选择和税种选择两方面。税源选择要有利于保护资本即税本,税源应主要是所得,而尽量避免对财产和资本的课税;税种选择则应考虑税负转嫁因素,尽量选择难于转嫁或转嫁方向明确的税种。

所谓社会正义原则,包括普遍原则和平等原则两方面。普遍原则要求税收负担遍及每个社会成员,每一公民都有纳税义务。平等原则指税收负担应力求公平合理。他主张实行累进所得税制,并对最低生活费用免税。

所谓税务行政原则,包括确实、便利、节省三方面。此类原则要求,纳税的时间、方式及数量等应预先规定清楚;纳税手续尽量简便,以方便纳税人;征收费用应力求节省。

瓦格纳税收原则理论适应了当时国家从消极的"守夜人"到社会政策执行者角色转变的需要,也突出了经济与税收的关系。

7.2.4 现代税收原则

现代税收原则是在亚当·斯密、瓦格纳等人的税收原则基础之上发展起来的，它包括税收的效率原则、公平原则、稳定原则和财政原则。税收的基本功能是组织财政收入，确保政府提供公共产品和公共服务所需财力。税收的效率、公平与稳定原则都只能在财政组织收入的过程中实现。

1. 税收的财政原则

所谓税收的财政原则，是指税收制度应当能够取得必不可少的财政收入的原则。它包括两层含义：一是税收的充分性，即税收应当能充分保证政府提供公共服务的财力需要。二是税收的弹性。政府支出需求经常变化，因而税制设计应当使得税收能随政府支出需要的变化而变化。

2. 税收的稳定原则

所谓税收的稳定原则，是指税收制度应有利于财政政策运作以稳定宏观经济的原则。随着市场经济从自由放任向垄断的转化，政府开始积极地干预经济，其中最重要的是政府通过宏观经济政策干预经济周期，税收作为政府干预宏观经济政策的重要手段被运用，这就要求税收必须遵循稳定原则。税收的稳定原则包括：一是税收通过自身主动的增减，以适应经济周期波动，有意识地对宏观经济不稳定状态进行干预和调节，发挥税收的相机抉择作用；二是税收在既定的制度下，能够自动地随着经济周期的变化，而发生反向作用，自动调节宏观经济运行状态，起到自动稳定作用。

下面着重介绍效率原则和公平原则。

3. 税收的效率原则

所谓税收的效率原则，是指税收制度必须符合经济效率要求，尽可能少地损害经济效率的原则。它包括以下几层含义。

（1）税收总量应体现社会资源最优配置要求。社会资源在公共部门与私人部门之间存在最优分布。在特定时间和特定国家中，市场对公共产品和公共服务的需求是一个既定的量，相应地，符合市场要求的税收也是一个既定的量。过多或过少课税都会损害经济效率，不利于经济增长。

（2）税收对微观经济活动的效率损失应当最小。税收直接减少纳税人所拥有的收入和财产数量，直接减少企业和个人从事经济活动的资源，同时还可能扭曲市场活动主体的经济行为。这些都造成效率损失，形成税收的"超额负担"（excess burden）[①]，即政府课税给纳税人带来的超过实际税金的损失。这些损失是平白无故的，纳税人和政府都无法获得，似乎是从整个社会中"蒸发"了，因此被称为税收的"超额负担"。

如图 7-1 所示，S 是课税之前的供给曲线，D 为需求曲线，E 为市场均衡点，最初的消费者剩余为三角形 ACE；课税之后，供给曲线为 S'，新均衡点为 E'，消费者剩余为三角形 ABE'；新消费者剩余比初始的少了梯形面积 $BCEE'$，其中的矩形面积 $BCFE'$ 代表的剩余为税收，但三角形 FEE' 面积所代表的剩余谁也没有获得，即为超额负担。

[①] 超额负担又称无谓损失（deadweight loss），也译为超重损失或绝对损失。

一般认为,只有商品税才有经济效率损失,而总额税如人头税以及所得税等,不会带来效率损失。

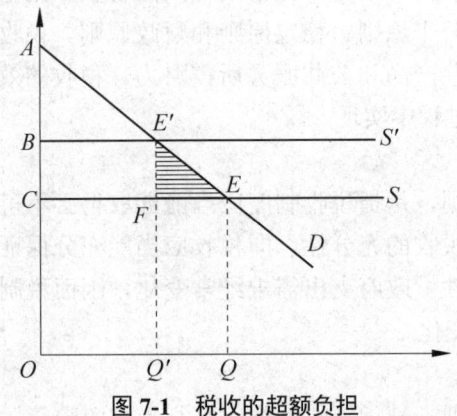

图 7-1 税收的超额负担

课税有收入效应(income effect)和替代效应(substitution effect),从而影响个人福利水平。所谓收入效应,是指在相对价格不变的情况下,因个人收入发生变化而对福利水平产生的影响。收入效应不会带来经济的无效率,只是表明资源从纳税人到政府的转移。只带来收入效应而不产生替代效应的税收称为总额税(lump sum tax)。总额税不会导致个人因经济行为的改变而改变纳税义务。英国在 1990—1991 年间开征的人头税就是总额税的典型例子。但人头税也有问题,如对公平产生了负面影响,甚至是严重的负面影响。

所谓替代效应,是指在个人收入水平不变的前提下,因相对价格变化而产生的对个人福利水平的影响。英国 1747 年后许多纳税人为逃避窗户税用砖将窗户堵死。在此之前,窗户税在 1747 年之前并不严格实施,纳税人往往是等税务人员来到之前将窗户封住,待税务人员离开之后又重新打开。当然,这种低效率的窗户税后来被取消了。

如图 7-2 所示,某人可以选择消费的商品只有 X 和 Y 两种。课税之前,其预算约束线为 AB。E_1 为 AB 和无差异曲线 i 的切点,其选择的消费组合为 (X_1, Y_1)。对 B 进行课税之后,其预算约束线为 AC,其选择的消费组合相应变为 (X_2, Y_2)。税收的收入效应在图中即从 E_1 到 E_3 的移动;替代效应为从 E_3 到 E_2 的移动。

建立在这一含义基础之上的税收应是中性税收。所谓中性税收,是指税收应尽可能不对经济行为产生负面影响,使超额负担尽可能地小。

(3)税收的征收成本最小化,即税收的行政效率最高。它通过一定时期直接的征税成本与入库的税收收入之比来衡量。比率越小,税收行政效率越高;反之,效率越低。对于特定的税收收入,纳税人和政府总是需要付出一定的征税成本,税务当局征税,个人、家庭、企业等纳税人履行纳税义务都需耗费资源。税收成本包括税务当局所直接支付的征税成本(collection cost),即政府的征管成本(administration cost),也包括纳税人因交税而发生的所有成本,即遵从成本(compliance cost)。

下面分别介绍遵从成本和征税成本的概念。纳税人纳税的遵从成本,是指纳税人或第三方(雇主、金融机构等)履行纳税义务所发生的费用。例如,税法可能要求雇主代扣雇员的所得税，由此雇主可能不得不实行更为复杂的、成本更高的工资制度，这会增加雇主的遵从成本。再如，纳税人花费大量时间和精力，记录收入，填写纳税申报表，进行税务咨询，聘请注册会计师审计，以表明自己遵从了税法等。纳税人这样做所耗费的各种金钱、时间和精力，是超额负担之外的额外费用，构成了纳税人的遵从成本。

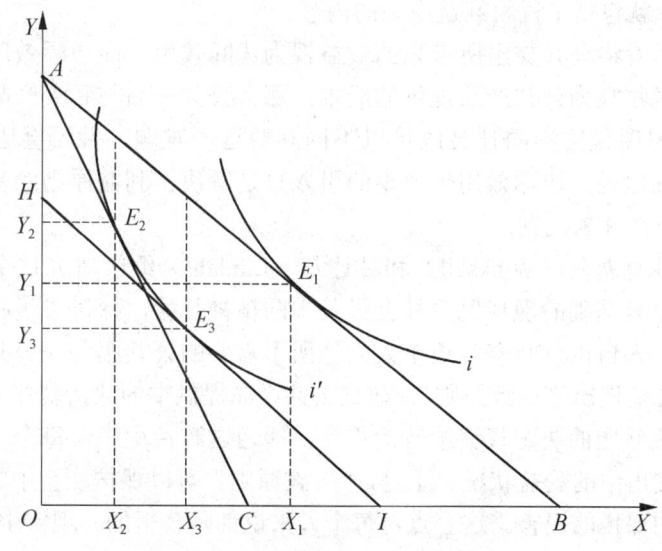

图 7-2　税收的收入效应和替代效应

政府课税存在征管成本。设立专门的机构，耗费人力、物力和财力，都构成税收的征管成本。税务当局征税依据税法，而税法的制定和通过需耗费一定的资源。税法在执行中，税务当局经常要对之进行解释；税务当局还要印制各种各样的表格，处理纳税事务，进行稽查，评估纳税义务的履行状况等。所有这些所耗费的成本都属于征税成本。

一般来说，不同税种的税收成本不同。即使不同税种具有同样的税收成本，它们各自的构成也有差异。有的需要税务当局支付较高的征税成本，有的需要纳税人为较高的遵从成本埋单，还有的则要第三方付款等。第三方付款有一个与税负转嫁类似的问题，即第三方与纳税人之间可能需要解决相关费用的分摊问题。

税收成本随时间的推移和科技进步而变化。信息技术的发展，降低了税务当局之间信息的传递成本。有些需要在税务当局之间相互传递信息的税种，征收成本就会下降，这甚至会决定着一种新税种能否顺利推行。例如增值税，电子计算机的普及和互联网技术的发展，使得经常需要交叉稽核的增值税的征收成本大幅下降。

4. 税收的公平原则

税收的公平原则可分为两种：一是利益原则（benefit principle）；二是能力原则。所谓利益原则，也称为利益课税原则。它是指课税依纳税人受益的多少而定，受益多的多纳税，受益少的少纳税。所谓能力原则，也称为量能原则，是指以支付能力作为征税依据，能力强的多纳税，能力弱的少纳税。

利益原则是从税收是公共产品价格的角度提出的。早期的利益原则理论基于自然法则理念，认为税收是社会成员为了得到政府保护所付出的代价。这是契约论者的主张。① 到了古典经济学创立时期，这一主张已为边沁的功利主义所取代。这种取代放弃了自然法则的理念，但早期理论中的个人主义仍得以保留。真正从经济学角度开始讨论课税的利益原则的，是奥意财政学者。他们在19世纪80年代建立的较为系统的公共产品理论中，就包括了税收利益原则的内容。②

奥意财政学者将公共支出所带来的效益视为边际效用，而边际效用是有价值的。这样，如果将税收视为公共产品提供的成本，那么公共产品与私人产品的比较分析就很容易进行，但课税给不同社会成员以不同利益这一难题，并不会因此得到顺利解决。或者更准确地说，边际效用价值论的引入只是解决了利益原则的基本思路问题，富有操作性的方法并未找到。

瑞典学者威克塞尔（Wicksell）和林达尔（Lindahl）继续研究这个问题。威克塞尔从以个人自由为基础的现代民主社会最基本的精神开始，探讨了税收的利益原则问题。他认为，个人自由意味着强迫个人为他所不需要的公共服务（公共产品）付费是不公平的，因此他提出"一致原则"，研究公共产品提供中的政治程序问题。他将公共产品提供与课税问题的决定权交给政治程序，即通过政治程序，每个人都投票显示他在课税与政府支出中的受益状况。于是，"一致原则"可以保护社会中的每一个人免受未能带来利益的课税的侵害。这一点对每个人来说都是公平的。现实中，"一致原则"不易执行。威克塞尔将一致原则改为"近似一致与近似自愿的原则"（approximate unanimity and approximately voluntary action）。这一原则的实行，要求初始分配公平，即理论分析是在假设已有的分配状态是公平的这一基础之上进行的。其理由是："整体的不公平哪会有局部的公平？"这是因为即使是在近似一致的状态中，也不可能有再分配的调节。威克塞尔的分析区分了两个问题：达成公平分配状态的问题以及公共费用（公共产品成本）应与这种分配一致的问题。威克塞尔的这种看法，实际上只是部分坚持了利益原则，这就是在公平的分配状态之下，需要按利益原则进行课税，而对于如何达到公平分配状态，威克塞尔只是把问题交给了"假定"。这就留下了理论发展空间。

林达尔分析了两个政治上平等的消费者共同分摊公共产品的成本（税收）问题，结论是：个人所支付的税收份额（即林达尔价格），应当等于每人所获得的公共产品边际效用的价值，且两人的税额总和等于公共产品提供的成本。林达尔设想了一个多种支出规模及其相应的税收份额组合的报价拍卖过程，以显示消费者对公共产品的真实偏好。林达尔继承了威克塞尔所区分的两个问题的想法，但又进一步发展了该想法。他指出，当所得和财产分布不公时，作为个人为享受公共产品所支付的税收也是不公平的，因此要实现课税的利益原则，政府应在此之前开征特别税以没收不正当的财

---

① 这一理论的主要代表人物有休谟、卢梭等。
② 这一流派的代表人物有潘塔莱奥尼（Maffeo Pantaleoni，1857—1924）、德·马尔科（Antonio De Viti de Marco，1858—1943）、马佐拉（Ugo Mazzola，1863—1899）等。

产。这实际上将利益原则和能力原则综合起来。威克塞尔和林达尔的理论分析可参见第 2 章。

同是主张利益原则的学者，也可以得出不同政策含义的结论。例如，政府对个人财产的保护，是富人受益多，还是穷人得利多？通常的观点认为，富人财产多，受益比穷人多，所以累进税率更可取。但就是这个问题，也有观点认为，富人财产多，保护财产有规模经济，所以应实行累退税率。

如果说利益原则是从"得到"的角度来看待公平问题的，那么能力原则就是从"失去"（"牺牲"）的视角来分析课税公平这个问题的。个人在纳税过程中的牺牲有多少，很难判断。能力判断标准的选择是一个很难解决的问题。从财政理论的发展来看，这主要有两类看法：一是"主观说"；二是"客观说"。

"主观说"是根据每个人在课税过程中所牺牲的效用或边际效用的比较进行分析的。牺牲主要有三种：绝对均等牺牲（equal absolute sacrifice）、比例均等牺牲（equal proportional sacrifice）和边际均等牺牲（equal marginal sacrifice）。主观说的税制设计主张中，最主要的是实行累进税。但问题的关键是要衡量个人效用的多少，依目前的技术水平很难做到。由于效用涉及个人评价问题，同样的收入或财产给每个人带来的效用不同，这样仅从所牺牲的效用入手，在现实中显然缺少可操作性。这就促进了"客观说"的发展。

"客观说"比起"主观说"，更重要的是支付能力的判断有了一个人们可以很容易做出判断的依据。能力原则的发展经历了四个阶段，即以人丁为标准的阶段、以财产为标准的阶段、以消费或产品为标准的阶段和以所得为标准的阶段。在现代社会中，只有所得最能反映人们真实的纳税能力，并对国民经济所产生的负面影响最小。①

根据"客观说"，能力原则的推广具有可操作性，但由于它强调的只是单方面因素，无法将税收与支出结合起来，难以评价政府通过税收筹集的资金的使用效益，从而注定了它必须与利益原则结合。

能力原则在现实中一般表现为根据横向公平和纵向公平进行课税。所谓横向公平，是指具有相同纳税能力的人缴纳同样的税；所谓纵向公平，是指具有不同纳税能力的人缴纳不一样的税，能力强的多交，能力弱的少交。

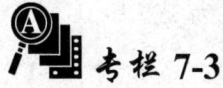

专栏 7-3

税负之争

近年来，不时有企业要求降低税负，因税负太重严重影响企业的正常发展。一些行业协会也积极推动行业税负的降低。税负过重肯定会影响行业或企业的发展。但怎

---

① 所得作为现代衡量纳税能力的标准可能遭受挑战，如 20 世纪 90 年代美国关于消费税的讨论等，就代表了这一倾向。但这一挑战由于种种原因，并没有获得成功。可以这样解释这种现象：收入与消费的比例对于不同的人来说是不一样的，收入越低的人用于消费的比例反而越高，因此，消费不能反映纳税人真正的纳税能力。

么判断税负轻重并不容易。销售收入（营业收入）中的多大比例用于缴税，是判断税负轻重的一个重要指标，但不见得充分。以此为依据，则烟草行业和白酒行业肯定属于税负较重的行业。众所周知，烟酒行业仍然属于高盈利行业。奥妙就在于税负转嫁，这些行业或企业顺利地将税负转嫁出去。对于一些很难转嫁税负的行业或企业，高税率肯定会影响它们的运行。

营改增中，也有一些人认为，企业负担加重。如果这属实，那么这显然与营改增是要降低税负的目标不一致的。有人将中国服务业滞后归因于税负太重，但是，服务业的发展实际上还受到了税收之外的其他因素影响。试想，在一个荒无人烟的地方，即使政府不收一分税，服务业能发展起来吗？

7.3 税收负担与税负转嫁

税收负担是指整个社会或单个纳税人（个人和法人）承受的税款。依据考察的层次不同，税收负担可分为宏观税收负担和微观税收负担。宏观税收负担主要衡量一定时期内税收总额与一国的社会产出总量或经济总量之间的对比关系，即社会的总体税负水平；微观税收负担主要衡量单个纳税人向国家缴纳的税收与其产出的对比关系，即企业、个人或家庭的税负水平。例如，商品税的纳税人与赋税人往往不一致，因此研究商品税的微观税负不能不考虑税负转嫁问题。

7.3.1 税收负担

1. 宏观税收负担

一个国家在一定时期内的宏观税负究竟多高才合适，很难有统一看法。一国经济总量可以用国内生产总值（GDP）或国民生产总值（GNP）来表示，因此，衡量宏观税收负担的指标也就是国民经济税收负担率，主要有国内生产总值负担率和国民生产总值负担率。

（1）国内生产总值负担率。这是指一定时期内税收总收入与国内生产总值的比率（T/GDP）。国内生产总值包括国家领土范围内居民和非居民的全部最后产值和劳务总量，但不包括居民在国境外的产值。国内生产总值负担率的计算公式为

$$国内生产总值负担率（T/\text{GDP}）= \frac{税收收入总额}{国内生产总值} \times 100\% \qquad (7\text{-}1)$$

（2）国民生产总值负担率。这是指一定时期内税收总收入与国民生产总值的比率（T/GNP）。国民生产总值包括居民在境内外的全部最后产值和劳务总量，但不包括境内非居民产值。国民生产总值负担率的计算公式为

$$国民生产总值负担率（T/\text{GNP}）= \frac{税收收入总额}{国民生产总值} \times 100\% \qquad (7\text{-}2)$$

受多种因素影响，各国宏观税负各不相同，即使是同一国家，不同时期宏观税负也非一成不变。影响宏观税负水平的主要因素，包括国家职能、经济发展水平、社会

制度、经济体制、宏观经济政策、文化、历史、政治等。

合理的宏观税负,可以保证政府履行职能的财力所需,促进经济稳定增长。中国有多个宏观税负担口径。狭义的宏观税负是指税收总收入占国内生产总值或国民生产总值的比重。广义的宏观税负是指政府所掌握的各种收入(税收、收费、其他各种政府收入)占国内生产总值或国民生产总值的比重。在进行不同国家的宏观税负比较时,要注意指标选择的恰当性。与西方国家进行比较,广义宏观税负指标更有意义。

2. 微观税收负担

微观税收负担以纳税人为区分标准,可分为企业税收负担和个人税收负担。

(1)企业税收负担率,是指企业承受的税收负担。企业税收负担指标可分为两大类:一类是企业整体税负率;另一类是个别税种的税负率。

通常采用以下指标反映企业整体税负率。

$$企业税收总负担率 = \frac{各种纳税总额}{同期销售收入} \times 100\% \qquad (7\text{-}3)$$

$$企业净产值税收负担率 = \frac{各种纳税总额}{净产值} \times 100\% \qquad (7\text{-}4)$$

若从税种的角度来考察企业税收负担水平。通常采用的指标是

$$企业商品税负担率 = \frac{商品税总额}{同期销售收入} \times 100\% \qquad (7\text{-}5)$$

商品税税负可能转嫁,纳税人不等同于负税人,企业商品税负担率只能反映企业名义的商品税负担率。

$$企业所得负担率 = \frac{所得税额}{同期利润所得和其他所得总额} \times 100\% \qquad (7\text{-}6)$$

(2)个人税收负担率,是指个人承受的税收负担。个人所得税、消费税和财产税等,都会形成个人的税收负担。个人消费时,要负担被转嫁的商品税,如增值税、消费税等。由于税负转嫁多少和难易程度不同,个人消费行为不定,再加上统计数据的缺乏,个人真实的综合税收负担率很难计算。对个人来说可能更有实际意义的指标,是个人所得税负担率(个人所得税/同期个人所得总额)。采用这一指标,可对所有人的税负进行综合分析,也可以对个人根据高收入、中收入、低收入组分别进行分析,以反映个人所得税调节收入的程度。通过不同收入组税前税后的个人收入差距对比,可以判断税收的收入分配效应。在累进的个人所得税制度下,能准确衡量个人税负水平应是平均税率而非边际税率。

7.3.2 税负转嫁与归宿

1. 概念及形式

所谓税负转嫁,是指纳税人将自己应缴纳的税收,通过提高售价或压低购入价,将全部或部分税收转移给他人负担。[①]税负归宿是税负转嫁的终点,是税收负担的最终

---

① 个人所得税从理论上说也可以转嫁。工资薪金所得可以要求雇主支付更多,但并不是所有人都有工资的谈判能力。

去处。这样,纳税人可以是负税人,也可以是部分负税人和非负税人。税负转嫁的形式主要有以下几种。

(1) 前转。所谓前转,也称顺转,是指纳税人在进行交易时,按课税商品的流转方向,用提高价格的办法,把所纳税款向前转嫁给商品的购买者或消费者。

(2) 后转。所谓后转,也称逆转,是指纳税人用压低价格的办法,把税款向后转嫁给货物或劳务的供应者。例如,纳税人压低购进原材料的价格,就可以将税负转嫁给原材料的生产者。后转和前转一样,都是税负转嫁的基本形式。其他转嫁形式都是衍生的。

(3) 混转。所谓混转,也称散转,是指纳税人同时采用了前转和后转两种转嫁方式,将税款一部分向前转嫁给商品购买者,一部分向后转嫁给商品供应者。

(4) 辗转。所谓辗转,是指发生多次的转嫁行为。

(5) 税收资本化。所谓税收资本化,是税负转嫁的一种特殊形式,指应税物品(主要是土地、房屋等具有长期收益的资本品)在交易时,买方将物品可预见的未来应纳税款按一定的贴现率折算为现值,从所购物品价格中作一次性扣除。此后,税款名义上由买方按期缴纳,实际上税款已由卖方承担。税收资本化是后转的一种特殊形式。

税收资本化价值 PV 的计算公式为

$$\mathrm{PV} = \sum_{i=1}^{n} \frac{T_i}{(1+r)^i} \tag{7-7}$$

其中,T_i 表示未来某期(i)所要缴纳的税收;i 为收益期,$i=1,2,3,\cdots,n$;r 为贴现率。

(6) 消转。许多教科书都提到"消转"。所谓消转,又称转化,是指纳税人用降低课税品成本的办法来使税负从新增利润中得到抵补。这既不是提高销价的前转,也不是压低购价的后转,而是通过改善经营管理、提高劳动生产率等措施来降低成本、增加利润而抵消税负,所以称之为"消转"。消转是生产者用应得的超额利润去弥补税收,实际上不存在税负转嫁行为,税收负担仍由纳税人自己承受。从严格意义上说,消转不能算税负转嫁。此时税负转嫁不存在。

上述分析表明,税负转嫁的基本形式只有前转和后转两种,其他的都是这两种形式的搭配或变形。

2. 税负转嫁与供求弹性的关系

在完全竞争中,商品税的税负转嫁程度表现为征税后的价格变动状况。如果征税后价格提高,那么税负由卖方前转给买方;如果价格不变,那么税负由卖方负担;如果价格上升幅度与税额相等,那么税负就全部转嫁给买方;如果价格上升幅度小于税额,税负只是部分转嫁出去;如果价格上升幅度大于税额,那么税负不仅全部转嫁给买方,卖方还乘机攫取额外利润。反之,如果价格下降,那么税负就由卖方负担,且可能损失部分利润。

对买方课税(从量课税)的状况如图 7-3 所示。课税之前的某商品供给曲线是 S,需求曲线是 D,相应的均衡价格和均衡数量分别是 P_0 和 Q_0。现在假定对买方所购买的该商品,每个单位课征数量为 u 元的税收,但这不影响买方对该商品的评价。买方的需求曲线仍然是 D，但买方所支付的并不是卖方所得到的，二者之间存在差额，即卖方的市场决策是在买方的需求曲线向下平移 u 个单位的 D'。这样，征税之后，卖方所判断的均衡点位于 E_1，该点所对应的数量为 Q_1，卖方所获得的价格为 P_a，买方所支付的价格为 P_b。与课税之前的价格 P_0 相比，课税之后，买方承担了（P_b-P_0）的税收，卖方承担的税收是（P_0-P_a），即在一般情况下，买卖双方共同承担了税负。如果是从价课税的情形，那么，卖方所面对的需求曲线，是根据税率从原先的 D 等比例缩减为 D'，如图 7-4 所示，其他的分析和从量课税一样。

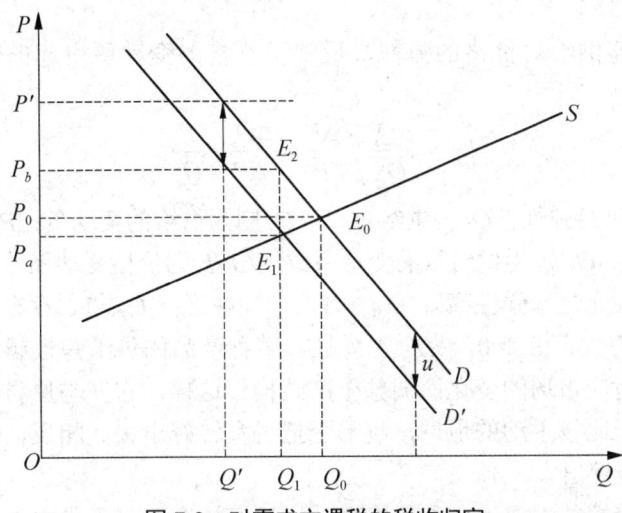

图 7-3 对需求方课税的税收归宿

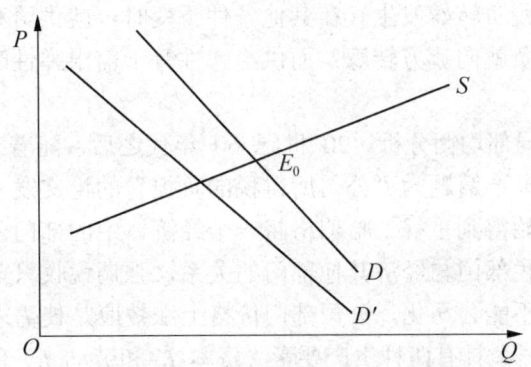

图 7-4 对买方课税的税收归宿（从价课税）

实际上，无论是对买方课税，还是对卖方课税，税负转嫁与归宿一样。读者可以通过供给曲线和需求曲线的移动得到这种答案。征税引起的价格变动的程度，买卖双方税收负担程度，取决于商品的需求弹性和供给弹性。需求弹性即需求对价格的弹性，反映由价格变动所引起的需求量变动的程度，用公式表示为

$$E_{dp} = \frac{\Delta Q_d}{Q_d} \bigg/ \frac{\Delta P}{P} = \frac{\Delta Q_d}{\Delta P} \cdot \frac{P}{Q_d} \tag{7-8}$$

其中，E_{dp} 为需求弹性。Q_d 为需求量，ΔQ_d 为需求变动量；P 为价格，ΔP 为价格变动量；$\Delta Q_d/Q_d$ 为需求量变动系数，$\Delta P/P$ 为价格变动系数。$|E_{dp}|>1$，需求弹性充足

（弹性高）；$|E_{dp}|<1$，需求弹性缺乏（弹性低）；$|E_{dp}|=1$，存在单位需求弹性；$|E_{dp}|=\infty$，弹性无穷大，$|E_{dp}|=0$，完全无弹性。

一般来说，需求弹性越大，通过提高卖价把税负向前转嫁给购买者或消费者将越困难，因为需求量对价格变动很敏感，价格略微提高，就会引起需求量的大幅度下降，卖者的销售量急剧减少，利润也随之下降。相反，需求弹性越小，税负将越容易转嫁给购买者或消费者。生活必需品的需求弹性很小，其价格再高，人们也要保证基本的生活需要。在这种情况下，对生活必需品课税的结果是购买者或消费者的税负不易转嫁。

供给弹性，即供给对价格的弹性，反映了价格的变动所引起的供给量变动的程度，用公式表示为

$$E_{sp} = \frac{\Delta Q_s}{Q_s} \bigg/ \frac{\Delta P}{P} = \frac{\Delta Q_s}{\Delta P} \cdot \frac{P}{Q_s} \tag{7-9}$$

其中，E_{sp} 为供给弹性；Q_s 为供给量，ΔQ_s 则为供给的变动量；P 为价格，ΔP 则为价格的变动量；$\Delta Q_s/Q_s$ 为供给量的变动系数，$\Delta P/P$ 为价格变动系数。

$|E_{sp}|>1$，弹性充足（弹性高）；$|E_{sp}|<1$，弹性缺乏；$|E_{sp}|=1$，存在单位供给弹性；$|E_{sp}|=\infty$，弹性无穷大；$|E_{sp}|=0$，完全无弹性。某种产品的供给弹性越高，意味着该产品的生产者越能适应市场的变化而调整生产结构。这样，它在与原材料厂商及消费者的关系上，将处于比较主动的地位，越易于把税负转嫁出去。相反，供给弹性越低，则越不易将税负转嫁出去。

总之，税负转嫁的主要途径是价格变动，转嫁幅度取决于供求弹性，因而没有价格的变动，也将没有税负转嫁发生。在其他条件不变时，就供给和需求的相对弹性来说，哪方弹性小，税负就向哪方转嫁；而供给弹性等于需求弹性时，税负由买卖双方平均负担。

以上所进行的是局部均衡分析。20 世纪 60 年代之后，随着芝加哥大学教授哈伯格（Harberger，1962）一篇题为"公司所得税的负担"的论文发表，税负转嫁与归宿理论一般均衡分析开始得到重视。哈伯格将一个经济体中的部门分为公司部门和非公司部门，考虑了被征税部门与经济其他部门的关系，强调税收只落在公司部门。由于经济体中的很大部分不能公司化，公司部门价格上涨效应是使需求转向非公司部门的产品。哈伯格讨论了一个具有两种生产要素（资本 K 和劳动 L）的两部门一般均衡模型。两种商品（X 和 Y）的生产在规模报酬递减的条件下进行：

$$X = F(K_X, L_X) \tag{7-10}$$
$$Y = G(K_Y, L_Y) \tag{7-11}$$

每种生产要素的总供给不变，但可以自由地从一个部门转移到另一个部门（没有失业），从而有

$$K_X + K_Y = \overline{K} \tag{7-12}$$
$$L_X + L_Y = \overline{L} \tag{7-13}$$

由于部门间要素充分流动，每一种要素的税后回报相同。哈伯格用这个模型分析

了仅对其中的一个部门课税，即公司部门征税，而非公司部门不征税的情形。①哈伯格的模型是"完全"假定的模型，即必须具备完全竞争、完全流动型、完全信息和完全确定性等条件，是一个非常有用的参照模型。在此基础上，公司所得税、财产税等研究得到了进一步深化。特别是相关经验研究取得了丰硕成果。

哈伯格模型出现之后，后来者放松了这些"完全条件"，研究了不完全竞争、不完全流动性、不确定性、可变要素供给、失业、规模报酬变化、开放经济、存在外部性的某些扭曲等条件下的税负转嫁与归宿状况。例如，对垄断和寡头垄断条件下税负转嫁与归宿问题的研究等。由于有比较确定的垄断模型，因此，经济学家可以很好地描述垄断下税负转嫁与归宿状况。这方面的研究包括从价税与从量税研究。其中最引人注目的研究成果是，即使是在垄断条件下，生产者要想完全转嫁税收负担也需要一定条件。②而关于寡头垄断，由于缺少统一的模型去概括生产者行为，因此也就无法给出对应的一般理论。生产同质产品的寡头垄断模型有伯川德模型和古诺-纳什模型，生产异质产品的寡头垄断模型有垄断竞争模型、空间定位模型（location model）和纵向差别模型（models of vertical differentiation）。③

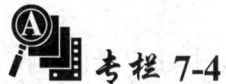

专栏 7-4

对增值税税负重的抱怨合理吗？

增值税是一种价外税。其设计思路是层层转移，最终由消费者承担全部税负。但企业经常抱怨增值税税负太重，影响了生产经营。暂且不论增值税税率是否太高，先来分析增值税有无可能构成企业的税收负担。

市场上买卖双方的决策依据的是含税价格。买方将税收作为价格的一部分进行决策的，税收多有可能导致价格高，而卖方为了将商品销售出去，只有压低价格，增值税税负就可能由卖方自己负担。

由此看来，对增值税税负重的抱怨有一定理论依据。作为价外税的增值税会形成税收负担，是因为税负转嫁因素在作祟。

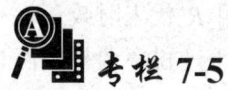

专栏 7-5

开征个人自用住房房地产税能平抑房价吗？

对个人自用住房征收房地产税是一个热点问题。所谓房地产税（又称物业税、财产税）"主要针对土地、房屋等不动产，要求其承租人或所有者每年都要缴付一定税

---

① 税负转嫁与归宿的一般均衡分析，详见 Don Fullerton，Gilbert E. Metcalf（2002）。
② 关于垄断条件下的税负转嫁与归宿研究，参见 Rosen（2002）。
③ 关于寡头垄断模型的详细内容，参见：泰勒尔. 产业组织理论[M]. 北京：中国人民大学出版社，1997.

款，而应缴纳的税值会随着其市值的升高而提高"。房地产税改革的基本框架是将现行房产税、城市房地产税、土地增值税以及其他收费合并，转化为房产保有阶段根据评估价统一征收的房地产税。税收负担不会因此而下降，消费者所支付的金额也不会因此而降低。相反，由于多出来房地产评估费用，消费者的负担反而会加重。

个人自用住房房地产税开征主要服务于地方公共服务融资，最好不要将房地产税与房地产市场调控联系起来。

7.4 最优税收理论

最优税收理论围绕税收超额负担（excess burden）问题而展开。它包括最优商品税理论、最优所得税理论和最优税制结构理论等。

7.4.1 最优商品税

最优商品税理论研究如何通过商品税筹集全部政府收入问题。其重点关注商品税税率如何选择，才能使整个社会的超额负担最小化。

1927 年，拉姆齐（Ramsey）的经典论文《对税收理论的贡献》，提出了最优税收分析的一个初步框架。拉姆齐的文章是应庇古（A.C.Pigou，1877—1959）的要求而撰写的。拉姆齐分析了在只有一个家庭的社会中的政府课税问题。只考虑一个家庭，这意味着舍弃公平问题。拉姆齐假定政府将就家庭的商品消费课税，不同商品适用不同税率，且税收收入只用于国防。据此，他指出，如果商品课税是最优的，那么税额的少量增加将会导致全部商品的需求量等比例下降。人们把最优商品税的这一判定标准称为拉姆齐法则。

拉姆齐理论推导相对烦琐。下面仅介绍其中的特例，即将商品税税率的确定和需求弹性联系起来的理论，即弹性反比法则（逆弹性定理）。

假定社会上只有两种商品 X 和 Y，现在政府要对它们课税以取得财政收入。若政府对商品 X 课税取得的财政收入的数量为 $P_x X_t t_x$，其中 P_x 代表商品价格，X_t 表示商品数量，t_x 为商品 X 的比例税率；对商品 Y 的课税取得的财政收入用 $P_y Y_t t_y$ 表示，其中 P_y 代表商品的价格，Y_t 表示商品的数量，t_y 为商品 Y 的比例税率；用 R 代表财政总收入；故有 $R = P_x X_t t_x + P_y Y_t t_y$。这样，问题就演变成为在 R 一定的前提下，税率选择如何使商品课税所带来的超额负担最小化，即[①]

$$\min(1/2 e_x P_x X_t t_x^2 + 1/2 e_y P_y Y_t t_y^2) \tag{7-14}$$

$$s.t. \quad R = P_x X_t t_x + P_y Y_t t_y \tag{7-15}$$

构建拉格朗日函数

$$L = 1/2 e_x P_x X_t t_x^2 + 1/2 e_y P_y X_y Y_y t_y^2 + \lambda(R - P_x X_t t_x - P_y Y_t t_y) \tag{7-16}$$

---

① 商品的税收超额负担为 $1/2 e_x P_x X_t t_x^2$，e_x 表示商品 X 的需求价格弹性。这里对问题做了适当的简化。

$$\frac{\partial L}{\partial t_x} = e_x P_x X_t t_x - \lambda P_x X_t = 0 \qquad (7\text{-}17)$$

$$\frac{\partial L}{\partial t_y} = e_y P_y Y_t t_y - \lambda P_y Y_t = 0 \qquad (7\text{-}18)$$

$$e_x t_x = \lambda \qquad (7\text{-}19)$$

$$e_y t_y = \lambda \qquad (7\text{-}20)$$

$$\frac{t_x}{t_y} = \frac{e_y}{e_x} \qquad (7\text{-}21)$$

当式（7-19）成立时，政府收入为 R，税收的额外负担实现最小化要求。而要使式（7-19）成立，商品税率 t_x 和 t_y 必须与需求价格弹性 e_x 和 e_y 成反比。这就证明了弹性反比法则在理论上成立。

弹性反比法则与拉姆齐法则是一致的。或者说，符合弹性反比法则，商品税就能达到拉姆齐法则所要求的最优状态。

20 世纪 70 年代以来，对最优税收的规范性研究取得长足进展，从而形成了"最优税收理论"。最优税收是从公平和效率的意义上使社会福利最大化的税收，是在社会对公平的期望程度一定的情况下，实现社会公平与经济效率最佳平衡的征税方式。

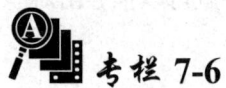

专栏 7-6

拉 姆 齐

拉姆齐（1903—1930，见图 7-5）是英国的一名天才，在世不足 27 年，但在经济学、数学和逻辑学上都留下了深深的足迹。他的《对税收理论的贡献》（Ramsey F P. A Contribution to the Theory of Taxation[J]. Economic Journal, 1927, 37: 47-61.）一文，是最优税收理论的经典之作；其另一篇文章《储蓄的数学理论》（Ramsey F P. *A Mathematical Theory of Saving*[J]. Economic Journal, 1928, 38: 543-559.）也是经济学的经典之作。据说经济学大师凯恩斯（John Maynard Keynes，1883—1946）只为一位比他年轻的人写过纪念文章，而此人就是拉姆齐。经济学权威辞典《新帕格雷夫经济学大辞典》用较多的篇幅介绍拉姆齐和他的理论。

图 7-5　拉姆齐像

图片来源：http://www.phillwebb.et/history/Twentieth/Analytic/Ramsey/Ramsey.htm.

资料来源：D. H. Mellor. *Cambridge Philosophers I:F.P.Ramsey*[EB/OL]. http://www.dspace.cam.ac.uk/bitstream/1810/3484/5/RamseyText.html, 1995.

商品税不对劳动所得课征，故不会像所得税那样直接影响劳动力供给。然而，若将闲暇视为一种特殊商品，则我们就会发现，由于一般商品税的税基不包括闲暇这种特殊商品，而闲暇与其他商品之间不具有弱可分性（这种弱可分性是指任何两种商品的边际替代率都独立于闲暇的数量，或没有任何商品与闲暇有替代或互补关系），因而课征单一商品税会扭曲人们在闲暇和一般商品消费之间的选择，鼓励人们多消费闲暇，而减少劳动供给。为了纠正商品课税对工作－闲暇关系的干扰，有必要在设计商品课税的税率结构时采取一种补偿性措施，即对闲暇互替的商品（与劳动互补的商品，如工作服等）适用较低的税率。

科利特（W. J. Corlett）—黑格（D. C. Hague）法则与弹性反比法则一致，是后者的一个具体实例。弹性反比法则要求需求缺乏弹性的商品适用高税率，而科利特—黑格法则要求对与闲暇互补的商品适用高税率。为了说明这两个法则的一致性，商品缺乏弹性需求和闲暇互补品之间的关系就需要加以分析。如果能说明缺乏需求弹性的商品是闲暇的互补品，那么这两个法则就不会存在冲突。

假定某商品 X 缺乏需求价格弹性，商品 X 与其他商品之间无价格交叉效应（既无替代性，也无互补性），这时，尽管对 X 的消费量有所下降，但用于商品 X 的支出将会增加；花费在其他商品的支出保持不变。为了保证税后对 X 支出的增加，个人必须牺牲一部分闲暇。根据商品间互补的定义，商品 X 的价格上升，导致对闲暇的需求量下降时，商品 X 与闲暇就是互补商品。这样，根据弹性反比法则，就可以推导出对与闲暇互补的商品应适用高税率的结论。

7.4.2 最优所得税

1. 埃奇沃思模型

埃奇沃思（Edgeworth，1897）假定：政府要征收固定的税收收入，社会目标是个人效用之和最大化。以代数式表示，如果 U_i 表示第 i 个人的效用，W 表示社会福利，那么，税制就应使 $W=\sum_{i=1}^{n}U_i$ 达到最大，其中，n 为社会中的人数。

假定每个人的效用函数完全相同，效用大小仅取决于个人的收入水平。这些效用函数表明，收入的边际效用递减，即随着收入增加，个人处境改善，但改善速度放缓。

根据这些假设，埃奇沃思的结论只能是实行累进程度很高的税率结构，即应从最高收入一端开始削减收入，直到完全平等，即高收入者的边际税率应为100%。

埃奇沃思模型假定社会的可能收入固定，即使是没收性的税率，也被假定为不影响产出水平。

2. 现代研究结论

（1）斯特恩的研究

斯特恩（Stern，1976）的研究考虑了劳动激励问题，这是一个除了个人在收入与闲暇之间进行选择之外，其他方面与埃奇沃思模型相似的模型。他假定，政府从一个人那里收到税款为

$$\text{税款} = -a + t \times \text{个人收入} \tag{7-22}$$

其中，a 和 t 都是正数。

虽然线性所得税的边际税率不变，但从个人收入越高收入中越需要以更大比例纳税的角度来看，那么该税还是累进的。累进程度取决于 a 和 t。t 越大累进程度越高，但高 t 值导致高累进程度的同时，也带来了较重的额外负担，最优所得税问题是要找到 a 和 t 的"最优"组合值，即在取得一定量收入（在必需的转移性支出之外）的条件下，社会福利实现最大化。

他发现，在考虑闲暇与收入之间替代性小，且要求政府收入约等于个人收入的20%的条件下，社会福利能达到最大的条件是 t 约为 19%。这比埃奇沃思模型中的100%的 t 值要小得多，也比许多国家实际边际税率低得多。这也表明，即使是很小的劳动积极性效应，对最优边际税率的影响也很大。

在其他条件不变情况下，劳动供给弹性越大，最优的 t 值越小。直观地看，再分配收入的"成本"是它所带来的超额负担。

不同的社会福利函数影响研究者结论。为此，需要重点分析社会对富人和穷人的效用赋予不同权重有什么影响。根据最大—最小标准，社会福利函数中唯一被赋予权重的人是效用最小的人，由此他发现最大—最小标准要求的边际税率为 80%。毫无疑问，如果社会持有极端平等主义的目标，那么这就会要求较高的税率，但即使如此，税率也低于 100%。

斯特恩的研究仅限于线性所得税，但也有人对含有不同边际税率的一般课税方式做了分析。随着收入变动而升降，一个最令人震惊的例子是，为实现社会福利最大化，边际税率在收入的最高档次应为零（Seade，1977）。

（2）维克瑞和莫里斯的研究

1996 年诺贝尔经济学奖得主维克瑞（William S. Vickrey，1914—1996）指出，埃奇沃思式的税制不会给个人努力提供有效激励，由此必然产生税收的超额负担。向高收入者课征高额累进税，就相当于对个人的额外努力适用高边际税率。（Vickrey，1945）

税务机构如果能够了解所有人的能力，就可以对不同的个人适用不同税率进行征税。但现实是信息不对称的。税务机构不了解人们的实际能力，只有个人收入信息；而每个人都清楚自己的能力（即拥有私人信息），面对以能力为征税基础的制度，常常低报自己的能力。因此，在信息不对称条件下，政府设计最优所得税结构，必须考虑私人信息的影响和激励问题，以便在平等与效率之间找到最佳平衡点。

维克瑞没能阐明最优所得税结构中的累进程度及其他一些相关问题。这些工作留给了与其共享 1996 年度诺贝尔经济学奖的莫里斯（又译"米尔利斯"，James Mirrlees，1936— ）。

莫里斯沿着维克瑞的路继续下去，但他更精确系统地说明了最优所得税结构，并发展出了分析此类问题的解的一种标准方法。只要效用函数和技能分布函数的形式确定，累进税率结构的计算就可以进行。

对有能力的人多征税，这在完全信息条件下是应该的。但在不完全信息条件下，一个人假装低能力要比假装高能力容易得多，一些税源就可能流失。

莫里斯（Mirrlees，1971）的结论是所得税作为减少不平等工具不是比通常所想象的那么有效；考虑到征管条件，大致线性的所得税率表更可取；应有与所得税互补的税，以避免税收困难。Phelps（1973）和 Seade（1977）的分析结果：最高收入者，也就是最有能力的人的边际税率应该为零！

沿着莫里斯的路下去，那么，低收入者适用边际税率应该为零，最高收入者的边际税率也应该为零。这样，所得税的税率曲线形状就是倒 U 形的。

最优税收理论方兴未艾，计量研究正在深入。同时，相关理论探索也在进行当中。例如，曾与莫里斯一起为最优税收理论做出贡献的学者、麻省理工学院教授戴蒙德（P. Diamond）在 1998 年发表文章，指出对最高收入的个人边际税率为零的荒谬性，并且给出了 U 形的最优边际税率的设计，即对低收入的个人，个人所得税的边际税率要高；对高收入的个人，个人所得税的边际税率也应高；而对中等收入者，边际收入应该更低。

7.4.3　税制设计理论：最优税收理论的拓展[①]

税制设计理论，是对偏离标准最优税收理论的研究成果的概括。标准的最优税收理论在很大程度上忽略了税收强制性所带来的税收征管成本和遵从成本问题。税制设计理论试图弥补这个缺陷。现实税制受到众多条件约束。1984 年，Slemrod 和 Sorum 的估计显示，在美国，征管成本和遵从成本每年高达 350 亿美元，约占税收收入的 7%。如此巨大的成本，不容小觑。萨默斯（Summers）1987 年的研究表明，这一成本甚至超过效率损失的两倍。早先关于最优税收理论的研究，假设效率损失较小，这说明理论上有改进空间，在现实中应用需要慎重。Slemrod（1990）试图用最优税制理论（Theory of Optimal Tax Systems）来取代最优税收理论（Theory of Optimal Taxation）。他所说的最优税制理论既包括了最优税收理论发展的重要成果，也考虑了征税技术以及技术对税收政策的约束。这是一种试图在税收政策建议上提出更为实用的主张的理论。本书将比标准的最优税收理论考虑更多现实因素的理论，统称为税制设计理论。

纳税人支付税收时不会直接获得补偿，牵涉各方都可能逃税。更一般地说，所有纳税人都有说假话少缴税或不缴税的激励。因此，所有税制都必须考虑实施成本。

关于逃税分析，Allingham 和 Sandmo（1972）首先分析了不确定性条件下个人是否遵守税法以及在多大程度上遵守的决策问题，建立了逃税模型的经典分析框架。他们认为，有应税所得的个人，如果逃税不被发现，个人就可以少缴税；如果被发现，那么个人就要因此受处罚。个人决策取决于被发现的概率、处罚力度和个人的风险偏好。后续研究同时考虑劳动供给决策和逃税决策，引入更一般的处罚和税收函数。他们的研究强调了稽查面、处罚率与税收遵从的关系，主要结论是个人因担心受稽查和处罚而缴税，从而处罚率的提高和稽查面的扩大，可以增加税务遵从程度。令人惊奇的是，在标准模型中，税率提高对所申报的收入影响不明确。这一领域的研究随着行为经济学的发展，还在不断深入。

[①] 本节关于税制设计理论的探讨主要参考 Alm（1996）、Slemrod（1990）和 Boadway（2012）。

税制设计理论最终是要将理论转化为税收政策。最优税收理论存在的一些问题,也得到了关注,如承诺(时间不一致性)、个人效用函数的异质性、行为问题、责任与补偿、政治经济学(政治压力)等(Boadway,2012)。关于这些问题的深入研究,都有助于将最优税收理论转化为税收政策。

考虑了遵从成本和征管成本,标准的最优税收法则需要进行相应的修正。真实世界中的最优税收,具体来说包括以下几个方面:第一,最优商品税。最优商品税很大程度上应该实行比例税率。第二,最优所得税。所得税应该实行不变的边际税率。第三,最优税收组合。

一国要同时征收商品税和所得税。所选择的税率应该能够减少扭曲,降低非遵从程度。同时课征商品税和所得税,政府可以有更大的灵活度,以实现公平目标和财政目标。但是,最优税收组合指导方针是最不确定的,需要作进一步研究。

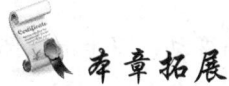

本章拓展

关于税收原理,可参阅穆勒(1991,第五编第 2~6 章)。关于税负轻重之争,可参阅杨志勇(2018)。关于税收理论中 1996 年诺贝尔经济学奖得主莫里斯和维克雷对最优税收理论的贡献,Sandmo(1999)做了梳理。Boadway(2012)系统回顾了最优税收理论,并阐述了税收政策问题。Cullis and Jones(2009,Ch.15)结合公共选择理论,阐述了实证视角的最优税收理论。Sandmo(2005)对逃税理论的发展做了系统的回顾。

Olken and Singhal(2011)研究了非正规支付(informal payments)这一发展中国家地方财政经常忽略的来源。他们通过十个国家的微观数据研究表明,富人支付的税收多,但比例小,非正规税收比正规税收累退程度更高。

关于最优税收理论中的直接税与间接税所形成的税制结构问题研究,Atkinson and Stiglitz(1976)是该领域的经典之作。Cremer,Pestieau,and Rochet(2001)重新对该问题做了研究,但结论与 Atkinson and Stiglitz(1976)相反。

对税收政策和税制改革感兴趣者,可参阅"莫里斯评论"(Mirrlees,Adam,Besley,et al(eds.),2010;2011)。这是英国财政研究所(Institute for Fiscal Studies)组织编写的一套有启发意义的作品。

小结

- 税收是公共产品的价格。税收的形式特征包括强制性、固定性和无偿性。
- 税制要素包括纳税人、征税对象、税率、纳税环节、纳税期限、减税免税、违章处理等。其中纳税人、征税对象、税率是税制的三个基本要素。
- 税收根据征税对象可分为商品税类、所得税类、财产税类与行为税类。

- 税制结构是指一国税制中税种的组合状况，它反映各个税种在税收收入中的地位。
- 税收制度可分为单一税制与复合税制。前者指一个国家在一定时期内基本上只实行一种税的税收制度，后者指一个国家在一定时期内实行由多种税种组成的税收制度。
- 现代税收原则包括效率原则、公平原则、稳定原则和财政原则。
- 税收负担是指整个社会或单个纳税人（个人和法人）实际承受的税款。它表明国家课税对社会资源的集中程度以及税款的不同分布所引起的不同纳税人的负担水平。
- 税收负担可分为宏观税收负担和微观税收负担。前者主要研究国家当年的课税总额与社会产出总量或总经济规模之间的对比关系，后者主要研究单个纳税人向国家缴纳的税收与其产出的对比关系，即企业或个人的税负水平。
- 税负转嫁就是纳税人不实际负担所缴税款，而通过商品价格变动，将全部或部分税收转移给他人负担的过程。税负归宿是税负转嫁的终点。
- 在完全竞争和局部均衡分析中，税负转嫁和归宿取决于需求弹性和供给弹性对比关系。
- 拉姆齐开创了最优税收理论。拉姆齐法则是指商品课税之后，对各种商品的需求数量等比例下降。弹性反比法则是其一个特例。
- 维克瑞和莫里斯对最优所得税的研究的结论是应该实行倒 U 形的所得税税率。
- 税制设计理论更多考虑了税收征管成本和遵从成本，推动着税收理论转向更加现实的税收政策。

思考题

1. 为了筹集教育经费，中国从 2012 年起在全国范围内普遍开征了地方教育附加。地方教育附加是不是税？
2. 税收应如何在调节社会公平中发挥作用？
3. 税收调控应尊重税收基本规律。过分强调税收调控作用，效果可能适得其反。房地产调控中的税收政策选择就是一例。为了加强房地产市场的调控，遏制炒房行为，中国加强了对二手房市场的税收管理，将二手房交易免税年限从两年提高到五年，但在现实中，卖方因此增加的税收负担几乎全部转嫁给了买方。你是怎么看待这种现象的？
4. 中国现行税制与税收理论对理想税制的要求有哪些差距？下一步改革应如何进行？
5. 人工智能的发展会对税收理论和税收制度带来哪些挑战？

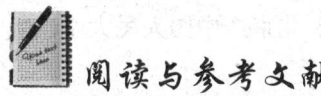
阅读与参考文献

[1] Alm J. What is an "Optimal" Tax System[J]. National Tax Journal, 1996, 49(1): 117-133.

[2] Atkinson A B, Stiglitz J E. The Design of Tax Structure: Direct versus Indirect Taxation[J]. Journal of Public Economics, 1976, 6 (1~2): 55-75.

[3] Boadway R. From Optimal Tax Theory to Tax Policy: Retrospective and Prospective Views[M]. MIT Press, 2012.

[4] Cremer H, Pestieau P, Rochet J. Direct Versus Indirect Taxation: The Design of the Tax Structure Revisited[J]. International Economic Review, 2001, 42 (3): 781-800.

[5] Cullis J, Jones P. Public Finance and public Choice[M]. 3rd ed. Oxford University Press, 2009.

[6] Don Fullerton G, Metcalf E. Tax Incidence [M]//Alan J. Auerbach, Matin Feldstein (eds.). Handbook of Public Economics, Vol.IV. North-Holland, 2002: 1787-1872.

[7] Harberger A C. The Incidence of the Corporation Income Tax[J]. Journal of Political Economy, 1962 (70): 215-240.

[8] Mirrlees J, Adam S, Besley T, et al. Dimensions of Tax Design: The Mirrlees Review[M]. Oxford, 2010.

[9] Mirrlees J, Adam S, Besley T, et al. Tax by Design: The Mirrlees Review[M]. Oxford, 2011.

[10] Olken B A, Singhal M. Informal Taxation[J]. American Economic Journal: Applied Economics, 2011, 3 (4): 1-28.

[11] Phelps E S. Taxation of Wage Income for Economic Justice[J]. Quarterly Journal of Economics, 1973 (87): 331-354.

[12] Rosen H, Gayer T. Public Finance[M]. 9th ed. New York: McGraw-Hill, 2010.

[13] Sandmo A. Asymmetric Information and Public Economics: The Mirrlees-Vickrey Nobel Prize[J]. Journal of Economic Perspectives, 1999, 13 (1): 165-180.

[14] Sandmo A. The Theory of Tax Evasion: A Retrospective View[J]. National Tax Journal, 2005, 58 (4): 643-663.

[15] Seade J K. On the Shape of Optimal Tax Schedules[J]. Journal of Public Economics, 1977 (7): 203-236.

[16] Slemrod J. Optimal Taxation and Optimal Tax Systems[J]. Journal of Economic Perspectives, 1990, 4 (1): 157-178.

[17] Stern N H. On the Specification of Models of Optimum Income Taxation [J]. Journal of Public Economisc, 1976, 6 (1-2): 123-162.

[18] [英]柏克. 美洲三书[M]. 北京: 商务印书馆, 2003.

[19][英]布朗，杰克逊. 公共部门经济学[M]. 第 4 版. 北京：中国人民大学出版社，2000.

[20][英]约翰·穆勒. 政治经济学原理及其在社会哲学上的若干应用[M]. 下卷. 北京：商务印书馆，1991.

[21]王诚尧. 国家税收[M]. 第 2 次修订本. 北京：中国财政经济出版社，1988.

[22]吴思. 血酬定律：中国. 历史上的生存游戏[M]. 北京：语文出版社，2009.

[23]杨志勇. 大国轻税[M]. 广州：广东经济出版社，2018.

[24]袁振宇，朱青，何乘才，等. 税收经济学[M]. 北京：中国人民大学出版社，1995.

[25]张千帆. 宪法学导论：原理与应用[M]. 北京：法律出版社，2004.

[26]张维迎. 詹姆斯·莫里斯论文精选——非对称信息下的激励理论[M]. 北京：商务印书馆，1977.

[27]张宇燕. 民主的经济意义[J]//刘军宁，王焱，贺卫方. 经济民主与经济自由. 公共论丛. 北京：三联书店，1997（3）：21-31.

[28]《资本主义国家财政》编写组（曹立瀛，席克正，王传曾，周邠）. 资本主义国家财政[M]. 北京：中国财政经济出版社，1985.

8 商品税

学习目标

- 了解商品税的定义、特点和分类;
- 了解增值税;
- 了解消费税;
- 了解关税。

从2012年1月1日起,中国拉开了营业税改征增值税试点("营改增")改革的序幕。在短短一年的时间,已有九个省市加入了"营改增"试点的行列。2016年5月1日,"营改增"更是进入全面试点阶段,营业税退出中国税制舞台。增值税到底有什么优点呢?

本章将对系统介绍包括增值税和营业税在内的商品税相关知识。

8.1 商品税概述

商品税在发展中国家税制中多占主体地位。本节简要介绍商品税。

8.1.1 商品税的定义

所谓商品税(货物和劳务税,也称流转税),是指对商品的流转额和非商品营业额(提供个人和企业消费的商品和劳务)课征的各税种的统称。商品流转额,是指在商品生产和交易过程中,由于销售或购进商品而发生的货币金额,即商品销售收入额或购进商品所支付的金额;非商品流转额,是指非商品交易的各种劳务而发生的货币金额,即提供劳务所取得的营业服务收入额或取得劳务所支付的货币金额。增值税、消费税、营业税和关税都属于商品税。

8.1.2 商品税的特点

1. 税收负担具有间接性

一般来说，政府对企业课征商品税，企业会通过市场交易，将税负全部或部分转嫁给消费者。因此，消费者对商品税负担具有间接性。

商品税的纳税人与赋税人经常分离。纳税人不负担或不完全负担税负；赋税人却往往不直接纳税。商品税的赋税人对税负增减的感受程度，常常比所得税的赋税人弱，因所得税的赋税人和纳税人经常是同一人。

2. 对市场活动影响直接

商品税是对商品和劳务的交易活动课税。纳税环节的确定、差别税率的运用、税收减免等，都直接影响市场供给和需求，影响产业政策目标和其他政策目标的实现。烟、酒等适用高税率，体现"寓禁于征"政策，以减少此类产品的消费。政策是否有效，不仅与商品的需求弹性密切相关，还与收入弹性有关。烟酒消费容易上瘾，吸烟喝酒习惯不易改变。烟酒重税容易推高价格，但"瘾君子"能否减少消费仍然存疑，因为他们对这类商品的需求弹性较小。不过，价格上升会降低消费者的实际可支配收入，削弱他们的购买力，"寓禁于征"政策仍能发挥一定作用。

3. 具有累退性

商品税一般适用比例税率，纳税人税负随个人收入提高而下降。同样水平的消费，穷人要用收入中的较大份额去承担税负，而富人只要用较小份额就足以支付税款。从这个意义上说，穷人税负较重，商品税具有累退性。当社会对公平目标有更高诉求时，降低此类税收在税制结构中的地位就有很大的必要。

4. 税收征管相对简便

商品税主要对企业征收，税源相对集中，征收管理较对个人征收的所得税方便。发展中国家的税收征管水平相对较低，是它们往往选择以商品税为主的税制结构的重要原因。

5. 收入较为稳定

商品税的税收收入较为稳定。这是与所得税相比较而言的。市场有交易，就有商品税收入，但只有赚钱了，所得税收入才有保证。商品税能够保证财政收入的稳定，许多发展中国家主体税种因此选择商品税。

8.1.3 商品税的分类

1. 按课税范围大小分类

据课税范围的大小，商品税可分为两类：一是对全部消费品课征的商品税；二是对部分消费品课征的商品税。

2. 按课税环节分类

按课税环节的多少，商品税可分为单环节课征的商品税和多环节征收的商品税。商品的生产和交易要经过生产、批发和零售环节。单环节课征的商品税是指只就其中的某一环节征税；多环节征收的商品税是就其中的两个或两个以上的环节课税。

3. 按计税方式分类

按计税方式不同，商品税可分为从价税和从量税（又称单位税，unit tax）。前者以商品和劳务的价格作为计税依据。后者以商品和劳务的数量、重量、容量和面积为课税标准，按照一定的数量单位计征。与从价税相比，从量税的计算简单方便，只要将单位税额和数量相乘就可以得出应纳税额。从量税与价格变动无关，不随物价变动而变动。

4. 按课税方法分类

按照课税方法的不同，可以分为对商品生产过程中的生产数量（金额）计征的商品税和根据课税商品流通的实际数量（金额）计征的商品税。美国联邦政府没有统一的销售税。销售税主要在州级政府层面征收。销售税只是在零售环节征收，且只收一次。加拿大的销售税包括省销售税、联邦政府征收的商品和服务税（实际上是增值税）以及统一销售税（harmonized sales tax，也是一种增值税）。[①]

5. 按课税对象分类

按照商品税的课税对象选择的不同，可分为周转税、销售税和增值税。周转税（turnover tax）和销售税分别是对商品在生产、流通等的所有环节和单一环节的流转总额课征的商品税；增值税（value-added tax）是对商品在生产和流通等环节的新增价值课征的商品税。近年来，商品税表现出两大趋势：一是从周转税向增值税过渡；二是增值税在各国商品税中的地位与日俱增。

商品税并非完美无缺。与所得税相比，它既有优点，也有缺点。商品税应纳税额的确定不考虑个人处境，即不根据个人支付能力的大小而差别课税。有一种税制改革方案，主张以一定时期内个人总消费支出作为计税依据进行课税，以取代所得税。这样课征的个人消费税或称支出税，是一种直接税。详见第9章的相关讨论。

8.2　增值税与消费税

所谓增值税（value-added tax，VAT），是以商品和劳务的增值额为课税对象而征收的一种商品税。其课税依据是课税商品或劳务在产销的每一阶段的新增价值。

1918年，德国工业资本家西门子提出增值税设想，建议以增值税取代周转税。此后不久，美国的亚当斯（S. Adams）也建议用增值税替代公司所得税。20世纪50年代初，日本曾有创办增值税之议，但未实行。1954年，法国首次试行增值税，但不久后就改为制造商销售税。20世纪60年代初期，增值税才真正得到重视。1962年，欧洲经济共同体的财政金融委员会（The Neumak Committee）建议欧共体全体成员采用增值税作为统一的商品税形式。此后10年，欧共体全体成员国先后建立增值税制，并逐步扩及其他欧洲国家。20世纪70年代初期，以拉美国家为主的许多发展中国家选

[①] 对于销售税和消费税的确切内涵，在理论界也有众多不同的看法。有的认为销售税包括消费税；有的认为消费税包括销售税；有的认为两者是不等同的；还有的认为两者是等同的。这是由各国商品税制中相同税收所用税种名称不一致引起的。

择了增值税制。欧盟发布了一系列增值税指令，不仅对欧盟，而且对欧盟之外的国家和地区产生了影响。许多国家仿效欧盟模式建立增值税制。世界上已有 170 多个国家和地区实行增值税制。

近年来，增值税的新西兰模式得到更广泛的关注。在新西兰，增值税称为商品和劳务税（goods and service taxes，GST）。GST 是对大部分商品和劳务、大部分进口商品和特定的进口服务课征的一种税。一般认为，它实现了理想的增值税所要求的财政和经济目标，避免了先前增值税制中的税收减免和多税率引起的扭曲，减少了因之所产生的遵从成本和征收成本，是"完美"的增值税。随着新西兰模式的出现，各国增值税模式选择发生了分化。加拿大、新加坡、南非和澳大利亚采用了新西兰模式。大量非洲国家、加勒比海国家、太平洋国家及亚洲国家也移植了新西兰模式。[①]

8.2.1 增值税概述

增值税是为克服周转税重复征税缺点而设计的一个税种。[②]周转税的优点是简便易行、税收收入有保证，但也严重影响经济效率。增值税更符合税收的中性原则。下面通过一例说明。

假定某种商品 X 适用的增值税或周转税税率均为 20%。现在比较它们的税收负担。X 的生产销售流程如表 8-1 所示。

表 8-1 X 的生产销售流程

生产者	购买	销售	增值额	税额 1	税额 2
A	0	400	400	80	80
B	400	800	400	80	160
C	800	1 600	800	160	320
D	1 600	2 200	600	120	440
总 计	2 800	5 000	2 200	440	1 000

表 8-1 中显示的是 X 的生产销售流程及相应承担的税额。X 的生产经过四个环节和四个生产者 A、B、C 和 D，税额 1 和 2 分别代表增值税和周转税应纳税额。周转税负明显重于增值税。

周转税影响生产者的经济行为。如果 A、B、C 和 D 合并成一家企业，这样，A、B、C 和 D 就分别成为同一企业的四个不同生产车间，企业的周转税应纳税额就和增值税相等。处于生产流程的四个生产者中的连续两个或三个合并，情况又有不同。只有四个生产者合并成一家企业生产，周转税税负最轻。因此，周转税影响生产行为。它鼓励全能厂，抑制专业厂，而专业厂又是现代社会分工和专业化生产所需。增值税与此不同，无论如何组织生产，A、B、C、D 如何合并，商品 X 所对应的应纳税额不

[①] 理查德·克瑞沃. 理解中国的增值税法：海外经验. 全国人大常委会预算工作委员会 德国技术合作公司法律咨询项目：中国增值税转型与立法国际研讨会，2007 年 11 月 26—28 日，重庆.
[②] 美国曾经提出的以增值税替代公司税的主张与此不同，但现实中，增值税是取代周转税的产物。

变。因此，增值税对生产者中性，不影响商品的生产组织。

以上案例假定只对增值额课税，但现实税制不是如此。根据纳税人购买的固定资产对所缴纳的税额能否抵扣以及如何抵扣，增值税可分为以下三类。

（1）生产型增值税（又称毛收入型增值税）。在计算增值额时，纳税人购入的固定资产总额不能扣除，也不能扣减折旧，相应的税额不能得到抵扣。

（2）收入型增值税（亦称净收入型增值税）。纳税人计税确定增值额时只能扣除固定资产的折旧额，即只是折旧所对应的税额可以抵扣。

（3）消费型增值税。纳税人计税确定增值额时可扣除包括购入固定资产在内的所有金额，即所支付的全部税额均可抵扣。理想的增值税就是消费型增值税。以上示例中的增值税就属于消费型增值税。

消费型增值税在购入固定资产时进项税额就可全额抵扣，同样的税率，政府所能征到的税比生产型和收入型为少。收入型增值税在计税时抵扣折旧额所对应的税额，对政府收入影响略小；从长期来看，如果忽略利息因素，那么收入型增值税和消费型增值税对政府收入的影响相同。生产型增值税不能抵扣固定资产对应税额，可最大限度地保证政府财政收入。基于此，一些发展中国家出于财政原因，选择生产型增值税。生产型增值税不能根除重复征税弊端。当经济发展到一定阶段或财政较为充裕时，它就可能转变为收入型或消费型增值税。中国1994年税制改革所确立的是生产型增值税制。与消费型增值税制相比，生产型增值税制对固定资产投资有一定的抑制作用。政府政策倾向于抑制固定资产投资，也是1994年中国选择生产型增值税制的原因之一。2009年1月1日，中国增值税制开始从生产型转为消费型。这次转型还不彻底，不是所有的固定资产对应的税额都能得到抵扣。从2016年5月1日起，新增不动产的进项税额才可以从取得之日起分两年抵扣。

现实中的增值税也有局限性，主要表现为以下三个方面。

（1）增值税多有减免，单一税率难以实施，影响增值税的经济效率。

（2）无法解决间接税的累退性问题。理想的增值税税基广，更是如此。增值税是间接税，税负常常全部或部分转嫁给消费者。广税基的增值税又导致了税负较多地由穷人承担，加剧了累退性。

（3）增值税在所有商品税类中征管难度最大，对征管水平要求最高。征管如不到位，增值税收入则容易流失。1994年，中国增值税制改革之初，由于征管制度相对滞后，少数人代开虚开增值税发票，或用于抵扣税款，或骗取出口退税，直接导致税收流失。有一段时间，利用黄金增值税专用发票逃税问题也很突出。这类问题已经随着增值税征管条件的现代化而逐步得到解决。

8.2.2　增值税的基本计算方法

增值税计算的基本方法有以下三种。

1. 加法

加法，先计算增值额，再与税率相乘，算出应纳税额。增值额是纳税人一定时期的工资、租金、利息与利润之和。

2. 减法

减法，和加法一样，需要先计算增值额，再将增值额乘以税率，算出应纳税额。增加额是销售收入减去购货支出的结果。

3. 抵扣法

抵扣法，是纳税人将当期销售收入乘以税率，得出销项税额；再从中减去同期各项进货所缴纳的税额，得到当期应纳税额。这种方法不必计算增值额，简便易行，已得到广泛运用。中国增值税制也采用此法。

中国采用发票扣税法（invoice method）。它一般要求销售发票上单独开列税款，以便买方在计算应纳税款时了解可抵扣的税额。纳税人在抵扣税款时，必须以销售方开列的销售发票作为依据。这可督促购买方向销售方索取发票，起到相互制约和交叉稽核的作用。发票扣税法的顺利实行要求准确填列相关发票，并防止假发票的出现。但是，发票法也有一定的局限性，有学者建议用发票法与账簿法结合的方式取而代之（杨斌，1999）。

8.2.3 增值税相关问题分析

1. 增值税的累退性问题

理想的增值税的税基应该广，即将所有的商品与劳务都归入税基。增值税支持者认为，增值税涵盖各行业，可保证绝大多数企业处于竞争的同一起跑线上。但是，绝大多数商品与劳务纳入税基必然增加增值税的累退性，即收入越少的消费者税收负担越重。公平原则又该如何贯彻？增值税反对者往往由此出发，认为增值税的累退性不利于公平。增值税的绝大多数支持者承认增值税有一定的累退性，但也强调税制设计可以缓解该问题。

降低增值税累退程度的方法主要有：第一，某些生活必需品免税（即"缩减税基"法）或适用较低税率（即差别税率法）。第二，增值税税负抵免法，即在实行宽税基的同时，对确实最需要某类生活必需品的低收入家庭与个人，提供可退还的"增值税税负抵免"。具体做法是：纳税人须以个人收入、家庭状况等为背景填写"增值税税负抵免表"；收入水平在某一标准之下的低收入纳税人，可以得到一定的增值税税负抵免额，或退还等额个人所得税。这种做法综合考虑间接税与直接税，用直接税的累进性来补偿间接税的累退性。这种方法比传统的"税基缩减"或差别税率法更易实现纵向公平，且不会破坏增值税纳税环节链条的完整性。

2. 增值税的推广问题

增值税较为中性，这是众多国家选择增值税制的主要原因。但有些发达国家，如美国，至今未实行增值税制，原因何在？美国未建立增值税制与联邦制有关。增值税一旦引入，只能作为联邦税收，同时，州政府征收的销售税可能必须取消。许多人因此担心州政府权限受到影响。

有人担心，增值税可能被偷偷用于扩大政府部门规模。增值税多数直接对企业征收，消费者实际承担的增值税税负隐含在所支付的总价格中，对税负不太敏感。这对立法者来说固然是好事，但对纳税人来说，是一大缺憾。

8.2.4 中国增值税

增值税收入占中国税收总收入的比例最大，影响经济社会的方方面面。中国现行的增值税制的构成要素如下。

1. 增值税的纳税人

在中国境内销售货物或者加工、修理修配劳务，销售服务、无形资产、不动产以及进口货物的单位和个人，都是增值税的纳税人。

为了便于增值税的推行，简化征管手续，节约征税成本，中国按国际通行做法，将增值税纳税人分为一般纳税人和小规模纳税人。对小规模纳税人销售货物或提供应税劳务采取简易的征税办法。

2. 增值税的征税范围

增值税的征税范围包括在中国境内销售货物，提供加工、修理修配劳务，销售服务、无形资产、不动产以及进口货物。

3. 增值税的税率

增值税税率包括基本税率、低税率、零税率以及征收率等。具体适用如下。

（1）纳税人销售货物、劳务、有形动产租赁服务或者进口货物，除另有规定外，适用基本税率，税率为16%。

（2）纳税人销售交通运输、邮政、基础电信、建筑、不动产租赁服务，销售不动产，转让土地使用权，销售或者进口下列货物，税率为10%。

① 粮食等农产品、食用植物油、食用盐。

② 自来水、暖气、冷气、热水、煤气、石油液化气、天然气、二甲醚、沼气、居民用煤炭制品。

③ 图书、报纸、杂志、音像制品、电子出版物。

④ 饲料、化肥、农药、农机、农膜。

⑤ 国务院规定的其他货物。

（3）纳税人销售服务、无形资产，除本条第一项、第二项、第五项另有规定外，税率为6%。

（4）纳税人出口货物，税率为零；但是，国务院另有规定的除外。

（5）境内单位和个人跨境销售国务院规定范围内的服务、无形资产，税率为零。

税率的调整，由国务院决定。

（6）小规模纳税人增值税征收率为3%，国务院另有规定的除外。

此外，中国确定增值税税率从三档简并为两档。16%和10%的税率有望进一步下调。

4. 增值税应纳税额的计算

现行增值税应纳税额的计算，区分不同情况进行。

(1) 一般纳税人应纳税额的计算。纳税人销售货物、劳务、服务、无形资产、不动产（以下统称应税销售行为），应纳税额为当期销项税额抵扣当期进项税额后的余额。其应纳税额的计算公式为

应纳税额=当期销项税额−当期进项税额=当期销售额×税率−当期进项税额

其中，销售额为纳税人发生应税销售行为收取的全部价款和价外费用，但是不包括收取的销项税额。销项税额是纳税人发生应税销售行为，按照销售额和所规定的税率计算收取的增值税额。进项税额为纳税人购进货物、劳务、服务、无形资产、不动产支付或者负担的增值税额。一般纳税人实行凭发票注明税款进行抵扣的制度。当期销项税额小于当期进项税额不足抵扣时，其不足部分可以结转下期继续抵扣。

(2) 小规模纳税人应纳税额的计算。小规模纳税人发生应税销售行为，实行按照销售额和 3%的征收率计算应纳税额的简易办法，并不得抵扣进项税额。其应纳税额的计算公式为

应纳税额=销售额×征收率

(3) 进口货物应纳税额的计算。纳税人进口货物，按照组成计税价格和适用税率计算应纳税额，不得抵扣任何税额。其应纳税额的计算公式为

应纳税额=组成计税价格（关税完税价格+关税+消费税）×适用税率

中国的增值税改革的主要情况参见专栏 8-1。

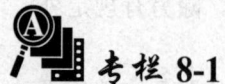
专栏 8-1

中国增值税制改革

2012 年 1 月 1 日，营业税改征增值税（简称"营改增"）试点的序幕在上海拉开。交通运输业和部分现代服务业先行开始试点。2006 年 5 月 1 日，"营改增"全面试点开始，增值税完全取代营业税。增值税从 20 世纪 70 年代末引入中国，经过 80 年代的变迁，到 1994 年成为中国第一大税种。2009 年，中国增值税制开始从生产型转向消费型。增值税取代营业税，扩大了增值税征收范围，增值税征管链条更加完整。

增值税取代营业税，是因为增值税只对增值额进行课税，可以避免重复征税，不会干预企业的组织形式，不会对生产和交易带来扭曲效应。营业税则对营业额全额课税，这样，如果专业分工程度越高，那么税收负担就会越重。显然，营业税会对现代社会所需要的专业化分工带来不利的影响。仅此一项，就注定了营业税最终要告别历史的舞台。

在增值税取代营业税之前，为了尽可能减少营业税重复课税的负面影响，纳税人只就营业额的差额缴纳营业税的差额纳税方法在局部范围内得到了运用。这种差额纳税（征税）办法与增值税对增值额进行课税的实质是一致的。但是，只有符合条件并经认定的企业才能差额纳税。并不是所有企业都会受益于差额征收管理办法。显然，能够差额纳税的企业税收负担大幅度下降。与之形成鲜明对比的是处于同一行业，但是不能采用该方法纳税的企业。两类企业不公平竞争因此加强。如果考虑到有条件差

额纳税的企业往往是行业内较大规模的企业，那么这对于同行业内的中小企业或正在发展中的企业来说，差额纳税所带来的负面影响无论如何都不能轻视。显然，如果同一行业营业税全面改征增值税，那么企业间因税负不同的不公平竞争就不复存在。

"营改增"试点的前提是不增加纳税人的税收负担。受惠方不仅仅包括"营改增"企业，制造业企业所购买服务的进项税额因此也能得到抵扣，税负相应下降。

资料来源：杨志勇（2018）。

8.2.5 中国消费税

中国的消费税，是在对商品普遍课征增值税的基础之上，选择部分消费品的流转额课征的一种税。它的税收制度要素构成如下。

1. 纳税人

凡在中国境内生产、委托加工和进口应征消费税的消费品的单位和个人，均为消费税的纳税人。

2. 征税对象

目前，中国消费税的征收对象包括：（1）一些过度消费会对人类健康、社会秩序、生态环境等方面造成危害的特殊消费品，如烟、酒、鞭炮、焰火等；（2）奢侈品、非生活必需品，如贵重首饰及珠宝玉石、化妆品；（3）高能耗及高档消费品，如小轿车、摩托车；（4）不可再生和替代的石油消费品，如汽油、柴油等；（5）具有一定财政意义的产品，如汽车轮胎等。

3. 消费税的税率

消费税的税率形式有比例税率、定额税率，也有比例税率与定额税率综合。酒精、高档化妆品、贵重首饰及珠宝玉石、鞭炮、焰火、汽车轮胎、摩托车、小汽车等适用比例税率，黄酒、啤酒、成品油等适用定额税率。白酒、甲类和乙类卷烟适用的是比例税率与定额税率相结合的做法。白酒在适用 20%的比例税率的同时，还要征收 0.5 元/500 克（或 500 毫升）的定额税；在生产环节，甲类卷烟适用 56%税率的同时，还要征 0.003 元/支的定额税，乙类卷烟适用 36%税率的同时，还要交 0.003 元/支的定额税；在批发环节，卷烟还适用 11%的税率，要交 0.005 元/支的定额税。

4. 消费税应纳税额的计算

现行消费税制有三种税率形式，相应地，应纳税额的计算也采用从价定率计征、从量定额计征和综合计征三种方法。

（1）从价定率计征办法。应纳税额计算公式为

$$应纳税额 = 应税消费品的销售额 \times 消费税税率$$

（2）从量定额计征办法。应纳税款的计算公式为

$$应纳税额 = 应税消费品数量 \times 单位税额$$

（3）综合计征办法。应纳税款的计算公式为

$$应纳税额 = 应税消费品的销售额 \times 消费税税率 + 应税消费品数量 \times 单位税额$$

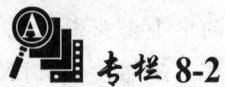

专栏 8-2

中国消费税制改革

中国的消费税是选择性消费税，它不是普遍课征的，而是有所选择的，其一大功能是对收入进行调节。消费税征税范围应该根据已经变化了的经济环境和普遍提高的消费水平进行适当调整。1994 年确定的消费税制将普通化妆品、护肤护发品等列为税目。自 2006 年 4 月 1 日起，中国消费税制新增一些税目，包括成品油、木制一次性筷子、实木地板、游艇、高尔夫球及球具、高档手表；取消护肤护发品税目。自 2016 年 10 月 1 日起，中国取消对普通美容、修饰类化妆品征收消费税，将"化妆品"税目名称更名为"高档化妆品"。"高档化妆品"的征收范围包括高档美容、修饰类化妆品、高档护肤类化妆品和成套化妆品。税率调整为 15%。但是，中国消费税征收范围偏大，税率偏高。这直接导致部分消费流失到海外。现实中，境外购物、网络购物、海外代购等的流行就说明了这一点。奢侈品消费是否应该课以重税，已引发争论。奢侈品消费具有时代性。人民的消费也会随着收入的提高而升级换代。奢侈品过一段时间之后就可能不是奢侈品。当基本生活有了保障之后，人民转向消费或多或少的奢侈品，也不见得就应该扼杀。相反，从促进消费的政策目标来看，这种消费行为还应该鼓励。即使是所谓奢侈品课重税都难以得到支持，那么普通商品就更没必要课以重税。

资料来源：1. 国家税务总局网站. http://www.chinatax.gov.cn.

2. 杨志勇（2011，2018）。

专栏 8-3

中国的出口退税

中国自 1985 年起开始实行出口退税政策，1988 年明确了"征多少退多少，不征不退和彻底退税"原则。1994 年税制改革继续维持这个原则，但在实际操作过程中，出口退税不正常增长，导致了出口退税率几经变化，1995 年连续降低了出口退税率。亚洲金融危机爆发后，中国为促进出口，1998 年又提高了出口退税率，平均退税率调高到 15.5%，出口货物退税范围进一步扩大，但仍有很多产品的增值税在出口时未能得到全额退税。2003 年年底，出口退税累积数额约为 3 000 亿元。在这样的背景下，2004 年开始，除了部分规定的货物外，凡在 2003 年出口退税率为 17%和 15%的货物，其出口退税率一律调低至 13%；凡征税率和退税率均为 13%的货物，其出口退税率一律调低至 11%。

2004 年至今，我国出口退税率又做了数次调整。调整内容较以往更为丰富，针对不同的出口产品，升降并存。从 2006 年 1 月 1 日起，我国取消多项皮革类原材料的出口退税政策，并下调了部分产品的出口退税率。2006年9月15日起，142个税号的钢材、部分有色金属材料、纺织品、家具等产品的出口退税率下调；有重大技术装备、部分IT产品和生物医药产品以及部分国家产业政策鼓励出口的高科技产品、部分以农产品为原料的加工品出口退税率上调。2007年4月15日，经国务院批准，财政部、国家税务总局将《进出口税则》（2007年版）第72章中的部分特种钢材及不锈钢钢板、冷轧产品等76个税号出口退税率降为5%；型材、盘条等另外83个税号的钢材产品则取消出口退税。

2007年6月18日，财政部和国家税务总局商国家发展改革委、商务部、海关总署发布了《财政部 国家税务总局关于调低部分商品出口退税率的通知》，规定自2007年7月1日起，调整部分商品的出口退税政策。这次政策调整共涉及2 831项商品，约占海关税则中全部商品总数的37%，主要包括三个方面：一是进一步取消了553项"高耗能、高污染、资源性"产品的出口退税；二是降低了2 268项容易引起贸易摩擦的商品的出口退税率；三是将10项商品的出口退税改为出口免税政策。

自2018年5月1日起，适用17%税率且出口退税率为17%的出口货物，出口退税率调整至16%，原适用11%税率且出口退税率为11%的出口货物、跨境应税行为，出口退税率调整至10%。

出口退税政策调整较多，意味着它实际上成为一种宏观调控的工具。出口退税政策调整的目的已经不只是控制外贸出口的过快增长，而且更加注意优化出口商品结构以促进经济社会的可持续发展。

资料来源：国家税务总局网站. http://www.chinatax.gov.cn；中国社会科学院财政与贸易经济研究所（2003）。

8.3 关税

关税是商品税的一种。历史上，关税曾经在财政收入中占据重要地位。如今，关税的收入地位下降，但关税仍然广为征收，且不时被作为国际贸易政策工具。

8.3.1 关税概述

所谓关税，是指一个国家或地区在边境、沿海口岸或指定的其他水、陆、空国际交往通道的关口，对进出国境或关境的货物或物品征收的一种税。

关税包括进口关税和出口关税。进口关税是向入境的货物征收的一种关税。一般在货物进入国境或关境时征收，或在货物从海关保税仓库或保税区中转出、投入国内市场时征收。进口关税是最基本的关税类型，也是国家实行保护关税或财政关税政策的基本手段。在不征出口关税的国家中，它是唯一的关税形态。出口关税是对从本国出境的货物或物品征收的一种关税。许多国家不征出口关税。

从征税的目的来看，关税可分为财政关税和保护关税。所谓财政关税，是指关税开征的主要目标是筹集财政收入。财政关税一般把税源大（即进口商品数量多、消费量大）的商品列入征税对象范围，从而保证关税收入充足可靠。中国和美国在历史上，关税都曾是最大的财政收入来源。现今世界，关税早已不是各主要国家的财政收入来源，但关税和海关代征的其他商品税收入在国家财政收入中仍占有重要地位。

所谓保护关税，主要是指关税的开征是以保护本国特定产业为目的。保护关税一般把那些本国需要发展，但尚不具备国际竞争力的产品列为征税范围。通过设置合理的关税税率，使关税税额等于或略高于进口商品成本与本国同类商品成本之间的差额。关税也经常作为国际贸易摩擦动用的政策工具。

滑准税是一种更有针对性的进口关税。近年来，碳关税问题也备受关注。专栏 8-4 提供了一些基础知识。

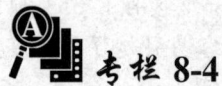

专栏 8-4

滑准税和碳关税

滑准税（Sliding Duties），又称滑动税，是对进口税则中的同一种商品按其市场价格标准分别确定不同价格档次的税率而征收的一种进口关税。其高档商品价格的税率低或不征税，低档商品价格的税率高。

征收这种关税的目的是使该种进口商品，不论其进口价格高低，其税后价格保持在一个预定的价格标准上，以稳进口国国内该种商品的市场价格，尽可能减少国际市场价格波动的影响。从 1997 年 10 月 1 日起一直到加入世界贸易组织前，中国曾对进口新闻纸实行过滑准税。2003 年对中国新闻纸实行单一的从价税税率，停止了滑准税。中国自 2005 年 5 月起对关税配额外棉花进口配额征收滑准税，税率滑动的范围为 5%~40%，征收的目的是减少大量棉花进口对国内棉花市场的冲击，确保棉农收益。这相当于为进口棉花价格设置底线，对国内棉花市场价格形成支撑。

碳关税是指主权国家或地区对高耗能产品进口征收的二氧化碳排放特别关税。碳关税最早由法国前总统希拉克提出，旨在督促欧盟国家针对未遵守《京都协定书》的国家课征商品进口税。否则，欧盟碳排放交易机制运行后，欧盟国家所生产的商品（特别是钢铁和其他高能耗产业商品）将面对不公平竞争。碳关税经常成为贸易政策工具。

资料来源：根据财政部网站（http://www.mof.gov.cn）资料和其他资料整理。

8.3.2 中国关税制度

中国现行关税制度的基本要素如下。

1. 纳税人

纳税人为进口货物的收货人、出口货物的发货人和进境物品的所有人。

2. 关税的课税对象

现行关税以《海关进出口税则》规定的应税入境货物流转额和应税出境货物流转

额为课税对象。只要应税货物通过中国关境，就要对其流转额征税。进境的旅客应税行李物品和个人应税邮递物品也属于关税的征税范围。

3. 关税的税率

关税税率包括进口货物税率、进口物品税率和出口货物税率三部分。进口关税设置最惠国税率、协定税率、特惠税率、普通税率、关税配额税率等税率。对进口货物在一定期限内可以实行暂定税率。出口关税设置出口税率。对出口货物在一定期限内可以实行暂定税率。

原产于共同适用最惠国待遇条款的世界贸易组织成员的进口货物，原产于与中国签订含有相互给予最惠国待遇条款的双边贸易协定的国家或者地区的进口货物，以及原产于中华人民共和国境内的进口货物，适用最惠国税率。原产于与中国签订含有关税优惠条款的区域性贸易协定的国家或者地区的进口货物，适用协定税率。原产于与中国签订含有特殊关税优惠条款的贸易协定的国家或者地区的进口货物，适用特惠税率。从上述所列以外国家或者地区的进口货物，以及原产地不明的进口货物，适用普通税率。

适用最惠国税率的进口货物有暂定税率的，应适用暂定税率；适用协定税率、特惠税率的进口货物有暂定税率的，应从低适用税率；适用普通税率的进口货物，不适用暂定税率。适用出口税率的出口货物有暂定税率的，应适用暂定税率。

4. 关税的计税依据

进口货物以海关审定的成交价格为基础的到岸价格作为计税价格。其中，到岸价格包括货价加上货物运抵中国关境内输入地点起卸前的包装费、运费、保险费和其他劳务费等费用。

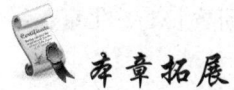

本章拓展

关于增值税的国际比较，可参阅 Schenk and Oldman（2007）。关于"营改增"试点，可参阅杨志勇（2018）。关于中国关税制度的建设情况，可参阅财政部编写的《中国财政基本情况（2011）》中的"入世以来关税制度建设情况"（http://www.mof.gov.cn/zhuantihuigu/czjbqk2011/czsr2011/201208/t20120831_679826.html）。经济全球化背景下的商品税问题，可参阅郑榕（2006）。

小结

- 商品税是对商品流转额和非商品流转额（提供个人和企业消费的商品和劳务）课征的税种的统称，也称流转税。
- 商品税的特点有：税收负担具有间接性，会直接影响市场活动，具有累退性，管理相对简便，收入较为稳定。

- 商品税的分类方法有多种。根据课税对象选择的不同，商品税可分为周转税、销售税和增值税。
- 中国的商品税包括增值税、消费税和关税。
- 增值税是课税商品或劳务在产销的每一阶段新增的价值所征收的税种。它可以分为生产型增值税、收入型增值税和消费型增值税。同样税率下，消费型增值税税负最轻。从收入上看，增值税是中国最重要的税种。
- 关税是在一个国家或地区，在边境、沿海口岸或指定的其他水、陆、空国际交往通道的关口，对进出国境或关境的货物或物品征收的一种税。

思考题

1. 商品税类有哪些优缺点？中国现行的增值税制有哪些优缺点？为什么当前中国实行以商品税类为主的税收制度？
2. 中国现行消费税有哪些优缺点，应如何改革？
3. 加入WTO对中国关税制度有何影响？

阅读与参考文献

[1] Schenk A，Oldman O. Value Added Tax: A Comparative Approach[M]. Cambridge，2007.

[2] 曹立瀛. 西方财政理论与政策[M]. 北京：中国财政经济出版社，1995.

[3] 杨斌. 治税的效率和公平——宏观税收管理理论与方法的研究[M]. 北京：经济科学出版社，1999.

[4] 杨志勇. 中国物价虚高：间接税在作怪[J]. 人民论坛，2011（25）.

[5] 杨志勇. 大国轻税[M]. 广州：广东经济出版社，2018.

[6] 叶振鹏，张馨. 公共财政论[M]. 北京：经济科学出版社，1999.

[7] 中国社会科学院财政与贸易经济研究所. 中国：启动新一轮税制改革（理念转变、政策分析和相关安排）（2003/2004 中国财政政策报告）[M]. 北京：中国财政经济出版社，2003.

[8] 郑榕. 国际经济税收论[M]. 北京：中国财政经济出版社，2006.

9 所得税

学习目标

- 了解所得税的一般定义与特点；
- 了解个人所得税的基本类型和征收的基本方法；
- 了解企业（公司）所得税的基本类型和征收的基本方法；
- 了解社会保障税征收的基本方法。

中国个人所得税的综合所得每一纳税年度的收入额减除费用 6 万元以及专项扣除、专项附加扣除和依法确定的其他扣除后的余额，为应纳税所得额。减除费用标准定多少一直存在争议。有人说应该提到每月 1 万元（年 12 万元）。果真如此，更多的人不用缴纳个人所得税。这关系到个人所得税在中国税收收入中的地位，关系到个人所得税的定位选择问题。如果个人所得税是一种"精英税"，只对少数人征收，那么这么做甚至减除费用更高都不会有问题。但如果认可个人所得税是一种"大众税"的说法，那么这种选择显然是不合理的。

本章专门介绍所得税的相关知识。

9.1 所得税概述

所得税类在现代国家财政收入中占有举足轻重的地位。

9.1.1 所得税定义的探讨

顾名思义，所得税是政府对所得额课征的税。关于"所得"的定义，主要有两种理论：一是来源说；二是净增值说。

1. 来源说

该理论认为，只有从一个可以获得固定收入的永久性"来源"中取得的收入，才能视为应税所得。"来源说"将收益与永久性来源，即将所得与资本联系起来。这个定义源自农业社会的收获传统，即土地在固定周期内生产出成果，所以有人又称之为"周期说"。它要求只对资本带来的收益课税，而不对资本本身价值的增值课税；形象地说，是树木结出的果实的价值，而不是树木本身的价值，才是真正的课税客体（国家税务总局税收科学研究所，1997，p.184）。

2. 净增值说

该理论的代表性定义，是美国经济学家黑格和西蒙斯提出的"黑格—西蒙综合所得税基"（Haige-Simons Comprehensive Income Base），即所得是在一定时期内，纳税人个人消费能力净增加的货币价值，它等于在此期间的实际消费额加上财富净增加额。因此，该定义又被称为"净增值说"或"增加说"。这一定义要求：

（1）各种形式的收入增加，都必须并入税基。收入或直接用于消费，或用于积累财富，表明纳税人可达到的福利水平，因而任何形式的收入增加都必须计算在所得之内。

（2）各种来源的收入（劳动收入、房地产出租收入、资本利得和其他收入），都必须计入税基。包括赠与、遗产在内的转移性收入可以用于消费或储蓄，也应计入税基。一般来说，理想的综合所得税基包括工资薪金、租金、股息红利、资本利得、赠与、遗产及各类转移性收入。

现代所得税制基于"净增值说"构建，并做了修正。在现实中，"应税所得"常有两种规定：一是在税法有包括各类应税所得的条款，但对各类内容只作相对粗略的概念性规定。二是把总所得定义为各类应税所得之和，并对应税所得进行具体分类，分别计算应税所得。所得只要不属于所规定的种类，就是免税的。

9.1.2 所得税的特点

所得税类不同于其他税类的特点主要有以下三个方面。

1. 以一定的所得额为课税对象

所得额不仅包括营利性生产经营活动所取得的利润，而且还包括利息、股息、红利、工资、薪金、劳务报酬、财产租赁转让收入、专利权收入、特许权使用费等各种所得。"所得"内涵丰富。开征所得税，所得额的规定和测算至关重要。

2. 体现了税收公平原则

所得税立法原则是："多得多征、少得少征、无所得不征"。这样，亏损企业和无收入的个人不用缴纳所得税。这与商品税按交易额的一定比例征收完全不同。商品税不论纳税人盈亏，只要有交易就要纳税。正因如此，所得税在保证财政收入上不如商品税，但其征收是建立在真实可靠的税基之上的，从而能更好地针对纳税人的实际纳税能力来确定税收负担，调节收入和财富分布状况，促进社会公平。个人所得税也因此多选择累进税率。

3. 应税所得额的计算通常较为复杂

所得税根据纳税人实际的纳税能力征收，要求对实际所得额进行相关程序的处理，以获得应纳税所得额，这无疑增添了计税的复杂性。专栏 9-1 提供了一个计算复杂带来问题的案例。

 专栏 9-1

小贝与税收

英格兰的球星们个个富可敌国，可是作为纳税人，也许他们并不称职。这些百万富翁们都找来了聪明的税法专家帮助自己避税。通过自己开办的公司，这些英格兰的英雄们将自己的纳税额降低到最低值。

球员避税的钱并不包括他们从所在俱乐部获得的工资。对这部分钱，税收稽查员盯得很紧，球员不得不按照正常途径纳税。可是对于英格兰的明星们来说，他们已经不仅仅是球员，还代表了品牌，于是，他们从形象权上取得的费用，使得他们凭借球技在场上挣到的钱相形见绌。

一位英格兰球星经纪人透露，球员所赚到的赞助费几乎百分之百流向了球员的私人公司，他称这种做法"极其普遍"。他说："他们这样做是合法的，这就是商业，不是吗？球员们将做一切可能做的事情，尽可能减轻他们身上的税收负担，他们没道理将辛苦挣来的赞助费用来纳税或者交社会保险，如果他们能把钱转移到自己的公司，他们就可以减轻一部分税负了。"

将赞助费转移到个人公司，这意味着球员可以节省上百万英镑的税费。如果老老实实纳税，那么他们将把赞助费中的40%拿出来交个人所得税，另有12%奉献给国民保险，而转移到公司，这部分费用将被视为公司收益，这样，他们最多将交19%的企业增值税，可有些球员连19%的纳税额都没达到，因为他们会报称公司经营中出现了大量资金损耗，例如车款和付给秘书的工资。

贝克汉姆（小贝）是步法制作有限公司的老板和董事，该公司成立于1996年，2000年改名为大卫·贝克汉姆有限公司，公司称自己的基本工作是"为大卫·贝克汉姆提供服务"。在上个财政年度，这家公司的资产为140万英镑，大部分都是现金，上一年的财务报表显示，小贝为自己付了30.2万英镑作为工资，同时，公司还付出了48.1万英镑，这部分费用被定性为"营运支出"，不需要纳税，而这些钱可以猜想，也都溜到了小贝的钱包里。这家公司在公司所得税上付了两万英镑，另有15.8万英镑用在"社会保险和其他税费"上。

小贝还和他的太太维多利亚拥有扬德拉有限公司，夫妻俩和维多利亚的母亲杰姬·亚当斯都是推销贝克汉姆品牌的这家公司的董事，截至2000年8月31日，扬德拉的资产为15.6万英镑，大部分是现金。

资料来源：南方体育，2002-07-23。

9.1.3 所得税的类型

所得税类根据其课税对象规定的不同，可分以下三类。

1. 分类所得税

所谓分类所得税，是将所得根据性质不同分门别类，不同类别的所得适用不同的计税方法。根据所得性质的不同，可以将所得区分为工资薪金所得、特许权使用费所得、股息红利所得、偶然所得等。纳税人应纳税额是各类所得应纳税额之和。所得税的计税依据的基础是法律所确定的各类所得，而不是总所得。各类所得的税率，既可以是比例税率，也可以是累进所得税率。

分类所得税对税收管征能力要求相对较低，可以保证所得税收入，但分类征收导致纳税能力在所得税应纳税额上不能得到充分的体现，同样收入所缴纳的所得税额可能不同，和税收公平原则有一定差距。

2. 综合所得税

所谓综合所得税，是纳税人的各类不同性质的所得先加总后，再采用统一方法计算应纳税额的所得税。一般情况下，加总纳税人各类所得后，还要扣除各种项目的成本费用和免税额，再以其余额作为应纳税所得税计算应纳税额。个人所得通常适用超额累进税制。综合所得税制较为符合税收的支付能力原则，但征纳手续比较繁杂。如果人们没有纳税义务的观念，政府又缺乏有效的税收征稽能力，那么逃税现象就可能较严重。

3. 分类—综合所得税

分类—综合所得税（即综合与分类相结合的所得税）是一种介于分类所得税和综合所得税之间的所得税类型。一般情况下，纳税人的所得应先根据性质不同进行分类，部分所得分类后分别采用不同方法计算应纳税额，同时，部分种类所得需要加总后再按统一方法计算应纳税额。

即使是实行综合所得税制的国家，它们的所得税制实质上也是分类—综合所得税制，因为资本利得课税常常单列。

9.1.4 所得税的演变过程

所得税包括个人所得税和公司（法人）所得税。1798 年为应付英法战争的巨额军费开支，英国在世界上最早开征了个人所得税，所得税因此有"一种打败了拿破仑的税"之称。战争后，英国所得税时行时废。1842 年所得税再次恢复之后，才延续至今。1874 年，所得税正式成为英国的永久性税种。美国个人所得税的开征也是因为战争。为了筹措南北战争期间的军费，美国于 1862 年开征了个人所得税。后来，所得税也是征征停停，甚至最高法院宣布征税违反宪法。1913 年，美国宪法第十六条修正案通过，个人所得税的合法地位才得以确立。现今发达国家，个人所得税占税收总收入的比例较高。根据经济合作与发展组织（OECD）的统计，OECD 国家 2010 年个人所得税占税收总收入的比例达到 24%。

所得税的发展表现出以下几个趋势。

1. 从临时税发展为永久税

所得税引入初期，多为应付战争军费开支需要的临时税。所得税直接对纳税人征收，且由纳税人直接承担税负，因而遭到纳税人的强烈抵制。在初期，所得税只对富裕阶层征收。它表现为直接减少了资本可用于自身发展的财力，直接阻碍资本壮大，因而与赋税人相对模糊的间接税类相比，所得税开征阻力更大。

2. 从比例税演变为累进税

各国在引入所得税初期，多选择比例税率，以后才逐步演变为累进税率。大体上说，间接税类税负相对容易进行转嫁，且采用具有累退性的比例税率，其结果可能是将更重的税负加诸贫穷阶层身上，不能起到调节收入分配和财富分布的作用。所得税类与此相反，其税负不易转嫁，这样，当市场经济的自发运行导致收入差距扩大，需要政府直接干预时，所得税类就被赋予了调节收入分配的功能。在调节收入差距方面，累进税率优于比例税率。所以，所得税从比例税率转向累进税率，是政府介入收入分配的需要。正因如此，所得税类中不直接干预收入分配的税种，如中国的企业所得税，就可采用比例税率以促进效率的提高。在西方，社会保险税也采用比例税率，而且只是对一定数额以内的收入征收，超过部分不征税。

3. 从分类所得税转变为综合所得税

英国于1799年实行的所得税，就是采用按税法列举的各类收入分别课征的制度。当时英国的税法将个人所得分为四类，由纳税人按规定分别申报纳税。到了20世纪初，英国的所得税开始转向了综合申报的制度。其他国家也有类似情形。德国更是自所得税制建立之初就选择了综合所得税。各国的所得税之所以从分类所得税转向综合所得税，原因主要有：一是分类所得税按所得源泉分别列举课征不能适应人们收入来源渐趋多样化的需要。现实中，要对各种收入逐一列举已日益困难。二是分类课征难以综合反映个人的实际负税能力，从而难以有效地确定累进税率，难以充分发挥所得税调节收入分配的作用。

9.2 个人所得税

个人所得税与发达的市场经济有着很大的适应性，在现代社会经济中发挥重大的作用。

9.2.1 个人所得税概述

个人所得税在许多国家财政收入中占有举足轻重的作用。发达国家更是如此。2010年，美国联邦政府收入中来自个人所得税和工薪税的收入比例高达82%。[①]

个人所得税一般实行超额累进税率，在调节收入分配和促进经济稳定上都可以发挥作用。

个人所得税可能影响工作和储蓄，但是否真正带来不利影响，主要取决于个人所得税的收入效应与替代效应的比较。当收入效应超过替代效应时，个人所得税总体上看不存在消极影响；反之，则消极影响存在。

---

① 资料来源：http://www.cbo.gov/publication/21938。

个人所得税以符合条件的个人所得作为课税对象，具体包括工资薪金所得、劳务报酬所得、股息红利所得、利息所得、财产租赁所得、特许权使用费所得、不动产所得等。

各国个人所得税制对课税范围的确定大致分两类：一类以美国联邦个人所得税法规定的"总所得"概念为典型，即课税所得为"总所得"。在应纳税额的计算中，从"总所得"到"应税所得"，还要经过一系列调整。另一类以英国的"所得税分类表制度"为典型。英国把全部所得分为六类，计算出各类所得的法定所得，然后再综合全部法定所得，获得"总所得"，并对其作进一步调整，最后得出"应税所得"。

在世界上，个人所得税的纳税人并不一定是作为自然人的个人，也可以是家庭。

个人所得税的课税对象是个人所得额，但在计算课税依据时，还必须扣除必要费用后，才能算出应税所得。所得额中扣除部分主要包括：（1）为取得所得而必须支付的有关费用，如差旅费、午餐费、工作服费、维修费、搬迁费等；（2）为赡养老人、抚养小孩等所支付的费用。

第（1）项一般按项目规定扣除标准；第（2）项通常按家庭成员构成规定扣除标准，而这又依各国经济发展水平和人民生活水平的高低而有所不同。

个人所得税影响大，但也有许多问题。20世纪90年代，美国曾就个人所得税制的根本性改革进行了大讨论（见专栏9-2）。

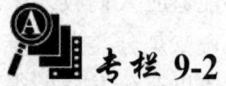
专栏 9-2

单一税制的讨论

美国个人所得税制经过不断修改，现已非常繁杂。20世纪90年代，有许多人提出要从根本上改革所得税制，甚至是彻底地抛弃所得税制。其中一个有名的方案是单一税制方案。霍尔和拉布什卡提出的单一税制的原则是：一是对所有收入只征一次税，不超过一次，没有重复征税。二是对所有收入按照相同的低税率征税。无论是雇员、个体经营者、合伙企业、小公司、中等企业或者跨国公司的收入都适用同一低税率。三是所有新增投资都从税基中扣除。新投资第一年就可以100%扣除。投资从税基中扣除，剩下的就是消费，即只对人们从经济体中获得的进行课税，而不对人们投入到经济体中的征税。值得注意的是，单一税制强调对消费课税，这是不同于商品税中的间接消费税的直接消费税。

资料来源：阿尔文·拉布什卡. 单一税制[EB/OL]. 北京，2003年11月17日演讲稿. http://www.frc.com.cn.

9.2.2 中国个人所得税制

1. 纳税人

凡在中国境内有住所，或者无住所而一个纳税年度内在境内居住累计满183天的个人（居民个人），以及在中国境内无住所又不居住或者无住所而一个纳税年度内在境内居住不满 183 天的个人（非居民个人），只要达到中国税法规定的纳税标准，都是个人所得税的纳税人。前者要就中国境内和境外的所得，缴纳个人所得税；后者只要就中国境内所得，缴纳个人所得税。

个人所得税以所得人为纳税人，以支付所得的单位或者个人为扣缴义务人。扣缴义务人应当按照国家规定办理全员全额扣缴申报，并向纳税人提供其个人所得和已扣缴税款等信息。

纳税人应当依法办理纳税申报的情形有：取得综合所得需要办理汇算清缴；取得应税所得没有扣缴义务人；取得应税所得，扣缴义务人未扣缴税款；取得境外所得；因移居境外注销中国户籍；非居民个人在中国境内从两处以上取得工资、薪金所得；国务院规定的其他情形。

2. 征税对象

个人所得税以个人取得的各项所得为征税对象，其具体征税项目包括工资、薪金所得，劳务报酬所得，稿酬所得，特许权使用费所得，经营所得，利息、股息、红利所得，财产租赁所得，财产转让所得以及偶然所得。

3. 税率

自 2019 年 1 月 1 日起，中国个人所得税采用综合与分类相结合的个人所得税制。居民个人取得工资、薪金所得，劳务报酬所得，稿酬所得，特许权使用费所得（以下称综合所得），按纳税年度合并计算个人所得税；非居民个人取得工资、薪金所得，劳务报酬所得，稿酬所得，特许权使用费所得，按月或者按次分项计算个人所得税。纳税人取得经营所得，利息、股息、红利所得，财产租赁所得，财产转让所得以及偶然所得，依照个人所得税法规定分别计算个人所得税。综合所得适用七级超额累进税率，税率为 3%～45%；经营所得适用五级超额累进税率，税率为 5%～35%；利息、股息、红利所得，财产租赁所得，财产转让所得和偶然所得，适用比例税率，税率为 20%。关于中国未来税率选择的探讨，参见专栏 9-3。

专栏 9-3

中国个人所得税改革需大幅度降低税率

中国要成为发达国家，必须跨越"中等收入陷阱"。中国社会的繁荣稳定离不开中等收入群体。他们是未来中国社会稳定的主力军。为此，需要从多方面呵护中等收入群体，要采取有效措施，努力扩大中等收入群体。

累进税制下，高收入者多纳税，但最高边际税率还需要下调。从构建财税国际竞争力，增强高层次人才的吸引力，构筑国家人才发展战略的角度来看，调低最高边际税率是必要的。工资薪金所得 45% 的最高边际税率是 1980 年就确定下来的。延续了三十余年的最高边际税率亟待改变。虽然近年来少数国家最高边际税率有所提高，但从美国 1986 年以减税为主旋律的税制改革以来，世界范围内个人所得税最高边际税率已大幅度下调，调低最高边际税率是大势所趋。

从现实来看,其他金砖国家个人所得税的最高边际税率都比中国低。巴西为 27.5%,俄罗斯为 13%,印度为 30%,最高的南非也仅为 40%。与中国大陆地区有较强竞争关系的周边国家的个人所得税的最高边际税率是:越南为 35%;菲律宾为 32%;马来西亚为 28%;新加坡为 22%;印度尼西亚为 30%;韩国为 38%;新西兰为 33%;日本为 55.95%;澳大利亚为 45%。中国的香港地区为 15%;澳门地区为 12%;台湾地区为 45%。一些主要发达国家个人所得税的最高边际税率是:美国为 37%;德国为 47.5%;英国为 45%;法国为 50.2%;加拿大为 33%(联邦所得税,加上各省的税可达到 50%)。

上述国家和地区个人所得税最高边际税率比中国高的寥寥无几,且税率较高国家也是发达国家。绝大多数国家和地区个人所得税的最高边际税率低于中国。维持高边际税率不利于中国未来的发展。未来的竞争是人才的竞争。从国际上人才流动的状况来看,正是高收入者更容易流动。高税率不见得能够保证相应的税收收入,结果可能适得其反,引发更多的国际逃避税,导致更多的潜在税源的流失。高税率反而导致易于流动的高收入者无法纳入调节范围,结果是收入再分配目标难以实现。

作为一个发展中国家,中国个人所得税工资薪金所得适用的最高边际税率应该大幅度下调,以提高财税国际竞争力。

资料来源:杨志勇(2018)。

4. 应纳税额

个人所得税应纳税额以应纳税所得额为计税依据,其基本计算公式为

$$应纳税额=应纳税所得额\times适用税率$$

根据个人所得税法,各主要收入项目的应纳税所得额分别规定如下。

居民个人的综合所得,以每一纳税年度的收入额减除费用 6 万元以及专项扣除、专项附加扣除和依法确定的其他扣除后的余额,为应纳税所得额。非居民个人的工资、薪金所得,以每月收入额减除费用 5 000 元后的余额为应纳税所得额;劳务报酬所得、稿酬所得、特许权使用费所得,以每次收入额为应纳税所得额。

经营所得,以每一纳税年度的收入总额减除成本、费用以及损失后的余额,为应纳税所得额。财产租赁所得,每次收入不超过 4 000 元的,减除费用 800 元;4 000 元以上的,减除 20%的费用,其余为应纳税所得额。财产转让所得,以转让财产的收入额减除财产原值和合理费用后的余额,为应纳税所得额。利息、股息、红利所得和偶然所得,以每次收入额为应纳税所得额。

劳务报酬所得、稿酬所得、特许权使用费所得以收入减除 20%的费用后的余额为收入额。稿酬所得的收入额减按70%计算。

个人将其所得对教育、扶贫、济困等公益慈善事业进行捐赠,捐赠额未超过纳税人申报的应纳税所得额 30%的部分,可以从其应纳税所得额中扣除;国务院规定对公益慈善事业捐赠实行全额税前扣除的,从其规定。

专项扣除,包括居民个人按照国家规定的范围和标准缴纳的基本养老保险、基本

医疗保险、失业保险等社会保险费和住房公积金等；专项附加扣除，包括子女教育、继续教育、大病医疗、住房贷款利息或者住房租金、赡养老人等支出。

中国个人所得税改革充分体现了社会主义民主和法治的精神，税法修改除了公开整齐意见会，还采取立法听证会的形式。例如，2005年个人所得税工资薪金所得减除标准调整就采取了听证会的形式，参见专栏9-4。

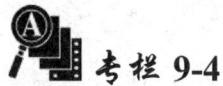 专栏9-4

2005年个人所得税工资薪金所得减除标准调整听证会

个人所得税法修正案草案2005年10月22日提交中国最高立法机关进行第二次审议。根据草案二审稿，个人所得税工薪所得减除费用标准在充分吸收立法听证会上公众的意见后将提高到1 600元。

2005年8月个人所得税法修正案首次提交审议时，修正案草案第一条将现行个人所得税法第六条中关于"工资、薪金所得，以每月收入额减除费用800元后的余额，为应纳税所得额"的规定，修改为"工资、薪金所得，以每月收入额减除费用1 500元后的余额，为应纳税所得额"。

全国人大法律委员会副主任委员胡光宝22日说，作为全国人大常委会推进民主立法、提高立法质量的重要举措和新的尝试，9月27日举行的个人工薪所得减除费用标准立法听证会受到社会广泛关注，公众踊跃申请报名。听证会最后按照"东、中、西部地区都有适当名额，工薪所得较高、较低的行业、职业都有适当名额，代表不同观点的各方面都有适当名额的原则"，从4 982名申请人中遴选出20名公众陈述人，加上草案的3个起草部门、全国总工会和上海、广东、安徽、内蒙古4个省、区、市财税部门的代表，共28名公众陈述人做了陈述发言。20名公众陈述人中，主张维持1 500元的6人，主张高于1 500元的12人，主张低于1 500元的2人。

胡光宝说，常委会组成人员和各方面对提高减除费用标准普遍表示满意；同时，也有不少常委会委员和多数公众陈述人认为，还应再提高一些。

人大法律委、财经委、法工委经综合研究各方面意见后认为：草案规定的减除费用标准基本适当；如能再适当提高一些，可以更充分地解决好实际负担较重的中低收入者的基本生活费用税前扣除不足问题，更有利于与改革发展和物价变动引起的基本生活费用增长趋势相适应，使法定标准更有适当的前瞻性，有利于保持法律的相对稳定。

胡光宝说，为了更好地体现民主、反映民意，并考虑到财政承受能力，人大法律委员会、财经委员会建议将减除费用标准调整为1 600元。

资料来源：孟娜，倪四义. 个人所得税：工薪所得减费标准将提高到1600元[EB/OL]. 新华网（北京），2005-10-22. http://news.xinhuanet.com/fortune/2005-10/22/content_3667516.htm.

9.3 企业（公司）所得税

企业（公司）所得税也是一种重要的所得税。世界各地做法不同。有的国家和地区是在一部所得税法中统一规定企业和个人所得税制，有的则单设企业所得税制。

9.3.1 企业（公司）所得税概述

企业（公司）所得税是对企业所得按照一定税率课征的税。企业组织形式多种多样（专栏9-5提供了个人独资企业的简介），企业所得税在课征范围上可能会有不同的选择，从而形成不同的所得税。根据企业组织形式的特点，可以将企业分为独资企业、合伙企业和公司三种组织形式。独资企业由一个自然人投资，企业为个人所有，企业规模较小，一般由业主直接从事企业经营，利润归业主，业主对企业债务负无限责任。合伙企业由两个或两个以上的自然人共同投资，企业归合伙人共同所有，一般由合伙人直接从事经营，通过合同协议的方式来确定投资者权利和义务，合伙人对企业债务负无限责任。公司由两个或两个以上的自然人共同投资，按公司法组建，是独立法人。公司依据投资金额来确定投资者拥有的公司股份，并通过股份来确定股东的权利和义务。公司是独立法人，股东对公司债务只负有限责任，以股东出资额或公司资本额为限。

根据课税范围不同，企业所得税可分为对各类企业征收的企业所得税和只对公司征收的公司所得税。前者以企业所得为课税对象计征，不区分企业组织形式，将各类企业都纳入企业所得税的课税范围；后者以公司所得为课税对象计征，其特点是区别企业的性质和组织形式，只对公司课征。对于个人独资企业和合伙企业，只征收个人所得税。两种类型各有利弊。前者将所有企业都纳入企业所得税课税体系，有利于企业间的税负公平，但由于个人独资企业和合伙企业中的个人财产与企业财产不可分，给税收征管带来难题。后者只对公司课税，虽能克服前者弊端，但公司企业与非公司企业税负不均，易导致不公平竞争。另外，公司获利时要缴纳公司所得税，分配红利给股东个人时还要征收个人所得税，这会带来重叠征税问题。

现实中，许多国家选择了公司所得税类型的企业所得税制。下面着重介绍公司所得税制。

专栏 9-5

一元钱办企业

中国《个人独资企业法》已于2000年1月1日开始施行。当时，许多人怀着兴奋的心情讨论一个问题：一元钱也能当老板办企业？答案是：从理论上说一元钱可以办企业，但一元钱的企业能做成什么生意？又有谁敢跟仅有一元资本的企业做生意？所以实践中不可能真的出现只有一元钱的企业。《个人独资企业法》规定：个人独资企业是指依照个人独资企业法在中国境内设立，由一个自然人投资，财产为投资人个人所有，投资人以其个人财产对企业债务承担无限责任的经营实体。根据该法的规定，个人独资企业应当具备五个条件：第一，投资人为一个自然人；第二，有合法的企业名称；第三，有投资人申报的出资；第四，有固定的生产经营场所和必要的生产经营条件；第五，有必要的从业人员。具备以上条件，即可申请设立个人独资企业。假如你出资一元钱即具备这些条件，例如，你花一元钱买了一个具备以上条件的企业，那正应了"一元钱也能办企业"这句话。

资料来源：钱津，李明义. 个人创业：新世纪的浪潮[N]. 中国经营报，1999-10-12.

9.3.2 公司所得税制的基本结构

公司所得税制的基本结构可从以下四个方面来加以考察。

1. 税基

公司所得税的税基是公司利润。

2. 应税所得额

公司毛利润所得（公司所得税税基）减去生产经营费用，剩下的就是应税净所得额（假设不存在任何政策性税负减免）。费用扣除与不予计列所引发的问题，在公司所得税征管中也同样存在。公司税确定应纳税所得额需要解决的问题有：应把什么项目视为生产经营成本费用而加以扣除？如何确定费用列支时间？在实践中，这些具体问题导致公平的公司所得税制设计变得相当复杂，且不同行业的公司问题不同。例如，制造业与银行业很难适用同一税制。各国主要根据不同行业的经营特征，确定不同的生产经营成本费用扣除标准。

3. 税率

公司所得税的税率一般为比例税率。但许多国家根据企业规模的大小规定大小不一的比例税率。

4. 主要激励措施

长期以来，许多国家通过公司所得税调节经济。具体税制中有多种激励措施。这种税收杠杆的运用是双向的：在经济衰退时，对投资等提供各种税负抵免或其他优惠规定，以促进经济复苏；在经济过热时，通过公司所得税规定的变化来适当降温。公司所得税制中可用于刺激投资、促进公司发展的方法有三种：一是直接降低公司所得税税率；二是缩减税基，其中最主要的是缩减与资本支出折旧有关的部分；三是提供投资税收抵免。

9.3.3 对公司征税的理由

一般认为，只有个人才能真正负担税收。有了个人所得税，公司所得税还有存在的必要吗？这会不会构成重复征税？

支持对公司（法人）征税的理由有以下三点。

1. 公司是独立主体

公司，特别是大公司，是真正的独立主体。大公司股东虽有成千上万，但要对公司经理进行控制是很困难的。即使有的话，也是松散的。这样，应当对公司从一个独立的主体地位进行课税。

2. 公司应当为其特权付出代价

公司从社会中得到许多特权，其中最重要的是，股东只要负有限责任，因此公司需要为此受益付出代价。

3. 防止避税

没有公司所得税，那么当个人在特定年份中从公司获得一份所得，就有可能将这笔所得放在公司里，因此逃避个人所得税。

关于以上这些看法，现实中也不乏不同意见。一是公司所有权和控制权的分离，并不意味着公司是一个独立实体。二是公司所得税不等同于因设立公司而获得的"使用费"。

9.3.4 公司所得税的经济效应[①]

公司作为现代经济的主要组织形式，政府对公司课税的影响，不限于公司本身，而且波及社会经济生活的许多方面。

1. 对资本配置的影响

公司所得税只对公司课征，可能导致资本从公司部门流向非公司部门，某些非公司部门的增长速度快于公司部门。这一税收导向所致的资本配置与市场供求关系决定的配置不同。配置于公司部门的资本过少，不可避免地带来效率损失，即公司税的福利成本（welfare cost of corporate taxation）。

进而，公司部门的经济决策还受到公司所得税税制结构的影响。在不征收公司所得税的条件下，选择公司组织形式是因为公司制度的优势，如易于筹集资金、共担风险等。但征收公司所得税之后，不同企业是否实行公司制，还需考虑税收因素。税制的不同规定会产生不同影响。例如，企业可能必须考虑某些现行规定带来的好处，如公司部门的保留利润与再投资免税，股东因此可以纳税，而其他部门的雇主无法适用这一规定。

就公司所得税对公司内部资源配置的影响而言，第二次世界大战之后，各国一般对不同行业不同规模的公司规定不同的税收待遇（通常表现为税率差异和允许减免数额范围的不同），资本在公司部门内部不同行业间的配置，也受到税收的较大影响。如果制造业与加工业的税率较低，或资本成本折旧的抵免额定得较高，那么重税行业将得到过少的资本（及相应的其他资源），而制造加工业等轻税行业得到的资本将超过最优数量。

---

① 参见 Rosen（2002）。

2. 对投资的影响

公司所得税影响企业投资决策。其累积效应之和就构成对社会总投资的影响。公司所得税影响企业投资决策表现在：一是对边际收入课税，从而导致投资的边际收入下降；二是某些资本成本项目可以扣除，税收因此减少，从而降低"资本的边际使用成本"。

如果公司所得税制规定同时以相同比例影响边际成本和边际收入，那么公司所得税对企业投资决策的影响等于零。同理，如果公司所得税使边际收入的下降幅度大于税收优惠规定使边际成本下降的幅度，那么公司投资量将减少。反之亦然。其他条件不变，任何旨在促进资本运用的成本下降的优惠规定都会鼓励投资。

总之，公司所得税制是否会抑制投资以及抑制程度，取决于公司所得税制对企业边际投资所得的"扭曲"程度的大小与方向。

3. 对公司财务决策的影响

（1）对公司股息支付的影响。公司利润可以股息形式支付给股东，也可以留在公司。如果所有投资的结果事先确定，且未对利润课税，那么股东对于公司留利或分红的偏好是无差异的。再假定，如果股票市场能准确反映公司价值，从而留利会导致公司股票价值以相同幅度增长，那么股东对于是否分红也是无所谓的。

对公司利润课征的各种税收，也会影响公司决策。股东得到分红时要纳税，而留利暂不纳税。诚然，留利能为股东带来资本利得，但只要资本利得未实现，就不必纳税。据此，分红就相当于把部分资金交给税务部门。这样，公司应留存所有利润。但实际上许多公司都分红，原因可能是：①分红是体现公司经济实力强的信号；②并非所有的投资者都适用相同的边际税率。

（2）对公司股息政策的影响。税制导致公司不愿支付股息。如果股息与留利的课税待遇有所改变，那么这就会对公司财务政策产生多种影响。已有研究成果表明，当留利的机会成本上升时，股息支付的比率将会上升。留利多，可增加公司投资，因而留利意味着储蓄。股东意识到公司为个人储蓄时，也可能会减少个人储蓄。

（3）对债务融资与股权融资的影响。债务利息可从应税所得中扣除，而股息不能，这可能导致公司更多地依靠债务融资。现实中，许多公司没有充分地利用债务融资优势，原因是债务融资越多，潜在的破产风险也随之扩大。因此，有人认为，公司所得税制在鼓励公司债务融资的同时，也提高了破产概率。

9.3.5 公司所得税的税负转嫁

1. 局部均衡中的公司所得税税负转嫁

根据传统的局部均衡分析方法，公司所得税基本上不会转嫁，而主要由公司及其股东承担。这一观点源于古典学派关于企业短期利润最大化的基本假设。根据该假设，生产要素均已得到充分利用，包括完全竞争与不完全竞争企业在内的所有公司都追求利润最大化，因而最终产出取决于边际收入等于边际成本的基本条件。据此，由于税前与税后利润都存在着最大化问题，只要满足边际相等条件，那么公司所得税的存在就不会导致公司去改变最终产出量。相应地，其结果必然是公司所得税税负既不"前转"，也不"后转"。

20世纪50年代末，美国经济学家鲍莫尔（W. Baumol）对以上分析提出异议。他认为，企业销售量才是现实中的企业目标。在这一目标下，企业销售量的最大约束条件，是企业必须保持一定的最低利润量，以保证资本不会从该企业中退出。在这一理论假定下，企业对公司所得税税负增加的反应，必是降低销售量，而销售量下降，又必然导致产品价格的上涨。销售量下降意味着企业能够给予要素提供者（包括劳动力）的报酬将随之下降，要素提供者承担了部分公司所得税；而产品价格上涨同样意味着消费者也承担了部分公司所得税负。但是，局部均衡分析由于内在缺陷，也难以回答各市场同时发生的税负转嫁变动问题。分析这一问题，需要一般均衡分析方法。

2. 一般均衡中的公司所得税税负转嫁

哈伯格运用标准的 2×2×2（劳动与资本两种要素；公司与非公司两个部门；两种最终产品）的模式，同时考虑与比较资本、劳动力和商品三大市场在有税与无税条件下的状况，结论是：公司所得税税负的一部分可以转嫁出去。这主要体现在以下几个方面。

第一，公司所得税对消费格局的影响。公司所得税导致公司部门生产成本相对上升，从而引起公司部门的产品价格上涨。消费者将减少产品需求，而转向对非公司部门产品的需求，其结果是资源"再配置"。配置过程取决于消费者对公司部门产品的需求弹性。如果需求弹性小，那么公司部门的产品价格上涨，将不太可能导致资源过多地从公司部门中流出。在这种情况下，公司税负在相当程度上通过价格上涨转移给消费者。显然，需求弹性越小，税负转嫁给消费者的部分就越多。

第二，公司所得税税负对生产格局的影响。公司税负是否会"后转"（转嫁给劳动），还同公司与非公司部门间资本与劳动的比例有关。若公司是劳动密集型的，则在公司税负存在的条件下，相对多的劳动与相对少的资本将从公司部门退出。与资本的相对价格（即资本收益率）相比，劳动的相对价格（即工资）下降，从公司部门中因课税而退出的要素为非公司部门吸纳，因而最终结果是劳动因公司所得税的征收而吃亏，而吃亏量正是资本所有者将公司所得税转嫁给劳动力的那部分。

第三，在公司内部，公司所得税导致资本的相对昂贵，从而公司部门内部就会出现一种用劳动替代资本以求节约成本的倾向。其结果是劳动密集程度在一定范围内有所上升，这将导致与资本报酬率相比，工资相对下降。显然，这属于"后转"。

总之，哈伯格的基本结论是：在正常条件下，公司所得税的主要部分由公司与非公司资本所有者承担，但在某些情况下，存在税负转嫁的可能。

9.3.6 中国企业所得税制

2008年1月1日起，中国开始实施新企业所得税法，实现了内外资两套企业所得税制的统一。

1. 纳税人

在中国境内，企业和其他取得收入的组织（统称企业）为企业所得税的纳税人。企业包括居民企业和非居民企业。居民企业是指依法在中国境内成立，或者按照外国（地区）法律成立但实际管理机构在中国境内的企业。非居民企业是指依照外国（地区）法律成立且实际管理机构不在中国境内，但在中国境内设立机构、场所的，或者在中国境内未设立机构、场所，但有来源于中国境内所得的企业。

2. 征税对象

居民企业就来源于中国境内、境外的所得缴纳企业所得税；非居民企业就其来源于中国境内的所得缴纳企业所得税。

3. 税率

税率为 25%。非居民企业在中国未设立机构、场所的，或者虽设立机构、场所但取得的所得与其所设机构、场所没有实际联系的，应当就其来源于中国境内的所得缴纳企业所得税，适用税率为 20%。此外还有一些特殊规定。

4. 应纳税所得额

应纳税所得额是企业每一纳税年度内的收入总额，减除不征税收入、免税收入、各项扣除以及允许弥补的以前年度亏损后的余额，减去国家规定准予扣除项目后的余额。

5. 应纳税额

应纳税所得额乘以适用税率，减除依照企业所得税法关于税收优惠的规定减免和抵免后的税额后的余额，为应纳税额。

国家对重点扶持和鼓励发展的产业和项目，给予企业所得税优惠。

9.4 社会保障税

社会保障税也是对所得额征收的一种税。

9.4.1 社会保障税概述

1. 社会保障税的特点

所谓社会保障税，是一种以工薪所得为计税依据征收的并用于社会保障的专门用途税。它具有以下特点。

（1）社会保障税是一种目的税。收入专门用于社会保障支出，是一种专款专用的税。社会保障税为社会保障制度的运行提供资金来源，有利于解决养老、医疗、失业等社会问题。

（2）社会保障税具有累退性。这与个人所得税不同。社会保障税采用比例税率，且对应税所得额封顶，工资较高者应纳税额占工资比例反而可能下降，具有累退性。

（3）对工资征收的社会保障税的纳税范围广泛，征收简便。

2. 社会保障税的归宿

社会保障税以工资为课税对象，由雇主和雇员双方分别按工资的一定比例缴纳。但也有国家只向雇主一方征收。社会保障税不设最低生活费标准扣除，也不进行其他减免，但对超过最高限额的工资部分不征税。

社会保障税中雇员缴纳的部分，其归宿是雇员自己。但雇主缴纳部分的归宿存在争论。雇主名义上缴税，不能阻止税负转嫁。社会保障税对工资征收，代表雇主劳动力成本的上升。它将促使雇主用高收入的劳动力取代低收入的劳动力，从而降低劳动力需求。劳动力总供给若保持不变，则征税必导致工资率趋于下降。按这一推理，社会保障税中雇主缴纳的税收，有相当部分会转嫁给雇员，即雇主所缴纳税收的大部分会通过低工资形式转由雇员承担。

9.4.2 社会保障税的发展

随着社会保障制度的发展，社会保障税逐渐浮出水面，成为许多国家的主要税种。自 1889 年德国创建社会保障税以来，法国（1910 年）、瑞典（1913 年）、英国（1918 年）、意大利（1919 年）、美国（1935 年）等陆续开征了社会保障税。第二次世界大战后，部分发展中国家开始征收社会保障税。社会保障税收入规模不断扩大，已成为许多国家社会保障支出的主要资金来源。2015 年，经济合作与发展组织（简称经合组织 OECD）国家，社会保障税占税收总额的比重平均为 25.8%。① 在这些国家里，社会保障税已成为财政收入的一个大类。目前中国社会保障经费的筹集借助收费形式。为了降低征管成本，国家决定由税务局征收社保费。社会上也一直有社保费改税的呼声。

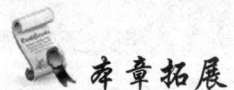
本章拓展

中国个人所得税工资薪金减除费用标准已作多次调整。岳树民、卢艺和岳希明（2011）研究了免征额变动对个人所得税累进性的影响。2001 年俄罗斯对个人所得税制作了激进改革，引入单一税制。改革后，传统的累进税制为比例税率 13%的单一税制所取代。Gorodnichenko，Martinez-Vazquez，Peter（2009）研究了俄罗斯 2001 年单一税制改革对消费、所得和逃税的影响。关于中国个人所得税改革的全方位思考，可参阅杨志勇（2011；2018）。

个人所得税应该以个人还是以家庭为单位进行征收，国内争议很多。OECD 国家已有超过一半是以个人为单位征收的，且近年来一些原先以家庭为单位的也改为以个人为单位征收。感兴趣者可参阅卜祥来和夏宏伟（2009）。

Devereux，Lockwoodb and Redoanob（2008）分析了 OECD 国家是否进行公司税竞争，并说明这一竞争能否解释 20 世纪 80 年代和 90 年代名义税率下降。Slemrod

---

① OECD. *Revenue Statistics 1965—2016*[M]. Paris: OECD Publishing, 2017.

（2004）也研究了20世纪80年代国际税收竞争对公司税税率的影响问题。Gordona and Leeb（2001）用美国数据研究公司税税率变动对不同规模企业的债务政策的影响。

 小结

- 所得税是对所得额课征的税。关于"所得"的定义，有"来源说"和"净增值说"两种不同的理论认识。
- "净增值说"的代表性定义是"黑格—西蒙综合所得税基"。
- 所得税的特点有：（1）以一定的所得额为课税对象；（2）体现税收公平原则；（3）应税所得额的计算通常较为复杂。
- 所得税的种类有：（1）分类所得税；（2）综合所得税；（3）综合与分类相结合的所得税（分类—综合所得税）。
- 个人所得税以符合条件的个人所得额作为课税对象。中国自2019年起实行综合与分类相结合的个人所得税制。
- 企业（公司）所得税是对企业所得按照一定税率课征的税。
- 公司所得税制的基本结构包括：税基、应税所得额、税率、主要激励措施。
- 公司所得税的经济效应包括：（1）影响资本配置；（2）影响投资；（3）影响公司财务决策。
- 社会保障税是一种以工薪所得为课税依据征收并专门用于社会保障的税种。

 思考题

1. 综合与分类相结合的个人所得税制需要什么样的税收征管条件配套？
2. 个人所得税的纳税人应该是个人，还是家庭？近年来，国内不时可见按家庭缴纳个人所得税的建议，但越来越多原先可选择家庭纳税的国家转向个人纳税，原因何在？家庭缴纳个人所得税的障碍何在？
3. 美国联邦公司所得税一度占联邦税收收入的四分之一，如今占比不到10%，原因何在？中国企业所得税未来在税收总收入中的地位会发生什么改变？
4. 你认为中国是否有必要以社会保障税取代社会保障费？

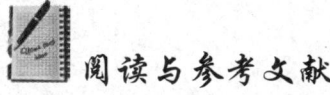 阅读与参考文献

[1] Rosen H S. Public Finance[M]. 6th ed. New York：McGraw-Hill，2002
[2] Devereuxa M P，Lockwoodb B，Redoanob M. Do Countries Compete over Corporate Tax Rates？[J]. Journal of Public Economics，2008，92（5-6）：1210-1235.

[3] Gordona R H, Leeb Y. Do Taxes Affect Corporate Debt Policy? Evidence from U.S. Corporate Tax Return Data[J]. Journal of Public Economics, 2001, 82 (2): 195-224.

[4] Slemrod J. Are Corporate Tax Rates, or Countries, Converging? [J]. Journal of Public Economics, 2004, 88 (6): 1169-1186.

[5] 卜祥来, 夏宏伟. 从 OECD 国家个人所得税改革趋势看我国税制改革[J]. 税务研究, 2009 (1).

[6] 高培勇, 张斌. 个人所得税: 迈出走向"综合与分类相结合"的脚步[M]. 北京: 中国财政经济出版社, 2011.

[7] 国家税务总局税收科学研究所. 西方税收理论[M]. 北京: 中国财政经济出版社, 1997.

[8] 杨志勇, 张斌. 个人所得税自行申报与纳税筹划[M]. 北京: 机械工业出版社, 2007.

[9] 杨志勇. 个税改革需要大幅度降低税率[M]. 21 世纪经济报道, 2011-05-30.

[10] 杨志勇. 大国轻税[M]. 广州: 广东经济出版社, 2018.

[11] 叶振鹏, 张馨. 公共财政论[M]. 北京: 经济科学出版社, 1999.

[12] 岳树民, 卢艺, 岳希明. 免征额变动对个人所得税累进性的影响[J]. 财贸经济, 2011 (2).

[13] 张馨. 财政学[M]. 北京: 人民出版社, 2002.

[14] 中国社会科学院财政与贸易经济研究所. 中国: 启动新一轮税制改革(理念转变、政策分析和相关安排)(2003/2004 中国财政政策报告)[M]. 北京: 中国财政经济出版社, 2003.

10 其他税收

学习目标

- 了解财产税；
- 了解土地税；
- 了解遗产税；
- 了解资源税；
- 了解印花税。

引例

从 2011 年 1 月 28 日起，重庆和上海两市开始进行个人住房房产税征收试点。房产税能否定位为一种只对极少数人课征的房产税，以进一步调节贫富差距？2013 年十八届三中全会要求"加快房地产税立法并适时推进改革"。十九大报告提出"深化税收制度改革，健全地方税体系"。房地产税能否成为地方主体税种？

房地产税就是本章所要讲述的财产税的一种。

10.1 财产税概述

财产税历史悠久。财产税对纳税人拥有或支配的财产征收。财产有动产和不动产之分；动产又可分为有形动产与无形动产。财产税已从单一的土地财产税，发展为广泛的一般意义上的财产税。随着财富种类的日益增多，为了避免过多触及资本，对利润、利息等单列税种征税，各国又缩小了一般财产税的课征范围。但时至今日，财产税仍是许多国家地方政府的主要收入形式之一。

10.1.1 财产税的种类

根据征收范围的不同，财产税可以分为一般财产税和特别财产税。

以课税对象为标准，财产税可分为静态财产税和动态财产税。一般财产税和特别财产税都属于静态财产税。这样，财产税可进一步分为三种：一是一般财产税。它对财产所有者某一时点所拥有的全部财产课征；税率多采用比例税率；纳税人多为个人。一般财产税允许扣除负债和一定数量的财产，并对生活必需品免税。二是特别财产税。它就特别选定的某些类财产课征，有土地税、房屋税或房产税、房地产税、不动产税等。三是财产转移税。它是对财产所有权变更征收，包括土地或房产交易税、遗产税、赠与税等。

10.1.2 财产税的优点

1. 符合税收的支付能力原则

财产是私人的拥有物，直接反映拥有者的经济实力和纳税能力。不论是以纳税人的财产价值，还是以财产收益作为计税依据，都是如此。

2. 有助于提高财产利用效率

财产税可以促进财产利用效率的提高。不管财产是否使用，都要依法纳税。

3. 有助于公平

财产所有者自用财产，财产税就难以转嫁。财产税的征税对象是人们所拥有或使用的财产，简便易行，有助于促进社会公平。

10.1.3 财产税的缺点

1. 纳税能力难以测度

在经济发展初期，人们拥有的主要是有形财产，财产测度较容易。随着现代社会的到来，人们拥有的无形资产日益增多。无形资产测度较难，严重影响财产课税。纳税人和税务部门可能需花费较多资源来评估财产价值，增加了征税难度。

2. 难以成为广泛的普及性税收

财产税的征税对象通常只是不动产和有形动产，而难以覆盖到无形动产。

3. 收入弹性较小

财产税对财政收入的弹性较小，不宜随着财政需要的多寡缓急而增减收入。

4. 财产税妨碍资本的形成

资本经常由财产转化而来。对财产课税，必然影响资本的形成。

10.1.4 财产税相关问题分析

1. 负税人

这里有以下两种观点。

第一种是传统观点。该观点认为，财产税由两部分组成：一是对土地课征；二是对房屋建筑物（或土地的"利用"）课征。既然土地供给固定，那么对土地所课征的那部分税收，就是资本化了的土地价值的一部分（即实现了税收资本化）。这部分财产税也就完全由征税时（预计征税时）的土地所有者负担。相反，对房屋建筑物部分课税的负担将会转嫁给使用者。这是因为，对任何地方的税务机构来说，资本供给可能具有高度弹性，房屋建筑物价格趋于上涨，且上涨幅度接近于税额。以传统观点为基础的早期研究表明，财产税是累退的，住房的税负与每年为住房而支付的支出成比例，企业财产的税负与其消费成比例。这些研究的结论是：每年住房支出和企业财产的消费，与可以核计的每年收入也成比例；随着收入水平的提高，该比例呈下降趋势，因而财产税是累退的。但是，后来的研究使用了"不变收入"概念，并部分改进了计量程序，对财产税累退的论点提出了质疑。这些研究表明，财产税负担与不变收入大致保持等比关系。但是，许多人仍坚持财产税是累退的看法。

第二种观点是20世纪70年代后出现的。该观点认为，财产税的税负（至少是对建筑物课征部分而言）基本上落在资本所有者身上。理由是，所有税收辖区的平均课税水平与各地区之间税收水平之差，带来了"特种消费税"效应。平均税额可以视为一种按统一要素课征的资本税。假定就国民经济来说，资本供应量不变，则这种平均税负将基本上落在资本所有者身上。

但是，各税收辖区财产税税率不同，实际上产生了一套对资本课征的国内消费税。各地税率不同，导致资本从高税地流向低税地，这样，国内消费税的一般均衡分析就变得更加复杂。从长期来看，财产税会影响资本供给，从而对实际工资产生抑制效应。关于财产税归宿的准确结论还难以得出，因为它是由一系列需求与供给弹性所决定的。根据这种观点，财产税基本上由资本所有者的收入来负担，属于累进税。

2. 资源配置效应

关于财产税的资源配置效应问题的传统看法是：对土地课征的财产税是中性的，而对房屋建筑物课征的财产税会抑制土地利用。一般来说，财产税导致使用者所支付的价格不等于提供者的收入；此外，资本错配还带来福利损失。因此，许多经济学家赞成用土地单一税取代财产税。

3. 征税目的

近年来，将财产税视为地方公共产品和公共服务价格的观点较为流行。但这又有新问题。在财产税制下，地方性公共产品和公共服务的价格决定于住房消费数量。人们通过减少住房消费，来降低为享受地方性公共产品和公共服务所支付的税收价格。这样，财产税因抑制住房消费而扭曲了住房市场。这种扭曲原则上可再通过其他政策措施来加以矫正，即颁布用地法令，规定辖区内的住房消费需符合一定的最低标准，但这在现实中是否可行仍有疑问。

4. 征收管理

住房不会经常交易，因此应纳税款只能是在估价或税务机关评定价的基础之上来确定。但评估是主观的。财产税制因此备受指责。尽管如此，财产税还在征收，因为土地是不动产，地方政府对土地课税，不必担心税源流失。财产税作为地方税的基础吸引力仍然很大，但财产价值评估问题不会因此就得到有效解决。

10.2 土地税

亨利·乔治（Henry George, 1839—1897）在《进步与贫困》一书中写道："穆罕默德·阿里征收枣椰树税，致令埃及农民砍掉他们的树；但向土地征收两倍的税不会产生这样的后果"（乔治，2010，p.366）。看来，土地税有着得天独厚的优势。

土地税以土地为课税对象，是世界上最流行的特别财产税。各国土地税名称不一，有土地税、农地税、荒地税、城市土地税等。此外还有土地转让税、土地增值税、地价税等属于土地收益和所得的税种。

这些税种可分为三类：一是以财产税方式征收的土地财产税。二是以土地收益额为课税标准征收的土地所得税。土地所得税的征税类似所得税，一般有宽免规定，可扣除经营费用，采用差别税率或累进税率。三是以土地增值额为课税标准而征收的税。它又可分为土地转移增值税和土地定期增值税。前者是在土地所有权转移时，对土地买卖差价进行征税；后者是对在一定时期内土地价格的增加就其增加值征税。

上述三种土地税，从税收公平原则来看，土地财产税优于土地所得税，土地所得税又优于土地增值税。从课征手续和征收时间来看，土地财产税优于土地所得税，土地所得税又优于土地增值税。

中国从1988年开始征收城镇土地使用税，旨在提高土地利用效率，调节土地级差收益。这一税种的纳税人是使用土地的单位和个人，课税对象是纳税区域内（城市、建制县、工矿区）的土地。城镇土地使用税按年计算，分期缴纳。

此外，中国为限制耕地滥用，保护农用土地资源，还征收耕地占有税。从2008年1月1日起，耕地占用税税额标准提高；内、外资企业耕地占用税税收负担统一；减免税项目从严规定，取消了对铁路线路、飞机场跑道、停机坪等占地免税的规定；税收征管加强，明确了耕地占用税由地方税务机关负责征收。

1994年设立的土地增值税，是对有偿转让国有土地使用权和地上建筑物，并取得增值收益的单位和个人征收的一个税种。其设立初衷是抑制房地产投机和增加财政收入。起初，地方政府为了促进房地产支柱行业的形成和发展，多不征收该税。近年来，随着房地产调控力度和土地增值税征管力度加大，该税对房地产行业发展的影响越来越大。

中国未来将开征房地产税。关于中国房地产税改革的有关介绍，参见专栏10-1。

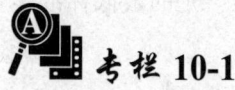

中国的房地产税改革

房地产税历史悠久。长期以来，房地产税是西方国家地方政府的重要税种。2002年房地产税收入占美国州级以下（不包括州级）地方政府税收收入的70%以上。数十年来，许多传统上没有房地产税的亚洲新兴国家也引入房地产税。20世纪50年代初日本废除地租（农业税），引入固定资产税；韩国在20世纪80年代末进行了房地产税制改革。

1949年以来，中国逐步推行了城市房地产税、房产税、城镇土地使用税等多种与地产、房产相关的税种，但存在税种过多、缺乏协调、实际征税面窄等问题。

2003年,十六届三中全会提出开征物业税(即房地产税)的设想。根据当时的说法,开征房地产税,要"相应取消有关税费"。(十六届三中全会通过的《中共中央关于完善社会主义市场经济体制若干问题的决定》中指出:"实施城镇建设税费改革,条件具备时对不动产开征统一规范的物业税,相应取消有关收费。") 2009年1月1日,适用于外资的城市房地产税与内资的房产税统一为房产税。2011年1月28日,重庆和上海两市开始对个人住房房产税进行试点。2013年十八届三中全会通过的《中共中央关于全面深化改革若干重大问题的决定》要求"加快房地产税立法并适时推进改革"。从此房地产税制改革在税收法治化的轨道中进行。

拟议中的房地产税应该是每年均对房地产税以评估价为基础进行课税。房地产税征收需要做好税基评估工作。这需要技术支持,实现并不难。房地产税影响面广,在推行过程中需要结合公共政策视角,考虑民众的反应,采取稳步推进的改革战略。

资料来源:1. 北京大学中国经济研究中心宏观组(2007);2. 陆琼华(2004);3. 杨志勇(2012)。

中国曾长期征收的农业税到底是一种什么性质的税收?它与土地有关,但又不是土地税;它与人头有关,但也不是个人所得税。农业税只是一种过渡性的税类。相关内容参见专栏10-2。

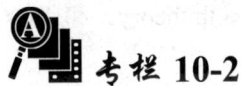
专栏10-2

中国取消农业税

中国曾有一个独特的农业税制。随着城乡一体化进程的加快,农业税制退出了历史舞台。

所谓农业税,是指政府向一切从事农业生产并有农业收入的单位和个人征收的,直接取之于农业的税收,包括对农业劳动力和土地课税的一种税。对农业收入课税,古已有之,中外皆然。农业社会中政府的大量收入,就来自于农业税。中华人民共和国成立后,几经改革,最终在全国范围内建立了统一的农业税制。近年来,由于城乡收入差距扩大,农民收入增长缓慢。为减轻农民负担,从根本上解决城乡税制差异所带来的对农民不公问题,2006年,中国取消农业税(仅将对烟叶征收的农业税改为"烟叶税"),但是这不意味着农民不承担任何税负。农民从事农业生产所购置的原料价格中,含有各种税收。农民购买消费品所支付的价格中,同样含有各种税收。基于农村公共服务水平较低的现实,对农村实行优惠的税收政策是应当的。

10.3 遗产税和赠与税

遗产税和赠与税是财产税的重要组成部分。

10.3.1 遗产税概述

古埃及、古罗马时期就有遗产税。公元 6 年，古罗马的遗产税征税对象是遗产和遗赠物，税率为 5%，纳税人仅限于罗马公民。后来遗产税扩大到全体帝国公民。现代遗产税起源于 1598 年的荷兰。1694 年和 1703 年，英国和法国分别开征该税。现在，许多国家已开征遗产税。

广义的遗产税，也称死亡税（death tax 或 death duties），即对死亡课税。死亡税及相关税收可分为三类：第一，总遗产税（estate tax），即狭义的遗产税。它是对死者遗留的财产总值课税，而不论遗产如何分配。第二，分遗产税（legacy duty），或称继承税（inheritance tax），即对各遗产份额课征的税，而不论总遗产规模大小。第三，赠与税（gift tax）。严格来说，它不是对遗产或死亡课税，而是对财产所有者生前对人赠与所课征的税，是与遗产税配套征收的一种税。开征赠与税，可以更有效地避免遗产税的规避行为。

10.3.2 开征遗产税的原因

关于遗产税的理论主要有："溯往课税说"（back-tax theory）、"国家共同继承说"（state co-heriship theory）、"劳务费用说"（cost of service theory）、"没收无遗嘱的财产税说"（doctrine of intestate escheat）、"分散财富说"（diffusion of wealth theory）和"能力说"等。①

遗产税开征的原因主要有以下四点。

1. 促进社会公平

若不课征遗产税，则财产集中在少数人手中的趋势可能无法遏制，这将加剧社会不公。一代人积累的财产可能有限，但经过数代积累，就可能积聚巨额财产，导致社会贫富分化。课征遗产税，因此可以促进社会公平。

2. 激励作用

财富因继承遗产而增加，继承财富是一种不劳而获的行为。遗产税可能激励潜在的继承人更努力地工作。同时，遗产税也能为社会创造更多的平等机会。

3. 健全税制

现代社会中的所得税和商品税的征收，主要与货币交易有关。部分财产项目难以查实或不参加货币交易，这样，无论是所得税，还是商品税，都无法对这部分财产和交易征收。由于主客观原因而少交的这部分税款，在财产所有者死亡时征收遗产税，可以起拾遗补漏作用，健全税制。

4. 促进社会慈善事业的发展

一般各国遗产税制都规定，遗产所有者或继承人若将财产捐赠给公共团体、学校、慈善机构等，可获得免税待遇。这鼓励人们将财产贡献给社会慈善事业和公益事业。西方国家的许多大学因此得到大量办学和科研经费。如果一个社会的财富观发生

---

① 关于这些理论的详细内容，参见《资本主义国家财政》一书（1985）。

变化，人人以创造财富为荣，并乐意为社会捐献财富，那么遗产税和赠与税可能根本就没必要存在。

10.3.3 遗产税的类型

依据不同的标准，同样可以将遗产税分为若干类型。

1. 总遗产税制

所谓总遗产税，是对遗嘱执行人或遗产管理人就被继承人死亡时所遗留的财产净额课征的遗产税。总遗产税制度下，遗产处理实行"先税后分"，即在课征遗产税之后，才能将财产分配给法定继承人。

总遗产税的纳税人为遗嘱执行人或遗产管理人，征税对象是遗产净值。所谓遗产净值，是应税总遗产额减去各项扣除宽免后的余额。应税总遗产包括少数由税法规定免于征收遗产税外的全部遗产（包括不动产、有形动产和股票债券、特许权、人寿保险权益等各种类型的无形财产）。遗产总价值一般按当前公平的市场价格评估确定。

各国遗产税从应税总遗产中扣除的项目，主要有丧葬费、遗产管理费、未支付的抵押财产或债务、至死亡为止已发生但未缴纳的税款、婚姻扣除和基础宽免额，以及对慈善机构、教育等公共利益机构和共同团体（包括政党）的捐赠等。

遗产税常实行超额累进税率，对营业性遗产（即企业资产）适用分期课税办法。为防止纳税人因缴纳遗产税而迫使出售营业用资产，干扰经济活动，征收遗产税的国家一般规定营业性遗产的遗产税可分期缴纳，但对应付未付的税款加收利息。

2. 分遗产税制

分遗产税制又称继承税制。这种遗产税是对遗产继承人或遗产受赠人所分得的遗产净值课征。分遗产税制下，纳税人为遗产继承人或遗产的受赠人；课税对象一般是对继承人分得的应税遗产份额扣除应承担的被继承人债务、丧葬费用、适当的基础宽免额后的余额课征。

分遗产税制下的扣除可以从每个继承人分得的遗产总价值中扣除，其项目主要包括费用（丧葬费、处理遗产所发生的费用等）、债务和基础宽免额等。基础宽免额因纳税人与被继承人或受赠人的亲疏关系而不同，越亲密则扣除额越大。继承税一般根据被继承人与继承人、受赠人亲疏远近设置高低不同的税率。关系越亲密和直接的，税率越低；越疏远和间接的，税率越高。

3. 混合遗产税制

所谓混合遗产税制，就是先对遗嘱执行人或遗产管理人就被继承人所留遗产总价值扣除债务、丧葬费等项目后的净值课征一道总遗产税；税后遗产分配给各继承人时，再对各继承人就其获得的继承份额课征一道继承税。它将总遗产税制和分遗产税制综合起来，在遗产处理上按先税后分再税的程序进行。

以上所列是遗产税制的基本类型，各国的具体做法不完全一致。近年来，有些国家和地区或者取消，或者暂停征收遗产税，或者大幅度降低税率。对此，各界见仁见智。专栏10-3介绍了美国和中国台湾地区遗产税的有关情况。遗产税制的推行，需要许多条件配合,例如较为完善的财产申报制度。在这些条件完善之前,遗产税制不宜出台;即使这些条件具备,遗产税制影响经济效率的程度也需要重新加以评估,才能最后确定是否开征。

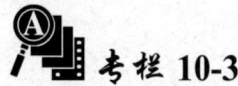

专栏 10-3

美国和中国台湾地区的遗产税

美国 1797 年首次开征遗产税,旨在为海军发展筹集经费。此后,遗产税时征时停,直到 1916 年才固定下来。现行联邦遗产税的基本框架是 1976 年税制改革法案确定的。近年来,关于遗产税的存废一直有争论。

1999 年和 2000 年,美国国会曾先后两次通过关于逐步废止遗产税的法案,但最终为时任总统克林顿所否决。小布什(George Walker Bush)就任美国总统前就表示:每一个家庭、每一个农场主和每一个商人,都应当自由地将其一生的勤劳所得留给他们所爱的后人。因此,美国应当取消遗产税。

2000 年小布什当选后,即将他的主张付诸实施。2001 年 2 月 8 日,小布什向国会提交了关于大幅度削减遗产税的提案。此后,参众两院分别通过了该项提案。同年 6 月 7 日,经总统签署,该项法案成为正式法律,于 2002 年 1 月 1 日起实施。根据该项法律,从 2002 年到 2009 年,美国遗产税的税前综合扣除额逐步增加,同时,遗产税的最高边际税率逐步下降。2010 年停止征收遗产税 1 年。2011 年遗产税恢复到 2001 年的水平。2010 年是没有遗产税的一年。2009 年病危的美国人,特别是有条件延长寿命的富人,就会想方设法撑到 2010 年,以最大限度地减轻税负。但是 2010 年年末,当 2011 年的遗产税征收办法尚未出台前,一些富人又在担心税负上升,是果断地提前走完人生,还是勇敢地迎接遗产税的挑战?这有点残忍。好在 2011 年遗产税税负并没有恢复到 2001 年的水平。免征额大幅度提高(个人为 500 万美元,夫妻为 1 000 万美元),税率下调(税率为 35%)。

全世界范围内取消遗产税或降低遗产税税负成为一股浪潮。中国台湾地区也加入了减税行列。2009 年 1 月 23 日,台湾地区将遗产税税率降至 10%。在这之前,最高税率达到 50%。台塑创始人巨富王永庆 2008 年辞世,其遗产只能适用旧制遗产税,其留下遗产价值逾 600 亿元新台币。台湾地区税务部门核定继承人须缴遗产税 119 亿元新台币。如此高的税额创下台湾地区遗产税缴税最高纪录。2017 年,特朗普就任美国总统,没有兑现他在竞选时的取消遗产税的承诺,但大幅提高了遗产税的免征额。

资料来源:1. 杨志勇. 里根与特朗普税制改革的比较分析及对中国的启示[J]. 国际经济评论,2018(3).

2. 刘佐. 美国遗产税[N]. 中国财经报,2006-03-29.

3. 中新网 9 月 30 日电. 王永庆遗产税 119 亿新台币缴清 创台湾史上纪录[EB/OL]. 中国新闻网,2010-09-30. http://www.chinanews.com/tw/2010/09-30/2565163.shtml.

10.4 资源税类

所谓资源税类，是以各种自然资源及其级差收入为课税对象的一种税类。自然资源种类繁多，如土地资源、矿藏资源、水产资源、生物资源、海洋资源以及阳光、空气、风能等地面、地下和海底的一切资源。列入征税对象的自然资源，主要是一些开采利用价值高，级差收益大，经济发展所需要的重要物资。在税率设计上，一般根据资源的丰瘠程度和级差收入的多少，按不同开采区设计高低不同的税率。

资源，特别是不可再生资源，蕴藏量有限。如果一直无限制地开采下去，那么人类可能遭遇资源匮乏困境。矿产资源分布程度丰瘠不均，也导致资源开采中"嫌贫爱富"问题现象的发生，不利于资源保护和综合利用，也不利于矿产生产企业的竞争。不可再生资源有限，消费了就不可再生，因此，相关消费就应受到限制。正是在这样的背景下，资源税应运而生。

在税收制度设计上，资源税类在资源生产或消费环节课税。

1. 资源生产课税

中国资源税，就是在资源生产环节征税。

以下介绍中国的资源税制①。

（1）资源税的征税对象范围。资源税的征收范围应当包括一切开发和利用的资源。因考虑到中国开征资源税还缺乏经验，当前中国资源税征税范围仅限于矿产品、盐等。其中，矿产品包括原油、天然气、煤炭、金属矿产品和其他非金属矿产品等；盐包括固体盐和液体盐。水资源税也开始试点。

（2）资源税的纳税人。凡在中国境内开采属于资源税征税范围的矿产品，以及生产盐的单位和个人，都是资源税的纳税人。

（3）资源税的税率。资源税的征收方法是从价和从量计征并存，对不同税目规定不同税率。从价计征的多为幅度比例税率，如铁矿（精矿）为1%～6%，石墨为3%～10%。从量计征的规定有单位税额，如黏土、砂石（原矿）为每吨或立方米0.1～5元。

（4）资源税的应纳税额计算。从量计征的资源税应纳税额，按应税产品的课税对象数量依照规定的单位税额计算。其计算公式为

应纳税额=课税数量×单位税额

从价计征的资源税应纳税额，以应税产品的销售额为基础征收。其计算公式为

应纳税额=销售额×税率

2. 资源消费课税

资源消费课税，往往蕴涵着更为丰富的政府政策意图。实践表明，资源消费课税至少可以在以下几个方面发挥作用（曹雪琴，1998）。

（1）筹集财政收入。在工业化国家，资源产品要比任何一种产品的消费更普遍、

---

① 财政部 国家税务总局关于全面推进资源税改革的通知（财税〔2016〕53号）[EB/OL]．[2016-05-09]．http://www.chinatax.gov.cn/n810341/n810755/c2132534/content.html.

更广泛，税基更普遍，税源更充足，是政府筹集财政收入的一种形式。

（2）保证公共设施和公共服务的成本补偿。为了提高公共经济中的资源配置效率，各国政府对所提供的多种公共设施和公共服务推行收费制度。其中，同资源消费相联系的公共服务收费，往往采取征集资源消费税的形式课征。例如，对公路使用的收费，就有许多国家是以燃油税的方式征收的。中国也有以消费税形式出现的燃油税。

（3）筹集环境保护经费。在某些情况下，资源消费者是规模狭小的企业和分散的个人。它们不可能像大企业那样，投入充足的资金和技术力量，对资源消费中所释放的污染物进行净化、处理和整治，而更需要借助于社会力量来组织污染控制。这是因为，就单纯的污染课税，难以激励中小污染者改进技术并采取无污染生产消费方式。

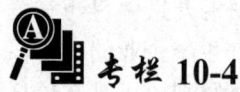
专栏 10-4

中国资源税改革的弊与利

以扩大资源税征收范围和提高资源税税负为中心内容的资源税改革已部分进行。资源税改革被赋予加快经济发展方式转变的重任。

资源税自 1984 年成为一个独立的税种以来，所提供的税收收入规模相当有限。2011 年资源税收入 595.87 亿元，占税收总收入仅为 0.66%。资源税征收范围偏窄，只对原油、天然气、煤炭等少数资源征收。一些重要的资源，如水资源等就与资源税暂时无缘。

资源税开征的初衷是为了调节贫富矿之间的级差收入，但是，随着资源价格的暴涨，较低的税额导致资源价高税低、近乎无税局面的出现。幅度较小的资源税税额调整，根本无法达到调节级差收入的目的。

资源税税额偏低，调节作用有限，过低的资源税和基本上可以忽略的资源补偿费必然导致资源的掠夺性开采，不利于资源的节约利用。不仅私人小煤矿的回采率较低，平均回采率不到 20%，而且国有煤矿的平均回采率也不到 40%。大量资源被浪费掉了。较低的资源税和基本上可以忽略的资源补偿费对节能减排来说是非常不利的。资源税税负水平过低导致调节级差收入功能的弱化，不利于资源的综合利用，不利于资源开采地的补偿。

现行资源税制不能适应国有企业上市以及民营企业大量介入资源开采和生产的现实。资源税征收范围偏窄，税额较低，不利于国有资源权益的保障。过低的资源税和资源补偿费加剧了收入分配的不均。矿产资源的大量开采，给矿主带来了大量收入，造就了一批暴富的"煤老板""油老板"，造就了垄断性国有经济的所谓"业绩"，与此同时，资源开采区居民收入并没有得到多大的提高，这进一步拉大了收入差距，导致收入分配不公。

资源税改革之后，资源商品价格必然随之水涨船高。当然，短期内，资源商品价格能否上涨，在当下的中国，还受到政府规制的影响。可以预期的是，如果没有对应的资源商品价格上涨作为配套措施，那么，又好又快的目标不仅无法实现，而且，没有相应配套的价格上涨，资源企业最终将无法承受因此所带来的亏损。如果要维持低价位，政府财政只能给予补贴，但这违背了资源税改革促进经济发展方式转变的目标要求。因此，资源税改革之后的结果必然是最终导致资源商品价格的上涨。

资源税改革有利于增强地方政府基本公共服务的保障能力，推动中国财政体制的合理化。资源税除了海洋石油资源税是中央税外，其余均为地方税。资源税制在实际运行中还具有补偿资源开采地的作用。过低水平的资源税，不利于资源开发补偿和生态补偿，影响资源的可持续利用，不能满足其为地方政府筹集财政收入的功能。中国矿产资源分布不均，西部地区经济相对落后，但矿产资源相对丰富。资源税改革有利于保障这些财力相对落后但资源相对丰富地区的利益，有助于这些地区经济和社会发展的激励机制的形成。

总之，从中长期来看，资源税改革的确能够促进中国经济又好又快发展，有助于经济发展方式的转变。

资源税改革属于制度改革，是经济发展方式转变的内在要求。合理的资源税税负水平和资源价格是资源合理配置的前提。为了减少资源税改革的负面影响，要特别注意资源税改革时机的把握，在享受中长期改革红利的同时，尽可能减少短期不利影响。

从短期来看，资源税改革可能导致物价水平上涨是最值得探讨的问题。资源税改革无论是在经济繁荣时期，还是在经济低迷时期，正常情况下，都会带来物价水平的上涨。从表面上看，经济低迷期物价上涨压力较小，较适合资源税改革。但事实上可能不是如此。在经济低迷期，各种市场主体消化资源税改革所带来的成本上升因素的能力较弱，资源企业与相关企业和行业的发展都可能受到严重影响，其结果很可能是妨碍经济的进一步回暖。

理想的资源税改革环境是物价水平平稳时期。但在现代经济条件下，要等来这样的时期是非常困难的。现代经济常常是在通货膨胀与通货紧缩之间不断地进行交替。思来想去，资源税改革还是在经济相对比较景气的阶段推行较好。良好的宏观经济具备较强的改革不利影响的消化能力。严重通货膨胀时不适合资源税改革，资源税改革需要谨防资源价格上涨与信贷投放量巨大所带来的通货膨胀的螺旋式攀升作用。通货膨胀会滞后于大量信贷的发放。资源税改革的时机必须错开较为严峻的物价上涨时期。

资源税改革还受到国际市场的影响。在经济全球化背景下，资源商品价格的确定还受到国际市场的制约。如果国际市场价格低于国内市场，资源税改革所带来的生产成本就无法通过资源商品价格上涨而得以消化，那么资源开采和生产企业的生存就是一个大问题。资源税改革不能单兵突进，还需要与资源补偿费改革结合起来，实现税费的各归其位，以最大限度地释放出经济发展的潜力。

资料来源：杨志勇（2009），并根据其他资料整理。

10.5 印花税

所谓印花税，是对经济活动和经济交往中书立、领受印花税暂行条例列举的凭证征收的一种税。它采用在凭证上粘贴印花税票的办法进行征税，故称为印花税。

10.5.1 印花税概述

印花税 1642 年始于荷兰。印花税税源广泛、收入稳定、纳税人易于接受,因此很快就普及开来。中华人民共和国成立初期即开征过印花税。1958 年,印花税并入工商统一税。改革开放以来,经济交往中书立各种凭证的现象日益普遍,为独立开征印花税提供了客观经济条件;加之当时中国财政困难,需要有新的财源,于是,1988 年中国又重新开征独立的印花税。

印花税在税收收入上不是一个重要的税种。2017 年,印花税收入为 2206.39 亿元,仅占税收总收入的 1.53%。印花税收入波动大,这主要是证券交易印花税引起的。波动大的证券市场,决定着证券交易印花税收入的起起伏伏。

10.5.2 中国印花税制

1. 征收范围

印花税的征税范围,是印花税暂行条例所列举的各种凭证。具体有:合同或具有合同性质的凭证,包括购销合同、加工承揽合同、建设工程承包合同、财产租赁合同、货物运输合同、仓储合同、借款合同、财产保险合同、技术合同等;产权转移书据;营业账簿;权利许可证照以及经财政部确定征税的其他凭证等。

2. 纳税人

凡在中国境内书立、领受印花税暂行条例所列举凭证的单位和个人,都是印花税的纳税义务人,应当按照有关规定缴纳印花税。

3. 税率

印花税税率采用比例税率和定额税率两种。

(1) 各类经济合同及具有合同性质的凭证、记载资金的账簿、产权转移书据等,适用比例税率。

(2) 其他营业账簿、权利许可证照等,适用定额税率。

4. 应纳税额的计算

印花税应纳税额的计算公式为

$$应纳税额=凭证所载应税金额\times 适用比例税率$$

$$应纳税额=应税凭证件数\times 单位税额$$

5. 印花税的缴纳

中国印花税有以下两种缴纳方式。

(1) 通过印花税票缴纳,即自行购买、自行贴花、自行划销。只有按规定在相应的合同、凭证、账簿上贴花并划销后,才算完成纳税义务。印花税票类似于邮票,票上有面值。图 10-1 即为 2009 年国家税务总局发行的一组以"洛阳牡丹"为主题的印花税票。

(2) 按期汇缴方式,定期申报。这种方式缴税不需要在具体凭证贴印花税票,但必须建立清册。

图 10-1 "洛阳牡丹"印花税票

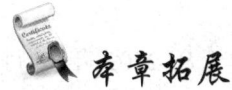

亨利·乔治的土地税理论影响了许多人,甚至包括革命先行者孙中山先生。感兴趣者可查阅乔治(2010)。

林肯土地政策研究所提供了一系列包括土地税收在内的诸多资料。感兴趣者可访问:http://www.lincolninst.edu。Minnesota Taxpayers Association(2011)提供了美国50个州财产税的比较研究资料。刘佐(2011)对中国房地产税的过去、现在和未来做了系统的阐述。

- 财产税对纳税人所拥有或支配的财产征收。按财产税的征收范围,可分为一般财产税和特别财产税。以课税对象为标准分为静态财产税和动态财产税。
- 财产税的优点主要有:符合税收的支付能力原则,有助于提高财产利用效率,促进社会公平。
- 财产税的缺点主要有:纳税能力难以测度,难以成为普及性税收,收入弹性较小,有碍于资本的形成。
- 财产税在负税人、资源配置效应、是否是地方公共产品和公共服务的价格上,还存在不同看法。
- 土地税是以土地为课税对象的税收,是世界上施行最广泛的特别财产税。土地税名称很多,如土地税、农地税、荒地税、城市土地税、土地增值税等。
- 遗产税是对遗产课征的税收。赠与税一般与遗产税配套征收,以防避税。

- 遗产税的主要种类有：（1）总遗产税制；（2）分遗产税制；（3）混合遗产税制。
- 资源税以各种自然资源及其级差收入为课税对象。
- 印花税是对经济活动和经济交往中书立、领受印花税暂行条例列举的凭证征收的一种税。

 思考题

1. 中国对所有住房以评估价为基础普遍开征房地产税，需要具备什么条件？

2. 有一种观点认为，中国财产信息极度不透明，开征遗产税缺乏基础，只会带来新的不公平；另一种观点认为，遗产税是纠正收入信息不完整所导致的个人所得税流失的最后手段。你的看法是什么？依据何在？

3. 资源税改革的中心是不是提高实际税负？提高税负后，资源综合利用问题就能得到解决吗？国际市场对资源税提高税负有何影响？中国是一个资源分布极不平均的国家，资源税制改革不能学习资源丰富国家，也不能学习资源贫瘠国家，只能立足国情。这样的资源税制应该如何构建？

4. 为进一步促进证券市场健康发展，经国务院批准，财政部决定从 2007 年 5 月 30 日起，调整证券（股票）交易印花税税率，由现行的 1‰调整为 3‰，即对买卖、继承、赠与所书立的 A 股、B 股股权转让书据，由立据双方当事人分别按 3‰税率缴纳证券（股票）交易印花税。沪指从 4 300 点跌到 3 650 点只用了 4 天时间，期间近千只股票跌停，其中 6 月 4 日沪指跌幅达 8.26%，净跌 330 点。许多股民将股市下跌的原因归结为印花税的调整。但是，无论如何，印花税上调所增加的交易成本占股票价格的比例远远低于股票价格的下降幅度。你如何看待印花税在中国股市的作用？

5. 自 2012 年 10 月 27 日起，非香港永久性居民到港置业，需缴纳 15%的卖家印花税。此举和香港房价高涨有关。类似举措新加坡也用过。2011 年 12 月 7 日，新加坡宣布征收额外买家印花税，适用于三类群体，包括外国人和公司买家、已拥有一套以上住房的新加坡永久居民和已拥有两套以上住房的新加坡国民。你是怎么看待买家印花税这项措施的？2018 年 6 月 28 日，香港特区特别行政会议批准征收一手房空置税，这是对开发商捂盘征税，最终税负将由谁承担？一个城市的做法，一个大国经济体能复制吗？

 阅读与参考文献

[1] Minnesota Taxpayers Association. 50-State Property Tax Comparison Study[EB/OL]. http://www.lincolninst.edu/subcenters/significant-features-property-tax/upload/sources/ContentPages/documents/MTAdoc_NewCover.pdf，2011.

[2] H. S. Rosen. Public Finance [M]. 6th ed. New York：McGraw-Hill，2002.

[3] 亨利·乔治. 进步与贫困[M]. 北京：商务印书馆，2010.

[4] 西蒙·詹姆斯，克里斯托弗·诺布斯. 税收经济学[M]. 第 7 版. 北京：中国财政经济出版社，2002.

[5] 北京大学中国经济研究中心宏观组. 中国物业税研究理论、政策与可行性[M]. 北京：北京大学出版社，2007.

[6] 曹雪琴. 税收制度的国际比较[M]. 上海：学林出版社，1998.

[7] 国家税务总局税收科学研究所. 西方税收理论[M]. 北京：中国财政经济出版社，1997.

[8] 刘佐. 中国改革开放以来房地产税改革的简要回顾与展望[J]. 财贸经济，2011（12）.

[9] 刘佐. 关于目前中国开征遗产税问题的一些不同看法[J]. 财贸经济，2003（10）.

[10] 陆琼华. 开征物业税到底有哪四大悬念[M]. 新京报，2004-03-02.

[11] 杨志勇. 比较财政学[M]. 上海：复旦大学出版社，2005.

[12] 杨志勇. 资源税改革的弊与利[N]. 21 世纪经济报道，2009-08-06.

[13] 杨志勇. 公共政策视角下的房产税改革目标[J]. 税务研究，2012（3）.

[14] 叶振鹏，张馨. 公共财政论[M]. 北京：经济科学出版社，1999.

[15] 张学诞. 中国财产税研究[M]. 北京：中国市场出版社，2007.

[16] 中国社会科学院财政与贸易经济研究所. 中国：启动新一轮税制改革（理念转变、政策分析和相关安排）（2003/2004 中国财政政策报告）[M]. 北京：中国财政经济出版社，2003.

[17] 曹立瀛，席克正，王传曾，等. 资本主义国家财政[M]. 北京：中国财政经济出版社，1985.

11　国有经济

学习目标

- 了解国有资产的概念；
- 了解国有资产的分类；
- 了解国有资产收入的形式；
- 了解国有企业改革的起点、过程以及所遇到的问题；
- 了解财政公共化改革对国有经济定位的影响。

引例

经济合作与发展组织（OECD）所发布的一份报告指出：在 2008 年国际金融危机发生之前，许多国家国有企业的数量表现出减少的趋势。危机之后，国家援助在一定程度上增强了"战略性部门"国有经济的力量。但这并没有从总体上改变国有企业数量减少的趋势。毋庸置疑的是，国有企业的影响力不仅仅限于本国，而且在世界经济中扮演着重要角色。OECD 国家国有企业占总体经济平均为约 5%（按产出、增加值或就业衡量），而新兴经济体占 10%～40%。（资料来源：SOEs Operating Abroad: An Application of the OECD Guidelines on Corporate Governance of State-Owned Enterprises to the Cross- border Operations of SOEs[EB/OL]. http://www.oecd.org/daf/corporateaffairs/corporateg overnanceofstate-ownedenterprises/ 44215438.pdf.）

在计划经济时期，国有经济是中国经济的顶梁柱。如今国有经济仍然在经济中占据主导地位。但是，关于国有经济改革的走向仍然有不少争论。本章即围绕国有经济改革，讨论相关的国有资产收入等问题。

税收是公共收入的主要形式。除此之外，公共收入形式还有公共资产收入、收费（规费、使用费）、政府性基金公债收入、捐赠收入等。国有经济的定位与公共资产收入密切相关。公共资产收入又可分为国有资产收入、国有土地收入、国有资源收入等。本章主要分析与国有企业有关的问题。

11.1　国有资产收入的形式

本节介绍国有资产的基本概念、国有资产的分类以及国有资产收入的主要形式。

11.1.1　国有资产的概念

国有资产是与国家紧密联系的经济资源。各种社会形态下的国家都拥有国有资产。不同时期和不同国家，国有经济的地位不同，国有资产数量也有天壤之别。在计划经济国家，国有资产占比较大，对经济社会生活作用大；而在市场经济国家中，国有资产占比相对较小，对经济社会作用方式大为不同。从计划经济向市场经济转轨过程中，国有资产相对规模呈现缩小趋势。改革开放以来，中国地方国有企业数量越来越少，但中央企业在国民经济中的地位仍然不能小觑。专栏 11-1 提供了全国国有及国有控股企业的经济运行情况（不含国有金融企业）。

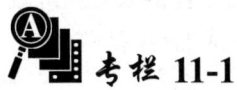

专栏 11-1

全国国有及国有控股企业经济运行情况

2017 年 1—12 月，全国国有及国有控股企业（包括中央管理企业、中央部门和单位所属企业以及 36 个省、自治区、直辖市、计划单列市的地方国有及国有控股企业，不含国有金融类企业，以下简称国有企业）经济运行态势良好、稳中有进，国有企业收入和利润持续较快增长，利润增幅高于收入 9.9 个百分点。

1—12 月，国有企业的营业总收入 522 014.9 亿元，同比增长 13.6%。（1）中央企业 308 178.6 亿元，同比增长 12.5%。（2）地方国有企业 213 836.3 亿元，同比增长 15.2%。

1—12 月，国有企业的利润总额 28 985.9 亿元，同比增长 23.5%。（1）中央企业 17 757.2 亿元，同比增长 16%。（2）地方国有企业 11 228.7 亿元，同比增长 37.6%。

1—12 月，国有企业的应交税金 42 345.5 亿元，同比增长 9.5%。（1）中央企业 30 812.9 亿元，同比增长 5%。（2）地方国有企业 11 532.6 亿元，同比增长 23.6%。

12 月末，国有企业的资产总额 1 517 115.4 亿元，同比增长 10%；负债总额 997 157.4 亿元，同比增长 9.5%；所有者权益合计 519 958 亿元，同比增长 11%。

资料来源：财政部资产管理司. 2017 年 1—12 月全国国有及国有控股企业经济运行情况[EB/OL].
[2018-01-23]. http://zcgls.mof.gov.cn/zhengwuxinxi/qiyeyunxingdongtai/201801/t20180122_798986.html.

理解国有资产，需从"资产"概念入手。会计学中的资产，是指作为以往事项的结果而由企业控制的，可以为企业带来未来经济效益的资源。国有资产是一法律用语，即国家所有的资产，包括国家依法取得和认定的，或者国家以各种形式对企业投资和投资收益、国家向行政事业单位拨款等所形成的资产。它不能等同于会计学术语中的"资产"。会计学中的"资产"强调的是为企业所控制但并不一定归企业所有；对企业经营有用，能给企业的未来带来经济利益的资源。例如租入的房屋、机器设备等用于经营活动，可以给企业带来经济利益，是企业的资产，但企业不拥有这类租入的房屋、设备等资产。而"国有资产"中的"资产"强调"依法取得和认定的"，可以是经营性的，也可以是非经营性的，更接近于"财产"。

"国有资产"有广义和狭义之分。广义的"国有资产"，是指属于国家所有的一切财产，主要包括：依据国家法律取得的应属于国家所有的财产；基于国家行使行政权力而取得的应属于国家所有的财产；国家以各种方式投资形成的各项资产；接受各种馈赠所形成的应属于国家的财产；国家已有资产的收益所形成的应属于国家所有的财产；无主资产等。国有资产包括自然资源、行政事业单位所占用的国有财产，以及国家投资所形成的经营性国有资产等。

狭义的"国有资产"，可定义为法律上确定为国家所有，并能为国家提供未来经济效益的各种经济资源的总和。从中国现实情况看，它们包括各企业中国家投资形成的资产。狭义的"国有资产"，严格限定为"经营性财产"和"能为国家提供未来经济效益"这一范围内，包括国家以各种形式对企业投资和投资收益所形成的经营性财产，以及依据法律、行政法规认定的企业的其他经营性国有财产。

11.1.2 国有资产的分类

1. 按经济用途分为经营性资产和非经营性资产

所谓经营性资产，是指以营利为目的的国有资产。它一般是指企业使用的直接参与生产经营活动的国有资产。所谓非经营性资产，是指不参与企业生产经营活动的国有资产，如国家机关、人民团体、公立学校、科研机构、部队等行政事业单位使用的国有资产。

2. 按存在形态分为有形资产和无形资产

所谓有形资产，是指具有价值形态和实物形态的资产，包括固定资产、流动资产等。所谓无形资产，是指不具有实物形态而有经济价值形态的资产，主要有发明权、专利权、商标权、版权、商誉、特许权等。

3. 按形成方式分为自然资源资产和人类自身加工、改制、开发利用形成的资产

所谓自然资源，一般包括土地资源、矿产资源、森林资源、水资源、水产资源、草原资源、野生动植物资源。绝大部分自然资源属国家所有，是国有资产的重要组成部分。[①]其特征有三个：一是有限性。没有取之不尽、用之不竭的资源。二是依存性。资源不是孤立存在的，而是相互联系、相互制约、相互依存的。三是自然资源范围的无限性。自然资源的范围随科技进步和生产力提高而不断扩大。人类自身加工、改制、开发利用所形成的资产，一般包括机器设备、工具、器具、房屋建筑物、技术和知识产权等。

---

① 还有一种观点，将国有自然资源称为"国有资源"，而区别于"国有资产"。

此外，按所处的地理位置的不同，国有资产可分为境内国有资产和境外国有资产；而按行政隶属关系的不同，则可以分为中央政府的国有资产和地方政府的国有资产等。

11.1.3　国有资产收入

所谓国有资产收入，是指国家以资产所有者身份取得的收入。这种收入无疑也属于财政收入。国家取得收入的过程，是经营和使用国有资产的企业、事业单位和个人把各自收入的一部分交给资产所有者——国家的过程。

在计划经济条件下，国家占有大量资产，国有资产收入是当时财政主要的收入形式。随着市场取向改革的深入，国有经济在国民经济中的比重大幅下降，国有经济从众多营利性领域退出，逐步向非竞争性和非营利性领域集中，导致国有资产收入占财政总收入比重急剧下降。国有资产收入不再是财政收入的主要形式，而只是较为次要的形式。

国有资产收入与国有资产经营收益、国有资产收益的内涵有所不同。所谓国有资产经营收益，是指国有企业在一定时期内利用国有资产从事生产经营活动所新创造的，并且已经实现的，可在各利益主体之间进行分配的收益。在市场经济条件下，为了维持企业的正常运转，国有资产经营收益一般不全部上缴国家财政，而必须在国家、使用单位和劳动者个人之间进行合理分配，只有一部分国有资产经营收益才形成财政收入。

所谓国有资产收益，是指国家凭借资产所有权身份应获得的经营利润、租金、股息、红利、资产占用费等收入的总称，是国有资产收入的主要组成部分。国有资产收入既包括经营性国有资产收益（国有资产收益），也包括非经营性国有资产所带来的收入，同时还包括了资源性资产、无形资产及其他国有资产所带来的收入。

11.1.4　国有资产收入的形式

国有资产收入形式可以分为以下几类。

1. 经营性国有资产收入

所谓经营性国有资产收入，包括国有企业以上缴利润、租金、股利、资产占用费等形式形成的收入。上缴利润是国有资产收益的一般上缴形式，主要适用于国家直接经营（包括中介经营）和实行承包经营的国有企业。经营性国有资产收入可能是正的利润，也可能是负的利润（亏损）。

租金适用于租赁经营的国有企业，是出租方将资产出租给承租人进行经营活动所得的一种收益。资产租赁方式下，在一定时期内，国家向承租者让渡使用权和经营权，同时要求承租者对让渡予以补偿。补偿数量取决于出租国有资产的有形资产价值、出租国有资产的级差收益能力和出租国有资产创造的使用价值的供求状况等因素。

股利是指国有资产所有者凭借其股权在股份制企业中所占有的份额取得的利润。

股利分为股息和红利两部分。股息是股份资产的利息，红利是股票持有者参与股份公司管理而分得的利润。

资产占用费是国有资产有偿使用制度的一种具体形式，是企业对占用的国有资产按规定标准付费的责任制度。主要适用于采取委托经营方式的国有企业和部门。资产占用费由企业利润中支付。实行资产有偿占用制有利于促进企业加强国有资产管理，提高资产使用效果，同时还可以起到调节企业占用国有资产所形成的级差收入的作用，从而消除由于企业占用国有资产数额不同而造成的利益分配上的不均。

2. 国有产权转让收入

国有产权转让收入主要包括：国家通过国有资产产权转让、出售、拍卖、兼并等方式取得的资产产权转让收入；国家通过国有资产使用权转让而取得的国有资产使用权转让收入等。

3. 国家投资借款归还收入

国家投资借款归还收入，是收回以前年度的国家投资贷款的本金和利息而取得的收入。

11.2 财政公共化与国有资产收入

本节回顾财政制度与国有企业改革的相互关系，探讨财政的公共化对国有经济的活动范围提出的要求，并从国有资产监管可能遇到的问题，结合公共财政制度改革进行分析。国有经济与公共财政制度的改革，必须统一在公共经济的前提下进行协调，仅从任何一方面进行的分析，都可能给改革带来各种各样的问题。

11.2.1 财政制度与国有企业改革的关系回顾

改革开放以来，中国国有企业改革与财政改革一直是在相互联系、相互影响、相互促进又相互制约的状态下同时展开的。如何实现从计划经济性质的国有企业向市场经济性质的国有企业的转化，增强企业活力，让企业成为独立的市场运营主体，一直是国有企业改革主事者所要实现的目标。这些都直接涉及国有企业与国家财政的关系，也直接影响财政收入。因此，如何规范国家与国有企业的利润分配关系，从改革一开始就纳入了领导者的视野，国有企业和国有经济改革已经多年探索。专栏 11-2 提供了国有企业改革的一些理论分析材料。

专栏 11-2

中国国有企业的形成

林毅夫、蔡昉和李周认为，传统计划经济体制的形成，是从选择重工业优先发展作为起点的。新中国为了改变贫穷落后的面貌，选择优先发展重工业的工业化途径作为经济发展战略。由于重工业是资本密集型的行业，需要大量的资本投入，而新成立的共和国资本非常短缺，因此，为了推动重工业的发展，政府人为地压低资本、外汇、能源、原材料、劳动力和生活必需品的价格，以降低重工业资本形成的成本。扭曲生产要素和产品价格的制度安排造成了整个经济的短缺现象，为了把短缺的资源配置到战略目标所青睐的重工业部门，就要有高度集中的资源计划配置制度。为了保证微观经营单位生产剩余的使用方向也合乎战略目标的要求，政府通过工业的国有化和农业的人民公社化，建立起与重工业发展战略目标相适应的微观经营体制。国有企业就是在这样的背景下形成的。

国有企业的形成还有另外一种解释，那就是对社会主义的认识而言的。新中国刚刚成立，对于社会主义的理解主要是遵照苏联的说法。而苏联当时将国有制当作是社会主义经济的最高形式，因此，中国大量发展国有企业就顺理成章了。

对于国有企业形成逻辑的不同看法，必然会影响未来国有企业改革走向。

资料来源：林毅夫，蔡昉，李周（2003）。

在计划经济时期，存在于中国的是统收统支的国有企业利润分配制度。这种制度在市场化改革中遭到根本性否定。下面主要结合几次重要的改革，回顾中国的国有企业与财政的关系。

1. 利改税

在 20 世纪 80 年代上半期，中国进行了"利改税"，即以税代利的改革，试图以税收形式取代之前的利润上缴形式（即企业向财政上缴利润）。利改税冲破了不能对国有企业课税的禁区，政府从此可以通过对国有企业课税来调节经济。但是，通过税收来规范国家与国有企业利润分配关系的目标并没有很好实现。"利改税"不能发挥有效作用的原因有两个：一是过分夸大税收作用；二是具体税制设计得不合理。征税体现政府的社会管理者职能，而国有企业的利润分配关系还涉及政府的财产所有者职能，二者不能简单混同。"利改税"过程中税率设计得不合理，特别是对盈利的大中型国有企业征收一户一率的利润调节税，更是加重大中型国有企业负担，"鞭打快牛"，使得刚性税制和灵活多变的市场体制之间产生了更多矛盾，也使得国有企业与其他企业相比在市场竞争中处于不利地位。

2. 承包制

利改税之后，中国还探索了国有企业承包制改革。[①]承包制改革旨在借鉴农村改革经验，帮助国有企业走出改革困境。但是，许多地方推出的国有企业承包制往往是利税一起承包。结果是，税收从此不像税收，国家与国有企业之间的税收征纳关系只是留下形式化的规范关系。同时，承包制还有短期效应，难以保证国有企业的可持续发展。

3. 税利分流

吸取以往改革的经验和教训，并与国有企业股份制改革相配套，"税利分流"成为

---

① 首钢就是当时国企承包经营的典型。

规范国家与国有企业利润分配关系的主要做法。经过这次改革,国有企业与其他企业一样缴纳税率相同的税收,然后再根据税后利润的多少或通过承包或通过分红等办法,去协调国家与国有企业的利润分配关系。这种思路区分了国家作为社会管理者和财产所有者的双重身份,与现实要求一致。它代表了国家与国有企业利润分配关系的规范化趋势。①

4. 国有企业的资金供应改革

国家与国有企业的利润分配关系只是财政与国有企业分配关系的一个方面,处理的是相关财政收入问题。与之对应的还有国有企业的资金供应问题。20 世纪 80 年代初期,中国实行"拨改贷",基本上切断了国家对国有企业的资金供应链。从财政的角度来看,"拨改贷"一方面是因为财政困难,国家无力供应国有企业资金;另一方面是国家希望通过银行有借有还的信用形式,加大国有企业压力,提高资金效率,增强国有企业活力。"拨改贷"部分实现了改革目标,但也带来了一系列问题,有些问题的影响一直延续至今。例如,企业产权明晰问题。一个通过银行贷款和其他自筹资金而建立起来的企业,贷款已还清,相应的问题是:这样的企业还是不是国有企业?再如,"拨改贷"带来了国有企业的资本结构问题:从现代财务理论来看,企业的股权融资和债权融资应有一个合理比例,但"拨改贷"直接导致众多国有企业债务负担过重的结果,不利于企业的正常生产经营。

5. 国有经济的战略性改组

无论是改革探索,还是学术研讨,仅从企业角度来讨论国有经济问题是不够的。国有企业问题的形成原因是多方面的,②但最直接的原因是"有限的国有资本支撑过于庞大的国有经济盘子"(吴敬琏,2004)。于是,国有经济战略性改组提上了议事日程。可以说,至今的国有企业改革虽然在具体提法上有所变化,但基本上是按照战略性改组的精神指导下进行的。专栏 11-3 提供了 1995 年国有经济战略性改组的部分背景材料。

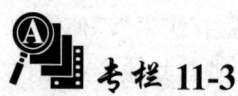
专栏 11-3

有限的国有资本难以支撑庞大的国有经济盘子

提出国有经济战略性改组之前,原国家国有资产管理局统计,截至 1995 年年底,中国共有经营性国有资产约 4.5 万亿元,扣除军队、邮电、铁路等特殊单位后,分布于工商领域的国有资产大约为 3.6 万亿元。再考虑到中国工商企业的资产当中约占 20%左右的非生产性(如住宅、学校、医院等)资产,真正用于生产经营活动的国有

---

① 当然,这种思路也不是什么问题都没有。周小川和杨之刚(1991)就指出,税利分流改革是一种缺损型的改革思路,因为这种改革解决了税收分配问题,但没有从根本上解决税后利润的分配问题。
② 例如,生产经营环境的变化会给包括国有企业在内的各种各样的企业带来问题。对于市场中存在的非国有企业而言,如果无法经营,它们就只好破产倒闭,不在市场中活动。国有企业则不同,在很长一段时间内,经济绩效表现不好的国有企业不能关闭,也导致了国有企业问题的累积。

资产数量实际上不足 3 万亿元。然而这不足 3 万亿元的国有资产却遍及从零售商业到远程导弹等几乎所有的工商领域，分布于 29.1 万户工商企业之中，平均每家企业所获得的能够真正用于生产经营的国有资本数量仅有 1 000 万元左右。

国有资产这种过分分散的状况，严重损害了现有国有企业竞争能力和国民经济整体效益的提高。突出表现在以下几方面。

（1）单个企业规模过小，缺乏规模经济，难以适应日益激烈的市场机制环境。据原国家国有资产管理局分析，1995 年中国 500 家大型国有企业的资产总额、销售收入和总利润还不及美国 500 家大企业的前三家。由于企业规模和实力与国外企业存在巨大的差距，使中国企业普遍存在生产成本高、经济效益低的问题。在对外开放和外资进入的情况下，中国许多企业难以应付，面临生存危机。

（2）技术水平低，设备和产品老化。随着世界性的技术快速进步，技术成为最重要的生产要素。现代技术研究与开发的一大特点是需要投入的资金数量巨大。而中国国有企业由于资金不足、负担过重，技术研究与开发的投入长期不足，企业只求应付眼前的生产而没有开发新产品、新技术、新工艺的能力。在许多主要的高新技术领域，我们与国外的差距不是在缩小，而是在继续拉大。

（3）企业的行为方式出现扭曲。由于国有资本金不足，大量国有企业实行高负债经营。过高的负债率，往往刺激企业经营者用别人的钱去冒经营风险，从事高风险投资。对中国的国有企业而言，从国家银行贷款和从财政取得的拨款实际上并无明显的区别，银行似乎有天然的责任支持国有企业，形成了"赖账传统"，而情况更加严重。有些国有企业领导和上级主管机关的领导养成了大手大脚使用贷款的习惯，形成了不计成本、乱铺摊子等不良风气。

（4）建立现代企业制度的改革举步维艰。在处理旧体制下长期积累起来的注册资金不足、冗员过多以及建立新的社会保障体系等问题时，需要有大量的资金注入。现有的国有经济摊子铺得如此之大且分散，就很难有足够的财力解决庞大的历史遗留问题。这样，使得国有企业改革的进度不得不大大放慢。

（5）蕴含着出现金融危机的可能。目前，国有银行资金相当部分来源于居民储蓄，国有企业高额负债的实质，是通过国有银行把居民储蓄存款交给国有企业。而国有企业使用的这部分资源，由于缺乏效率，不但不能提供回报而且还发生资本的净损失，进而形成大量不良资产。再加上国有银行对国有企业的贷款在部分时间里处于"负利率"的状态下，存在很大的经营风险。更有甚者，银行贷款或明或暗地流入股市、期货或不动产的投机之中，如果一旦发生崩盘，即会触发金融危机。

尤其值得注意的是，由于一般营利性事业占有了太多国家资金，政府基本职能的实现不能得到必要的财力保证。有些基本的公共服务，如九年制义务教育等不能顺利实施。由于执法机关经费不足，甚至有的地方出现了办理刑事案件也要向受害者收费的不正常现象。由于国家财力的分散和经费不足，致使国家行政机关、事业单位以及军队公安系统参与商业活动的问题也难以妥善解决。

资料来源：吴敬琏，张军扩，刘世锦等（1997）；吴敬琏（2004）。

国有经济战略性改组思路,已跳出就国有企业谈论国有企业改革的窠臼,改革思路更加开阔。这与社会主义市场经济体制改革目标的确立有着密切联系。国有企业的主导作用不再是提供财政收入,而是从国有经济的总体视角探讨它对整个国民经济的调控作用。

11.2.2 财政公共化对国有资产活动范围的要求

中国的公共财政制度框架已初步建成,目前正在进一步完善公共财政体制。财政的公共化要求所建立的公共财政应该是弥补市场失灵的财政、非营利性的财政、一视同仁的财政、法治化的财政(张馨,1999)。相应地,财政的公共化对国有资产活动提出的要求,首先体现在监管对象上。市场经济下的财政是公共经济活动。国有资产的运作和监管过程是公共经济活动的一个重要内容,因此,相关的问题必须在公共财政(公共经济)的统一框架下协调解决。①

1. 财政公共化目标的要求

财政的公共化目标,要求国有资产活动不应该处于市场有效范围之内,因而国有资产监管也必须服从该目标要求。国有资产追逐利润,显然背离财政的公共化目标。国有经济战略性改组思路,是在总结国有企业改革遇到的各种各样问题的基础上提出的。国有企业改革思路仍有很大争议(见专栏 11-4),这会影响改革步骤。国有资产活动范围应该按照这些要求作相应调整。财政公共化强调财政的效率和公平。前者旨在弥补市场失灵。后者是要促进整个社会的公正(公平)。

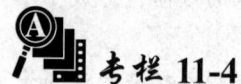
专栏 11-4

国有企业改革的争论

2004 年,香港中文大学财务学讲座教授郎咸平对国有企业改革问题所发表的评论,在国内引起了轩然大波。实际上,这不是什么新问题。关于中国的国有企业改革一直存在两种看法:一种认为,国有企业必须进行产权改革,否则企业的激励问题和经理人选择问题很难得到解决;另一种观点则认为,国有企业改革最主要的是如何给国有企业创造公平竞争环境的问题。只要理顺市场价格体系,国有企业没有政策性负担,有了公平竞争环境,市场就能够提供充分信息,培育国有企业的自生能力,国有企业就能够有效地运作。这两种观点看似矛盾,实则不然。事实上,如果没有产权改革,那么公平竞争的环境就无从获得。

资料来源:张维迎(1999);林毅夫,蔡昉,李周(1997a;1997b)。

2. 财政公共化过程的约束

财政公共化目标的实现需要一个过程。社会保障是财政提供一视同仁服务的表

---

① 传统财政学研究直接财政收支问题,显然是不够的。政府规制(包括市场准入、公共定价、金融监管等)、国有土地以及其他资源的管理问题等,都应当是市场经济下的公共经济学(财政学)的研究课题。

现。在中国，与市场经济相适应的社会保障制度还在进一步完善当中。国有经济战略性改组需要较为完善的社会保障制度，以便为国有经济改革所释放出来的劳动力提供最基本的社会保障。在现实中，国有企业的政策性负担仍然还存在，国有企业的社会保障职能仍然存在。

在一段时期内，国有企业经营的多目标必然会加大国有资产监管难度。企业经营业绩的评价不再仅仅是利润指标，还要包括一系列综合指标。根据中国国有企业数量仍然较多的现实，要实现国有资产的有效监管挑战很多。因此，财政公共化过程需加快进行，才有可能为国有资产监管的有效进行创造更好的条件。

国务院国有资产监督委员会（国资委）的成立，是加强国有资产有效监管的重要举措。从财政的公共化角度来看，同样需要有这样的一个机构来加强国有资产监管。这是因为通常意义上的公共财政收支与国有资产监管活动存在较大的差异所致。

11.2.3 国有经济布局

按照市场经济体制和公共财政制度的基本要求，国有经济应集中于那些影响国民经济发展全局、掌握国家经济命脉、非国有企业办不了或办不好因而只能由国家来办的事业，集中力量，加强重点，办好国家应该办的事情。

这就要求对国有经济的布局进行调整。根据当前的实际情况，国有经济分布领域的优先顺序如下。

（1）关系国家安全的行业，包括军事工业、造币工业、航天工业等。

（2）大型基础设施以及其他具有较大正外部性的建设项目。

（3）大型不可再生资源，如大型油田、大型煤矿等的开发项目。

（4）对国家长期发展具有战略意义的高新技术的开发，如超大规模集成电路的研制等，国家应当给这类研究开发以财政支持，并通过投资引导和产业政策推动这些行业的发展。

在国家财力有限的情况下，应按上述战略优先顺序安排投资。

在对国有经济现有范围做出调整之后，国家原则上不再对非战略性领域进行新的投资。这些领域中，现有国家持股的企业是否要进行股权关系的变动和经营方向的调整，则要在市场平等竞争的条件下，由企业的直接持股单位和公司自行决定。还应注意到，战略产业的优先顺序是动态变化的。随着国家经济发展阶段和经济环境的变动，国家战略产业的重点和国有经济的范围也将随之变动。专栏11-5提供了一则民间企业参与国防工业的材料。此外，中央和地方政府职能的不同，它们所属企业的经营活动范围也应当有所不同。

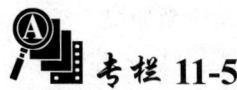

专栏11-5

中国国防工业与民营企业

国防科工委将采取五项措施，进一步推动民营企业参与国防建设。据国防科工委

副主任于宗林介绍，长期以来，民用工业企业积极参与国防建设，为中国国防建设做出了重要贡献。以"两弹一星"和载人航天为代表的中国国防科技工业的发展，实际上就是在各行各业上千个单位、数十万科研工作者的密切配合和协同攻关下完成的。利用民用科技和工业基础参与国防建设，鼓励和推动包括民营企业在内的民用优势企业参与军品研制生产工作，不仅可以充分利用国家经济科技成果和市场资源，使更多的社会财力投入国防科研生产，扩大武器装备科研生产基础，提高武器装备水平；同时，对于进一步打破军工封闭状态，减少军工重复建设，促进相关领域武器装备研制生产管理体制和运行机制改革，加快形成军品市场有序竞争的局面，推动寓军于民新体制建设等，具有重要意义。

于宗林说，国防科工委下一步将重点做好以下几个方面的工作：一是尽快出台支持民用工业企业特别是民营企业参与军品科研生产的政策措施；二是加快实施许可证制度，面向全社会发放武器装备科研生产许可证，为民用单位进入军品市场开辟道路；三是发布供求信息，对民用单位参与军品科研生产进行积极引导；四是加强市场监管，规范军品科研生产秩序；五是进一步推进军工调整改革。

资料来源：张毅. 国防科工委负责人：民营企业可参与军品科研生产[EB/OL]. 新华网，2004-04-02.

国有经济战略性改组最直接的原因，是有限的资本不足以支撑庞大的国有经济盘子，这是现实对国有经济改革提出的要求。但即使有了足够的国有资本，也不需要覆盖面很广或无所不包的国有经济。改革既然选择了市场经济，那么这就意味着在资源配置上，市场要发挥决定性作用，与市场经济相适应的公共财政要求政府仅在市场失灵领域内活动。因此，国有经济规模再大，也应限于市场失灵领域。现实与改革的目标还有一定差异。对于历史原因形成的大量处于竞争性市场有效活动领域的国有经济，应该采取什么样的举措？

无疑，按照公共财政的要求，政府应该退出这些竞争性国有企业。但受到历史和现实的条件约束，政府的"退出"不可能一蹴而就。例如，社会保障制度的不完善就直接影响政府退出。当前，很大一部分竞争性和营利性国有企业实际上承担了政府应该承担的公共职能。一旦政府从竞争性和营利性领域退出，历史原因造成的国有企业"冗员"必然回流社会，缺少健全的社会保障制度只会使社会陷入一片混乱。从这个角度看，竞争性和营利性国有经济的存在，客观上提供了一种公共产品，是政府在经济转型时期提供公共服务的一种特殊形式。此时社会所需要的社会保障活动尚缺乏正式的社会保障制度来提供，而只能通过竞争性和营利性的国有经济来提供。当然，这种制度安排并不是最优选择，在很大程度上这只是不得已而为之的权宜之计。一旦改革的进展最终建立了正式的有效的社会保障制度，国企"退出"进度就应当加快。

政府退出竞争性领域是一个渐进的长期过程，但这并不妨碍对国有经济的合理定位。改革只有在此基础之上才能顺利进行，即明确将未来国有企业定位为具有特殊社会功能的企业。相应地，现有国有企业必须分成两大类进行改革管理。分类的基本原则是：少数负有特殊社会功能的企业按"公共经济"和"国有企业"的制度进行改革,国家制定专门规范国有企业行为的法律,将其纳入特殊企业的运行轨道;大多数并不负有特殊社会功能的企业按企业经济和"一般企业"(即公司制企业)的制度进行改革,其行为完全纳入民法和公司法所规范的一般企业运行规则之中。

公共性质的国有企业的特殊功能表现在以下几个方面。

(1) 建立国有企业是保持国民经济的稳定发展和保证国家安全的一种重要途径。

(2) 国有企业是国家战略性产业和高技术产业的主干力量。为了建立和发展国家战略性产业和有力地支持高技术产业的发展,各国政府都建立了一批国有企业作为这些产业的基干力量或者先行者,这些国有企业往往体现了国家战略产业的核心技术水平和产业国际竞争力。

(3) 国有企业是重要的民族产业中起决定性作用的少数。任何独立国家的政府都负有支持民族产业发展的使命,在一些重要的产业中建立国有企业,作为民族产业的"拓荒者",是发展中国家形成具有国际竞争力的民族产业的通行做法之一。

(4) 国有企业是社会生产和生活的基础设施的主要供应者。国有企业在生产公共产品和准公共产品上发挥重要作用。

(5) 国有企业是现实经济下非国有企业不宜进入的特殊产业的替代生产者。在各个国家的不同发展时期,由于种种原因,总有一些特殊生产活动是不宜由非国有企业来承担的,政府规定只允许国有企业经营这些产业。

从目前的国有企业分类来看,尽管作为公共性质的国有企业不是为提供财政收入而存在的,但其中仍然不乏拥有营利能力的国有企业。对于由国家直接投资的公共性国有企业的利润,国家作为其所有者,仍然可以进行适度集中,这就形成了财政的"国有资本收入"。2007 年,中国投资有限责任公司成立,主权财富基金问题引起了更多的关注(见专栏 11-6 和专栏 11-7)。近年来,国有企业特别是中央国有企业利润水平大幅上升。关于国有经济的改革去向问题,争论更多。从总体上看,公共财政具有非营利的本性,因而国有资产收入只能是极为次要的公共收入形式。至于尚未进行改革的竞争性和营利性国有企业则是作为提供社会保障这一公共产品的目标暂时保留下来的,在改革之后仍在市场之中的国有股份能否提供国有经济收入是由市场决定的,因此,在市场经济下,国有经济收入占财政收入中的比例较小,但作为一种财政收入形式,它将长期存在。

专栏 11-6

主权财富基金

所谓主权财富(sovereign wealth),是与私人财富相对应,指一国政府通过特定税收与预算分配、可再生自然资源收入和国际收支盈余等方式积累形成的,由政府控制与支配的,通常以外币形式持有的公共财富。传统上,主权财富管理方式非常被动保守,对本国与国际金融市场影响也非常有限。随着近年来主权财富得利于国际油价飙升和国际贸易扩张而急剧增加,其管理成为一个日趋重要的议题。国际上最新的发展趋势是成立主权财富基金，并设立通常独立于央行和财政部的专业投资机构管理这些基金。

1953 年，世界上第一只主权财富基金在科威特诞生。通过石油收入的积累，科威特政府财政部分别于 1960 年和 1970 年成立了一般储备基金（general reserve fund, GRF）和未来基金（future generations fund, FGF）。1982 年，科威特财政部成立直属投资机构科威特投资局（KIA），掌管上述两大主要基金，其资金规模已达约 1 000 亿美元。这两只基金不仅投资于科威特石油集团等本国企业，同时也参与科威特在其他跨国企业和国际组织中的资金投入。伊拉克战争结束后，科威特之所以能够迅速重建家园，其实很大程度上应该归功于 KIA 所积累并管理的主权财富基金。同科威特的情况相类似，为有效运作国民公共财富并减轻石油耗竭后可能带来的经济困境，阿联酋、文莱、伊朗也都先后成立了主权投资基金。在石油类投资基金之外，新加坡、马来西亚、韩国等通过出口低端产品形成外储充足的国家，也使用主权财富基金模式作为提高外汇保值、增值能力的有效途径。乌干达等贫困国家也利用国际援助资金建立了主权财富基金。西班牙 IE 商学院 23 日公布的《2016 年全球主权基金研究报告》称，全世界共有 94 个主权财富基金处于运营状态，截至 2016 年年底其累计资产已达到 7.2 万亿美元。其中绝大多数分布在石油输出国家及出口导向型的经济体中。

随着主权财富基金数量与规模迅速增加，主权财富的投资管理风格也更趋主动活跃，其资产分布不再集中于 G7 定息债券类工具，而是着眼于包括股票和其他风险性资产在内的全球性多元化资产组合，甚至扩展到了外国房地产、私人股权投资、商品期货、对冲基金等非传统类投资类别。主权财富基金已成为国际金融市场一个日益活跃且重要的参与者。

近年来，国际上的一个趋势是把官方外汇储备的多余部分（即在足够满足国际流动性与支付能力之上的超额外汇储备资产）从央行资产负债平衡表分离出来，成立专门的政府投资机构，即主权财富基金，或委托其他第三方投资机构进行专业化管理，使之与汇率或货币政策"脱钩"，只追求最高的投资回报率。新加坡政府投资公司（GIC）是这一模式的先驱。

在主权财富基金日趋活跃的同时，它们也面临一些极大的风险与挑战，包括特殊的价格风险、市场风险与政治风险。主权财富基金与一般投资基金的一个重要区别是"树大招风"，其一举一动都会格外引人注目，很难在市场上维持匿名性与私密性。市场一旦获知某主权财富基金有意投资某资产或证券，该资产的价格就会上涨，从而增加主权财富基金的投资成本。主权财富基金的投资大部分分布在其他国家，因其敏感的政府背景，往往会引起东道国各方面的猜疑、无形的阻力甚至公开的敌意。

资料来源：1. 胡祖六. 管理主权财富基金[J]. 财经，2007（16）.

2. 汪时锋. 主权财富基金：国家财富增值新路径[N]. 第一财经日报，2007-09-30.

3. 重华. 主权财富基金榜：全球管理资产 7.2 万亿美元 前十排名中国有四[EB/OL]. [2017-03-24]. https://www.yicai.com/news/5253221.html.

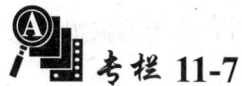**专栏 11-7**

中国投资有限责任公司

中国投资有限责任公司（中投公司）于 2007 年 9 月 29 日正式成立。作为专门从事外汇资金投资业务的国有投资公司，中投公司的成立被视为中国外汇管理体制改革的标志性事件，是我国参与国际金融市场竞争，实行走出去战略的大胆尝试。

中投公司的成立，是中国深化外汇经营管理体制改革，探索外汇投资渠道，提高外汇投资经营收益的重要举措。中投公司注册资本金为 2 000 亿美元。这 2 000 亿美元来自中国数额巨大的外汇储备，由财政部发行特别国债予以购买，注入中投公司。

中投公司下设三个子公司，分别是中投国际有限责任公司（"中投国际"）、中投海外直接投资有限责任公司（"中投海外"）和中央汇金投资有限责任公司（"中央汇金"）。中投公司实行政企分开、自主经营、商业化运作。宗旨是积极稳健经营，在可接受的风险范围内，实现长期投资收益最大化。中投公司将坚持市场化运作，在不违背商业利益的前提下，保持公司的透明度。

资料来源：1. 安蓓，王宇，何雨欣. 中投公司成立：中国外汇管理体制改革的关键一步[EB/OL]. [2007-09-29]. http://www.gov.cn/jrzg/2007-09/29/content_765175.htm. 2. 中投公司官网. http://www.china-inv.cn.

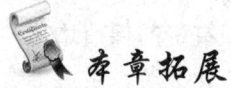**本章拓展**

魏伯乐，扬，芬格（2006）主编的文集对多种类型的私有化做了剖析，分析了私有化的局限性问题。罗兰主编（2011）是一本反映集私有化（国有资产向私有资产的转制）经验、思路及争议的论文集。

毛程连等（2008）研究了国有企业的性质与中国国有企业改革问题。世界银行和国务院发展研究中心（2012，第四章）系统阐述了中国国有企业改革问题。张馨（2012）提出了"第三财政"概念。所谓"第三财政"，指的是政府通过支配国有经济盈利而形成的财力分配活动。它直接根植于国有经济。为了防止和抑制"第三财政"的弊端，必须将国有经济利润分别纳入政府一般预算和国有资本经营预算，置于"全民"的决定与掌控之下。

林毅夫、蔡昉、李周（1997）和张维迎（1999）对国有企业改革走向做了探讨，提出了不同的国有经济改革思路。

**小结**

- 国有资产有广义和狭义之分。广义的国有资产是指属于国家所有的一切财产。

狭义的国有资产即经营性财产，可定义为法律上确定为国家所有的并能为国家提供未来经济效益的各种经济资源的总和。

- 国有资产按不同的标准可以进行多种分类。
- 国有资产收入与国有资产经营收益、国有资产收益的内涵有所不同。
- 国有资产收入的基本形式包括经营性国有资产收入、国有产权转让收入、国家投资借款归还收入等。
- 市场化改革中，中国否定了其传统的统收统支的国有企业利润分配制度，并经历了利润全额上缴、利改税、含税利润承包制等形式的多次改革。
- 国有经济的战略性改组，有限的国有资本难以支撑庞大的国有经济盘子，应当收缩国有经济范围，向战略部门集中。国有经济战略性重组必须依靠政府创造外部条件。
- 财政的公共化对国有资产活动范围和国有资产监管都提出了要求。
- 市场经济下的国有资本收入只是极为次要的财政收入形式。

思考题

1. 中国到底有多少国有资产？外汇储备是不是国有资产？是否该纳入国有资产管理范围？

2. 中共十九大报告提出："要完善各类国有资产管理体制，改革国有资本授权经营体制，加快国有经济布局优化、结构调整、战略性重组，促进国有资产保值增值，推动国有资本做强做优做大，有效防止国有资产流失。深化国有企业改革，发展混合所有制经济，培育具有全球竞争力的世界一流企业。"你是如何理解国有经济更好地造福人民的？

3. 为什么说国有资产收入只能是公共财政的极为次要的收入形式？

4. 你如何看待"国务院国有资产监督管理委员会"这一特设机构的定位？财政部和国有资产监督管理委员会在国有资产管理上是否有冲突？另外，你认为有没有必要单独成立国有金融资产监管委员会？

阅读与参考文献

[1] 热拉尔·罗兰. 私有化的成功与失败[M]. 北京：中国人民大学出版社，2011.

[2] 魏伯乐，奥兰·扬，马塞厄斯·芬格. 私有化的局限[M]. 上海：上海三联书店，上海人民出版社，2006.

[3] 《财经智库》编辑部. 不断探索中国特色社会主义经济理论——专访中国社会科学院学部委员张卓元先生[J]. 财经智库，2017（5）.

[4] 陈清泰，王雅洁，欧阳晓红. 改革亲历者陈清泰：国企改革呼唤新突破[N].

经济观察报，2018-06-04. http://www.eeo.com.cn/2018/0601/329433.shtml.

[5] 华生. 从资产经营到资本管理[M]//季晓南. 国有资产经营管理理论与实践. 北京：中国经济出版社，2003.

[6] 黄群慧. 着力践行以人民为中心的发展理念，构建现代化经济体系[J]. 财经智库，2017（6）.

[7] 金碚. 国有企业改革的进展与前景[M]//刘国光，王洛林，李京文. 中国经济前景分析——2001 年春季报告（经济蓝皮书春季号）. 北京：社会科学文献出版社，2001：70-95.

[8] 林毅夫，蔡昉，李周. 充分信息与国有企业改革[M]. 上海：上海三联书店，上海人民出版社，1997.

[9] 林毅夫，蔡昉，李周. 现代企业制度的内涵与国有企业改革方向[J]. 经济研究，1997（3）.

[10] 林毅夫，蔡昉，李周. 中国经济[M]. 北京：中国财政经济出版社，2003.

[11] 毛程连. 国有企业的性质与中国国有企业改革的分析[M]. 北京：中国财政经济出版社，2008.

[12] 世界银行国务院发展研究中心联合课题组. 2030 年的中国：建设现代、和谐、有创造力的社会[M]. 北京：中国财政经济出版社，2013.

[13] 吴敬琏. 当代中国经济改革[M]. 上海：上海远东出版社，2004.

[14] 吴敬琏，张军扩，刘世锦. 国有经济的战略性改组[M]. 北京：中国发展出版社，1997.

[15] 杨志勇，张斌，汤林闽. 中国政府资产负债表（2017）[M]. 北京：社会科学文献出版社，2017.

[16] 叶振鹏，张馨. 双元结构财政[M]. 第 2 版. 北京：经济科学出版社，1999.

[17] 张维迎. 企业理论与中国国有企业改革[M]. 北京：北京大学出版社，1999.

[18] 张馨. 公共财政论纲[M]. 北京：经济科学出版社，1999.

[19] 张馨. 论第三财政[J]. 财政研究，2012（8）.

[20] 周小川，杨之刚. 中国财税体制改革：问题与出路[M]. 天津：天津人民出版社，1991.

12 公共规制

学习目标

- 了解公共规制的定义和种类；
- 了解公共规制的基本形式；
- 了解激励性规制合同的设计与选择；
- 了解公共生产与公共收费；
- 了解公用事业单位改革；
- 了解公共规制的未来发展趋势。

引例

2012年年末，国家邮政局拟向快递公司收取邮政普遍服务基金，引发社会争议。

邮政普遍服务是政府公共服务之一。在邮政服务上，中国邮政也因之有了许多不同于一般快递企业的特权，如营业场所、税收优惠政策、邮票发行、邮政储蓄银行等。在提供邮政普遍服务上，中国邮政还得到了财政补贴。

向快递公司收取基金，名义上的支付者是快递公司。如果快递公司不能顺利向消费者转嫁，那么快递公司就要承担相应的负担。但可以预期的是，快递公司必然通过提价部分或全部地将基金负担转嫁给消费者或其他快递服务接受者，那么消费者负担将加重，其他快递服务接受者（如企业）的成本就会随之提高。但问题是，财政补贴的资金不就是来自纳税人所支付的税收吗？如此这番，重复负担，何以解释？

邮政普遍服务不一定意味着亏损。美国在养老金负担加重和电子邮件网络兴起之前，邮政普遍服务也曾做到盈亏基本平衡。他山之石，可以攻玉。中国邮政成本在什么条件下可以真正下降呢？

公共部门的经济活动除了支出和收入之外，还表现在规制①上。规制不一定要直接耗费公共部门资源，但它会影响私人部门资源配置，从而可以产生与公共部门直接收支一样的影响。规制影响全社会的资源配置和收入分配，值得关注。规制不同于一般

---

① 规制，英文为 regulation，又译为管制、监管。例如，"金融监管""产业规制""政府管制"等。本书不对这些用法进行区分，统一使用"规制"一词。

的公共收支活动，规制机构的预算规模不代表规制的广度和深度，因为规制的影响远超过规制活动自身。

12.1 公共规制：定义与种类

在计划经济年代，政府活动范围非常广泛，几乎涉及经济社会全部领域。计划经济向市场经济转型的过程，应是政府从众多领域逐步退出的过程，是重构市场与政府关系的过程。市场经济条件下，公共部门的经济活动也必须依法进行。

12.1.1 公共规制的定义

公共规制是公共部门为了实现特定目标而进行的经济活动，具体来说，是指具有法律地位、相对独立的公共部门，为了实现特定目标，依照法律法规对企业、个人或其他相关利益主体所采取的一系列行政管理与监督行为。公共规制或直接干预市场配置机制，或间接改变企业和消费者经济决策。公共规制的经济作用体现在资源配置和收入分配上，其中，资源配置是最为主要的。

规制者一般为得到授权的公共部门。在中国，国家电力监管委员会、中国证券监督管理委员会、中国保险监督管理委员会、中国银行业监督管理委员会、国家环境部、国家食品药品监督管理局等，都是公共规制者。

一般来说，公共规制的原因如下。

（1）自然垄断。自然垄断会带来产品和服务定价难题。如果按边际成本定价，那么企业就会亏损，难以为继。如果按照平均成本定价，企业虽可持续发展，但问题依旧存在：平均成本怎么算？平均成本定价是否损害了消费者利益？企业行为是否满足社会福利最大化的要求？一般来说，这些问题都是企业和消费者难以协调解决的。这意味着需要公共部门的干预。

（2）外部性。外部性表明成本和收益的不对称，影响市场有效运作。在许多情况下，市场不能有效地解决这些问题，需要公共部门干预，以提升社会福利。

（3）信息不对称。有些行业存在严重的信息不对称问题，外人对行业现状和发展前景缺乏了解，而一旦行业中的任何一家企业出现问题，就可能带来"多米诺骨牌效应"，严重影响整个行业的发展。

12.1.2 公共规制的种类

根据其活动领域的不同，公共规制可以大致分为经济性规制（economic regulation）和社会性规制（social regulation）。有的学者把经济性规制进一步区分为反自然垄断的经济性规制和针对一般竞争性行业的反垄断规制。

所谓经济性规制，是指公共部门通过价格、产量、进入与退出等方面的规定而对企业等经济利益主体的决策所实施的各种强制性约束。经济性规制的领域主要包括自然垄断领域和存在信息不对称的领域。

所谓社会性规制，是指以保障劳动者和消费者的安全、健康、卫生、环境保护、防止灾害为目的，对产品和服务的质量和伴随着提供它们而产生的各种活动制定一定标准，并禁止、限制特定行为的规制。与经济性规制相比，社会性规制是相对较新的规制。20 世纪初，食品、药品等规制早已存在。20 世纪 70 年代发达国家才开始重视社会性规制。在美国，社会性规制通常局限于健康、安全和环境保护等方面，故又将其称为 HSE 规制（health, safety and environmental regulation）。

社会性规制不针对某一特定行业行为，而是针对所有可能产生外部不经济或内部不经济的企业行为。任一行业内任何企业的行为，如果不利于改进社会或个人的健康、安全，不利于提高环境质量，那么都要受到相应的政府社会性规制措施的约束。

规制范围应局限于市场失效领域，但规制的具体范围、规制的程度随着技术进步和社会发展在不断地变化。传统上，自然垄断行业所包括的范围非常广，如电力行业、电信行业、邮政行业、铁路行业、自来水行业等。现在，随着技术进步，这些行业的自然垄断成分在减少。先以电力行业为例进行说明。电力行业可以分为输送电力的电网行业和生产电力的供电行业。电网行业有自然垄断属性，但发电业基本上已是竞争性行业。再以铁路行业为例。铁路网本身带有自然垄断性质，但铁路运输企业需要和民航运输企业、公路运输企业、水运企业等进行竞争，自然垄断属性大为降低。最后来看自来水行业。随着众多城市水务市场的建立，自来水行业再也不像以前那样具有很强的自然垄断特征。行业特征的变化对公共规制提出了更高要求，也导致了规制范围的变化。

12.1.3 规制俘获理论

公共规制的初衷是为了提高社会福利。建立在这样的假设的基础之上的理论，属于规制的公共利益理论（public interest theory of regulation）。

在民主社会中，公共规制是公共选择的结果。公共选择的过程对于公共规制措施的出台有很大影响。政府规制经济理论（economic theory of regulation），研究重点是政府规制过程对收入分配后果的影响以及规制者的各种动机。政府规制俘获理论（capture theory of regulation）就是其中的核心理论之一。规制总有特定的规制者，而规制者可能被利益集团所"俘获"，按照利益集团的要求进行规制。各种利益集团都会对公共规制产生一定影响。在定价方面，垄断企业形成的利益集团要求规制者制定较高的价格，而消费者要求较低的价格，最终结果可能是较高的价格出台。许多规制者的权限没有得到或无法得到清晰的界定，这就使得它们拥有相当大的决定权，从而为各种利益集团的游说活动提供了机会。规制机构最终为其所服务的行业所俘获。

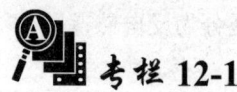
专栏 12-1

美国经济规制简史

美国真正意义上的经济规制始于 19 世纪 70 年代。最高法院的重要判决为美国的规制垄断提供了依据；铁路业形成了明显的垄断力量，从而使这一行业成为美国联邦政府实行经济型规制的第一个主要行业。早期规制集中在铁路、电力、电信、城市公交等公用事业部门。20 世纪 30 年代，美国出现了规制浪潮，银行法、证券法、证券交易法、民用航空法、天然气法等一系列法律陆续颁布。20 世纪 40 年代到 70 年代初，规制继续加强，能源和通信行业受影响最为显著。随后一直至今，美国开始大量放松原先的规制措施，尤以 20 世纪 70 年代和 80 年代表现最为明显。1977 年，完全受规制行业的生产总值占美国国内生产总值的 17%，1988 年，这一比例下降至 6.6%。20 世纪 90 年代，金融业规制又进一步放松。

资料来源：维斯库斯，弗农，哈林顿（2004）。

12.2 公共规制过程

公共规制过程大致包括立法、执法、放松或解除规制三个阶段。

12.2.1 规制立法

立法包括新规制措施出台以及后续的修改和调整。公共规制依据法律。相关法律的出台是公共规制过程的第一步。众多相关利益主体可能加入推动规制立法的行列，例如，立法机构（西方的议会或中国的人民代表大会）、政府、企业、消费者、工人、媒体等。当然，不同主体影响立法的程度不同。在立法阶段，立法机构的作用最大。它要明确行业规制机构及对行业活动的哪些方面进行规制。行业规制的选择可以采取扩大现有机构权限的做法，也可以是成立新规制机构。在立法阶段，规制政策目标需要确定。确保所有人都能得到邮政普遍服务，就是邮政行业规制的目标之一。

12.2.2 规制执法

公共规制的第二步是执法。法律通过之后就进入实施阶段。规制机构得到法律授权执行法律。立法机构确定的政策目标很难细化，因此，规制机构的灵活度较大。

现实中，经济规制政策的制定和执行涉及广泛的公共谈判，规制者更像仲裁者，既要确定谈判规则，又要在消费者和企业利益集团之间进行斡旋。规制过程是相关利益主体之间的一场博弈。公共规制具有收入再分配性质（余晖，2000）。

12.2.3 放松或解除规制

规制过程的最后一个阶段是放松或者解除规制。就经济性规制而言，放松或解除规制的原因可能是技术进步所导致的某些行业的自然垄断属性发生了变化。规制的立法、放松或解除都是公共选择行为。执政者所主张的经济理念也会对此产生影响。20 世纪 80 年代，撒切尔夫人在英国推行国有企业私有化政策，就是一例。

12.3 规制的方式

公共规制总是与能带来更多社会福利的商品和服务的提供联系在一起的。它与公共生产有着密切联系。有时，公共部门无法通过对企业的一般性规制措施达到目的。公共部门就可能选择公共生产的方式来实现政策目标。所谓公共生产，是指公共部门直接投资，介入某些种类商品和服务的生产过程。公共生产的形式既可以是公共部门独立建立公共企业，也可以是公共部门投资于已有企业，影响企业决策。与非公共生产相比，公共部门对公共生产的规制相对较为方便，但这是以公共投资作为前提的。即使是公共生产，也有与私人生产规制相似的问题，如公共企业的效率如何提高等。本节所讨论的规制方式适用于受规制的各类企业和其他相关经济利益主体。为了行文方便，本书接下来直接以企业代表所有受规制者。

12.3.1 进入规制或退出规制

公共部门对某些行业实行进入限制，如对进入行业数量的限定，传统案例如出租车行业。要进入出租车行业，往往要求营运者交纳一定的牌照费。一个城市规定固定的牌照数量。牌照发放完毕后，未来的进入者只能通过二手市场购买。牌照的市场价大致反映规制程度。牌照价格越高，说明规制程度越强。购买者是否决定支付较高的价格，取决于对牌照未来预期收益。较高价格只能靠较高收入来弥补，而较高收入往往是建立在较多的超额利润基础之上的。电信业也常采取这种规制方式。能否进入电信行业，首先要看能否获得电信牌照。例如，中国当前就采取这种方式，工业和信息化部决定移动通信牌照的发放。中国实行的烟草专卖、食盐专卖和 4G 牌照的发放，都属于进入规制。

所谓退出规制，是指公共部门规定某些企业不能退出特定服务领域。例如，普遍服务义务的要求。普遍服务即要求提供服务的企业要对所有用户提供价格可承受、有一定质量保证的某些基本服务。普遍服务义务涵盖的具体产品或服务在不同国家不同产业有不同的表现。各国多要求邮政局和一些电信公司必须以可接受的资费水平向农村地区、边远地区或其他高成本地区的居民提供有质量保证的服务。这些地区往往因为业务量小、成本高，企业按正常市场原则是不会提供服务的。

12.3.2 标准规制

标准规制涉及范围很广。所谓标准规制，是指公共部门对某些产品或服务的质量提出标准要求，未达标者不能提供这些产品或服务。例如，各国政府对药品均有很严格的标准要求，药品上市要得到有关规制机构的审批。再如，各国对交通安全的规制，要求乘坐机动车辆者系安全带、汽车不准超载等。各国环境污染规制更是以标准为主要依据。例如，汽油含铅量的规定、含氟氯烃类物质排放的规定、二氧化硫排放的规定等。生产经营和消费等各种经济活动必须符合这些标准的要求，否则会受到惩罚。

12.3.3 价格规制

1. 价格规制的定义

所谓价格规制，是指公共部门通过公共定价的方式影响企业决策，以达到规制目标。公共部门可能采取的定价方式主要有：规定最高价、规定最低价、规定价格涨跌空间、规定按边际成本进行定价、规定按平均成本进行定价等。专栏 12-2 提供了 2013 年中国高铁降价案例。贷款修路，收费还贷，在一段时间内成为中国基础设施建设的重要筹资方式，政府主要对收费期限和收费标准进行规制，但有时这种做法又带来了问题。专栏 12-3 即对过多的公路收费对中国经济的负面作用做了简要的分析。

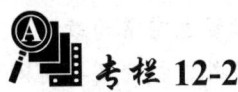

专栏 12-2

中国高铁票价下调？

高铁改变了中国人的生活。与此同时，高铁的高票价也引发了争议。公众希望能够以较低价格享受较好服务的愿望是可以理解的。当然，票价的确定受到一系列条件的约束。

2012 年年末，铁路部门给公众开了一次玩笑。原先包含在票价中的铁路旅客意外伤害强制保险费取消。这意味着高铁票价将自 2013 年 1 月 1 日下调。公众期盼票价大降。但结果是票价下降幅度几乎可以忽略，铁路客服中心网站显示票价下降的幅度在 0.5~4 元，竟然比火车上的方便面价格还要低。

蜻蜓点水式的降价令社会各界大跌眼镜。2%的保险费的计算依据是基本票价，而非票价。什么是"基本票价"？为什么在降价时选择的是"基本票价"？高铁票价到底是怎么确定的？看来，一切都有待于公开透明。铁路部门定价时依据的是价格法，但当大家对相关信息不够了解时，对票价提出质疑是很正常的。

资料来源：1. 齐中熙. 元旦起铁路旅客意外伤害强制险取消 火车票价相应下调[EB/OL]. http://news.xinhuanet.com/energy/ 2012-12/24/c_124140611.htm.

2. 段丹峰. 全国火车票降 0.5~4 元引热议 网友：不够买一盒方便面[EB/OL]. http://www.ce.cn/cysc/jtys/ tielu/201212/24/ t20121224_21307044.shtml.

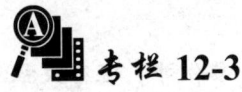

专栏 12-3

过多的公路收费正在蚕食中国经济

全国收费公路专项清理已进展到公示阶段，各地正陆续公布各自的收费情况。公示所提供的信息，可以做不同角度的解读。

一段时间以来，各地公路建设深受"贷款修路、收费还贷"思路的影响。在市场经济的大潮中，交费才能用公路，似乎也比较容易理解。2010 年，12 个省份的收费公路收了 1 025 亿元。庞大的收费规模和现实中的交费频率是很容易联系起来的。为什么会有那么多的收费公路？

这首先是由经济社会发展对公路基础设施建设的需求所决定的。改革开放初期，包括公路在内的基础设施严重滞后。公路要实现跨越式发展，就必须加大对它的投资力度。投资就必须有充分的财力。在政府对社会资源支配较多的年代，这种财力只能靠政府预算的投入。但是，1978 年之后一直到 1995 年，财政收入占 GDP 的比重是持续下滑的。与此同时，为了推动改革，政府采取了多种"赎买"形式，结果是财政支出规模并没有相应下降，反而形成了对财政支出的压力。

为了促进基础设施建设，在 20 世纪 80 年代初期，国家能源交通重点建设基金应运而生。政府融资，从根本上看还是要靠税收。在短期内，债务融资也常常为政府所利用。但是，政府举债受制于多个条件。除了政府举债观念的突破外，社会还要有闲散资金。在改革开放初期，这样的资金是非常稀缺的。什么事情都要政府来做，显然是不现实的。因此，"招商引资"就成为各地经济建设中最为流行的词语。

基础设施领域本来是属于投资规模大、投资回报率偏低的领域，但在各地政府的运作下，包括公路在内的基础设施投资回报率有了各种各样的锁定。通过较高的收费标准，公路投资不仅能够获得较高的回报率，而且这样的回报是非常稳定的。公路收费也渐渐地以"还贷"的名义出现。在某些时间段，甚至出现了只要有新修的公路，就要收费通行的怪现象。更为搞笑的是，一些原有的公路为了搭上收费的便车，开始实施修修补补的改造措施，只要有公路在，收费站就永远和它们相伴而生。公路收费由此变成了一种非常普遍的现象。

公路收费的广泛存在，最初是与政府财力严重不足密切相关的。政府财力不足，或者自己举债修公路，或者招商引资修路，而这样的资金都是需要直接回报的。这就是公路收费广泛存在的原因。

为什么中国在 20 世纪 80 年代和 90 年代初期，能够以较低的财政收入占 GDP 比重支撑经济社会的发展？这在很大程度上靠的就是收费。公路收费就是其中一个典型。现在，我们不得不面对多种多样的高额公路收费。如果要找祸根的话，那么当年财政收入占 GDP 比重的不合理无疑就是其中最为重要的一个。近年来，财政收入增速较快，给了我们重新思考财政收入稳定增长机制的机会，但同时，我们也不要忘记过去的教训。财政收入占 GDP 比重绝不是越低越好。事实上，较低的财政收入占 GDP 比重还带来了另外的经济秩序混乱问题。

遥想当年，地方政府在财政收入占 GDP 比重较低的背景下，要做事，在很大程度上要利用扭曲的政企关系。"三乱"（乱收费、乱罚款、乱摊派）盛行，和地方政府财力严重不足有着密切关系。当地方政府需要做事时，它就会召开各种各样的资金协调会，让财力较为充足的企业做出贡献……相应地，中央政府缺少这样的机会，于是，在 1994 年分税制财政体制改革之前，中央财政甚至数次向地方财政借钱度日。

交通部高层官员说，取消公路收费是不现实的。这话道出了取消公路收费的难处。现实中的公路收费行为，是在各种经济主体承担了公路建设任务或者注资后换来的。如果要取消收费，那么政府显然要进行赎买。政府是否有足够的钱？这是一个问题，而且是一个很难解决的问题。

现实中的公路收费和还贷是紧密联系在一起的。投资主体的不同，也就决定了还贷思路的不同。收费公路中有政府还贷公路，还有经营性公路。对于政府还贷公路，还贷本来就是政府的责任，只要还贷规模在财力的承受范围内，取消也未尝不可。当然，公路收费也有一定的合理性，在一定程度上，它能够更好地体现使用者付费的原则。权衡取舍之下，是收费，还是取消？答案就很明显了。

经营性公路，显然是以盈利最大化为目标的。各地收费公路都声称是"经营性公路"，更凸显了"经营性公路"收费问题化解之难。投资者追求回报，无可非议。越高的收费标准，越长的收费年限，才能保证越高的收益。投资者与道路使用者在此是有分歧的。

公路收费，犹如潘多拉魔盒，一旦打开就很难合上。收费是会上瘾的。经济学大师科斯曾经在一篇题为"经济学中的灯塔"的文章中说到英国灯塔不是因为私人不愿意建才由公家提供的，而是因为私人收费太高，才最终转由政府提供。眼下中国公路收费的现状，与当年的英国又有多大的差别呢？

收费公路过多，标准过高，正在蚕食中国经济，影响经济体的内部循环和对外交流，消耗未来中国的竞争力。收费公路的现状必须改变。路在何方？

实际上，政府有各种各样的可用于道路建设的税收，如车辆购置税，再如消费税（是对燃油征收的，由养路费转过来），又如城建税……除此之外，一般的没有指定用途的税收也完全可以用于道路建设。税收在道路建设上、在收费公路的取消或收费标准的下降上，应该发挥其应有的作用。

资料来源：杨志勇. 过多的公路收费正在蚕食中国经济[N]. 理财一周报，2011-10-21. http://www.dfdaily.com/html/ 8698/2011/10/21/683290.shtml.

2. 公共定价的具体形式

公共定价的具体形式多种多样，下面介绍几种。

（1）线性定价（linear pricing）和非线性定价（nonlinear pricing）。线性定价又分为定额价格和统一从量价格。实行定额价格，是指无论消费量的大小，都按固定标准收费；统一从量价格，无论消费量的大小，都按统一的单一价格收费。

（2）两部定价。价格包括两部分：一是与消费量无关的"基本费"；二是根据消费量大小收取"从量费"。以前，在中国要接受中国固定电话服务，要先交一笔初装费，尔后，每个月还要交月租费，且根据通话量的多少交纳通讯费。后来，中国固定电话的初装费取消，但每月还得交纳固定月租费，并根据通话量多少交纳通讯费。

（3）高峰负荷定价。许多自然垄断行业需求波动大。工业用电高峰期收取高价，就是一例。车辆道路通行收费，也可以有高峰期和非高峰期之分。一些城市车辆在高峰期进城，需要额外缴纳通行费。

12.3.4 征税规制

公共部门对某些经济活动的限制,可能采取征税方式。下面着重以污染税为例对此进行说明。

现代社会,环境污染的严重危害迫使人们寻找有效的治理途径。污染税就是其中之一。征收污染税的想法是英国经济学家庇古(A. C. Pigou,1877—1959)首先提出的。他在《福利经济学》(*The Economics of Welfare*,1920)一书中建议,应根据污染危害对排污者收税,用税收来补偿私人成本与社会成本的差距,使两者相等。这种税也被称为"庇古税"(Pigouvian taxes)。庇古税的特点是对排污者而不对受害者征税。

污染税的开征意味着制造污染的企业承担原先由社会承担的部分成本,从而让企业按照社会最优要求进行生产。课征污染税,还能为政府治理环境筹集资金。

税收无法解决一切经济社会问题。污染税同样不能解决所有环境污染问题。有些污染需靠政府直接规制才能得到解决。

征收污染税的目的,在于使企业生产的边际私人成本等于边际社会成本,实现企业外部成本的内部化。但这时就可能遇到以下问题。

(1)准确界定边际外部成本问题。准确地界定边际外部成本,是确定污染税的重要前提条件。要做到这一点,需要详细的信息和对这些信息的准确理解。边际外部成本的界定,是一个从污染的物理性损害转换到人们对这种损害的反应和感受,并用货币价值来计量的过程。这个复杂过程被称为"剂量—反应关系"(dose-response relationship)。这一过程至少包括以下几个环节的转换:企业产品的生产;生产所造成的污染的剂量;污染物在环境中的长期积聚;环境中污染物对人们的暴露;人们对这些暴露的反应,或这些暴露所造成的危害;危害的货币成本等。这些环节的转换不仅复杂,且涉及不同利益集团的不同观点,因此,现实中准确界定边际外部成本有一定困难。

(2)规制部门不太容易了解企业的边际私人净收益曲线。在市场经济中,企业缺少激励机制向政府如实报告私人成本和收益。在面对众多企业的情况下,规制部门收集每一家企业的净收益信息所耗费的成本难以想象。

(3)污染税的负税人问题。污染税一般对生产企业课征,但企业往往能将部分甚至全部的税负转嫁给消费者。这合理吗?一般来说,这是合理的。生产者只生产消费者需要的产品,生产者生产某一数量的某种产品,从而导致污染。生产者的行为是因为消费者需要引起的,消费者应当为此承担部分责任。污染税不仅抑制生产者生产,还减少消费者对污染产品的消费,从而从更根本的意义上消除污染根源。

(4)污染税的课征,也可能带来社会公平问题。当税率提高时,穷人相对于富人来说要把支出的较大部分用来支付增加的税收,因而损失更大。但政府可以通过转移性支出来弥补这一缺陷。[1]

---

[1] 本部分的论述参考张帆(1998)。

专栏 12-4

污染税制设计

1. 税基的确定

各国污染税税基选择的标准主要有：直接排污量、污染性生产销售量、投入要素中有害物质含量、产品性能方面的生产技术标准。具体地说，税基选择应综合考虑污染控制效应、经济发展技术进步的效应、税收征管效应等。

以污染性产销量为税基，在控制污染排放上有其科学之处，因污染程度与产销量有一定的相关度，以产销量为税基还能节省资源利用。但单纯限制产销量，可能会阻碍生产，也不能激励企业开展污染治理开发和研究。

以污染物质含量为税基。例如，对高含碳量或含硫量燃料征税，可以激励企业寻找污染小的替代品。可是在实际中，使用污染成分高的物质不一定就导致较多的污染排放，主要看企业的污染处理技术和设施。故以此为税基，不仅欠公平，而且也不利于企业治理污染。

美国政府为了控制汽车尾气排放量，按照汽车性能的技术质量标准进行征税。凡是高能耗废气排放量大的汽车，就征较多的税。

2. 污染税税率的确定

污染税税率的高低，直接关系到污染税对污染物排放者的调节程度。理论上，污染税税率的确定有两种方法。一是以计划实施成本为依据，使污染税收入与治理污染的支出平衡。具体来说，税率 t_1 就是治理污染的全部成本（C）除以污染物的清理数量（W），即

$$t_1 = C/W \qquad (12\text{-}1)$$

另一种方法是使税率具有激励效果的确定方法，即税率（t_2）的确定以消费者的边际成本为依据，使其边际成本等于税率，即

$$t_2 = C'/\Delta W \qquad (12\text{-}2)$$

其中，C'=折旧成本+维修成本+实施成本，ΔW=有效的污染物处理量或减少量。

由于 t_1 和 t_2 确定的依据不同，它们虽然都能降低污染水平，但所达到的目的有所差别：按 t_1 课税，强调的是污染税的筹资功能；按 t_2 课税，则强调了污染税的激励功能。

污染税是一种行为税，旨在抑制污染，因此，只要能实现这一目标，税率确定或者税权划分，都可以采取灵活措施。各地情况不一，污染程度不一，治理环境的受益面也存在差异，因此，污染税宜作为一种地方税，由地方政府根据当地环境状况进行灵活调节。

资料来源：张帆（1998）；邓子基（2000）；郭庆旺（1995）。

12.4 经济性规制：基于绩效的规制[①]

规制者希望企业能在最大限度地降低成本的同时进行有效工作。规制方法的选择影响受规制企业的利润。理想的规制应是激励相容的。一方面，规制者的特定目标能实现；另一方面，受规制企业也有充分的激励提高效率。新规制经济学的开创者是拉丰教授（见专栏 12-5）。本节从规制合同的设计和选择的角度讨论基于绩效的规制问题。

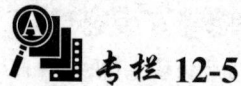

专栏 12-5

拉 丰

让-雅克·拉丰教授（Jean-Jacques Laffont，1947—2004，见图 12-1），世界著名经济学家。他曾经担任世界经济计量学会主席（1992 年），欧洲经济学会主席（1998 年），美国经济学会荣誉会员（1991 年），美国科学院外籍荣誉院士（1993 年），并于 1993 年第一个获得欧洲经济学会的 Yrjö-Jahnsson 奖。拉丰的著作非常丰富，在机制设计理论、公共经济学、激励理论和新规制经济学等领域做出了突出贡献。如果不是英年早逝，拉丰一定会获得诺贝尔经济学奖。拉丰教授于 1990 年在图卢兹创立了著名的法国产业经济研究所，为振兴法国乃至整个欧洲的经济学做出了卓越的贡献。

图 12-1 拉丰像

资料来源：根据拉丰个人主页（http://www.idei.asso.fr/English/ECv/CvChercheurs/PageEcvLaffont.html）并参考其他相关材料编写。

12.4.1 传统规制低效的原因

传统规制一般面对的是垄断企业，所采取的价格规制原则是"成本加成"，即规制者依据企业的成本加上一个合理的利润来定价。这些企业增加的任何成本都可通过提高服务费的方式自动转嫁到消费者身上，所以企业不可能有提高生产效率的激励。这导致生产效率太低、成本太高，具体表现为企业缺乏内部控制、雇用过多劳动力、管理低效、缺少创新、投资决策草率、奖金失控等。

12.4.2 规制合同的种类

规制常常是通过合同形式进行。合同的激励强度有高有低，价格上限合同属于高强度激励合同。价格上限合同规定企业所提供的商品或服务的最高价格，企业通过努

[①] 本节主要参考张昕竹，让-雅克·拉丰，安·易斯塔什（2000）。

力降低的成本就会转化为企业收益。高强度激励合同应能够保证所降低的成本份额可以全部或者大部分转换为企业收益。企业为获得这些收益，就会尽可能提高效率。企业因此会获得大量的超额利润或信息租金。

服务成本合同属于低强度激励合同。按照这种合同，企业的成本得到全部补偿，因此不管企业的实际成本如何变动，企业的利润不受任何影响。服务成本合同或者低强度激励机制虽然只能诱发较弱的降低成本的激励，但这是减少留给企业租金的有效手段。

12.4.3　完全信息下规制合同的设计与选择

假定规制者完全了解企业的成本，那么逆向选择和道德风险问题都不会存在。规制者设计规制合同的任务非常简单①。规制者只需选择价格上限合同，就可以为企业提供充分激励，企业为此将成本节约内部化，从而以社会最优的努力水平或成本提供这种服务。此外，规制者还不必担心因为支付过高补偿而让企业得到超额利润。信息对称使得规制者能够设计一个适当的合同，使得留给企业的超额利润为零；政府可以达到使企业自愿提供服务的最低成本。综上所述，当不存在逆向选择问题时，政府可以选择高强度的激励合同。

12.4.4　信息不对称下规制合同的设计与选择

这种设计和选择的关键，是激励与减少租金的权衡取舍等问题。

1. 合同的设计

假设某种服务产生的社会剩余很大，公共部门决定提供这种服务，并希望提供这种服务的代价越小越好。假定公共部门对垄断企业可以通过转移性支出进行补贴，补贴可以取决于企业的事后实际成本，即假定成本可以预测，因而成本可以写入规制合同之中。当然，为了让企业自愿接受规制合同，公共部门必须确定一个适当的成本补偿规则，根据企业的实际成本，向企业支付相应数量的货币补偿。

在确定成本补偿规则时，最关键的是解决激励强度问题。在规制环境中，常见的低激励强度合同是服务成本合同。

当政府信息不完全时，设计规制合同就会处于一种两难境地，即提供较强的降低成本的激励，还是设法减少留给企业的超额利润。如果企业非常幸运地具有低成本技术，但由于企业的所有成本实际上由政府负担，那么企业并不会因此受益。

信息不对称导致规制者不得不在效率与信息租金之间权衡。要提高效率，必须给企业留下信息租金，但信息租金又会带来成本。规制不是无成本的。虽然规制可以避免企业得到超额利润，但也要付出效率代价。此外，为了制定未来能得到最好结果的规制政策，公共部门需要尽可能利用企业的私人信息，以实现企业的自我选择。

为了进一步说明逆向选择问题，以及激励强度对资源配置产生的影响，不妨假设

---

① 现实中，即使作为规制者的公共部门的主事者最初了解相关信息，但随着时间的流逝和技术的变迁，内行者可能变得不那么内行，从而信息不对称问题又会开始出现。

不存在道德风险问题，即企业成本完全外生给定，但政府不知道企业的平均成本是多少。假定成本有两种可能性：10 单位或 20 单位。如假定政府选择提供价格上限合同，且这种服务的社会价值足够大，则政府决策是提供这种服务，且只能付给企业 20 单位的补偿。该合同显然能够保证，企业无论成本高低，都愿意按政府要求提供这种服务。但是，如果企业的成本恰好为 10 单位的话，那么企业将得到 10 单位的超额利润或信息租金。如果政府可以提供服务成本合同，则可以使企业的利润为零（补偿分别为 10 或 20 单位）。

怎样判断应当提供何种合同？总体而言，提供激励要求提供较高强度的激励机制；而减少租金要求提供较低强度的激励机制。

高强度激励机制带来好处的同时，也会给企业留下大量超额利润。从这个意义上讲，不存在免费的午餐。支持或接受高强度激励机制，就应该接受企业可能会因此得到高额利润的现实，而不应一旦企业得到大量利润，规制者就抱怨企业获得高额利润，而强迫企业重新谈判，修改原来的规制合同。

2. 合同的选择

同一合同一般不适用于各种类型的垄断企业。从技术上看，合同的选择比激励与租金之间的权衡取舍关系要复杂得多，但是同样重要。

当企业与政府之间信息不对称时，政府面临的问题就是如何利用合同的设计来甄别不同类型的企业。

政府需要设计合同菜单，然后让企业自主选择，以充分利用企业的信息优势。

信息不对称条件下，减少企业租金或者甄别不同类型企业的难点在于，企业完全可以在具有低成本技术时谎称只有高成本技术而不被发现。政府可以通过合同设计减少效率高的企业不说真话所可能得到的收益，从而使说假话无利可图，消除高效率企业说假话的激励。假定政府提供的菜单由价格上限合同和服务成本合同组成，企业可以"二选一"，也可以不接受任何合同。假定政府将价格上限合同设计成使低成本类型的企业利润正好等于零（或者无穷小）。容易看出，此时效率高或成本较低的企业不会选择服务成本合同。而当企业为低效率或高成本类型时，它将选择服务成本合同。

让低成本企业选择价格上限合同，而让高成本企业选择服务成本合同，这样的合同菜单在保证低效率企业愿意接受并选择服务成本合同的同时，不会留给高效率企业任何信息租金，这就是完全甄别。当然，完全甄别的代价很高。不难看出，此时高成本企业没有任何控制成本的激励。这时，可以设计一个合同菜单供企业选择，低成本类型的企业选择高强度的激励机制，而高成本类型的企业选择低强度的激励机制。

无论存在正式还是非正式的合同菜单，合同选择都会使激励机制强度对效率的影响更加复杂化。显然，确信会保持低成本的企业很可能选择高强度规制机制。因此，尽管高强度规制合同会促进效率提高，但也会事先吸引效率较高的企业。

12.4.5 拉姆齐定价

假定公共企业必须收回全部成本。拉姆齐定价的基本原则是：每种服务的价格都应该对收回企业的固定成本做出贡献，且尽量减少由此造成的经济扭曲。从资源配置效率的意义上看，对那些消费者不愿付出高于边际成本价格很多的服务，确定很高的加价，显然不符合效率原则；而对那些需求弹性较低的服务，则应该对回收固定成本作较大的贡献。也就是说，加价结构必须反映需求弹性结构，并且还要考虑需求的交叉弹性。

另外，提供低强度激励机制的原因是，企业与政府之间信息不对称，且需要尽量减少留给企业的信息租金。市场竞争和比较竞争是减少信息不对称的重要方式。比较竞争是指将某个企业的绩效与其他处于同样环境的企业绩效进行比较，并以此设计规制合同。

12.4.6 规制合同的期限

一般来说，规制合同期限较短。目前西方国家典型的合同期限一般不超过 5 年。

如果合同的正式期限可以保证，那么，规制机构只有在合同到期后才能修改规制合同。假定在合同期限内，垄断企业选择高强度激励合同。显然，尽管该企业从形式上说，是成本节约的剩余索取者，但从整体上来看，企业并未得到自己努力带来的全部收益。低成本实际上等于告诉规制者，企业效率较高。因此未来修改合同时，规制者就会提出更苛刻的条件。从短期来看，企业每节约 1 元钱成本就可以得到 1 元钱的收益。但从长期来看，由于规制者可能在下一规制合同中提出更难以满足的条件，因此高绩效会受到惩罚。这就是"棘轮效应"。其直接影响是限制合同的激励强度。

在现实中，由于种种原因，规制合同的实际周期可能比正式周期短。在法定的规制合同修改之前，合同就可能要修改或重新谈判。这可能会出现两种情形：一是当企业利润很高时，规制者的政治压力加大，因而会在合同正式终止之前，迫使企业提前重新谈判合同。重新谈判会加重"棘轮效应"，导致企业更谨慎地选择高强度规制合同。二是如果维持原有合同可能会使企业亏损甚至破产时，企业在合同正式终止之前，会要求规制者修改合同，从而得到更有利条件，以避免最坏结果。也就是说，这时企业面对"软预算约束"，即尽管规制者承诺在合同到期前不修改合同，但在企业陷入困境时，仍不得不施以援手。对于高强度规制合同，高低利润两种情形都可能出现，都可能导致对原有合同的重新谈判。在任何一种情况下，重新谈判合同都对低效率有利（惩罚降低成本的努力），所以提前修改规制合同，会降低规制合同的实际激励强度。

以上从合同设计和选择的视角探讨了规制效率的提高问题。国际上促进经济效率提高的方式还表现在以下几个方面：放松或废除规制，由市场机制调节；引进市场机制，通过拍卖、引进多家企业进行竞争的方式来促进效率的提高。

在放松或废除规制上，有些学者甚至认为，自然垄断的形成只是学者们的臆想，本来就不存在自然垄断。专栏 12-6 提供了周其仁对中国邮政"自然垄断"研究的成果。大部分学者认为自然垄断行业还是需要加以规制的，但规制的具体方式则应当随着外部环境的变化而变化。在引进市场机制,通过拍卖、引进多家企业进行竞争,已经成为公共部门提高规制效率的较为常用的做法。这些方法和以上所探讨的合同设计与选择相结合,共同推动了经济性规制效率的提高。

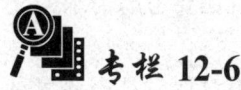
专栏 12-6

中国邮政是自然垄断的结果吗?

比较正式的民间邮递组织,是明代永乐年间(1403—1424)由宁波帮商人首创的"民信局"。民信局是由私人经营的营利机构,业务包括寄递信件、物品、经办汇兑。到了清同治、咸丰、光绪年间,全国大小民信局达数千家,机构遍布国内及华侨聚居的亚洲、澳洲和太平洋地区,形成内地信局、轮船信局和侨批局(福建话发音"信"为"批",故侨批局也就是侨信局,专门为南洋侨民服务)。较大的民信局在商业中心上海设总店,各地设分店和代办店,各民信局之间还联营协作,构成了民间通信网。

事实上,民信局比近代新式邮政的资格还要老。中国的近代邮政是大清海关办的,起因是当时各国驻华机构要求清政府代收代寄邮件。1866 年天津海关兼办邮政,后正式挂牌"海关拔驷达"(英文 post 的音译),1896 年改为"大清邮政官局"。期间,海关总税务司署发布《邮政通告》,公布邮件封发时刻表和邮寄资费(按件寄费,信函每重 1 英两收银 4 分,1~4 英两收银 2 钱,4~8 英两收银 5 钱)。不过大清邮政的服务范围限于使馆文件和海关自己的公私信件,还谈不到普遍服务。1902 年,清政府才要求邮政机构设置到县。

也许因为网络优势大不如民信局,大清邮政并没有提出专营的要求。1899 年正式颁发的《大清邮政章程》(这应该是中国第一部《邮政法》),承认民信局的合法地位,仅要求各地民信局赴邮局登记——但也规定民信局交邮政局转寄的总包资费可以减半交纳。1902 年 4 月,为了同民信局争夺邮件,大清国家邮政宣布降低资费,国内平信由 4 分降为 1 分,本埠平信降为半分——大打"价格战"。

重要的证据是,国家邮政的竞争并没有"终结"民信局。否则,何劳南京国民政府交通工作会议于 1928 年决议:"民信局应于民国十九年(1930 年)一律废止"。史料确凿无误地记载:"经过严厉查禁",全国的民信局才于 1935 年全部停业。也就是说,"解决问题"的不是靠政府邮政的成本优势,而是靠强力措施。但是即便如此,福建"侨批局"一直到解放前夕尚有百多家。

……

可以确认,中英美三国近代以来实行的都是政府邮政专营。但是从"来历"考察,邮政垄断并不是自然形成的——国家邮政服务的成本特性在这三个国家都不是形成政府垄断的经济技术基础。事实上,是法令和政府的强力执法行动,才保证了并不具有成本竞争优势的国家邮政在市场竞争中胜出。我的结论是，以为邮政一定具有自然垄断性质的见解可能是非常武断的。更一般地说，世界上就有一些"自然垄断"的起源并不自然。

资料来源：周其仁."自然垄断"不自然[EB/OL]. http://zhouqiren.org/archives/234.html.

12.5　社会性规制的加强

社会性规制与经济性规制所强调的放松规制不同。其主旋律是加强规制。

1. 安全规制

安全规制的增强主要体现在规制力量的增强和相关立法上。在中国，应急管理部担负着安全规制的职责。安全隐患虽分属于不同行业，但有共同特征，由统一的机构进行规制，能够发挥规模经济优势，提高安全规制效率。

2. 健康规制

健康规制的加强，同样体现在规制力量和立法力度的加强上。2003年，中国组建了国家食品药品监督管理局，专门负责食品、保健品、化妆品安全管理的综合监督和组织协调，在依法组织查处重大事故上发挥着积极作用。2018年，中国将国家工商行政管理总局的职责、国家质量监督检验检疫总局的职责、国家食品药品监督管理总局的职责、国家发展和改革委员会的价格监督检查与反垄断执法职责、商务部的经营者集中反垄断执法以及国务院反垄断委员会办公室等职责整合，成立国家市场监督管理总局。组建国家药品监督管理局，由国家市场监督管理总局管理，主要职责是负责药品、化妆品、医疗器械的注册并实施监督管理。

3. 环境污染规制

经济发展也带来了严重的负外部性问题。企业生产可能有污染；私人汽车使用也会污染大气。消费者对许多食品和药品缺乏足够了解，与生产者之间存在信息不对称问题。部分企业生产经营的食品和药品质量低劣，消费者难以辨别，身体健康势必受影响。作为受害者的消费者，或因信息不充分，或因不能形成较大的社会力量去索赔损失。这需要公共部门代表人民利益，通过立法、执法手段对这类社会问题进行规制。

随着经济的发展，环境往往先恶化后改善，这就是库兹涅茨环境曲线假说所表述的内容。图12-2描述了这一假说。该假说是对各国经济发展过程中的环境污染问题变化趋势的总结。一般来说，在经济发展的起步阶段，人的活动范围受技术和其他条件的约束，无法对环境产生过多的负面影响。经济起飞之后，特别是随着制造业的发展，环境问题日趋严重。经济一旦进入更高级发展阶段，人们的环保意识大大增强，随即开始对原先的环境污染问题进行有效治理，环境污染问题从而变轻。

中国作为发展中国家，环境污染规制主要是通过环保立法，制定较严格的环境保护标准，同时进行有效的污染治理工作。环境保护还可以借助市场方法进行。下面专列一部分予以说明。

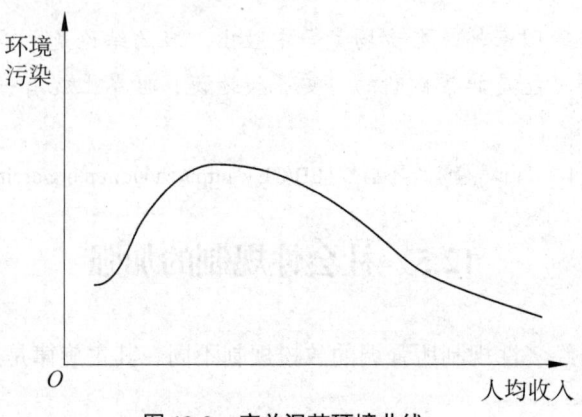

图 12-2　库兹涅茨环境曲线

4. 市场化方法[①]

解决环境污染问题有时可借助市场化方法，即选择基于市场的环境政策，通过制定规制条例，通过市场信号来引导行为决策，而不是制定明确的污染控制水平或方法来规范人们的行动。相关政策工具包括可交易的许可证制度和排污收费等。这通常被描述为"借助市场的力量"，因为如果它们被很好地设计并实施的话，将促成企业和/或个人在追求自身利益的同时，实现污染控制目标。

（1）传统方法的弊端

传统方法是"命令—控制"型的规制。目标实现的手段很不灵活。通常情况下，每家企业要承受同样份额的污染控制负担，而不论成本的高低差异。

企业完成统一的目标成本太大，有时甚至有副作用。这么做可能会有效地限制污染物排放，但从总量上看，也会给企业带来巨额的成本支出。这是因为企业控制污染的成本千差万别。

此外，"命令—控制"型规制可能阻碍污染控制技术的发展。此类政策几乎不会给企业控制污染提供经济激励，技术标准和绩效标准都会妨碍企业采用新技术。采用了新技术的企业的回报，只是更严格的控制标准和控制绩效，而无法取得投资的经济利益——除非它的竞争者为达到新的标准面临更大的困难。

（2）基于市场的政策工具的优点

基于市场的政策工具具有低成本高效率的特点，对技术革新及推广具有持续的激励。它力求使各个企业污染削减的边际成本相等。

"命令—控制"型方法在理论上也可以实现成本最小化，但这需对每个污染源制定不同标准，政策制定者必须掌握每个企业执行成本的具体信息。显然，政府无法取得这些信息。而如果采取市场导向的政策，则政府没有必要去了解这些信息，也能高效率地将污染负担分配给各企业。

与"命令—控制"型规制相比，市场导向的政策工具能为企业采用更经济和成熟的污染控制技术提供更强烈的激励，企业也能从中发现和利用低成本的污染控制方法。

[①] 本部分主要参考史蒂文斯（2004）。

（3）基于市场的政策工具种类

① 排污收费制度。根据企业或污染源产生的排污量征收税费。因此，企业的理性选择是将污染削减到边际控制成本等于税率这一水平上。制定合理的税率费率很难。

② 可交易的许可证制度。总体污染排放水平确定后，就以排污许可证的方式分配给各企业。企业的污染排放水平低于许可排放水平，可以将剩余的许可水平出售给其他企业或者用来抵消本企业其他设施的过度排放。个人也可以参与污染物排放额度购买活动，并以此为环境保护做贡献（见专栏12-7和专栏12-8）。

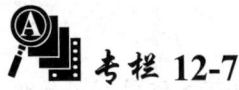

专栏12-7

个人购买碳排放量

引入污染物排放配额制度，并不意味着要政府放弃对环境污染的控制，而是让政府可以利用市场手段来实现政策目标。政府将其部分职能交给市场，让市场去决定污染物的排放限制应该如何在各企业之间进行分配。政府仍然要测算允许排放的污染物的总量，监督执行的情况，并对违法企业进行制裁。

污染物排放权的定量配额计划取得了显著的成功，比以往的其他所有酸雨控制方案都更加有效。实际的污染物排放量比政府设定的控制量要低30%。

有时，某些环境保护组织会采取高姿态的行动，购买污染物排放权，然后放置起来不予使用。美国俄亥俄州克利夫兰市的"保卫清洁空气组织"（Clean Air Conservancy）就参与了污染物排放权配额的拍卖，然后把配额出售给公众。他们向社会宣传说，每售出一张许可证，就将减少一吨二氧化硫的排放。还有，克利夫兰Glens Falls 中学的六年级学生也发起了运动，集资购买污染物排放权。污染物排放权配额甚至被用来作为圣诞礼物。

购买碳减排量的费用，会被全球的环保组织和机构用来处理环境污染以及开发新型清洁能源，以抵消碳排放对地球的损害。在网站上，人们可以计算乘坐一次飞机，或者使用空调的二氧化碳排量，然后据此购买碳减排量。

WWF 呼吁所有参加 2008 年北京奥运会的运动员购买碳减排量，以抵消乘坐飞机所排放的二氧化碳，争夺"节能金牌"。据介绍，北京奥运会预计将吸引来自全球 200 多个国家和地区的上万名运动员，这些运动员乘飞机前往北京，将会产生大量的二氧化碳排放。据统计，长途航班每年所排放的二氧化碳约为全世界碳排放量的 2%。在参加北京奥运夺取金牌的旅程中，平均每位运动员将向大气中排放约 4 吨的二氧化碳。据悉，WWF 正在同从事抵消碳排放工作的相关专业机构协商，以便让运动员、赞助商、媒体以及其他任何计划在奥运会期间前往中国旅行的人们能够利用一种名为"碳排放计算器"的工具，轻松地输入他们旅行的距离，计算出相应的二氧化碳排放，然后出资购买相应的减排量，抵消碳排放。这些钱将被用于投资国际"黄金标准"的项目，例如风力发电场、太阳能电站，或者其他减少二氧化碳排放的节能项目。据介绍，乘坐经济舱从巴黎飞往北京的乘客，如果携带的行李量不大，一般会造成 2 000

多千克的二氧化碳排放,而每 1 000 千克碳抵消量的价格可达到 15 欧元左右。运动员们通常会携带大量的行李,因此行程所需支付的金额将会更高。

资料来源:约翰·麦克米兰(2006);http://news.xinhuanet.com/newscenter/2007-08/15/content_6535405.htm;http://it.sohu.com/20070327/n249001138.shtml。

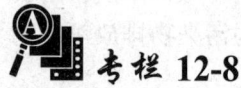
专栏 12-8

碳交易市场运行的中国经验

在近日召开的中欧碳市场对话与合作项目发布会上,生态环境部气候司副司长蒋兆理称,中欧碳市场合作项目第一期已经取得圆满成功,其直接成果便是中国全国碳市场的启动。

自 2015 年中国在巴黎气候大会做出"2030 年左右二氧化碳排放达峰值"的减排承诺,至今已过去 3 年时间。期间,中国在减少温室气体排放方面与国际社会积极互动,并在切实的行动中取得了丰硕成果。

稳扎稳打的碳交易平台

"过去,对于高排放、污染的企业来说,排放什么、排放多少,都是没有太多成本的。"谈到碳交易市场对于推动企业向绿色环保发展方式转变的作用,中国政策专家库专家、中国电子节能技术协会低碳经济专委会执行会长李鹏告诉《中国科学报》记者。

中国作为世界第二大经济体,也是全球第一碳排放大国。作为一个负责任的大国,中国向世界做出了减少碳排放的郑重承诺。"2030 年左右二氧化碳排放量达到峰值,2030 年单位国内生产总值二氧化碳排放量比 2005 年下降 60%~65%。"李鹏介绍说。

看上去宏大的目标,在一步步实际举措中变得可实现。

"去年,我国的碳强度比 2016 年下降了 5.1%,相比 2005 年累计下降约 46%,已经提前完成了我国 2020 年碳强度下降 40%~45%的承诺。与此同时,今年,我国碳排放权交易市场已从试点迈入全国交易启动阶段。"李鹏说。

碳排放交易体系是通过设定碳排放配额总量和交易排放配额的方式来实现节能减排的一种有效手段。2011 年,国家发展改革委发布了《关于开展碳排放权交易试点工作的通知》。此后,北京、天津、上海、深圳等 7 省市率先启动了碳交易试点工作。两年后,深圳率先开展碳交易。2017 年年底,全国碳交易市场正式启动。

循着碳排放交易体系在中国的发展路径,不难看出中国在碳排放交易中的扎实布局。良好局面的形成,也包含着与外国相关机构积极互动、合作的成果。

据介绍,2014—2017 年间,在"中欧碳交易能力建设项目"的支持下,中国在全国 31 个省区市开展了 30 多个项目,吸引了中欧双方近 2 000 人参与。在发布会上,中欧碳市场合作的第二期项目宣布启动,以推动中欧双方在碳交易方面的进一步合作。而会议所释放出的中国与国际社会积极合作的信号,也令各国越来越关注中国在推动碳交易市场发展中所发挥的作用。

"当我们谈应对气候变化时,没有中国,这样的举措不会成功。"欧盟气候行动总司高级专家乔纳斯·安斯曼指出,中国的积极应对令人备受鼓舞。他指出,在气候政策方面,乃至中国在巴黎气候峰会的协议和承诺方面,双边合作都可以让更多国家、地区获益。

企业成本有了新算法

有了碳排放交易平台,环保型企业和污染型企业的经济账将会换个算法。以往,企业为了控制生产成本,不惜违法偷排、漏排,甚至存在环保设备不合格以及在生产中私自关停环保设备等现象。

而运行环保设备的企业履行了保护环境的责任与义务,却常常因成本增加而在市场竞争中失去价格优势。久而久之,市场上甚至会形成劣币驱逐良币的不良局面。这自然需要环保部门更有效地监管,但也需要更合理的机制,让污染企业从经济利益层面受到牵制。碳交易平台便为这样的举措提供了可践行的场地。

碳交易启动后,企业再想钻空子将变得困难,这无疑会对企业的经营管理及投资产生影响。

据估算,每产生一吨二氧化碳排放,将相应产生约3.2千克和2.8千克氮氧化物排放。"经营不佳、技术装备水平低的企业,若是多生产,就会带来更多的配额购买负担。在碳市场机制作用下,企业通过调整能源结构、采用节能低碳和新能源技术等绿色环保发展方式的同时,将从源头上有效减少污染物的排放。"李鹏告诉记者。

据他介绍,过去几年碳排放的强度和总量双降的经验表明,碳市场在实现低碳发展的战略目标方面会发挥重要作用。碳减排成本高低不同,减排成本低的企业超额完成减排任务,可以将剩余的碳排放配额卖给超配额排放的企业获取收益,通过这样的市场化运作,激励企业改进生产、转型升级,促进企业自主自发减排,实现减排成本较小化。

期待中国碳排放范本

"过去几年已探索了碳排放权交易市场的政策制度设计,初步形成相关政策和交易体系,但是也要看到当前的碳市场还不够活跃、碳价格尚存在波动等问题。"李鹏说。

尽管如此,根据《碳排放权交易市场建设方案(发电行业)》,以排放量每年2.6万吨二氧化碳当量,相当于综合能耗1万吨标准煤左右的水平作为纳入企业的门槛,发电行业纳入的企业达到1700多家,排放量超过30亿吨。这个规模远远超过世界上正在运行的任何一个碳市场。

这样庞大的碳市场需要一个高效运行的工具,让交易变得简便可行。

"正确的工具——容易被大家接受,行政成本比较低。这也是我们选择建设碳排放交易市场的原因。"国家应对气候变化战略研究和国际合作中心副主任马爱民介绍称,过去几年开展交易试点的经验表明,碳市场可以成为相关目标的有效工具。

马爱民坚信,未来在实现低碳发展的战略目标方面,碳市场可以发挥更重要的作用。这体现在,碳市场可以通过适当合理的价格信号,促进企业自主、自发采取减排行动;另外,在建立碳排放市场条件下,促使生产要素合理流动,高碳排放向低碳排放转移,促进绿色低碳企业融资方面的降低,希望通过碳市场带来附加效益。

尽管在专家眼中,国内当下的碳市场还存在种种问题,但与中国合作的欧盟合作者却开始期待从中国碳交易市场的运行中,为其他国家碳交易平台的建立寻找可借鉴的范本。

"中国碳交易市场的成功经验,对其他国家具有借鉴意义。现在在全球都尝试碳市场,不仅仅中国,拉美、非洲等通过碳市场对话,使用巴黎协定的条款去打造系统,最终促进非洲区域内的合作。"国际排放权交易协会主席德克·福里斯特说,"未来还有很多挑战,我们需要这些系统来合作解决问题,最终实现巴黎协定。"

他最后指出,中国在全球是最大的碳市场,将会为全球碳交易确定潮流,并为碳交易运营提供经验。他期望通过各国的努力在全球范围发展起碳交易联盟。

资料来源:王佳雯. 碳交易市场运行的中国经验[N/OL]. 中国科学报, 2018-05-10[2018-07-20]. http://news.sciencenet.cn/htmlnews/ 2018/5/411838.shtm.

③ 削减市场壁垒。在一些情况下,环境保护可以通过减少或明或暗的市场壁垒来实现。减少市场壁垒有三种类型,即市场创建,政府积极促进新市场的发育;责任规章,鼓励企业在决策中考虑潜在的环境损害;信息披露,要求并鼓励商品和服务的提供者向消费者传递某种信息,以此提升市场的功能等。专栏 12-9 提供了一个市场创建案例。

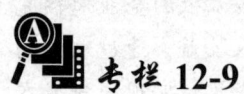

专栏 12-9

市场创建案例

美国西部地区一直被水资源供应短缺和对水资源的低效率配置所困扰,主要原因是使用者无法得到正确的激励,并采取行动来体现水资源的经济价值和环境价值。自愿的水权交易已经使问题得到解决,水权交易有助于采取合理的保护措施,使水资源在各竞争性使用者之间实现最优的配置,以及有助于水质的改善。在超过 10 年的时间里,经济学家注意到联邦和州的政策曾使问题恶化。在加州的"中心大峡谷",一些农场主仅花 10 美元就可买到足够的水来灌溉一英亩棉花,而在仅几百英里之外的洛杉矶,当地机构却要支付 600 美元才能得到同样的水量。这一强烈的对比说明:满足日益扩大的城市水需求,可以通过在农业和环境方面付出极小的代价即可实现(也就是说,并不需要去新建有损于环境的大坝和水库)。随后的改革措施允许建立水资源市场,以便使两方境况都能改善的资源交易能够发生。

资料来源:史蒂文斯(2004)。

④ 减少政府补贴。从理论上说，补贴可以在解决环境问题方面提供激励。然而在实践中，各种补贴加剧了经济无效率和环境不可持续。美国林业部门以低于成本的价格销售木材，就与补贴过多有关。如果削减补贴，那么林业部门就无法以低于成本的价格出售木材，环境质量也将因此得到改善。

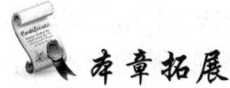

关于西方公共事业市场中的激励规制与竞争的变化，可参阅 Vogelsang（2002）。陆旸（2009）研究了环境规制对污染密集型商品的贸易比较优势的影响。拉丰（2009）为发展中国家的规制提供了一个理论分析框架。关于中国规制与经济的相互影响，已有许多成果。朱平芳、张征宇和姜国麟（2011）从地方分权视角探讨了外国直接投资与环境规制的关系。肖兴志、陈长石和齐鹰飞（2011）研究了安全规制波动对煤炭生产的非对称影响。

- 公共规制是指具有法律地位的、相对独立的公共部门，为了实现特定的目标，依照法律法规对企业、个人或其他相关利益主体所采取的一系列行政管理与监督行为。
- 公共规制的目标有提高社会福利和利益集团利益之分。前者属于规制的公共利益理论；后者属于政府规制经济理论，政府规制俘获理论就是其核心内容。
- 公共规制可大致分为经济性规制和社会性规制。前者是指公共部门通过价格、产量、进入与退出等方面的规定，而对企业等经济利益主体的决策所实施的各种强制性约束，它主要适用于自然垄断和信息不对称等领域；后者是指以保障劳动者和消费者的安全、健康、卫生、环境保护、防止灾害为目的，对产品和服务的质量和伴随着提供它们而产生的各种活动制定一定标准，并禁止、限制特定行为的规制。
- 公共规制过程大致包括立法、执法、放松或解除规制三个阶段。
- 规制的方式主要有：进入规制或退出规制、标准规制、价格规制、征税规制等。
- 经济性规制绩效的提高可以通过设计不同种类的合同菜单而得以实现。
- 根据合同激励强度的高低，可以将合同区分为高强度激励合同和低强度激励合同。价格上限合同属于高强度激励合同；服务成本合同属于低强度激励合同。
- 拉姆齐定价的基本原则是：每种服务的价格都应该对回收企业的固定成本做出贡献，且尽量减少由此造成的经济扭曲。
- 规制合同的期限可以事先确定，但可能受到政治因素和预算软约束的影响。
- 社会性规制的加强或通过健全规制机构，或通过加强立法。
- 社会性规制可以通过市场化方法提高社会效率。

思考题

1. 爱尔兰 2003 年制定并通过了《出租车规制法》（Taxi Regulation Act），延续了 2000 年高等法院判决确立的放弃数量规制的立场。放松出租车数量规制并没有引起出租车过度供给、道路拥堵、秩序混乱等负面效果。相反，公众对放松规制给予了较为积极的评价。而在世界上许多国家，数量规制仍然没有实现。中国各地政府也对出租车进行数量限制，北京等实行"总量控制"，青岛、杭州等城市定期发放或拍卖牌照。（王军，2007）早在 1992 年，北京市就提出解决打车难问题。可是，2012 年，北京打车难问题变得更加严重。就是在这样的背景下，主管部门仍强调十多年前确定的出租车数量标准不变，2015 年前数量 6.66 万辆的限额保持不变。（刘星，高四维. 北京出租车：十年撼不动的利益格局[N/OL]. 中国青年报，2012-08-22.http://zqb.cyol.com/html/2012-08/ 22/nw.D110000zgqnb_20120822_1-07.htm.）是什么力量在阻止放松规制的改革？你认为中国的出租车规制是否应该仿效爱尔兰？网约车的兴起又在改变着人们的出行方式，你认为网约车应该如何监管？

2. 广东省东莞市决定从 2009 年 1 月 1 日起，在全市范围内禁止养猪。据称，东莞市现有 75 万头生猪带来的污染排放量相当于 450 万人口的污染排放量，要新建一座日处理 132 万吨的污水处理厂才能有效净化处理。（南方都市报，2007-12-05）你如何看待东莞禁猪？如今，禁猪的地方越来越多。那么到底哪里适合养猪呢？请从公共规制的角度对禁猪可能引发的问题进行分析。

3. 政府对国家级风景名胜区的规制属于经济性规制，还是社会性规制？请联系中国的实际进行说明。

4. 厦门市 70 多个公交站点一度实行企业商业冠名，公交站牌上出现许多"怪站名"。被称为站名最长的"塘边颈腰痛医院（光亮医院）站"竟然有十二字之多。"公交线路变成了商业街"，老市民都"找不着北"，这引起市民的争议。政府已对公交站点商业冠名痛下"封杀令"，这又令城市公交企业陷入在"公益化"和"市场化"的夹缝之间。（资料来源：http://news. xinhuanet.com/focus/2007-06/15/content_6226909.htm）无独有偶，2012 年，武汉地铁拟有"周黑鸭·江汉路"站名，后因公众强烈反对而最终放弃。你认为政府应该对公交车站名进行规制吗？

5. 结合本章所介绍的理论，分析污染防治攻坚战可选择的路径。

6. 城市地铁票价应该怎么定？低票价高财政补贴是否具有可持续性？

阅读与参考文献

[1] Vogelsang. Incentive Regulation and Competition in Public Utility Markets：A 20-Year Perspective[J]. Journal of Regulatory Economics，2002，22（1）：5-27.

[2] 让-雅克·拉丰. 规制与发展[M]. 北京：中国人民大学出版社，2009.

［3］约翰·麦克米兰. 市场演进的故事［M］. 北京：中信出版社，2006.

［4］罗伯特·N.史蒂文斯. 基于市场的环境政策［M］//保罗·R. 伯特尼，罗伯特·N. 史蒂文斯. 环境保护的公共政策. 第 2 版. 上海：上海三联书店，上海人民出版社，2004.

［5］托马斯·思德纳. 环境与自然资源管理的政策工具［M］. 上海：上海三联书店，上海人民出版社，2005.

［6］史普博. 管制与市场［M］. 上海：上海三联书店，上海人民出版社，1999.

［7］维斯库斯，弗农，哈林顿. 反垄断与规制经济学［M］. 北京：机械工业出版社，2004.

［8］《财经》杂志编辑部. 规制的黄昏：中国电信业万亿元重组实录［M］. 北京：社会科学文献出版社，2003.

［9］邓子基. 财政学［M］. 北京：中国人民大学出版社，2003.

［10］陆旸. 环境规制影响了污染密集型商品的贸易比较优势吗？［J］. 经济研究，2009（4）.

［11］王军. 爱尔兰出租车行业的放松管制［M］//吴敬琏. 比较（第三十辑）. 北京：中信出版社，2007.

［12］王俊豪. 政府规制经济学导论：基本理论及其在政府规制实践中的应用［J］. 北京：商务印书馆，2001.

［13］肖兴志，陈长石，齐鹰飞. 安全规制波动对煤炭生产的非对称影响研究［J］. 经济研究，2011（9）.

［14］余晖. 中国的政府规制制度［J］. 改革，1998（3）.

［15］余晖. 受规制市场里的政企同盟：以中国电信产业为例［J］. 中国工业经济，2000（1）.

［16］余晖. 政府规制改革的方向［J］. 战略与管理，2002（5）.

［17］张帆. 环境与自然资源经济学［M］. 上海：上海人民出版社，1998.

［18］张昕竹. 中国规制与竞争：理论和政策［M］. 北京：社会科学文献出版社，2000.

［19］张昕竹，让-雅克·拉丰，安·易斯塔什. 网络产业：规制与竞争理论［M］. 北京：社会科学文献出版社，2000.

［20］朱平芳，张征宇，姜国麟. FDI 与环境规制：基于地方分权视角的实证研究［J］. 经济研究，2011（6）.

13 政府预算

学习目标

- 了解政府预算；
- 了解预算的基本种类；
- 了解预算的编制、执行、调整与决算；
- 了解部门预算。

一到年终，政府部门集中花钱总是引起社会各界的高度关注。显然，这对改善政府支出绩效是有帮助的。12 月份一个月财政支出水平大约和一个季度相当，算不上突击花钱？最后一个月花钱多，有担心钱花不出去来年预算支出规模被压缩的因素，但也有诸多项目完成年终结算的合理因素，还有预算年度与预算通过时间滞后的因素。实际上，这种情况已经发生了很大的变化。据财政部网站的数据计算，2008—2017 年每年的 1—11 月份财政支出占全年预算支出的比例分别为 75.39%、73.77%、84.7%、88.76%、84.39%、82.97%、82.53%、87.59%、91.77%、92.15%。这组数据表明，年末集中花钱已不是事实。所谓的"突击花钱"实际上已经不是主要问题。

政府预算反映政府部门所有经济活动。其覆盖范围广。政府收支预算、国有企事业单位和机构预算属于广义的政府预算。在现实中，人们所指的政府预算常指狭义的政府预算，即政府自身的预算。它主要反映政府收支活动。

13.1 政府预算概述

政府预算是市场经济发展的产物，在现代财政制度中处于最为中心的地位。目前，中国政府预算不仅有公共性质的政府收支内容，而且包括国有资本性质的政府收支内容。政府预算包括一般公共预算、政府性基金预算、国有资本经营预算和社会保险基金预算四本子预算（见专栏 13-1）。

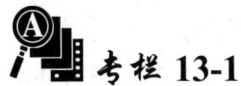 专栏 13-1

中国的预算体系

预算包括一般公共预算、政府性基金预算、国有资本经营预算、社会保险基金预算。一般公共预算、政府性基金预算、国有资本经营预算、社会保险基金预算应当保持完整、独立。政府性基金预算、国有资本经营预算、社会保险基金预算应当与一般公共预算相衔接。

一般公共预算是对以税收为主体的财政收入，安排用于保障和改善民生、推动经济社会发展、维护国家安全、维持国家机构正常运转等方面的收支预算。政府性基金预算是对依照法律、行政法规的规定在一定期限内向特定对象征收、收取或者以其他方式筹集的资金，专项用于特定公共事业发展的收支预算。政府性基金预算应当根据基金项目收入情况和实际支出需要，按基金项目编制，做到以收定支。国有资本经营预算是对国有资本收益做出支出安排的收支预算。国有资本经营预算应当按照收支平衡的原则编制，不列赤字，并安排资金调入一般公共预算。社会保险基金预算是对社会保险缴款、一般公共预算安排和其他方式筹集的资金，专项用于社会保险的收支预算。社会保险基金预算应当按照统筹层次和社会保险项目分别编制，做到收支平衡。

资料来源：《中华人民共和国预算法（2014年修正）》。

13.1.1 预算的定义

"预算"（budget）一词，英文原意是皮包。英国早期的财政大臣常带一皮包，用来装向议会提交的政府需求和资源报告。后来，人们就用这个词来指代"预算"。

我们每一天都要和预算打交道。每一天，我们都要合理安排自己的时间和金钱消费。所有经济主体都不能回避预算。街头小店需要预算，大型跨国公司也要做预算，包括政府在内的公共部门同样需要编制预算。

预算作为一种机制，其目的都是设定目标，衡量相对于目标的进度，识别组织中的缺点和不足，控制并整合大型机构下属单位的各种行为。这对于私人部门和公共部门都是如此。

最简单的预算是一份报告或报告汇编，涉及一个组织（家庭、企业和政府）的财务状况，包括收入、支出、活动、目标等信息。预算带有前瞻性，涉及未来预期的收入、支出和绩效，是对未来收支活动的预先安排。

关于政府预算，可从不同视角来理解。法官认为预算是一系列法律程序。经济学家和政治家视角不同，对现象的描述也不同。公共管理者眼中的预算也和他人不同。不同看法都有道理。在现代社会中，预算是落实公共政策的工具，因而政治家视角非常重要。经济学家和会计学家的专业视角，对于我们理解预算以及如何从事预算实践很有影响。经济学家给我们提供理论和技术，帮助我们明确如何编制预算，应考虑哪些因素，预算决策又该考虑哪些因素。会计学家为我们提供计价和评估预算的概念框架。公共管理者通过预算过程管理政府事务时,必须理解上述每个视角。

预算过程是政治领域中寻求政治利益的政治事件。政治既有好的一面,也有坏的一面。有时,政治家作为个人为自己谋利;有时,他们又在维护某种道德观念或无私地帮助别人。动机或有不同,但对政治利益的追逐相同。经济学家分析预算决策时,假定它是在严格的财务约束条件下做出的。经济分析有助于确定最优决策。会计学家强调准确财务信息获取的重要性。

从公共管理者的视角来看,预算是制订政府计划和政策的重要工具。预算体现行政首脑的施政纲领。一般来说,预算可作如下定义:预算是一定时期内为实现特定目标所必须完成的各种项目的计划,包括对所需资源和可用资源的预计。它通常还需要与过去一个或多个时期进行比较,并说明未来需求(林奇,2002,p.5)。

预算是预先安排的基本收支计划。政府预算就是政府预先安排的基本收支计划,反映政府的所有经济活动。与私人部门的预算相比,政府预算的特点有:政府预算规模的灵活度大于私人预算。政府可以动员的资源远比私人部门多,公共部门扩大收入规模的约束远小于私人部门。政府可以举债扩大预算规模。政府预算决策是非营利性的,也与私人预算的营利性不同。

13.1.2 政府预算制度的形成[①]

政府预算是市场经济发展的产物。现代意义上的第一个政府预算产生于封建社会向资本主义社会过渡、自然经济向市场经济过渡的英国。13—19 世纪,英国社会与封建君主进行了无数次的斗争,其中包括 1215 年的《大宪章》事件、17 世纪 40 年代的革命、1688 年的光荣革命以及 19 世纪上半期的宪章运动等,英国政府收支的全部决定权的争夺非常艰难,但逐步转到议会手中。英国新兴的市场和资本力量就是通过议会直接控制和决定政府的收支活动。

现代政府预算是在这一背景下产生的。英国人民和议会为确保有效控制和决定政府收支,要求政府在财政年度开始之前预先编制年度收支计划,报送议会审议批准后再执行。这一预先提交并经议会批准的政府年度收支计划,就是政府预算。

政府预算制度在英国的形成和发展过程具有以下特点。

1. 政府预算制度是经济利益争夺的产物

政府预算制度是英国人民与国王之间经济利益争夺的直接产物。它体现出的是随着市场经济的发展,逐步形成的独立经济主体维护自身利益的根本要求。纳税人的钱应由纳税人选出的代表来控制,还是由花钱的政府来控制?这一问题在英国争论了 7 个世纪。"非赞同毋纳税"原则在法律上的确立,直接回答了这一问题。它是纳税人维护自身经济利益的集中体现,因而成为英国政府预算制度开始形成的最初标志。它表明政府预算制度从根本上看是争夺经济利益的产物,而不是单纯的政治斗争的结果,是市场这只"看不见的手"从根本上促成了政府预算制度在英国的形成和发展,促成

---

① 详细内容可参见张馨,袁星侯,王玮(2001, pp.75-114)。有不少学者认为中国古代就有了政府预算制度,但古代的政府收支计划和现代政府预算有诸多不同,晚清现代政府预算才开始正式形成。参见陈锋(2009)。

了从传统的财政制度向公共财政制度的演进和转化,而不是"看得见的手",即国王及其政府有意安排作用的结果。

2. 政府预算制度是政治格局变动的直接结果

政府预算制度,是英国政治格局变动的直接结果。以国王为代表的没落封建势力和以议会为代表的新兴市场势力之间,经过长达数百年的政治较量,政府预算制度才得以确立。政府预算本身就是近现代国家政治制度的重要组成部分,其发展与英国政治格局的变化就有着直接的联系,政治格局变化直接决定它的变化。同时,它又反过来强烈影响政治进程走向与发展状态。英国政府预算制度的建立,直接依靠的是议会对国王财政权的控制,它是英国议会,尤其是下院取得权力的直接结果。"无代表,不纳税"就体现了这一点。

3. 政府预算制度是议会对君主财政权剥夺的直接结果

政府预算制度的形成过程,就是议会对国王财政权的逐步剥夺和控制的过程。政府预算制度的形成史,也是议会为控制政府的"钱包",即政府财政而斗争的历史。这是一个由点及面、逐步扩展的过程。政府预算制度的建立过程,从控制部分税收权开始,经历了部分税收—军费支出—全部税收—拨款—陈述—王室年俸—王室收入—年度收支计划报告—审计……逐步推进并最终完成的。

4. 政府预算制度直接推动市场经济的建立健全

英国政府预算制度又直接影响市场经济制度的形成和发展。政府预算制度的形成,市场因素的发展壮大显然是根本决定因素,但它又直接由议会对国王优势的确立所决定。反过来,政府预算制度的发展又直接推动政治制度的变化,影响经济关系的变化。政府预算制度的形成过程,是限制和剥夺国王权力的过程,市场活动因此不会受到损害,同时市场活动所必需的公共服务又得以提供。这也是一个新兴的市场和资本力量维护自身利益,确保自己冲破封建势力约束和阻碍发展壮大的过程。于是,政府预算制度为市场经济的逐步建立健全保驾护航。从这个意义上说,没有政府预算制度的建立和形成,就没有市场经济体制的建立和形成。美国预算制度的建立对了解市场经济条件下政府预算制度的完善是有启示意义的,参见专栏13-2。

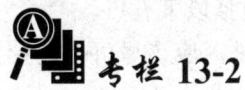

专栏 13-2

美国政府预算制度的建立

美国建国之后,并没有建立起有效的政府预算制度。直到20世纪初,所谓预算,不过是一堆杂乱无章的事后报账单。对政府某部门的拨款只是一个总数,开支分类是没有的,细目也是没有的,不准确,更谈不上完整。马寅初先生(1882—1982)在《纽约市财政》中就指出了这些制度缺陷。在这种情况下,美国虽然号称民主,民众实际上根本无法有效监督政府行为。结果,腐败现象屡禁不绝。

人们对腐败的丑恶和愤怒成了改革的动力。1905年,一批人设立了旨在推动纽约市预算改革的"纽约市政研究所"。布鲁金斯学会(Brookings Institution)就是由它演变而来的。预算改革者认为,预算问题绝不仅是个至关重要的数字汇总问题,而是关系到民主制度是否名副其实的大问题。没有预算的政府是"看不见的政府",而"看不见的政府"必然是"不负责任的政府","不负责任的政府"不可能是民主的政府。改革的目标是把"看不见的政府"变为"看得见的政府","看得见,人民才有可能对它进行监督。"在这个意义上,预算是一种对政府和政府官员"非暴力的制度控制方法"。

什么样的预算才是现代意义上的预算呢?弗里德利克·克莱文兰德在《美国预算观念的演进》(1915)中提出来以下几个标准:第一,它是一个关于未来政府收支的计划,而不是事后的报账。第二,它是一个统一的计划,包括政府所有部门的开支。第三,它是一个详尽的计划,要列举所有项目的开支,并对它们进行分类。第四,对计划中的每项开支都要说明理由,以便对开支的轻重缓急加以区别。第五,每个计划都必须对政府的行为有约束力,没有列支的项目不能开销,列支的钱不得挪作他用。第六,计划要得到权力机关(议会)的批准,并接受它的监督。第七,为了便于民众监督,预算内容和预算过程必须透明。

在预算改革者的敦促下,纽约市在1908年推出了美国历史上第一份现代预算。最初的预算相当粗糙,只有市政府的四个主要部门拿出了分类开支计划,以后,纽约市的预算日趋完善。到1913年,预算文件已从1908年的122页增加到836页。纽约市的经验为其他地方所效仿。到1919年,全国已有44个州通过了预算法;到1929年,除了阿拉斯加州以外,所有的州都有了自己的预算法。1921年,国会通过了预算与会计法案。至此,美国的现代预算制度正式宣告建立起来。

资料来源:王绍光(2002)。

13.1.3 政府预算制度编制的原则

现代政府预算制度产生于英国,但其影响远超英国。英国政府预算的基本原则逐步为世界各国模仿和借鉴,成为各国普遍采用的制度。由于国情不同,各国建立政府预算的历程不同,所形成的具体制度安排也不同,但这并不影响其基本性质和原则的共同性。

如今,广为市场经济国家接受的现代政府预算编制原则大致包括以下五点。

(1)公开性原则。政府预算的内容除了极少数涉及国家机密外,应该尽可能向社会公布,置于公众监督之下。

(2)完整性原则。公共部门的所有收支活动都应在政府预算中得到反映。

(3)可靠性原则。政府预算收支数字必须准确无误。

(4)年度性原则。政府预算应按年度编制。预算年度也称财政年度,它是政府预算收支起止的有效期限,通常为一年。有些国家实行的是与日历年度相一致的预算年度,如中国;而有些国家实行的则是与日历年度不一致的预算年度,如美国联邦预算年度的起讫时间,是从上一日历年度的10月1日起,至本日历年度的9月30日止。

(5)统一性。不同级别政府编制的政府预算应有统一的计算口径,以便统计全国的预算收支数据。

符合以上五个原则的政府预算,还必须经立法机构(西方国家的议会或中国的人民代表大会)审批,才有法律效力。各级政府必须执行政府预算,非经法定程序不得改变预算收支数额与使用方向。

转型期中国预算与规范的政府预算有不小差距,参见专栏13-3。

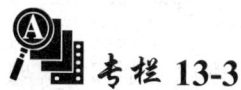 专栏 13-3

转型期预算的肢解与全口径预算管理

很长一段时间内,中国的财政资金有预算内和预算外之分。预算内资金是列入政府预算的财政资金。在计划经济时期,政府集中了社会中的大量资金,预算内资金的过度集中使用影响财政资金效率。为了调动政府各部门、地方各级政府、企业(1993年之后企业资金不属于预算外资金)的积极性,预算外资金管理办法应运而生。所谓预算外资金,是指根据国家有关法律法规的规定,由各部门各单位自主提取并按照规定用途进行使用的资金。到了20世纪80年代,预算外资金规模不断膨胀,到20世纪90年代,预算外资金规模甚至与预算内资金规模并驾齐驱。中国多次修改预算外资金管理办法,调整预算外资金范围,加强预算外资金预算内专户管理。在预算外资金规模不断扩大的同时,制度外财政也开始出现。所谓制度外财政,是与制度内(预算内和预算外)相对而言的,它是在制度之外运行的财政。制度外财政的支出范围多种多样,有与公共部门社会管理职能一致的项目,例如发放公务员工资、基础设施建设投资等,也有与政府有关规定不一致的地方;制度外财政的收入来源包括搭预算外资金征收的便车的超标准收费、自立名目的收费、摊派、自愿集资等,其中"三乱"(乱收费、乱罚款、乱摊派)是许多地方制度外收入的重要来源。在贫穷地区,甚至出现了基层政府靠计划生育违规罚款维持正常运转的不正常现象。一些研究结果显示,中国政府可支配资金一度出现了预算内、预算外和制度外三分天下、三足鼎立的状况。公共资金的这种分布状况与预算的完整性原则是相悖的,因此滋生了腐败行为,影响了公共资金的使用效率。公共部门所掌握的这三种资金都有某种程度的合理性,因此,改革应该是有堵有疏,特别是对于不同类型的制度外收入应该分类区别对待。

这种状况已经成为历史。2010年,中国不仅取消了预算外资金,而且还在加强全口径预算管理。根据2014年8月31日第十二届全国人民代表大会常务委员会第十次会议通过的《关于修改〈中华人民共和国预算法〉的决定》,预算包括一般公共预算、政府性基金预算、国有资本经营预算和社会保险基金预算。

资料来源:樊纲(1995);王雍君(2000);杨志勇(2011)。

13.2 政府预算的种类

政府预算作为政府收支活动计划,顺应不同时期不同需要,形成了多种形式。

13.2.1 单一预算与复式预算

单一预算又称单式预算,是指在预算年度内,将政府全部收支编入一个预算。单一预算是传统的预算编制方式,具有较强的综合功能,能全面地反映当年财政收入的总体情况,有利于全面掌握政府财政状况,但不能有效地反映财政收支结构和经济项目的效益,也不利于年度间和部门间的比较。

复式预算在单式预算的基础上发展演变而成,是指在预算年度内将全部预算收支按经济性质归类,分别汇编成两个或两个以上的预算,以特定的预算收入来源保证特定的预算支出,并使二者形成相对稳定的对应关系。发达国家的复式预算制度一般分为经常预算和资本预算。这种形式的预算对总体情况的反映功能较弱,但能明确揭示财政收支的分类实况,反映财政收支结构和经济建设项目的效益,较为接近商业会计原则。在制订长期计划时,资本预算能对长期公共投资进行较为有效的管理。

1927年丹麦率先创立复式预算。但直到1929—1933年大萧条和凯恩斯主义流行后,瑞典又设计了新的复式预算方案,这才引起其他国家注意和纷纷采用。各国复式预算的具体形式有所不同。

复式预算的产生和推广与政府职能扩大和赤字预算的推行紧密联系。复式预算体系中的经常预算对应的是公共部门日常收支活动,支出范围多限于满足公共部门社会管理职能所需,收入主要靠税收。资本预算支出主要是非市场性投资,收入包括经常预算的结余、各类专项建设税费、公债等。从世界各国预算编制的形式来看,随着私有化浪潮的掀起,国有经济相对规模的缩小,许多国家已不再编制复式预算,而转向推行权责发生制预算和会计。

从1992年起,中国开始试编复式预算,即根据预算收支性质分,将政府预算分为经常性预算和建设性预算。中国存在大量国有经济,决定了中国的复式预算将不同于西方国家。中国已经形成包括一般公共预算、政府性基金预算、国有资本经营预算和社会保险基金预算在内的不同于西方国家的复式预算体系。中国的一般公共预算实际上涵盖了西方的经常预算和资本预算的两大内容,而国有资本经营预算是西方政府预算制度中所没有的。

13.2.2 项目预算和绩效预算

按投入项目能否直接反映其经济效果分类,政府预算可分为项目预算和绩效预算。

项目预算作为一种预算形式,只反映项目的用途和支出金额,而不考虑支出的经济效果。

所谓绩效预算,是指根据成本—效益比较的原则,决定支出项目是否必要及其金额大小的预算形式。绩效预算就是有关部门先制订所要从事的事业计划和工程计划,再依据政府职责和施政计划选定执行实施方案,确定实施方案所需支出费用而编制的预算。绩效预算将预算决策的重点从投入转到产出,更加注重效益,旨在提高预算项目的效益。

13.2.3 增量预算和零基预算

按编制方法分类，政府预算可分为增量预算和零基预算。所谓增量预算，是指财政收支计划指标是在以前财政年度的基础上，按新的财政年度的经济发展情况加以调整之后确定的预算形式。所谓零基预算，是指对所有的财政收支，完全不考虑以前的水平，重新以零为起点而编制的预算形式。零基预算强调一切从计划的起点开始，不受以前各期预算执行情况的干扰，以尽可能找出更好的方法，使未来年度的预算一开始就建立在合理科学的基础之上，避免不必要的浪费。

零基预算不考虑原有因素，较为合理，但容易遭到既得利益集团的反对，同时也存在某些具体的技术问题，实行起来有难度，因而在现实中增量预算较为流行。

13.2.4 其他分类方法

政府预算分类方法很多。根据收支管理范围分类，政府预算可分为总预算和单位预算；根据预算的级次分类，政府预算可分为中央预算和地方预算；根据预算作用的时间长短分类，政府预算可分为年度预算和中长期预算。

13.3 政府预算的编制、执行与决算

政府预算从草案的编制开始，经过审批、执行、审计到决算等一系列过程。

13.3.1 政府预算编制的会计基础：收付实现制与权责发生制[①]

1. 两种预算的基本界定

政府预算编制方法的会计基础有两种，即收付实现制（现金制）和权责发生制（见专栏 13-4）。传统的政府预算编制方法以收付实现制（现金制）为基础。从 20 世纪 90 年代起，许多国家开始重视以权责发生制为基础编制政府预算。

收付实现制的预算，收付现金时就记录收入和支出，而不考虑政府何时实现收入、耗费资源或增加负债。权责发生制的预算，在政府行为实现收入、耗费资源和增加负债的期间记录交易，而不考虑相关现金是否收到或已付出。

由于政府预算中的成本信息会对决策者和管理者产生重要的激励作用，也由于应用权责发生制的政府收入计量在实务操作上的困难，目前各国收付实现制预算和权责发生制预算的差异，更多的在于预算成本的计量。

所谓权责发生制预算，通常是指以权责发生制为基础的财务会计准则记录预算成本。

两种预算的不同，不仅是公共部门服务预算会计计量的技术差异，也反映了对预算作用和功能的不同选择。

---

① 本部分主要参考楼继伟（2002）。

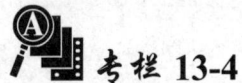

专栏 13-4

收付实现制与权责发生制

会计上确认一个会计期间的收入与费用，从而确定其损益的标准，就是会计基础（会计处理基础）。收付实现制和权责发生制都是会计基础。收付实现制即收入与费用的确认以款项是否已经收付为标准。凡本期收到的款项，均作为本期收入入账；凡本期支付的款项，均作为本期费用入账，而不论这些收入和费用是否在本期实现或发生。权责发生制即收入和费用的确认是以权利已经形成和义务（责任）已经发生为标准。对于收入，不论款项是否收到，以权利形成确定其归属期。凡本期已经实现的收入，不论款项是否在本期收到，都应作为本期收入入账；对于费用，不论款项是否付出，以支付责任的发生确定其归属期。凡本期已经发生的费用，不论款项是否在本期支付，都应作为本期费用入账；凡是不在本期实现的收入和已经发生的费用，即使款项在本期收付，也不应作为本期的收入和费用处理。

资料来源：楼继伟（2002）。

2. 两种预算的利弊权衡

收付实现制政府预算的有利之处包括：现金是评价政府经济影响时使用较广的指标之一；现金易于跟踪，适应政府预算强调控制和确保不超支的传统管理办法；对大部分政府行为来说，形成公共债务的交易发生时间和为清偿债务而支付现金的时间间隔较短。因此，收付实现制一般既能提供充分信息，又能实施有效的控制。

收付实现制的弊病有：不能对某些决策的长期影响提出预警，难以全面地反映政府财务状况和提供关于政府行为的长期持续能力的信息；不能将公共部门的服务成本与绩效配比，难以满足更加注重绩效的政府预算管理制度改革的需要。

在重视公共部门绩效评估的背景之中，一些国家开始从收付实现制预算转向权责发生制预算。

权责发生制提高了用于决策的预算信息的完整性和有用性，能更好地将成本与绩效进行配比；提供了全部成本的信息，鼓励进行长期管理和制定长期政策；提高了预算报告的一致性和可靠性。

权责发生制预算在确认提供产品和服务的成本时，如雇员的递延报酬（未来支付的养老金），并不一定要求马上支付现金。同时，权责发生制预算又将一些现金开支的成本分摊到各个受益期间。因此，它能更好地反映政府行为所实际耗费的资源。权责发生制预算将预算确认与资本耗费结合在一起，这样，在要求的和拨付的预算金额与财务报表和其他绩效报告所反映的实际结果之间进行比较变得更加容易，有助于了解绩效的成本，了解预算与绩效之间的关系。

权责发生制预算引入了资产/负债观，在拨款金额中包括与单位的资产和负债变动有关的费用。采用权责发生制预算的国家通常要求预算报告中包括资产负债表、运营表和现金流量表等基本财务报表。

权责发生制预算拨款，通常反映某一财政年度内所发生的成本，提供了与运营表相近的信息。运营表确认了某一时期的收入和费用，反映资产负债表的变动。权责发生制预算提供与预期运营表相近的信息，所以它也反映了资产负债表的变动。因此，权责发生制预算有利于更充分地评价公共部门对资产和负债的管理状况，从而能更好地评价政府长期的财务健全状况。

3. 两种预算的实践

有些国家实现了从收付实现制到完全的权责发生制的转变；有些国家在改革中立足国情和财政管理需要，部分地采用了一些权责发生制方法来弥补传统的现收现付制的缺陷，或者在采用权责发生制的同时，保留了一定程度和范围的现收现付制，从而形成了多种"修正的现收现付制"和"修正的权责发生制"模式。

最普遍的收付实现制修正模式，是在年度结束后的延长期内（例如一个月左右），财务保持未结账状态。其目的是，克服一些可以觉察的、在收付实现制下遇到的由于时间选择而引起的现金流量差异的问题。这些现金流量与当年的支出有关，但直到年后才发生。政府采用这种修正的收付实现制原因之一是，它允许在特定的财务年度内将拨出的款项作为该年度的支出，而不考虑它延期至延长期才支出的事实。

修正的收付实现制的另一形式是，政府对某些项目附加披露信息，而这些项目在正常情况下，适应权责发生制会计确认。

最常见的修正的权责发生制形式，是对确认资产和负债的范围做出限制。例如，对所有非金融资产在购置时确认为费用；按权责发生制确认某些非金融资产，但对国防基础设施和文化资产在取得或建造时确认费用；只确认短期金融资产和负债；确认所有负债但不包括养老金负债等。

限制范围的原因，往往是由于这些资产和负债的确认在技术上存在困难，计量成本过高，或对公共管理与政策的影响不大等。采用修正的权责发生制可以避免收付实现制的弊病，也可以降低改革难度。

13.3.2 政府预算的编制方法

政府预算编制除了遵守上文所列五原则之外，还要考虑到当时的经济状况、政府的政策目标以及以前预算的执行状况等因素。

政府预算编制的核心内容，是要确定各收支项目的具体数额，确定预算指标数。确定数额的方法主要有以下几种。

（1）基数法。基数法以某一年度的预算数字作为基础，在此基础之上进行调整，确定本期的预算数额。

（2）系数法。系数法将预算收支数与同期有关经济指标或其他指标联系起来，将这些指标乘以一定的系数，测算预算收支数额。

（3）比例法。比例法是在已知局部预算收支的情况下，利用局部占全部的比例关系，测算计划年度全部预算收支，或者在已知全部预算收支的情况下，利用局部占全部的比例关系，测算计划年度局部预算收支的一种方法。

（4）定额法。定额法是利用各项预算定额和有关经济事业指标测算计划年度某项预算收支的一种方法。

（5）综合法。综合法是在报告年度预算收支基数的基础上，既使用系数法计算计划年度经济和事业增长速度，又考虑各种影响计划年度预算收支的因素，综合分析测算计划年度预算收支指标的一种方法。

部门预算改革是中国政府预算改革的一项重要内容。专栏 13-5 提供了改革的基本背景材料。

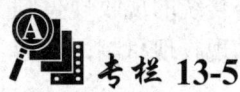

专栏 13-5

中国的部门预算改革

原先，中国各级政府预算不区分各政府职能部门，而只是按单位和支出的类别（如基本建设支出、文化教育支出、医疗卫生支出等）设置一个笼统的资金预算，不反映每一个职能部门掌握的预算资金情况。以中央部门的预算为例，改革以前，中央各部委的预算按功能由财政部内的不同司局和有预算分配权的部委归口管理，部委内部的预算则由不同的职能司局管理。一个政府职能部门没有一本完整的预算，其结果是不仅财政部不知道各部委的财政资金的使用状况，而且各部委也不知道自身的财政资金使用状况。这种状况极其不利于对财政资金使用效率的监督。

1999 年 6 月，全国人大常委会在审议 1998 年中央决算和中央财政审计报告时，对改进和规范中央预算编制工作提出了一些意见，要求严格执行预算法，及时批复预算，细化报送全国人大审查批准的预算草案内容，增加透明度。

为提高财政资金分配和使用的规范性、安全性和有效性，从编制 2000 年预算起，中国开始实行部门预算编制管理模式。部门预算，是指与财政部门直接发生预算缴款、拨款关系的国家机关、社会团体和其他单位，依据国家有关法律、法规规定及其履行职能的需要编制的本部门年度收支计划，即"一个部门一本账"。

中央部门预算采取自下而上的编制方式，编制程序实行"二上二下"的基本流程。一是中央部门编报部门预算建议数，简称"一上"。编报部门预算要从基层预算单位编起，层层汇总，由一级预算单位审核汇编成部门预算建议数，上报财政部门。二是财政部下达部门预算控制数，简称"一下"。财政部对各中央部门上报的预算建议数审核、平衡后，汇总成中央本级预算初步方案报国务院，经批准后向各中央部门下达预算控制限额。三是中央部门上报部门预算，简称"二上"。各中央部门根据财政部下达的预算控制限额，编制部门预算草案上报财政部。四是财政部批复部门预算，简称"二下"。财政部在对各中央部门上报的预算草案审核后，汇总成中央本级预算草案和部门预算草案，报经国务院审批后，提交全国人民代表大会审议，并在全国人民代表大会批准预算草案后一个月内向中央部门批复预算，各中央部门应在财政部批复本部门预算之日起 15 日内，批复所属各单位的预算，并负责具体执行。

地方部门预算改革实际上走在了中央政府的前头。四川省射洪县于1992年成立县财政局"预算内外资金管理服务部"统一管理县财政预算内外资金。较早的、比较规范的部门预算改革，则始于湖北省荆州市沙市区1995年推行的"一账户、三集中、三分离"改革模式。安徽、海南等省的个别地区在中央政府部门预算改革前后都纷纷进行了相应的改革。

资料来源：张馨，袁星侯，王玮（2001）；上海财经大学公共政策研究中心（2003）；财政部（2012）。

13.3.3 政府预算的执行

政府预算草案经立法机构审批后，即为正式法案，进入执行阶段。下面以中国为例，说明预算的执行问题。

中国预算的执行阶段，是从当年1月1日至12月31日。具体工作由财政部门负责。预算执行包括收入征缴、指标审核、支出资金拨付和预算调整几个环节。作为组织政府预算收支计划实现的关键性环节，政府预算的执行是一项经常性的工作，是从财政年度开始到结束，每天都要进行的一项工作。

在预算执行管理上，中国已逐步构建起中国特色现代财政国库管理体系，涵盖了国库集中收付、国库现金管理、政府采购管理、预算执行情况报告、政府会计核算管理以及财政国库动态监控等诸多方面，并形成相互促进的有机整体，预算支出的及时性和均衡性明显提高。

在中央预算执行中，财政部国库司是负责预算执行的机构。其主要职责是：管理部门预算指标；负责总预算会计工作，办理预算内外资金收支结算划拨；汇总批复中央部门的决算，编制中央财政总决算；统一管理中央财政的银行开户；负责用于平衡预算的政府内债的发行、兑付及二级市场的管理；拟定政府采购政策和管理制度，统一负责政府采购工作，对全国政府采购信息进行统计分析；研究和推行国库集中收付制度。

各级财政、税务、海关等预算收入征收部门，必须依照有关法律、行政法规和财政部的有关规定，积极组织预算收入，按照财政管理体制的规定及时将预算收入缴入中央国库和地方国库；未经财政部批准，不得将预算收入存入在国库外设立的过渡性账户。

各项预算收入的减征、免征或者缓征，必须按照有关法律、行政法规和财政部的有关规定办理。任何单位和个人不得擅自决定减征、免征、缓征应征的预算收入。

一切有预算收入上缴任务的部门和单位，必须依照有关规定将应当上缴的预算收入，按照规定的预算级次、预算项目、缴库方式和期限缴入国库，不得截留、占用、挪用或者拖欠。国库是办理预算收入的收纳、划分、留解和库款支拨的专门机构。

关于国库集中收付制度和国库管理制度的进一步内容，参见专栏13-6。

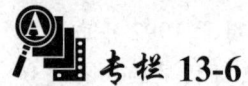 专栏 13-6

国库集中收付制度与国库管理制度

国库集中收付制度，又称国库单一账户制度，是指从预算分配到资金拨付、使用、银行清算，直到资金到达商品和劳务提供者账户的全过程直接控制，它是市场经济国家普遍采用的一种财政资金收支管理制度。实行国库集中收付制度改革，是整个部门预算改革和公共支出改革的基础与核心环节。

国库集中收付制度是现代国库管理制度的核心内容。从国际通行的做法来看，国库集中收付是一个体系，具有三个方面的显著特征：（1）所有财政性资金的收入和支出都通过国库单一账户核算，国库集中收付既可以开设在中央银行，也可以开设在商业银行；（2）所有的财政性资金都通过银行清算系统，从单一账户支付到产品和劳务供应商或用款单位；（3）有专门的财政支付执行机构负责财政资金的支付管理。

中国国库集中收付体系，既借鉴了国际经验，也考虑了具体国情，这一体系设置是五类账户的集合：财政部门在中国人民银行开设的国库单一账户，按收入和支出设置分类账，收入账按预算科目进行明细核算，支出账按资金使用性质设立分账册；财政部门按资金使用性质，在商业银行为预算单位开设零余额账户。这主要是为清算服务，最终目标是通过电子化取消零余额账户；财政部门在商业银行开设预算外资金财政专户，按收入和支出设置分类账，收入账和支出账均按部门设立分账户；财政部门为预算单位开设小额现金账户；经国务院和省级人民政府批准或授权财政部门开设的专户。

国库现金管理中应该发挥财政部门的主动作用。国库的定义已发生改变。现代意义上的国库与传统意义上的国家金库不同。根据国际货币基金组织（IMF）的定义：国库不仅仅指国家金库，更重要的是指财政代表政府控制预算执行，保管政府资产和负债的一系列管理职能。控制预算执行、保管政府资产和负债，在政府组成部门中，唯有财政部门才具备此种功能，财政部门在相关事务中必须处于绝对的主导地位。如同时有其他部门介入，那么这势必导致职责不清，管理效率低下。为此，当前的国库管理制度必须改革。

在特定条件下，如发达国家在市场经济发展的初期，再如计划经济国家，与原始的、初级的国库管理制度相适应，中央银行经理国库有一定的合理性。但是，随着市场经济的发展，国库资金在央行保留少数余额后存入商业银行，甚至在货币市场进行短期投资，已是常事。在这样的背景下，随着国库集中收付制度的建立，再强调央行经理国库就不太合时宜。央行代理国库的定义更符合央行的实际。央行经理国库条件下，财政资金的大进大出，势必对基础货币的投放和回收造成巨大冲击，从而影响货币政策币值稳定目标，这很可能干扰货币政策的运行。例如，当财政需要大笔资金支出，而央行根据货币政策的要求需要紧缩银根，二者出现矛盾时，承担国库职能的央行只能执行预算政策，这样，央行货币政策的相对独立性就会受到严重干扰。

国库现金管理需要保证财政资金的正常拨付，需要保证财政资金的安全。财政资金正常拨付必须建立在准确的财政收支预测的基础之上。缺少准确的财政收支预测，就无法估计所能动用的国库资金规模。与央行相比，财政部近水楼台，在财政收支预测上具有绝对优势。这是财政部应该在国库管理中发挥主动作用的又一原因。现金管理是在保证政府支出不受影响的前提下，提高财政资金的使用效益。准确的财政收支预测，是国库现金管理的前提条件之一。

资料来源：楼继伟（2002）；项怀诚（2001）；杨志勇（2012）。

13.3.4　政府预算的调整

预算调整是指在预算执行中改变预算收入来源、支出用途以及收支规模。政府预算在执行中，往往会遇到一些特殊情况，需要做出对应的收支调整。

收支调整包括预算金额的调整，也包括收支项目的调整。在中国，各级政府对于必须进行的预算调整应当编制预算调整方案，预算调整方案应当列明调整的原因、项目、数额、措施及有关说明，报经各级人民代表大会常务委员会审查和批准。在预算执行中，因上级政府返还或给予补助而引起的预算收支变化，不属于预算调整。接受返还或者补助款项的县级以上地方各级政府应当向本级人民代表大会常务委员会报告有关情况；接受返还或者补助款项的乡、民族乡、镇政府应当向本级人民代表大会报告有关情况。

13.3.5　政府决算

所谓政府决算，是指经过法定程序批准的，对年度预算执行结果的总结。决算与预算是对应的。有一级预算，就应有一级决算。编制决算，有助于评估预算的执行状况，总结预算执行的经验，为公共部门未来决策提供重要的参考依据。

在中国，财政部应当在每年第四季度部署编制决算草案的原则、要求、方法和报送期，制发中央各部门决算、地方决算及其他有关决算的报表格式。县级以上地方政府财政部门根据财政部的部署，部署编制本级政府各部门和下级政府决算草案的原则、要求、方法和报送期限，制发本级政府各部门决算、下级政府决算及其他有关决算的报表格式。各单位应当按照主管部门的布置，认真编制本单位决算草案，在规定期限内上报。各部门在审核汇总所属各单位决算草案基础上，连同本部门自身的决算收入和支出数字，汇编成本部门决算草案并附决算草案详细说明，经部门行政领导签章后，在规定期限内报本级政府财政部门审核。财政部应当根据中央各部门决算草案汇总编制中央决算草案，报国务院审定后，由国务院提请全国人民代表大会常务委员会审查和批准。

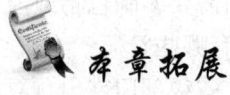

本章拓展

马骏和赵早早（2011）是一部较系统全面研究政府预算理论和现实的著作。关于中国全口径预算管理及其他财政改革,可参阅高培勇(2008)。关于改革开放以来中国政府预算改革的历程,可参阅杨志勇(2014)。

香港政府预算所提供的信息非常丰富。2012—2013 年度政府预算可见 http://www.budget.gov.hk/2012/chi/index.html。对美国预算感兴趣者,可访问 http://www.gpo.gov/fdsys/browse/collectionGPO.action?collectionCode=BUDGET。

为了更全面地反映政府财政状况,中国应该尽快建立政府财务报告体系。相关内容可参阅李扬、张晓晶、常欣、汤铎铎、李成(2012),马骏、张晓蓉、李治国等(2012)和杨志勇、张斌(2017)。

 小结

- 预算是一定时期内为实现特定目标所必须完成的各种项目的收支计划,包括对所需资源和可用资源的预计。通俗地说,预算就是预先编制的收支基本计划。
- 政府预算制度首先形成于英国。它是市场和资本的产物,是经济利益争夺的产物,是政治格局变动的直接结果,是议会对君主财政权剥夺的直接结果,它直接促进了市场经济的建立健全。
- 广为市场经济国家接受的政府预算编制的原则有:公开性原则、完整性原则、可靠性原则、年度性原则、统一性原则。
- 政府预算可根据不同标准分为:单一预算与复式预算;项目预算和绩效预算;增量预算和零基预算。
- 政府预算编制的会计基础包括收付实现制与权责发生制,相应地,有收付实现制预算和权责发生制预算。
- 收付实现制预算的编制较为简单,但权责发生制预算能更好地反映公共部门绩效。近年来,多个国家有意向编制权责发生制预算。现实中,权责发生制多采取修正形式。
- 政府预算的编制方法有基数法、系数法、比例法、定额法、综合法等。
- 政府预算草案在立法机构审批后,就成为正式法案,进入执行阶段。
- 政府预算调整是指在预算执行中,通过改变预算收入来源、支出用途以及收支规模,组织新的平衡的重要方法。
- 政府决算是指经过法定程序批准的,对年度预算执行结果的总结。

 思考题

1. 中国政府预算编制的基础能否全面转向以权责发生制?中国需要编制包括政府资产负债表在内的政府财务报告吗?制约政府财务报告编制的因素有哪些?

2. 2003 年 2 月,四川省人大常委会预算工委实时"在线监督"省级部门支出预算执行项目正式启动。该项目以党政网(金财网)为平台,在省财政厅网页上增加"人

大预算工委信息查询系统"栏目，经省财政信息中心授权后，省财政厅通过财政国库支付中心拨付给省级单位的各项支出，省人大常委会预算工委通过上网查看即可一目了然。查看的内容包括：各省级单位（含下属预算单位）使用资金的性质，预算科目和项目名称，资金的支付形式（直接支付、授权支付）、支付时间、支付金额，资金用途，以及收款人的名称、账号和开户银行等支付信息。政府预算的执行需要人大预算工委的实时监控吗？

3. 2004年1月6日，国务院决定将450亿美元外汇储备作为资本金注入中国银行和中国建设银行，以推动这两家国有银行的股份制改造进程。试分析动用450亿美元外汇储备，是否要列入预算？国务院的这种行为是否符合预算法的规定？

4. 2007年，财政部首次运用新的政府收支分类办法编制财政预算报告，以使政府预算真正做到反映全面、公开透明、便于监督。我国原来的政府收支分类是与计划经济体制下的财政管理体制相适应的，以经费性质分类为主的体系。新的政府收支分类体系改变了过去以经费性质分类为主的情况，以功能分类为主，经济分类为辅，包括收入分类、支出功能分类和支出经济分类三部分。收入分类反映政府收入的来源和性质，支出功能分类反映政府各类职能活动，支出经济分类反映各项支出的经济性质和具体用途。这是新中国成立以来财政收支分类统计体系最为重大的一次调整，也是我国政府预算管理的又一次深刻创新。你是如何看待这次政府收支分类改革的？

阅读与参考文献

[1] 李 R D，约翰逊 R，乔伊斯 P. 公共预算系统[M]. 第8版. 北京：中国财政经济出版社，2002.

[2] 陈锋. 晚清财政预算的酝酿与实施[J]. 江汉论坛，2009（1）.

[3] 樊纲. 论公共收支的新规范——中国乡镇"非规范收入"若干个案的研究与思考[J]. 经济研究，1995（6）.

[4] 高培勇. 实行全口径预算管理（中国财政政策报告 2008/2009）[M]. 北京：中国财政经济出版社，2009.

[5] 楼继伟. 政府预算与会计的未来——权责发生制改革纵览与探索[M]. 北京：中国财政经济出版社，2002.

[6] 李扬，张晓晶，常欣，等. 中国主权资产负债表及其风险评估[J]. 经济研究，2012（6）-（7）.

[7] 马骏，张晓蓉，李治国，等. 中国国家资产负债表研究[M]. 北京：社会科学文献出版社，2012.

[8] 马骏，赵早早. 公共预算：比较研究[M]. 北京：中央编译出版社，2011.

[9] 上海财经大学公共政策研究中心. 2003中国财政发展报告——重建中国政府预算体系研究[M]. 上海：上海财经大学出版社，2003.

[10] 托马斯·D. 林奇. 美国政府预算[M]. 第4版. 北京：中国财政经济出版

社,2002.

[11] 王绍光. 美国进步时代的启示[M]. 北京:中国财政经济出版社,2002.

[12] 王雍君. 中国公共支出实证分析[M]. 北京:经济科学出版社,2000.

[13] 项怀诚. 中国财政管理[M]. 北京:中国财政经济出版社,2001.

[14] 杨志勇. 国库制度应与国库管理现代化相适应[N]. 中国财经报,2012-08-11.

[15] 杨志勇. 健全政府预算体系问题研究[J]. 地方财政研究,2011(4).

[16] 杨志勇. 我国预算管理制度的演进轨迹:1979—2014年[J]. 改革,2014(10).

[17] 杨志勇,张斌. 中国政府资产负债表(2017)[M]. 北京:社会科学文献出版社,2017.

[18] 叶振鹏,张馨. 公共财政论[M]. 北京:经济科学出版社,1999.

[19] 张馨,袁星侯,王玮. 部门预算改革研究[M]. 北京:经济科学出版社,2001.

[20] 张馨. 比较财政学教程[M]. 第2版. 北京:中国人民大学出版社,2004.

14　赤字、公债与财政政策

学习目标

- ▸▸ 了解财政收支对比关系；
- ▸▸ 了解公债的产生与发展；
- ▸▸ 了解公债理论的演变；
- ▸▸ 了解关于李嘉图等价定理的争论；
- ▸▸ 了解财政政策的基本原理。

 引例

图 14-1 是位于武乡县的八路军总部旅游建设项目。该项目是山西省红色旅游国债项目之一。资金来源是国债。国债是中央政府的债务。中国现行预算法对地方政府发债有较多限制。"财政部代发地方债"是地方融资的途径之一。举债是要偿还的。一个建设项目能否顺利还债，取决于项目自身的效益，也和其他资金来源有着密切的关系。

图 14-1　山西省红色旅游国债项目

举债总是收不抵支的结果。本章分析三个紧密相连的主题：赤字、公债与财政政策。和以前各章不同，本章将政府收入和政府支出结合起来进行分析。

14.1　政府收支对比关系

从政府收支对比关系来看，财政活动存在着平衡、节余和赤字等多种状况与结果。

14.1.1 财政平衡公式

财政收支平衡是一个与财政收支对比关系联系在一起的概念。所谓财政收支平衡，是指一定时期内财政收入与支出的基本持平。现实中的财政收支对比关系，多以一年为限。财政收入大于支出，形成财政结余；财政收不抵支，出现财政赤字。现实中，政府收入很难正好等于支出。因此，政府收支差额不大，就可大致视为财政平衡。具体差额根据不同时期不同环境而定。常见的说法是，财政赤字（或结余）占财政收入的比例在 3%之内，就可算财政平衡。但也有学者不赞成用具体数字比例来衡量财政平衡，因为这样的比例选择带有随意性。

财政收支对比关系的确定涉及收支口径的选择。不同口径决定不同的财政平衡公式。下面以中国为例对此进行说明。

从 20 世纪 50 年代至今，中国财政平衡公式发生了数次变化。

1. 1953—1993 年的财政平衡公式

这一时期的财政平衡公式与世界通行的不同，将公债收入和公债支出分别列入财政收入和财政支出中。财政平衡公式为

$$\text{财政盈余或赤字} =(经常收入+公债收入) – (经常支出+投资支出+公债还本付息支出) \quad (14\text{-}1)$$

2. 1994—1999 年的财政平衡公式

为适应社会主义市场经济体制改革的需要，中国政府收支核算制度做了一些修正。重要内容之一就是财政收支不再包括公债收支。财政平衡公式为

$$\text{财政盈余或赤字} = 经常收入 – (经常支出+投资支出) \quad (14\text{-}2)$$

3. 2000 年开始的财政平衡公式

从 2000 年开始，中国将债务利息支出列入中央财政总支出中。财政平衡公式为

$$\text{财政盈余或赤字} = 经常收入 – (经常支出+投资支出+公债利息支出) \quad (14\text{-}3)$$

在上面各式中，式（14-2）尽管比式（14-1）有了很大改进，但与实行市场经济国家的通行做法，即式（14-3）相比，仍有一定差别。式（14-2）中，财政支出不反映公债的利息支出，人为地压低了赤字规模。2000 年之后，中国的财政平衡公式已与国际通行的做法接轨。

将公债利息支出列入中央财政总支出中，有助于正确估算出赤字规模，便于财政政策的正确运作，同时有利于财政监督。1999 年中国共发行国债 4 015 亿元，其中 1 797 亿元用于弥补当年财政赤字。但是，如果将当年债务利息支出也列入赤字，则结果大不一样。式（14-2）中的财政支出不包括公债利息支出。借新债偿付旧债本息条件下，债务利息以复利方式滚动，公债累积余额呈几何级数增加，可能造成低估财政赤字规模的后果。如果 1999 年用于偿还国内外债务本息 1 911 亿元中利息支出占 30%，那么 1999 年中国国债利息支出约为 573 亿元。这意味着中国 1999 年的财政赤字实际规模不是 1 797 亿元，而是 2 370 亿元。低估财政赤字规模，会误导国债发行计划，显然不利于财政政策的实施。将债务利息支出列入财政支出中，可以更准确地反映财政活动范围，便于财政监督。

2006年起,中央预算稳定调节基金建立。关于基金及其对财政赤字的影响参见专栏14-1。

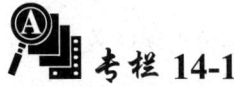

专栏 14-1

中央预算稳定调节基金

1998年以来,财政收入增速很快,且实际财政收入增速远超预算。超收收入如何支出问题由此而生。为落实全国人大关于改进收入预算编制方法,进一步规范超收收入分配和使用的要求,从2008年起,中央财政年度执行中如有超收,除按法律、法规和财政体制规定增加有关支出,以及用于削减财政赤字、解决历史债务、特殊的一次性支出等必要支出外,原则上不再追加支出,均列入中央预算稳定调节基金,转到下年度经过预算安排使用。

中央预算稳定调节基金是指中央财政通过超收收入和支出预算结余安排的具有储备性质的基金,视预算平衡情况,在安排下年度年初预算时调入并安排使用,或用于弥补短收年份预算执行的收支缺口,基金的安排使用接受全国人大及其常委会的监督。中央预算稳定调节基金单设科目,安排或补充基金时在支出方反映,调入使用基金时在收入方反映。

2006年,用当年超收收入安排500亿元建立中央预算稳定调节基金,余额500亿元;2007年,用当年超收收入安排补充中央预算稳定调节基金1 032亿元,余额1 532亿元;2008年,调入使用1 100亿元,安排补充192亿元,余额624亿元;2009年,调入使用505亿元,安排补充101.13亿元,余额220.13亿元;2010年调入使用100亿元,安排补充2 257.65亿元,余额2 377.78亿元;2011年调入使用1 500亿元,安排补充2 892亿元,余额3 769.78亿元。

安排中央预算稳定调节基金时在支出方反映,但实际上钱没花掉。年度财政收支差额不等于年度财政赤字,在进行国际比较时应注意支出口径差别。

资料来源:中央预算稳定调节基金基础资料参见财政部网站.http://www.mof.gov.cn/zhuantihuigu/czjbqk2011/czgl2011/201208/t20120831_679906.html.

14.1.2 财政赤字的弥补

财政赤字产生的原因很多。经济周期性波动和公共部门管理不善都会导致财政赤字,经济理论指导失误也会带来赤字。在古典时期,不管是资本主义,还是社会主义,实现平衡一直是政府理财的基本准则。自凯恩斯主义流行以来,财政年度平衡观念逐渐淡化,或为周期性平衡所替代,或干脆置之不理。政府更多地从调控经济的视角来决策,而非为平衡而平衡。

一般来说,财政结余比较好应对。财政赤字一旦出现,就要考虑如何弥补的问题。如果以前年份有财政结余,那么动用历年结余即可。当今世界各国多选择赤字财政政策,财政赤字已是家常便饭,动用结余几无可能。从理论上说,政府可以通过发行货币来弥补赤字，获得铸币税（seigniorage）收入。[①]现实中，为弥补赤字而增发货币，容易带来通货膨胀，这与各国中央银行币值稳定目标相悖。正常运行的经济体不会选择此类饮鸩止渴的做法。

在计划经济时期，中国奉行年度预算平衡原则，但也有若干年份出现财政赤字。赤字的弥补方式是向银行透支或借款。这类做法一直延续到改革开放后的前 10 余年（参见专栏 14-2）。从 1994 年起，财政赤字不再向中国人民银行透支，而是通过发行公债来弥补。

增加税收也是弥补赤字的一个选择项，且看似一劳永逸，但不见得十全十美。理由如下：一是税收主要是满足经常性支出需要的。如果收不抵支只是暂时现象，那么增加税收方法就不适宜。二是在现代民主国家，增加税收一般要经过一系列耗时较长的政治程序，远水解不了近渴。三是长期连续赤字，即使增税，潜力也会很快地被挖掘殆尽，难以持续增税来弥补赤字。

发行公债是各国弥补财政赤字的常用方法。公债发行较为灵活，面向社会发行的公债一般与通货膨胀无关。

不过，应当注意的是，现代公债的功能已不再限于弥补赤字或为经济建设融资。现代公债的功能是双重的：一方面，它是政府筹措财政资金和调控经济的重要手段；另一方面，它又是一种重要的金融工具。公债活动有较强的金融效应。政府公债活动都会对资金运动、社会货币存量和流量以及市场利率产生大小不同的影响。在现代社会，公债券是中央银行进行公开市场业务的重要金融工具。在中国，由于短期公债数量不足，中央银行多次发行央行票据，以实现货币政策目标。当然，对于中央银行的这种做法，也有不少争议。

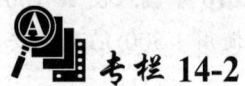

专栏 14-2

财政部向中央银行借款的历史问题

1995 年之前，财政支出大于财政收入的部分，除了一部分依靠发行国债外，其余的都是通过向央行借款来解决。财政部向央行借款，是在当时财政窘迫情况下的无奈之举。但过去的问题已经存在，截至 1994 年年底，财政累计的借款已经高达 1 582 亿元，这笔政府借款一直挂在央行账上。财政部原计划用财政盈余逐渐还清这笔借款，但是 1998 年以后，中国政府实行积极的财政政策，财政赤字进一步加大，每年都要发行 1 000 亿元以上的国债才能满足财政支出的需要。原先设想的依靠财政盈利来偿还央行借款的计划，因此被搁置起来。改革开放以来，除了 1985 年财政出现盈余外，其余的年份都是财政赤字。

[①] "铸币税"不是一种真正的税种，而是对货币发行收入的理论界定。在金属货币时代，货币若用等值金属制成，则无货币发行收入；如果所用金属的价值小于货币所代表的价值，那么差额部分就构成铸币税收入。当货币形式发展到信用货币时代，货币发行从技术上脱离了实体经济的束缚，成为一种能为发行者带来发行收入的特权。西方政府曾以"铸币税"的形式对私人银行发行的现钞课税，作为允许他们拥有货币发行特权的交换。

在央行看来，借债还钱天经地义——是财政部借的钱，当然需要财政部将钱如数奉还。财政部欠央行的借款，必须有相应的资金来偿还。否则，央行只能通过发行货币的方式来弥补这个窟窿，这相当于由全体的货币持有人来分摊这个损失。而央行通过这种方式投放的是威力巨大的基础货币，这样的方式可能引起严重的通货膨胀。

自1995年以后，央行与财政部一直试图解决这个历史遗留问题，但每次都是无果而终。"财政部与央行的借款不同于一般的借款，两者都是政府的组成部门。"央行一位人士说，央行的收支要接受财政部的管理，央行的盈利上缴财政，亏损也由财政弥补。两个部门之间千丝万缕的联系，更增加了解决问题的难度。

转眼到了2003年。随着新一届政府上任，央行货币政策的独立性也有了相当程度的提高。不仅货币政策委员会的构成进一步优化，金融监管的职能也从央行分拆出去。

在业内人士看来，讨论财政与央行的借款，"铸币税"问题无法绕开。而"铸币税"是由财政使用还是央行使用，一直是争论焦点。"从形式上看，由于央行垄断了货币发行权，货币发行收入归中央银行一家拥有。但是，如果财政不归还央行的借款，也就是财政赤字货币化，那么财政部将获得'铸币税'。"

也许，通过将铸币税转移到财政部，不失为一个解决办法。从理论上说，中国政府可以增加财政赤字，并通过使财政赤字货币化的方式最大限度地征收"铸币税"。短期来看，这是一种最方便、成本最低的赤字融资方式。然而，又是一种非常危险的游戏。在历史上，这种政策几乎无一例外地给实行这种政策的国家最终造成了经济灾难，而中国目前的财政状况还远未糟到需要使财政赤字货币化的地步。

财政赤字货币化的方式显然不可行，但财政部偿还借款亦是心有余而力不足。有人认为，单纯强调财政部还款没有意义，但可以尝试将这些借款证券化，例如将这些不规范的借款转换成比较规范的债券，由中央银行持有这些债券。这种解决办法可以收到一石多鸟的效果。由于央行需要进行公开市场操作，但工具不足，如果将这些借款转成可供央行进行操作的工具，无疑会极大增加央行操作的便利。证券化方案的优点还在于，它在有效增加央行持有的有价证券余额的同时，不会形成新的基础货币投放——基础货币在转换前就已经投放了；对中央财政也不会形成太大的压力——中央财政在转换前后都必须对该笔债权支付利息。

但是，由于这种债券是财政部作为债务人，具有国债的性质，需要全国人大批准。分析人士指出，央行与财政部的借款纠葛之所以提交全国人大讨论，最终的解决途径可能就是这种证券化的思路。

还有一种思路是财政部将借款转成对央行的资本金，或者冲减央行上缴财政部的利润。

资料来源：孙铭. 央行财政部1 500亿借款8年纠葛 人大出面调解[N]. 21世纪经济报道，2003-10-30.

14.1.3 中国的财政赤字

新中国在不同的经济体制下，财政平衡与赤字问题不同。在计划经济时代，财政平衡是国民经济综合平衡的关键。如果财政不平衡，那么信贷收支也难以平衡，整个国民经济综合平衡也无法实现。所以，当时中国政府奉行财政年度平衡原则，每年安排国家预算时，基本不打赤字。不过，受各种因素影响，财政赤字在现实中仍不时出现，尤其是在政治经济状况不好的年份，如"大跃进"和"文化大革命"时期。

市场化改革一启动，1979年中国财政赤字就再次浮出水面。此后几乎年年预算都安排了赤字，且预算实际执行的结果也基本上都是赤字。与此形成鲜明对比的是，在20世纪80年代和90年代的大部分时间里，财政学界和社会舆论对财政赤字基本上持否定看法，或将财政赤字视为不得已而为之的选择。中国政府一直提倡财政平衡，也多次表示要努力压缩赤字规模，争取实现财政基本平衡，即少量赤字，然后过渡到最终实现完全的财政平衡。

尽管如此，现实中预算所安排的和实际执行结果的财政赤字规模却呈现出阶段性增长状态。随着1997年7月2日亚洲金融危机的爆发，原定赤字削减计划无法实现。宏观经济运行形势逆转，经济"过热"转向"过冷"，中国政府开始实行"积极财政政策"（扩张性财政政策），运用财政赤字来刺激经济，迅速扩大了财政赤字规模。经过30多年的市场化改革，中国政府关于赤字的态度，终于从前期的反对过渡到实际的默认，再到积极利用。

14.2 公债

公债大规模出现只有短短数百年历史。政府自由地通过公债政策和财政政策干预宏观经济运行状态，更是不足百年。但公债影响非常深远。本节介绍公债的含义、公债的产生与发展、公债的种类、公债的结构、公债的发行、公债的偿还、公债市场以及公债的负担问题。

14.2.1 公债的含义

公债是国家或政府以其信用为基础，在向国内外筹集资金的过程中所形成的债权债务关系，即国家或政府以债务人的身份，采取信用方式，通过借款或发行债券等方式取得资金的行为。

公债是公共部门收入的一种特殊形式，是现代社会调节经济的重要手段之一。公债有以下几个含义。

1. 公债是一种信用性质的财政收入，体现着有借有还的信用特征

信用表现为在一定期限内偿本付息的行为。公债作为一种特殊的财政收入形式，与税收的区别在于它是政府运用还本付息的信用方式而取得的财政收入，税收则是政府凭借公共权力而取得的收入。税收具有强制性、固定性和无偿性的形式特征，而公债的形式特征正好与此相反。一般来说，公债具有自愿性（除少数强制性公债之外）、有偿性和流动性。通常情况下，公债通过市场销售；公债具有有偿性，公共部门在一定期限内需还本付息，或者公债持有者通过市场销售，得到相应回报。现代公债流动性强，公债变现容易。

2. 公债是以国家或政府为主体的一种重要的信用形式

根据债务人信用主体的不同，信用可划分为个人信用、商业信用、银行信用和国家（政府）信用。公债的债务人是公共部门（国家或政府），属于国家（政府）信用。公债的存在意味着公共部门未来的财政支出。公债发行没有让原来的财政收支"缺口"消失，而只是从现在转移到未来某个时期。

现代市场经济下发达的国家信用又可分为公共部门作为债务人的财政筹资信用（如公债、政府借款）和公共部门作为债权人的财政投资信用（公共投资）。公债是重要的但不是唯一的国家信用形式。

公债发行者是国家（政府），有极高的信用，公债券因此有"金边债券"之称。

3. 公债是一种重要的经济杠杆

在当今世界各国，公债作用早已不限于筹集财政资金、弥补财政赤字、平衡预算，它还是政府调节经济、实行宏观调控、促进经济稳定和增长的一个重要的经济杠杆。财政政策的实施，常常要借助于公债的发行和公债资金的灵活运用。

公债的发行、偿还、使用都会对经济稳定、资源配置和收入分配产生一定影响。公债是对国内生产总值（GDP）的再分配，反映社会资源的重新配置。公债能够起到调节国民收入分配比例、影响社会总供求关系、调节经济运行的作用。

公债的经济调节作用与公债本身共存，主要体现在以下三个方面。

（1）调节私人部门和公共部门的资金配置比例，影响私人部门和公共部门资源的配置规模，促进两者比例关系合理化。在特定时期，公债资金可用于调节社会投资结构，促进产业结构优化。例如，1998年至今，中国政府发行大量国债，在推动国家的重点建设、基础工业等"瓶颈"的扩大上发挥了重要作用，推动了产业结构的合理化。

（2）调节社会总需求，促进社会总供给与总需求的平衡。一般而言，国民经济运行中的问题都会表现为社会供求总量和结构的失衡。政府可以通过公债调节社会有效需求，引导社会资金流量和流向，促进社会供求平衡，推动经济稳定增长。当社会总供求发生矛盾时，发行公债可以将社会需求中个人和企业的部分转移给国家。在社会需求过大而供给不足时，这种转移可以推迟企业或居民需求的实现时间，起到收缩即期社会需求、缓解供求矛盾的作用；在社会有效需求不足而供给相对过剩的情况下，发行公债可以动员社会闲置资源，起到增加社会有效需求、均衡社会供求总量的作用。

（3）公债是调节金融市场并促进货币政策目标实现的工具。中央银行实现货币政策目标的主要工具有三个：一是调整存款准备金率；二是再贴现；三是公开市场业务。其中最常用的是公开市场业务。所谓公开市场业务，是指中央银行通过在金融市场买卖证券（主要是短期债券），调节货币的供应量，促进币值稳定。公债，特别是短期公债，是中央银行进行公开市场业务的主要金融工具。

14.2.2 公债的产生与发展

1. 早期公债

作为一个财政范畴,公债的产生晚于税收。公债最早出现于公元前 4 世纪左右的古希腊和古罗马。当时的公债只是一种偶然经济现象。公债规模较小,且常以高利贷形式出现。在封建时期,西欧国家辖区面积狭小、领地内经济资源有限和经济水平低下,财政经常出现入不敷出,举借公债现象比古罗马、古希腊时代更加频繁,战争爆发时更是如此。但是,当时的国家规模较小,政府在封建经济中的作用不大,决定了公债需求量较小。而且,当时的经济市场化程度不高,公债又依附于高利贷而存在和发展。这些都限制了公债规模的扩大和公债制度的发展。

总体而言,早期公债具有规模小、非经常化的特点。其作用主要是为政府筹资并满足政府财政支出需要。

2. 现代公债及其发展

现代公债是现代信用制度的伴生物,是在现代信用制度基础上存在和发展起来的一种公共信用形式。公债的真正发展始于资本主义时期。

与高利贷制度不同,资本主义信用所表现出的是信贷资本运动形式,在资本运动的基础上产生,且为资本循环和周转服务。现代公债与社会经济发展相互促进。在市场经济产生和发展的初期,公债是资本原始积累的重要杠杆之一,促进了市场经济的发展。同时,公债不仅依附于现代信用制度,而且还促进了现代信用制度的发展。1929—1933 年的大萧条发生之后,各国普遍推行凯恩斯主义的赤字财政政策,财政赤字规模急剧膨胀。第二次世界大战的爆发,更是使得西方国家公债规模和增长速度均达到了前所未有的水平。

在市场经济中,公债存在的直接原因仍是满足政府财政支出增加的需要,政府对债务的需求不同于自然经济。在现代市场经济条件下,公债还是政府干预社会经济生活的一个重要手段,公债规模迅速膨胀的主要原因是政府职能范围的扩大和对经济干预程度的不断增强。因此,从动态角度来看,政府财政需求的扩大,既是公债规模持续扩大的原因,又是其后果。

14.2.3 公债的种类

1. 国内公债与国外公债

按照公债发行地域分类,公债可分为国内公债和国外公债两大类。

国内公债(简称内债)是指在债权人对本国的企业、组织(团体)和居民个人发行并在国内流通和偿还的公债。国内公债局限在本国区域内,不会影响国际收支,也不会影响国内资源总量,但内债的发行和偿还会影响一定时期内的国内资源的重新配置。

国外公债(简称外债)是指一国政府向其他国家政府、银行、国际金融组织的借款和在国外发行的债券。国外公债的发行和还本付息通常会影响本国资源总量的增减变化。外债的发行和还本付息通常需要使用外汇,外债发行过多会引起债务国的国际收支不平衡，但根据本国的偿还能力，适量发行外债，有利于利用外资，引进先进技术设备，加快本国经济发展。

国内公债与国外公债之间的区别是相对的，在人员可以比较自由地在国与国之间流动、公债制度比较完善、金融市场一体化等条件下，国内公债有可能在本国境内被非本国公民所购买，国外公债也有可能在境外被本国公民所购买，此时两者也可以相互转化。

2. 中央公债与地方公债

以发债主体为标准，公债可分为中央公债和地方公债。中央公债（即国债）是以中央政府作为债务主体的公债；地方公债是由地方政府发行的债务。只有在地方财政真正独立于中央财政的条件下，公债才可以真正地区分为中央公债和地方公债。中国预算法对地方政府发行公债有较为严格的规定。

中央公债和地方公债对国民经济的影响不同。中央公债的发行、对债务收入的使用和还本付息的安排，都是从国民经济全局和整体来考虑的；地方公债则只是从本地区的角度来进行的，尽管地方公债的发行范围也可能会超出本地，但它对国民经济的影响仍是局部的。中央公债可以简单地通过货币创造提供承购款，而地方政府只能通过金融市场销售公债券，地方政府债务筹资能力明显弱于中央政府。

3. 短期公债、中期公债与长期公债

按债务存续期限（或债务偿还期限）划分，公债可分为短期公债、中期公债和长期公债。短期公债是指债务期限在一年以内的公债，又被称为流动公债。短期公债灵活性较大，政府可根据需要随时发行短期债券，弥补财政资金的不足。金融市场发展到一定程度，短期公债还是执行货币政策、调节市场货币供应量的一个重要政策工具。

中期公债是债务期限在1年以上、10年以下的公债。与短期公债相比，中期公债从发行到偿还时间较长，政府可在较长时间内使用这笔资金。许多国家将中期公债筹集到的资金用于弥补财政赤字或进行中长期投资。一般情况下，中期公债在公债结构中占有重要地位。

长期公债是债务期限在10年以上的公债。国家发行长期公债，可以在更长时间内使用公债资金，但由于发行期限较长，债务人利益会受到币值和物价波动的影响，这影响长期公债的发行。

4. 直接显性公债和直接隐性公债、或有显性公债和或有隐性公债

根据财政风险和责任承担形式的不同，公债可以分为直接显性公债、直接隐性公债、或有显性公债和或有隐性公债（白海娜，2003）。"直接"表示在任何情况下公共部门都要负担的责任；"或有"表示基于某一特定事件的发生而带来的责任。"显性"是指由特定法律或合同确认的公共部门负债；"隐性"是指政府负有"道义上"的偿付责任，主要反映公众预期和利益集团的压力。

大多数国家政府只承认直接显性负债。直接显性负债包括对内和对外的主权借款（签订合同的政府借款和政府发行的债券）、预算法规定的支出、具有法律约束力的长期预算支出（公务员工资、公务员养老金）等。直接隐性负债通常产生于中期公共支出政策，而非产生于法律和合同。只有那些承诺将中期支出计划透明化的政府，才会确认和量化这些责任。例如，公共投资项目的未来经常性费用（长期维护费用）、法律没有规定的未来公共养老金、没有法定责任的社会保障计划等。

或有显性负债是指在某一特定事件发生的情况下，政府需要支付的法定责任。它与现行的预算项目没有直接关系。最典型的案例是政府对下级政府或私人部门借款提供的担保和保险。政府承诺接受未来事件而定的或有责任等同于隐性补助，可能会扭曲市场，引起预想不到的财政支出。或有隐性负债是指政府仅仅在政策或市场失灵，并迫于来自公众（特别是利益集团）压力的条件下，才不得不接受的负债。或有隐性负债有时对政府构成最严重的财政风险。中国大学负债（专栏 14-3）在一定条件下也可能转化为政府直接公债。

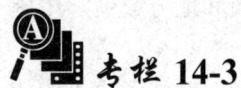

中国的大学负债情况

近年来，一些地方高校依靠银行贷款扩建校园，实现所谓"跨越式"发展。但随着贷款陆续到期，部分高校面对巨大的资金压力。

据中国之声《新闻纵横》报道，审计署披露的数据显示，到 2010 年年底，全国 1 164 所地方所属的普通高校负债 2 634.98 亿元。

关于中央所属高校负债情况，未见政府部门权威数据。根据鲍威的研究成果，2005 年 76 所教育部所属高校的尚未偿还的贷款总额达到 335.8 亿元，其中尚未偿还的贷款本金为 300.4 亿元，校均贷款总额达到 4.42 亿元。同年，76 所高校的收入总额为 656.66 亿元，校均收入达到 8.64 亿元。现有贷款规模占高校收入的 51.1%。

资料来源：1. 鲍威（2007）；2. 佚名. 全国 1 164 所普通高校负债 2 634.98 亿元[EB/OL]. http://www.21cbh.com/HTML/ 2011-7-4/ xMMjE1XzM0ODQxMQ.html, 2011-07-04.

5. 自由流通公债和非自由流通公债

按照政府公债能否上市流通，公债可以分为自由流通公债和非自由流通公债两类。

自由流通公债是指可在金融市场上买卖或转让的公债①。自由流通公债一般不记名，并有期限、利率和票面价值的规定。自由流通公债既受金融市场影响，又反过来影响金融市场态势。其市场价格取决于金融市场供求状况，并随着市场利率和币值变化而变动。可流通的短期公债才能作为公开市场业务的工具。非自由流通公债是指按规定不允许在市场上公开买卖、转让的公债。一般来说，非自由流通公债的偿还期较长，利率较高，但变现能力较差。

在一国的公债结构中，既有自由流通公债，也有非自由流通公债。在发达的市场经济国家，公债多数为自由流通公债。过去，中国公债基本上是非自由流通公债，但这种状况已经改变。

---

① 这里的"市场"是指二级市场（流通市场）。有些公债券虽然通过一级债券市场发行，但政府并不允许其在二级市场上自由流通，这种公债虽然也可以称为上市公债，但并不是自由流通公债。

此外，对公债还可以从其他角度进行分类。按照公债计量本位对公债分类，可以将公债分为实物公债和货币公债；按照公债发行的性质划分，公债可以分为自由公债和强制公债；按照公债用途划分，公债可以分为生产性公债和非生产性公债；按照公债有无利息和利息支付方式划分，公债可以分为有息公债和有奖公债等。

14.2.4 公债的结构

所谓公债的结构，是指不同种类或不同性质的公债的相互搭配以及各类公债收入来源的有机结合。它主要包括以下内容。

1. 期限结构

所谓公债的期限结构，是指不同期限的公债在公债总额中的构成比例。按债期长短，公债可分为短期公债、中期公债和长期公债。不同期限的公债由于债权转让和政府支配公债的时间不同，在发行、使用、偿还等方面的特点也不一样，从而对财政的负担以及国民经济的影响也不一样。短期公债较易发行，可用于弥补当年财政赤字，但在使用上受限制较多；中、长期公债，特别是长期公债，更有利于政府筹措建设资金。合理的公债期限结构应是短期、中期、长期公债共存的结构，并避免某一期限的债务过于集中，这样既能满足投资者不同投资需求，又能满足政府不同的筹资需要，同时还错开还债时间，分散还债压力。

2. 持有者结构

公债的持有者结构，也称公债的资金来源结构，是指在公债总额中不同性质的承购主体持有公债的构成比例。

居民个人、企业单位和各金融机构都可以成为公债的承购主体。不同承购主体持有公债的比例不同，对公债的发行成本及公债的经济调节作用会产生不同的影响。个人持有公债的比重大，这通常意味着公债的资金来源较为分散，发行成本也较高。企业持有公债的比重大，承购主体通常比较集中，承购数额较大，发行成本相对也较低。中央银行持有公债会对货币流通量直接产生影响。

在不同的经济条件下，公债持有者结构应根据国家宏观调控的要求合理确定。

3. 利率结构

所谓公债的利率结构，是指不同利率水平的公债在公债总额中的构成比例。公债的利率水平对公债的发行和偿还有着双向制约作用。在现实生活中，决定公债利率结构最重要的因素是公债的期限结构，合理的期限结构是合理的利率结构的基础。利率水平越高，投资者收益越多，越有利于公债发行，但利率水平同时也是决定付息数额的重要因素，利率水平越高，政府债务负担越重。

短期、中期和长期公债适用不同利率。随着公债发行的市场化，金融市场能够给不同期限的公债给出相应合理的利率。

14.2.5 公债的发行

1. 公募法

所谓公募法，是指政府或受政府委托的部门向社会公众募集公债的发行方法。公募法又可进一步分为直接公募法和间接公募法两种。

所谓直接公募法,即由财政部直接面向全国公众募集公债、发行成本全部由财政部承担的方法。直接公募法之利是政府能直接控制公债发行权和发行过程,但其不利之处是发行对象过于分散,销售时间长,发行成本较高。

所谓间接公募法,是指由政府委托银行或其他金融机构发行公债,通过金融系统向社会公开募集公债的方法。在发行规模确定后,募集额未达到发行额的差额,将由受托的金融机构承购。间接公募法将公债发行权及发行事务交由金融机构代理,公债推销较方便,收入较及时,筹资成本相对较低,且由金融机构发行政府公债,能较好地适应社会资金结构,较灵活地调节市场货币流量和流向。间接公募法下,政府对公债发行及发行管理的影响力不如直接公募法,但该方法可以很好地发挥金融部门在债券推销上的比较优势,从而促进发行成本的下降。

2. 包销法

所谓包销法,又称承受法,是指政府将发行的债券统一售与金融机构,再由金融机构自行发售的方法。包销法与间接公募法形式相似,但也有较大的区别。实行间接公募法,金融机构只是代理公债的发行权和发行事务,最终应向政府负责,并受政府的指导和监督;实行包销法则是公债发行权的转让,在通常情况下,政府不再干预,金融机构可自主执行发行权并决定发行事务。包销法有中央银行、商业银行和金融集团承受三种具体方法。中国从 20 世纪 90 年代开始,部分公债的发行采用金融集团承受包销的方法。

3. 公卖法

所谓公卖法,又称出售法,是指政府在证券市场以公开出售的方式发行公债的方法。以公卖法发行公债,公债价格随行就市,随市场资金供求情况波动。这种方法的优点是能在金融市场上筹集大量资金,也可以为国家调节货币流通量、金融市场供求状况及利率水平提供操作工具;缺点是公债发行受资金市场影响较大。

各国在实践中通常根据本国的经济社会条件以及各种公债发行方法的优缺点,选择一种或几种方法来发行公债。一般来说,银行信用制度比较发达、证券市场比较健全的发达国家大都采取公卖法和公募法;而信用体系不健全、证券市场不够发达的发展中国家,通常采用的是包销法和其他不常用的方法。专栏 14-4 介绍了当前中国国债发行方法。

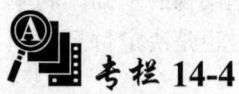
专栏 14-4

中国国债发行方法

现代市场经济国家,公债发行经常采用包销法和公卖法中的拍卖方式。拍卖方式最公平,成本最低、效率最高,也有利于二级市场的活跃。

1996 年中国国债发行的市场化进程加快,开始采用招标方式。如今,除凭证式国债(柜台销售)和特种定向国债(定向募集)以外,其他记账式国债和无记名国债基本上通过招标发行。

中国目前的价格招标与公卖法中的拍卖相似，但仍有差别。只有承销商才能参与国债投标，而非承销商只能被动接受价格。这种准入制度限制了投标主体的数量，债券发行市场利率形成的基础受限，价格发现功能因此大打折扣。

中国当前国债发行方式，基本上属于竞争承销方式，也就是基本承销额度加竞标认购。以 2010 年为例，国债承销团成员要与财政部签订债券承销主协议，承销的价格和数量由成员间的竞争决定，但规定了基本的招标数量，即国债承销团成员不论是否参加投标，都需履行基本承销额度，最低承销额（含追加承销部分）按各期国债竞争性招标额的一定比例计算，甲类成员为 1%，乙类成员为 0.2%；另外，投标量也做了限定，旨在保证每次发行任务的完成并避免发行过于集中于某个成员的情况。

未来国债发行应转向完全市场化的公开拍卖方式，以利于反映市场资金供求状况的市场利率的形成，让国债利率成为市场基准利率。

中国在采用国际比较通行的荷兰式和美国式招标一段时间后，2004 年，财政部综合单一价格招标和多价格招标的特点，推出创新型的国债招标方式——混合式招标。这一招标方式已成为国债发行招标的主要方式。混合式招标的内容可概括为三点：第一，确定全场加权平均中标利率。权重计算以累计投标量达到计划发行量时的边际投标利率为止。在此范围内，以投标量对相应投标利率进行加权。第二，中标利率低于或等于票面利率的标位，按票面利率承销当期国债。这与荷兰式招标方式一致。中标利率高于票面利率一定标位范围（10%）以内的标位，按各自中标利率承销当期国债。这与美国式招标一致。第三，该方式要求中标利率高于票面利率一定范围（10%）以上的标位全部落标，明显区别于荷兰式和美国式。

混合式招标也存在缺陷。一是它对国债二级市场的业绩有负面影响。在混合式招标机制下，面临投资压力的投标人不得不给出较高的报价（较低的报价利率），获利空间将很小。另外，中标利率高于票面利率，但高出部分不超过票面利率的中标人，在成功认购国债后即可到二级市场上通过出售国债获利。这种局面会扭曲二级市场的国债价格。二是它很难防范市场操纵行为。如果投标人能以较低价格（较高的利率）获得国债承销机会，那么投标人一定会想方设法地达成这一目的，哪怕会面临巨额的违规惩罚。三是其规则设计存在缺陷。如果累计投标额显著高于招标规模，那么投标利率低于全场加权平均中标利率（即当期国债的票面利率）的标位的累计投标额很可能超过当期国债的计划发行额。如果面临这种情况，那么在完全认购的基础上，加权平均中标利率会根据最高投标价（最低投标利率）来确定，其他标位也按此原则计算，这会导致国债发行价格偏离二级市场的收益率。

资料来源：财政部财政科学研究所课题组（2012）。

14.2.6 公债的偿还

1. 公债的偿还方法

公债的偿还方法主要有以下四种。

（1）买销法。买销法也称收买偿还法、市场偿还法，是政府按照市场价格在证券市场上买进政府所发行的公债，公债的偿还通过市场交易完成。买销法是一种间接偿还方式。这种方法对政府来说，偿还成本低，操作简单，且可以体现政府的经济政策。买销法通常与公债发行上的公卖法相对应。

（2）比例偿还法。比例偿还法是指政府按照公债的数额分期按比例偿还。由于这种偿还方法是政府不通过市场，而直接向公债持有者偿还公债的本息，所以又称直接偿还法。偿还比例的确定包括平均比例偿还、逐年递增比例偿还、逐年递减比例偿还等具体的做法。比例偿还法的优点是有利于政府安排偿债基金，使公债的偿还有稳定的资金来源。中国20世纪50年代发行公债大都采用逐年递增比例偿还法。

（3）抽签偿还法。抽签偿还法是指政府通过定期抽签确定应清偿的公债的方法。一般是以公债的号码为抽签依据，一旦公开抽签确定应清偿公债的号码之后，所有相同号码的公债都同时予以偿还。抽签偿还法也是一种直接偿还法。中国1981—1984年发行的国库券就是采用抽签比例偿还法。

（4）一次偿还法。一次偿还法是指国家定期发行公债，在公债到期后，一次还清本息。中国自1985年以来发行的国库券就是规定发行期限到后一次还本付息完毕。

2. 公债偿还的资金来源

政府公债的偿还的资金来源主要依靠预算盈余、预算列支、发行新债还旧债以及偿债基金等。

所谓预算盈余偿还，是指政府以预算盈余资金作为偿债资金来源的做法。理论上说，用盈余预算资金偿还公债是预算周期平衡政策的具体运用。但这种方法实施的前提是政府预算必须有盈余。从目前世界各国的财政收支状况看，这个前提条件并不具备，因而这种方法一般不具有实践价值。

建立偿债基金，以备偿债之用，也是筹集公债偿还资金的一种方法。所谓偿债基金，是在政府预算中专门设立并规定来源和用于公债还本付息的专门准备基金。其来源包括预算定额拨款、公债发行收入的定额缴纳、部分超计划发行公债、公债还本付息结余、部分预算结余以及偿债基金经营收益等。建立偿债基金制度，为偿还债务提供了一个稳定的资金来源，能保证公债的及时偿还，提高公债信誉，减轻债务成本，顺利渡过偿债高峰。从长远看，还可以平衡各年度的还债负担。设置偿债基金可以把政府的正常预算收支和债务收入、使用和偿还分离开来，有利于掌握各类不同来源的资金结构、投向和使用效果。

所谓预算列支方法，即公债偿债期到时，政府将当年到期的公债本息直接列入本年预算支出中。以预算资金抵偿公债，从而使预算资金成为政府偿债的资金来源之一。这种方式在正常情况下可以保证债权安全，增强公债信誉。但在公债运用低效或无效时，只能靠提高税收负担的办法来筹资偿债，这就可能给社会生产带来不利影响。

政府发新债还旧债，是当前世界各国政府筹集偿债资金的常用方法。这种方法就是从每年新发行的公债收入中，提取一部分来偿还公债的本金。从本质上说，这并不是一种偿还方式，其副作用较大，必须严格控制。但在实践中，长期实行赤字财政政策的国家往往不得不依靠借新还旧的办法，来偿付到期的债务本金。

从实践角度看，出于信用体系和金融市场的发展程度等方面的原因，发达国家偿还公债一般以买销法为主，而发展中国家较多地采用直接偿还法。过去，一些发达国家曾建立偿债基金制度，但由于奉行赤字财政政策，赤字连年不断，不仅原有偿债基金被挪用，而且还不得不发行大量新债，现在除少数国家仍坚持偿债基金制度外，大都已转向预算拨款和调换公债的办法。少数发展中国家，尽管有各种各样建立偿债基金的计划，但苦于资金匮乏和财政制度的不完善，真正付诸实施的并不多见，大多数国家现在实行的是预算列支偿还制度和新债换旧债的方法。

中国目前大多数公债实行一次偿还法，其资金来源多靠举借新债。随着证券市场的完善和公卖法的采用，其他方法也会得到更多的运用。尽管建立偿债基金制度有诸多理论上的优点，但从目前的情况看，中国建立偿债基金有相当的难度，而且现实意义并不大。

14.2.7 公债市场

1. 公债市场概述

公债市场包括一级市场和二级市场。一级市场是债券的发行市场，具体决定公债的发行时间、发行金额和发行条件，并引导投资者认购、办理认购手续及缴纳款项等。公债市场主体由政府、投资人和中介机构组成。公债可以直接发行，即由政府自行办理债券的发行手续，也可以由政府委托中介机构办理。公债一级市场的中介机构主要有投资银行、承购公司和受托公司等证券承销机构。它们分别代表政府和投资人处理一切有关债券发行事务。公债二级市场是公债交易、流通或转让的市场，为公债所有权转移创造了条件。二级市场一般是具有明确的交易场所的有形市场。在这个市场上，投资人可以根据对公债行情的判断，随时买进或卖出。

一级市场和二级市场是政府债券市场的两个不同组成部分，两个市场应同时并存，二者相辅相成、相互依存、相互作用。一级市场是二级市场的基础和前提。只有一级市场达到一定规模，二级市场交易才有可能正常运转。一级市场上公债的发行条件、发行方式等都会影响二级市场上的公债的价格及流动性。二级市场为一级市场所发行的公债提供变现场所，提高了公债的流动性，从而增加投资者的投资兴趣，会反过来促进一级市场的发展。二级市场上的公债价格和流动性，也是决定一级市场上新发债券的发行规模、条件、期限等的重要因素。

2. 中国公债市场的建立与发展

1981—1987年，中国公债发行主要依靠行政手段。连续数年的公债发行，公债不到期不能兑换，使得居民手中相当数量的储蓄以公债形式存在，同时企事业单位也有大量资金被占用。这不仅造成了公债发行的困难，而且形成了公债的私下交易。中国的公债二级市场就是在这样的背景中成长起来的。

1988年，中国开始分两批在上海、沈阳、深圳等城市试行公债二级市场，允许国库券流通和转让，不久又将试点范围扩大到54个大中城市，同时缩短公债从发行到上市的时间限制,增加可流通转让的公债种类,从而初步形成了公债的二级流通市场。公债二级市场开放以后,各种各样的证券中介机构如雨后春笋般地发展起来,尽管这些机构当时很不成熟、行为也不规范,但它们的发展为其后的公债发行实行"承购包销"和在二级市场的基础上改革公债发行打下了良好的制度基础。1991年第三批公债交易市场开放。

1991年,随着偿债高峰的到来,财政部决定筹建公债发行市场。1991年,财政部组织了公债的"承购包销"。1991年,公债承购包销的成功反过来又促进了公债二级市场的发展。公债进入二级市场后,交易非常活跃,而二级市场的发展促进了证券中介机构的进一步改组、分化和发展。这些机构的设立和运行进一步促进了二级市场制度结构的职能化,对公债二级市场的发展具有深远意义。但是,1992年的公债发行并没有在1991年的基础上进一步完善,而是走了回头路,公债的承购包销被取消。

1993年,许多制约公债市场发展的因素,例如利率的固定性等没有消除。为了完成公债发行任务,很多地方甚至不得不重启行政方法。但是,1993年,国债一级自营商制度建立。1994—1995年,一级自营商队伍进一步扩大,制度也逐步得到完善。一级自营商制度的建立有效地促进了公债市场的发育。

1994年,在市场经济改革大背景下,公债发行为配合金融体制改革而在公债的市场化问题上迈出较大的步伐;1996年中国开始引入招标发行方式,使公债发行的市场化速度大大加快,同时也促进了公债二级市场的发展。中国的公债二级市场在1994年从部分城市发展到全国各地,从柜台交易发展到证券交易所交易,从现货交易发展到期货交易。此时的公债二级市场已经步入初具规模、相对规范的发展阶段。

中国曾经有国债期货,但过早夭折。专栏14-5回顾了"327"国债期货事件。

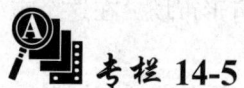

专栏 14-5

中国"327"国债期货事件

国债由政府发行保证还本付息,风险度小,被称为"金边债券",具有成本更低、流动性更强、可信度更高等特点。在国债二级市场上做多做空,做的只是国债利率与市场利率的差额,上下波动的幅度很小。

中国国债期货交易于1992年12月28日首先出现于上海证券交易所。1993年10月25日,上证所国债期货交易向社会公众开放,北京商品交易所在期货交易所中率先推出国债期货交易。1994年10月以后,中国人民银行提高3年期以上储蓄存款利率和恢复存款保值贴补,国库券利率也同样保值贴补,保值贴补率的不确定性为炒作国债期货提供了空间,大量机构投资者由股市转入债市,国债期货市场行情火暴。1994年全国国债期货市场总成交量达2.8万亿元,占上海证券市场全部证券成交额的74.6%。1994—1995年春节前,全国开设国债期货的交易场所陡然增到14家,成交总额达2.8万亿元。这种态势一直延续到1995年,与全国股票市场的低迷形成鲜明对照。本来,国债期货是非常好的金融期货品种。但327国债期货事件导致中国第一个金融期货品种的夭折。

"327"是国债期货合约的代号,对应1992年发行1995年6月到期兑付的3年期国库券,该券发行总量是240亿元人民币。1995年2月23日,上海万国证券公司违规交易327合约,最后8分钟内砸出1 056万口卖单,面值达2 112亿元国债,亏损16亿元人民币,国债期货因此夭折。5月17日,中国证监会鉴于中国当时不具备开展国债期货交易的基本条件,发出《关于暂停全国范围内国债期货交易试点的紧急通知》,开市仅两年零六个月的国债期货无奈地画上了句号。

国债市场体系的完整离不开国债期货。国债期货是国际上成熟的金融期货产品。中国金融期货交易所2012年2月13日正式启动国债期货仿真交易。2012年11月27日中国证监会副主席姜洋在《期货交易管理条例》座谈会上表示,国债期货准备已经基本就绪。

资料来源:陆一(2015)。

3. 中国公债市场的进一步完善

中国公债市场的进一步完善还需要加快公债利率市场化进程,使国债利率成为市场基准利率;需要进一步调整公债结构,形成合理的短期、中期、长期搭配的公债结构,特别是加强短期公债的发行,丰富公债市场品种,给投资者更多选择,给中央银行公开市场业务提供对象;还需要引进金融衍生工具,提供更多的投资避险工具。

专栏14-6介绍了在公债市场中发挥重要作用的中央国债登记结算有限责任公司。

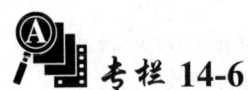
专栏 14-6

中央结算公司

20世纪90年代初,中国债券市场以国债市场为先导进入了早期发展阶段。由于市场基础设施建设滞后,缺乏债券集中托管和统一结算机制,国家信用被冒用、投资者合法权益得不到有效保护、市场运行成本居高不下、金融风险加大,阻碍了国债市场的健康发展。

为整顿国债市场秩序,保证市场安全、高效、低成本运行,促进债券市场的健康发展,中国人民银行和财政部共同议定并报经国务院同意后,在原中国证券交易系统有限公司的基础上改组设立了中央国债登记结算有限责任公司(简称中央结算公司),承担国债和国内其他债券的统一登记、托管和结算职能。中央结算公司属全国性非银行金融机构,1996年12月在国家工商管理局登记注册,目前注册资本4.8亿元人民币。其业务范围包括:

(一)国债、金融债券、企业债券和其他固定收益证券的登记、托管、结算、代理还本付息。

(二)为中国人民银行公开市场业务系统和债券发行系统提供技术支持。

(三)担任债券基金与货币市场基金资产的托管人并办理基金单位的登记、托管、结算。

（四）债券市场与货币市场的中介服务与信息服务；因特网信息服务。

（五）债券市场及货币市场的研究、咨询、培训与宣传。

（六）办理外币固定收益证券的托管、跨境结算并组织办理相关的资金结算和国际业务。

（七）根据管理部门授权对债券次级托管进行监督。

（八）经中国人民银行、财政部批准的其他业务。

资料来源：中国债券信息网.http://www.chinabond.com.cn.

14.2.8 公债的负担

所谓公债的负担，是指由于政府发行的公债所需的还本付息财力。公债最终只能用税收收入或政府其他收入来偿还。税收是政府的主要收入形式，因而公债的偿还将导致税收增加，从而减少社会公众可支配收入。财政的债务支出增加可能导致财政的其他支出减少，也会造成国民负担。

公债负担可从以下三方面来分析。

（1）政府的债务负担问题。公债最终需要偿本付息，政府借债时获得了财政收入，但偿债意味着财政支出。因此，政府发行公债的过程就是政府债务的形成过程，而偿债过程就是政府债务的消除过程。还本付息构成政府负担，即财政负担。债务过大，债务危机就有发生的可能。

（2）纳税人的公债负担。不论公债资金流向和效益如何，公债的偿还最终主要靠税收，这必然会形成纳税人的负担。这样，公债可以视为一种延期的税收。

（3）公债的代际负担。公债的世代转移问题，实质是一种政府通过"借新债还旧债"方式，把偿还负担转移给下一代人，说到底是政府如何处理好这一代人与下一代人的公共支出问题。

14.2.9 中国公债简况

如表 14-1、表 14-2 所示提供了 1985 年以来中国公债的相关数据。中国公债规模逐渐扩大，公债管理方式也发生了转变。专栏 14-7 提供了特别国债发行和国债管理方式的转变情况。

表 14-1 国家财政债务发行情况

单位：亿元

年　份	合　　计	国内债务	国外借款	国内其他债务
1985	89.85	60.61	29.24	
1986	138.25	62.51	75.74	
1987	223.55	63.07	106.48	54.00
1988	270.78	92.17	138.61	40.00
1989	407.97	56.07	144.06	207.84

续表

年份	合计	国内债务	国外借款	国内其他债务
1990	375.45	93.46	178.21	103.78
1991	461.40	199.30	180.13	81.97
1992	669.68	395.64	208.91	65.13
1993	739.22	314.78	357.90	66.54
1994	1 175.25	1 028.57	146.68	
1995	1 549.76	1 510.86	38.90	
1996	1 967.28	1 847.77	119.51	
1997	2 476.82	2 412.03	64.79	
1998	3 310.93	3 228.77	82.16	
1999	3 715.03	3 702.13		12.90
2000	4 180.10	4 153.59	23.10	3.41
2001	4 604.00	4 483.53	120.47	
2002	5 679.00	5 660.00		19.00
2003	6 153.53	6 029.24	120.68	3.61
2004	6 879.34	6 726.28	145.07	7.99
2005	6 922.87	6 922.87		

注：从1999年开始，国内其他债务项目为债务收入大于支出部分增列的偿债基金。
资料来源：中国统计年鉴（2006）。

表14-2　中央财政债务余额情况（2005—2011年）

单位：亿元

年份	合计	国内债务	国外债务
2005	32 614.21	31 848.59	765.52
2006	35 015.28	34 380.24	635.02
2007	52 074.65	51 467.39	607.26
2008	53 271.54	52 799.32	472.22
2009	60 237.68	59 736.95	500.73
2010	67 548.11	66 987.97	560.14
2011	72 044.51	71 410.80	633.71

注：从2006年起实行债务余额管理。
资料来源：中国统计年鉴（2012）。

专栏 14-7

特别国债与国债余额管理

1998年，财政部向四大国有商业银行定向发行了2 700亿元期限为30年的特别国债作为注资。2007年，全国人大常委会批准财政部发行15 500亿元特别国债购买外汇，作为组建国家外汇投资公司（中国投资有限责任公司）的资本金来源，批准2007年年末国债余额限额调整为53 365.53亿元。2007年特别国债偿还期限为10年以上，属于可流通记账式国债，票面利率根据市场情况灵活决定。

中国自2006年起，参照国际通行做法，采取国债余额管理方式管理国债发行活动，以科学地管理国债规模，有效防范财政风险。国债余额管理是指立法机关不具体限定中央政府当年国债发行额度，而是通过限定一个年末不得突破的国债余额上限以达到科学管理国债规模的方式。国债余额包括中央政府历年预算赤字和盈余相互冲抵后的赤字累积额、向国际金融组织和外国政府借款统借统还部分（含统借自还转统借统还部分）以及经立法机关批准发行的特别国债累计额，是中央政府以后年度必须偿还的国债价值总额，能够客观反映国债负担情况。

资料来源：财政部网站.http://www.mof.gov.cn.

14.3 公债理论的发展

公债理论汗牛充栋。本章仅择其中若干简要介绍。

14.3.1 早期公债理论：利弊之争

公债理论的发展在很大程度上是围绕公债对经济社会的利弊展开的。从这个角度来看，公债理论大体上可以分为公债有害论、公债两重论和公债无害论。

1. 公债有害论

公债有害论认为公债不利于经济社会发展，从而反对发行公债。古典经济学家一般都持这种观点。

中世纪的欧洲，剩余产品还不丰富。要想迅速发展，就必须限制个人消费。此时的封建主却以国家名义举债并用于各种非生产性消费，招致各方人士批评。

中世纪的经院哲学家阿奎那（Thomas Aquinas，1225—1274）认为公债会使国家变弱，降低国家威望，从而反对国家公债。作为僧侣和世俗封建利益的代言人，阿奎那反对公债的言论表明当时占统治地位的思想。十字军东征以后，西欧经济日渐发达，但法国哲学家让·博丹（Jean Bodin，1530—1596）仍认为举债是王侯财政崩溃的主要原因，且影响经济发展，应避免举借公债。英国哲学家大卫·休谟（David Hume，1711—1776）认为国家发行公债带有纸币流通的弊病，必然引起粮食和劳动价格上涨，举债要支付利息从而加重国民负担，同时还使公债持有人坐享其利，养成以利息维持生活的惰性，这些都不利于经济发展。他警告政府"国家如果不消灭公债，公债必然消灭国家"。

自由资本主义时期，为了减少对资本的侵蚀，"廉价政府""守夜人政府"观念深入人心。许多经济学家反对政府举债。亚当·斯密的观点具有代表性。现分述如下。

（1）国家举债是因为当权者奢侈而不知节俭，举债使得国家轻而易举地取得财政收入，造成君主和国家更加奢侈，更不注重国家财富的积累和储备。

（2）公债是非生产性的，举债将减少生产资本，且当国家费用由举债来支付之时，就是把该国一部分用以维持生产性劳动的资本抽出来转用于非生产性的国家财政支出，这样势必对国民经济发展造成不利影响。

（3）国家举债造就一批食利阶层，鼓励人们不劳而获，将资金投入非生产领域。

（4）举债是预借式的税收，必将加重后代人负担。

（5）举债过多，致使国家借助通货膨胀推卸债务，经济将陷入危机，国家终将破产。英国古典经济学派的另一主要代表人物大卫·李嘉图和法国经济学家萨伊等与亚当·斯密持有大体相同的观点，都坚决反对政府举债。

2. 公债两重论

英国经济学家约翰·斯图亚特·穆勒（John Stuart Mill，1806—1873）和德国财政学家瓦格纳（Adolf Wagner，1835—1917）等都认为国家举债利弊兼有。他们代表了"公债两重论"的观点。

穆勒从资金的来源和用途两方面对公债进行分析后，提出对公债应分以下三种情况分别考察。

（1）公债资金来源于生产领域，用于非生产领域。这种公债制度是最坏的政府筹款方法。

（2）公债资金来源于国外或国内闲置资金，用于非生产领域，可以不受到严厉排斥。即使债务可能加重后代负担，但只要资金运用得当，使后代获益，也很公道。

（3）如果公债资金来源于生产领域，又用于生产领域，那就不应受到指责，特别是临时财政支出问题，完全可以通过举债解决。

可见，一方面穆勒与"公债有害论"者一样，将公债看成是筹集资金以供给军费或其他非生产性支出的手段，是从生产性资本中取出来的借款，因而必将使国家贫困。但另一方面，"公债双重论"者也认为，举借公债以实施大型财政支出计划，只要公债资金来源于国外资本或国内闲置资本，劳动阶级不受到损害，也不扰乱本国产业资本的正常运转，即使是非生产性支出，也谈不上国家财富和资源的减少，相反会迅速扩大财富和资源，促进国家繁荣。

"公债两重论"者赞同闲置资本存在的前提下发行公债。总之，"公债两重论"既沿袭了古典学派的公债思想，认为政府举债将削弱资本力量，同时又不完全否定公债制度，使公债理论与时代要求相吻合。

3. 公债无害论

"公债无害论"者主张大力发展公债，把公债和赤字以及补偿性财政政策联系在一起，对公债大加赞扬。英国著名经济学家凯恩斯（John Maynard Keynes，1883—1946）是这一理论的典型代表。美国经济学家汉森（Alvin Harvey Hansen，1887—1975）和萨缪尔森（Paul Anthony Samuelson，1915—2009）也是坚定的公债无害论者。

凯恩斯更把公债看成是国家干预和控制社会经济、稳定社会秩序的手段。他认为：

（1）在资本主义出现生产危机、有效需求不足的情况下，通过发行公债筹集资金并扩大财政支出，可增加就业机会，创造追加的国民收入，从而增加社会财富，因此公债有益无害。

（2）国家向国民借债，是将一定时期国民手中的货币用途加以改变，从实物形态来看，国内资源总量并没有减少，这只是资源利用项目间的合理流动。

（3）公债是税收的预征，后代人的确承担了偿债责任，但他们同时也承受了债权，从总体来说也是"左右口袋"之间的事。而且，后代还受益于举债建成的各种设施，举债是一种"待摊费用"，提前支取而后被数代人平均分摊，所以举债不会成为后代负担。

（4）公债只是国家筹集资金的一种手段，是干预经济的工具。虽然举债时规定了归还债务的时间和数额，但只要国家不消亡，公债作为工具仍被使用，它就是不可能清偿的，也没有必要清偿。

（5）公债发行的绝对数量随经济发展而增加，相对数量随经济的发展而减少。因此，担心国家难以负担债务是多余的。

随着资本主义进入垄断阶段，尤其是1929—1933年的大萧条，客观上呼唤资本主义国家放弃传统的健全财政政策，并采取应对经济危机的扩张性政策。正是在这种背景下，涵盖"公债无害论"的凯恩斯主义应运而生。"公债无害论"的提出为资本主义国家大规模举债做了充分论证，也使其成为各国挽救财政危机的万全之策。

现代公债理论从公债的"挤出效应"（crowding-out）角度对发行公债的利弊进行了分析。整个社会资金有限，资金或者配置给私人部门，或者配置给公共部门。公共部门掌握的资金增加，意味着私人部门资金的减少。如果私人部门减少的资金是属于从事经济活动所需的资本，那么，这可能会导致社会资金配置效率下降。如果这些资金是闲置的，那么，社会资金配置效率可能因此提高。"挤出效应"还表现在另外一个层面。利率是资金市场的价格，是由需求和供给共同决定的。增发公债会扩大资金需求，从而可能抬高市场利率。利率的升高可能会使一些私人投资无利可图，从而导致投资下降。例如，公债发行之前，市场利率为5%，某私人投资回报为6%，投资是可行的。但是，由于大规模发行公债，现在利率因此升至7%，这一私人投资项目就被挤出。在许多场合，"挤出效应"是在这个意义上使用的。

14.3.2 李嘉图等价定理

李嘉图等价定理是现代西方公债理论的中心内容。许多理论围绕该定理展开。该定理的基本内容早在19世纪的初期就已提出。

1. 定理的提出

英国著名古典经济学家大卫·李嘉图在其代表作《政治经济学及赋税原理》（1817年）中，曾写下了这样一段话：

"如果为了一年的战费支出而以发行公债的方式征集2 000万英镑，这就是从国家的生产资本中取去了2 000万英镑，每年为偿付这种公债利息而课征的100万英镑，只不过由付这100万英镑的人手中转移到收这100万英镑的人手中，也就是由纳税人手中转移到公债债权人手中。实际的开支是那2 000万英镑，而不是为那2 000万英镑必须支付的利息。付不付利息都不会使国家增富或变穷。政府可以通过赋税的方式一次征收 2 000 万英镑；在这种情形下，就不必每年课征 100 万英镑。但这样做，并不会改变这一问题的性质。"（李嘉图，1962，p.208）

在这段话中，李嘉图表达了政府征税与举债经济影响一样的思想。当然，李嘉图说课税与发债一样，并不等于他主张发债。他认为发债会助长政府浪费心理，所以他反对发行公债。

现代版的李嘉图等价定理在 20 世纪 70 年代才出现。1974 年，美国经济学家 R. J. 巴罗在题为《政府债券是净财富吗？》的论文中，力图引申李嘉图对政府举债的经济影响的论述。1976 年詹姆斯·布坎南在《巴罗论李嘉图等价定理》一文中反驳巴罗的观点时，首次使用了"李嘉图等价定理"（Ricardian equivalence theorem）的说法。由于巴罗对李嘉图等价定理的发展所做出的贡献，所以在一些文献中，"李嘉图等价定理"又变成为"李嘉图—巴罗等价定理"（Ricardian-Barro equivalence theorem）。

2. 李嘉图等价定理的含义

李嘉图对政府举债经济影响的论述至少表达出了以下三方面含义。

（1）课征 2 000 万英镑税收和举借 2 000 万英镑公债，都会使一国的生产资本减少 2 000 万英镑（李嘉图假定的是政府为战争费用而筹款）。

（2）在发行公债的情况下，每年由政府偿付的利息只不过是将一部分人的收入转付给另一部分人而已，并不会改变一国的财富总量。

（3）因为发行公债与课税一样会使该国生产劳动者的收入下降，造成一国纯损失 2 000 万英镑，所以个人消费支出也会随之下降，并且这种消费行为变化与征税条件下个人消费支出下降是相同的。

巴罗对李嘉图的观点予以进一步的发挥，他利用无限生命（长生不老）周期模型和"利他主义学说"论述了公债引发的眼前减税与未来纳税间的关系、公债引起的消费在现在与将来间的替代关系以及公债对储蓄率的影响。巴罗通过建立"王朝效用函数"来解决人的生命有限的问题。他认为，一个人会考虑其子孙后代的利益，其家族犹如王朝，所考虑的王朝效用。他认为，如果个人与家庭是理性的，能够认识和预期到政府在债务与税收上不同选择的博弈规则及后果，那么未来予以偿还的公债本息总额的现值，应等于因借债而产生的即期减税额，由此政府储蓄的减少便被家庭和个人的储蓄增加所抵消，国民经济的总储蓄并没有因为政府是举债还是征税而变化，个人的消费和投资也不会发生变化。这就是"李嘉图—巴罗等价定理"的核心内容。

诺贝尔奖得主詹姆斯·托宾认为，理论前提与现实经济生活的背离将导致李嘉图等价定理失效。

（1）李嘉图等价定理不但要求各代消费者都是利他的，而且要求在利他动机支配下的各代消费者所遗留给子孙的财产不能是负值。然而现实中消费者遗留给后代的既有财产又有负债。

（2）李嘉图等价定理还暗含政府以举债替代课税不会产生再分配效应，且各消费者的边际消费倾向是无差别的前提。这同现实生活的距离就更远了。

（3）李嘉图等价定理是基于税收都是一次性总付税（总额税）的假定而得出的，因而举债对课税的替代只会造成一种税收的总额变化。但是，在现实经济生活中，大多数税种都是针对特定的经济行为而设立的，以举债替代税收而实现的税收上的变化，人们的经济行为肯定会作相应调整。

3. 李嘉图等价定理的经济意义

对李嘉图等价定理自然而然地会引出定理本身的适用性问题以及这一命题的启发性意义。围绕着对李嘉图等价定理所作经验验证的经济文献，有的宣称结果与李嘉图等价定理相吻合，有的则说结果证伪了等价定理。其实，李嘉图—巴罗等价定理本身的假定过于严格，如理性假设、生命无限周期假设等；如果再考虑到当代社会经济因素，单纯谈论李嘉图等价定理的适用性或者是否成立意义不大。从政府公债与税收对经济所产生效应的比较，从财政政策选择的角度来思考李嘉图等价定理，要比研究该定理是完全成立还是根本不适用更有意义。

李嘉图等价定理论证的有关公债引发的减税效应以及对储蓄、消费、利率进而产出的影响机制，告诉我们在运用财政政策时，应当注意赤字、债务、税收、储蓄、消费间的关系；而从否定李嘉图等价定理的理论分析中，能体会到以债务融资支持的赤字财政政策对需求的影响；李嘉图等价定理本身，又可以体会赤字财政政策无效性的一面，这也使我们认识到财政政策工具的有限性。这些才是今天我们分析研究李嘉图等价定理的真正现实意义所在。

14.4 财政政策

政府经济政策不外乎财政政策和货币政策。一段时间以来，货币政策的作用得到了充分的发挥。但是，随着2008年国际金融危机的爆发，各国政府重新反思财政政策的作用，学术界也开始重新认识财政政策。

财政政策是政府主动运用财政收支手段，作用于经济活动。

14.4.1 财政政策的定义

广义地讲，财政活动中涉及"政策"的都关乎"财政政策"问题。然而，这一看似明确的定义，实际上难以界定和把握。财政作为政府经济活动或收支活动，都是在政策指导下展开的。财政活动似乎等同于财政政策，也就等于没有财政政策。狭义地讲，财政政策仅是指财政间接干预宏观经济运行以稳定状态的政策，即政府通过税收和财政支出手段，以达到充分就业、物价稳定、国际收支平衡和经济增长目标的一种经济稳定政策。它是政府宏观经济政策的一个组成部分。本书所述财政政策主要是狭义的。

14.4.2 财政政策的目标

1929—1933年资本主义世界经济大萧条发生之后，财政政策得到广泛的关注，凯恩斯主义开始流行。在此之前，西方社会流行的理论是政府尽可能少干预经济。大萧条引发各种问题，也促进各界重视财政政策的作用。凯恩斯主义者首先关注就业问题。大萧条导致大量工人失业，政府不得不抓紧解决失业问题。

在市场经济中，失业问题无法根除。工人转换工作，会出现摩擦性失业。这是属于无法避免的失业。各国多以将失业率控制在一定范围之内为政策目标。有的国家确定的就业目标是4%的失业率，有的选择6%，有的甚至选择更高的失业率。可以接受的失业率的选择取决于当时经济状况和民意。从根本上说，这是由公共选择过程来决定的。

物价稳定是财政政策的另一个重要目标。物价稳定包括反通货膨胀和反通货紧缩两个方面的内容。通货膨胀表现为物价的持续上涨，而通货紧缩是以物价的持续下降为特征的。经济高涨时，通常伴以通货膨胀，控制在一定范围之内的通货膨胀对经济的影响较小。超过一定限度的通货膨胀，则会给经济带来极大的负面影响。限度的选择因人而异。有人接受4%或6%的通货膨胀率，有人甚至能接受10%之内的通货膨胀率，但很少有人认为物价上涨率超过10%，政府不要有所作为。物价下降可能是技术进步的结果。但物价普遍持续下降现象就可能是通货紧缩。通货紧缩通常伴随经济萧条而来。通货紧缩出现的次数少于通货膨胀，但危害不能低估。通货膨胀和通货紧缩都会破坏市场价格信号作用的发挥，因此，政府要将稳定物价作为经济政策的重要目标。

在开放经济中，国际收支状况会对一国宏观经济运行状况产生相应的影响；一国经济状况的变化也会影响其他国家的进出口状况，从而影响该国的社会总需求和总供给。在经济全球化的今天，各国经济相互影响，因此，当国内市场自身的总需求和总供给能够平衡时，一国应注意国际收支的平衡；而当国内市场自身总需求和总供给不平衡时，该国则要通过国际收支的适度顺差或逆差来弥补，以促进宏观经济稳定。

经济稳定增长是政府宏观经济政策的根本目标。在市场经济中，经济周期无法避免。市场经济发展史表明，市场有可能通过自身力量摆脱经济危机，但耗时较多，生产力受到的破坏也较为严重。财政政策可以减缓经济波动，避免经济大起大落，促进经济稳定增长。菲利普斯曲线的相关理论在经济学界和经济界都有相当大的影响，它曾是政府决策的重要理论依据。（菲利普斯曲线的介绍参见专栏14-8）

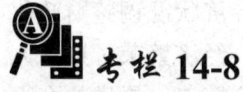
专栏 14-8

菲利普斯曲线

新西兰经济学家菲利普斯（A.W. Phillips, 1914—1975）于1958年在英国伦敦经济学院任教时，画出了英国1861—1957年的失业率和工资变化之间的关系曲线，这就是著名的菲利普斯曲线。后来，用通货膨胀率代替工资变化，通货膨胀与失业之间的关系就是负向关系：当失业率低时，通货膨胀率就高；当失业率高时，通货膨胀率就低，甚至经常是负值。简单的菲利普斯曲线如图14-2所示。后来，诺贝尔奖得主萨缪尔森和索洛用菲利普斯的方法对美国1900—1960年的数据进行了处理，得出与菲利普斯类似的结论。菲利普斯曲线曾经作为很好的政策判断工具，发挥了积极作用。政府决策时经常要做的是对通货膨胀和失业两种痛苦的权衡取舍。但是，随着20世纪70年代初期开始滞胀的出现，菲利普斯曲线开始不再奏效。经济学家提出了多种解决问题的方法。其中，20世纪60年代末，弗里德曼（Milton Friedman）和菲尔普斯（Edmund Phelps）提出的通货膨胀和失业之间交替关系的出现只是一种幻觉较有影响。他们提出了"自然失业率"这一概念。他们认为，如果政府试图接受更高的通货膨胀率来维持较低的失业水平，这种交替关系最终将消失；失业也无法维持在一个特定水平之下。这一特定水平就是"自然失业率"。现在，大部分经济学家接受了自然失业率这一概念。现在，经过改造后的菲利普斯曲线得到一些经济学家的认可。

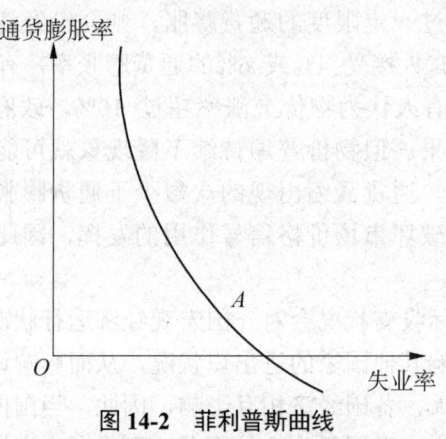

图 14-2　菲利普斯曲线

资料来源：Blanchard（2000）。

14.4.3　财政政策的类型

根据财政政策的不同运作特点，财政政策可分为相机抉择的财政政策和自动稳定器的财政政策。

所谓相机抉择的财政政策，是指政府根据宏观经济波动情况，灵活主动地变动税收和公共支出以达到财政政策目标的政策运作行为。

所谓自动稳定器的财政政策，是指财政制度本身就可以根据经济状况调整财政收支，促进经济政策目标的实现。各国个人所得税多适用累进税率。经济繁荣时期，人们收入水平提高，消费和投资会相应增长，最终可能导致经济过度繁荣。累进的个人所得税制可起到部分遏制作用。经济萧条时期，社会保障支出会相应增加，从而减少因经济不景气带来的收入下降对市场的冲击。

根据财政政策的目标是扩大或抑制总需求，可以将财政政策分为扩张性财政政策、紧缩性财政政策和中性财政政策。中性财政政策不对总需求产生任何影响。扩张性财政政策会扩大总需求，而紧缩性财政政策会抑制总需求。相应地，前者是在经济不景气时使用，后者是在经济出现过热时才使用。中国1998年和2008年两次实行的积极财政政策都是扩张性财政政策。

14.4.4　财政政策的运作机理

财政政策手段包括税收和公共支出。政府运用财政政策手段实现政策目标，通常是利用乘数（倍数）效应实现的。所谓乘数效应，是指税收或公共支出变动会引起社会总需求的变动（扩张或收缩），但变动是以乘数（倍数）进行的。下文分析简单的财政政策乘数效应。

假定：Y 为国民收入，C 为消费，I 为投资；G 为政府购买性支出，R 为政府转移性支出；C_0 为自主消费，c 为消费倾向。

假定私人投资不变，财政乘数模型主要有以下几种。

1. 不考虑税收（T）时，推导政府购买性支出的乘数

因为
$$Y=C+I+G$$
$$C=C_0+cY$$
$$Y=\frac{1}{1-c}(C_0+I+G)$$
$$\Delta Y=\frac{1}{1-c}\Delta G$$

所以，政府购买性支出乘数为

$$\frac{\Delta Y}{\Delta G}=\frac{1}{1-c}$$

这说明，增加 1 元的购买性支出，会带来 $\frac{1}{1-c}$ 元的总需求（$\frac{1}{1-c}>1$，因为 $0<c<1$）。

2. 政府购买性支出不变时，推导征收总额税时的乘数

因为
$$Y=C+I+G$$
$$C=C_0+c(Y-T)$$
$$Y=\frac{1}{1-c}(C_0+I+G-cT)$$
$$\Delta Y=\frac{-c}{1-c}\Delta T$$

所以，税收乘数为

$$\frac{\Delta Y}{\Delta T}=\frac{-c}{1-c}$$

这说明，增加 1 元的税收，会减少 $\frac{-c}{1-c}$ 元的总需求（$0<c<1$）。由于 $\left|\frac{-c}{1-c}\right|<\left|\frac{1}{1-c}\right|$，这还说明政府购买性支出的乘数效应强于税收的乘数效应。

3. 课征所得税时，推导政府购买性支出乘数

因为
$$Y=C+I+G$$
$$C=C_0+c(1-t)Y$$
$$Y=\frac{1}{1-c(1-t)}(C_0+I+G)$$
$$\Delta Y=\frac{1}{1-c(1-t)}\Delta G$$

所以，政府购买性支出乘数为

$$\frac{\Delta Y}{\Delta G} = \frac{1}{1-c(1-t)}$$

这说明，增加 1 元的购买性支出，会带来 $\frac{1}{1-c(1-t)}$ 元的总需求（t 为所得税率）。

4. 政府转移性支出乘数的推导

因为
$$Y = C + I + G$$
$$C = C_0 + CR + cY$$
$$\Delta Y = \frac{c}{1-c}\Delta R$$

所以，政府转移性支出乘数为
$$\frac{\Delta Y}{\Delta R} = \frac{c}{1-c}$$

这说明，增加 1 元的转移性支出，会带来 $\frac{c}{1-c}$ 元的总需求。对比总额税乘数和转移性支出乘数，它们绝对值相等，符号相反，说明它们的作用程度相同，但方向相反。在不同的假定下，财政政策乘数有不同的表现形式。具体分析可参见宏观经济学相关教科书，本书不再赘述。中国 1998 年开始实行积极财政政策，2005 年转向稳健的财政政策，2008 年又转向积极财政政策，都充分发挥了财政政策乘数的作用（见专栏 14-9）。

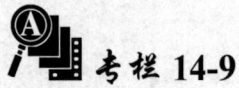

专栏 14-9

中国的财政政策

为了应对亚洲金融危机的冲击，1998 年，中国开始实行积极财政政策（扩张性财政政策）。1998—2004 年，中国累计发行长期建设国债 9 100 亿元，主要用于基础设施建设，扩大国内需求。据测算，这部分国债拉动的投资规模约为 50 000 亿元，带动了经济的增长。这次财政政策是以扩大财政支出为主要内容的。2005 年中国转向实施稳健的财政政策（中性的财政政策）。2008 年，为应对国际金融危机的挑战，中国又开始实行积极财政政策，出台了 4 万亿元经济刺激计划。财政政策手段是"结构性减税"与扩大支出并举。积极财政政策的实施，在很短的时间内起到了稳定经济的作用。2013 年，中国继续推行积极财政政策，在调整财政支出结构的同时，强调减税的作用。

资料来源：高培勇（2008）；杨志勇（2013）。

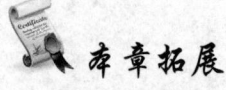

本章拓展

关于当前中国国债市场存在的问题，财政部财政科学研究所课题组（2012）有较为系统的阐述。中国央行票据发行情况的分析,可参阅何平(2011)。关于国债期货327 事件的始末,可参阅陆一(2015)。

2008 年国际金融危机爆发后,财政政策的作用才得到重新认识,参见 Blanchard、Dell'Ariccia、Mauro(2010)和 Solow(2005)的有关论述。

 **小结**

- 财政收入大于支出,形成结余;收不抵支,赤字出现。
- 弥补财政赤字的途径有多种,但最为常见的是发行公债。
- 公债是国家或政府以其信用为基础,在向国内外筹集资金的过程中所形成的债权债务关系,也就是说,国家或政府以债务人的身份,采取信用的方式,通过借款或发行债券等方式取得资金的行为。
- 公债的大规模出现始于市场经济时期。
- 公债根据不同的标准可以分为:国内公债与国外公债;中央公债与地方公债;短期公债、中期公债与长期公债;直接显性公债、直接隐性公债、或有显性公债和或有隐性公债;自由流通公债和非自由流通公债。
- 公债的结构包括公债的期限结构、公债的持有者结构和公债的利率结构等。
- 现代社会中公债的主要发行方法有公募法、承受法和公卖法。
- 公债的偿还方法主要有买销法、比例偿还法、抽签偿还法、一次偿还法等。
- 偿还债务的资金来源主要依靠预算盈余、预算列支、发行新债还旧债以及偿债基金等。
- 所谓公债的负担,指的是由于政府发行的公债所需的还本付息财力来源于税收收入或其他收入等,因而公债的偿还将增加税收,从而导致社会公众可支配收入的减少以及财政的债务支出增加而引起财政的其他支出减少等,造成了一国人民的负担。
- 公债市场包括一级市场和二级市场。
- 早期的公债理论主要是关于利弊之争的理论,包括公债有害论、公债两重论和公债无害论。
- 李嘉图等价定理是指符合特定假设,政府征税和发行公债对民众的消费和投资行为的影响是一样的。现代公债理论有许多讨论是围绕该定理进行的。

 **思考题**

1. 改革开放前十余年,中国一方面几乎每年安排了预算赤字,另一方面又大力主张奉行财政平衡的原则,这是否自相矛盾?
2. 长期以来,财政赤字一直富有争议。你认为中国是否可以实行赤字财政政策?
3. 当今世界,相机抉择的财政政策之所以受到冷落,有两方面的解释:一是来自宏观经济学内部的理论方面的原因;二是来自实践的政治经济因素。1987 年诺贝尔经济学奖得主罗伯特·索洛认为，第一种看法既不可信，也不成功，而第二种看法更务实严肃可信。你是如何看待各国财政政策选择问题的？

4. 1994 年之前中国主要是通过向银行借款来弥补财政赤字的，其利弊何在？

5. 国家开发银行的债务是否为国家债务？所提供的信用是否为国家信用？

6. 央行票据是由中国人民银行发行、用以对冲外汇占款的短期债券，是当前中国实施公开市场业务的主要工具。你是怎么看待中国人民银行发行央行票据的？

阅读与参考文献

[1] Blanchard O. Macroeconomics[M]. 2nd ed. Prentice Hall，2000.

[2] Blanchard O，Dell'Ariccia G，Mauro P. Rethinking Macroeconomic Policy[EB/OL]. IMF Staff Position Note，SP/10/03，February 12，2010. http://www.imf.org/external/pubs/ft/spn/2010/ spn1003.pdf.

[3] Solow R M. Rethinking Fiscal Policy[J]. Oxford Review of Economic Policy, 2005，21（4）：509-514.

[4] 大卫·李嘉图. 政治经济学及赋税原理[M]. 北京：商务印书馆，1962.

[5] 白海娜. 政府或有负债：影响政府稳定的潜在风险[M]//白海娜（Hana Polackova Brixi），马骏. 财政风险管理：新理念与国际经验. 北京：中国财政经济出版社，2003.

[6] 鲍威. 扩招后中国高等院校贷款融资行为的实证分析[J]. 北大教育经济评论（电子季刊），2007，5（2）.

[7] 财政部财政科学研究所课题组. 中国政府债券市场存在的问题及政策建议[J]. 经济研究参考，2012（19）.

[8] 陈共. 积极财政政策及其财政风险[M]. 北京：中国人民大学出版社，2003.

[9] 邓子基，张馨，干开国. 公债经济学：公债历史、现状与理论分析[M]. 北京：中国财政经济出版社，1990.

[10] 高培勇. 中国财税体制改革 30 年研究[M]. 北京：经济管理出版社，2008.

[11] 何平. 我国的央行票据与公开市场操作[J]. 经济理论与经济管理，2011（12）.

[12] 陆一. 中国赌金者：327 事件始末[M]. 上海：上海远东出版社，2014.

[13] 杨志勇. 2013 年中国财政税政策前瞻[J]. 中国税务，2013（1）.

[14] 袁东. 公共债务与经济增长[M]. 北京：中国发展出版社，2000.

[15] 张馨. 财政学[M]. 北京：人民出版社，2002.

[16] 张馨，杨志勇，郝联峰，袁东. 当代财政与财政学主流[M]. 大连：东北财经大学出版社，2000.

15 政府间财政关系

学习目标

- ▶▶ 了解政府间职责的分工；
- ▶▶ 了解政府间收入权限的划分；
- ▶▶ 了解政府间转移支付的基本种类；
- ▶▶ 了解中国现实的政府间财政关系以及存在的问题。

一段时间以来，中国地方政府靠"土地财政"过日子。"经营城市"愈演愈烈。地方政府为什么要卖地过日子？为什么要卖高价地？一种说法是地方政府没钱，因此不得不这么去做。仅仅说地方政府没钱是说不通的，因为过去也不见得很有钱，但过去为什么就没有以卖地为中心的"土地财政"呢？如果没有土地实质上的地方所有制，那么地方政府卖地也是得不到收入的。但是，无论如何，中央和地方的财政关系确实影响了地方政府的行为。

本书前面各章基本上将政府视为一个统一体。本章的分析视野将转向政府内部，分析政府内部各组成部分之间的分配关系。

15.1 财政体制

公共部门内部关系不仅限于政府间关系，即除了政府间关系之外，还包括政府与其他公共团体和公共机构之间的关系。政府间关系是其中最主要的内部关系。限于篇幅，本书仅介绍政府间财政关系问题，即狭义的财政体制（财政管理体制）问题。财政体制问题因政府组织结构的科层性质所引发。

除少数城市国家外，大部分国家的政府是多级的，且每一级政府由多个部门、机构等组成。政府组织庞大复杂，政府经济活动就是政府及其内部的官员具体进行的。政府的各组成部分都拥有自己的权限，可以在一定程度上自主活动。如何将无数大大小小的政府科层组织及其官员的经济活动连接成有机统一体，既复杂又困难。财政体制就是处理政府间财政关系,即规定了政府各科层组织应承担的职责及相应财权财力的基本制度。

现代市场经济国家多奉行财政联邦制,各级财政相对独立,只对同级立法机构(议会或人民代表大会)负责。财政联邦制与国家结构形式所指的联邦制(见专栏15-1)有同有异,差别在于单一制国家也可实行财政联邦制。具体来说,它包括财政支出责任的区分、财政收入权限的划分和政府间转移支付制度的确定三方面内容。研究政府间财政关系的主要理论就是财政联邦主义理论(Theory of Fiscal Federalism,又译为"财政联邦制理论")。

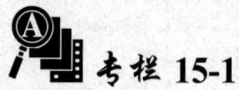

专栏 15-1

国家的结构形式(联邦制与单一制)

联邦制国家有一部以上的宪法,中央政府权力有限,地方政府高度自治。它所接受的基本原则有五个:一是人民主权原则。联邦政府由联邦的全体人民——而不是联邦内的各州政府——授权并产生,联邦宪法和法律也直接针对联邦人民而非各州发挥效力。二是各州自治原则。联邦政府直接从全体人民中产生,无须经过各州,但作为一种平衡制度,联邦制区别于单一制的关键之处是地方自治。只要各州有适当的调控能力,相关事务通过州宪法或法律加以调控,联邦就不应加以干预;只要与联邦宪法和合宪的联邦法律或条约不存在矛盾,各州就有权指定所有必要的法律以处理本州的事务。因此,联邦制国家中的各州一般有自己的宪法和一整套完备的法律制度。三是联邦和睦原则。联邦制度所保障的政治多元化和地方自治不应对整个联邦的稳定和和平产生不利影响。四是有限政府原则。几乎所有的联邦宪法所规定的权力都是有限的。如果宪法没有规定某项权力,那么联邦政府原则上不拥有该项权力。联邦宪法未授予的权力,属于各州和人民。五是联邦最高原则。联邦权力范围虽有限,但在此范围内,联邦宪法与其他联邦法律具有最高权威。

联邦制有两套独立的政府制度和法律制度。联邦和各州都有各自的宪法及其所规定的政府组织,联邦和各州的关系基本上是纯粹的法律关系。联邦一般无权命令各州执行某项任务,各州也不能阻碍联邦政府运行;如果联邦和各州措施发生冲突,那么最后将归结于授权这些措施的法律之间的冲突,而法律冲突的解决将取决于联邦宪法对中央与地方权力的界定——或更准确地说,法院对宪法界定的司法解释。

在联邦制下,联邦和州政府人事关系完全独立,各自在宪法授权范围内独立行使职权。联邦不能依靠人事控制来命令地方政府去贯彻国家政策,而只能在宪法授权的范围内通过制定法律来调控全国性事务。

美国是世界上第一个联邦国家。目前,美国、德国、加拿大、印度、俄罗斯等均采用了某种形式的联邦制。

当权力不断地从地方向中央转移,联邦制就转化为单一制。单一制国家的政治制度是一个中央控制下的统一整体,主要表现为国家只有一部宪法和一个最高级别的中央政府,地方政府由中央政府领导。一般来说,单一制表明中央政府代表国家的所有主权，且除宪法规定的公民基本权利的限制之外具有无限权力；地方政府只是中央政府的分支，有义务服从中央命令，且不具备宪法保障的自治权力。在单一制下，地方最高长官（如省长）一般由更高一级的机构（如全国人大）任命产生。中国、法国、英国、意大利等都是单一制国家。

资料来源：张千帆（2004）。

15.2 政府间的职责分工

政府（公共部门）的经济作用体现在资源配置、收入分配和经济稳定三个方面。不同级别政府如何就这些职责进行分工是个重要的问题。政府职责的区分是政府间财政关系确立的基础。

15.2.1 资源配置职能的分工

1. 公共产品提供的分工

政府的主要任务是提供公共产品。根据公共产品受益范围的大小，可以将其分为全国性公共产品和地方性公共产品。根据收益与成本对称的原则，全国性公共产品应由中央政府提供，而地方性公共产品要由地方政府提供。这样做有助于提高公共部门经济活动的效率。

通过如图 15-1 所示来分析由中央政府统一提供公共产品的效应。为了简便起见，假定一国仅有两个辖区，相对应的有两组居民，每组内居民对公共产品的需求是相同的，而两组之间的公共产品需求是不同的，D_1 和 D_2 分别表示第 1 组和第 2 组居民的需求曲线，其中第二组居民的需求大于第一组，再假定公共产品成本的人均负担额不变，税收价格均为 OP，则第一组居民对公共产品的需求量为 Q_1，第二组为 Q_2。若由中央政府负责统一提供公共产品，则提供量为 Q_C（Q_C 位于 Q_1 与 Q_2 之间）。这样，对第一组居民来说，中央统一提供的公共产品超过了需求，给他们带来的福利损失用三角形 ABC 的面积表示；对第二组居民来说，统一提供的公共产品数量小于需求量，遭受的效率损失用三角形 CDE 的面积来表示。

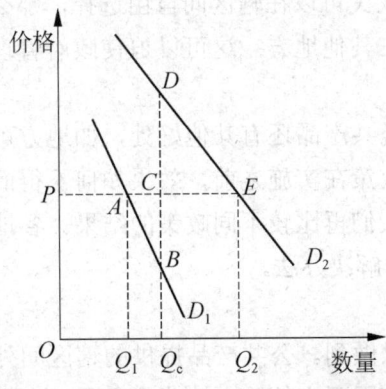

图 15-1 中央政府统一提供公共产品的福利损失

从图 15-1 中，我们还可以看出，三角形 ABC 和三角形 CDE 的面积大小与 Q_1Q_2 的距离及 D_1、D_2 的斜率有关，即福利损失的大小与两组居民的需求差异及各组需求的价格弹性大小有关。具体地说，Q_1Q_2 距离越大，即需求差异越大，福利损失越大；需求曲线 D_1、D_2 的斜率越大，即需求价格弹性越小，则福利损失越大。因此，如果一国范围内各地的公共产品需求差异越大，且需求价格弹性又较小，那么所带来的效率损失就越多。

如果分别由 1 和 2 地方政府提供公共产品，那么它们可以按照当地居民对公共产品的需求，分别提供数量为 Q_1 和 Q_2 的公共产品。此时，三角形 ABC 和 CDE 的面积所代表的效率损失就不会出现。

由此可见，如果各地的公共产品需求不同，那么最好的办法是各地自己提供公共产品。以上分析表明，中央政府为需求不同的各地统一提供公共产品，会带来福利损失。那么，中央能否根据各地不同需求分别提供不同水平的公共产品呢？如能做到，则中央统一提供公共产品也不会有福利损失。问题是，这么做的前提是中央能够了解各地的需求信息，但信息的取得需要成本。

现实中，要获得地方公共产品的需求信息难度很大。一般认为，地方政府接近当地人民，比中央政府更熟悉民情，在地方性公共产品的提供上比中央有更多信息优势，产出能够适应当地人民的偏好。

2. 蒂布模型

各地分别提供地方性公共产品，形成政府间竞争（intergovernmental competition），有利于提高政府运作效率。政府行为理论注意到政府缺少按照成本最小化原则运作的激励。

蒂布（Charles M. Tiebout，1924—1968）（Tiebout, 1956）给出了一条提高政府效率的思路。人民迁移行为视角代替了政府视角。蒂布假设一国可分成多个辖区，各辖区有相应的政府收支组合，所有人都可以在一国之内找到自己所偏好的收支组合。这样，如果某人对当地政府所提供的公共产品和税收不满，那么他可以选择离开，到他所喜欢的地方去，即地方性公共产品的最优提供问题可通过"用脚投票"（vote with one's feet）来解决。如果人民可以在辖区间自由选择，那么一个地方政府的低效率运作只会导致人们选择居住在其他地方。这可以迫使政府管理者改进效率并提供适合当地人民的公共产品。

各地独立提供地方性公共产品还有其他好处，如地方可进行提供公共产品和公共服务的试验和创新。许多政策在实施之前，效果如何不得而知。应对之道之一就是让各地自己选择政策，然后人们再比较不同政策的结果。各地分别提供地方性公共产品的分权制度有助于找到新的解决办法。

3. 分工难题

现实中，彻底分权难以做到。公共产品提供的辖区间外部性和规模经济的存在，让问题变得更复杂。受益范围既定的地方性公共产品，类似于针对个人的私人产品。

私人产品若带有外部性,则可能因成本与收益不对称,影响私人产品提供。同理,地方性公共产品如存在外部性,则也会影响其提供。当规模经济存在时,中央政府统一提供公共产品还可以节约成本。这些都是区分中央和地方政府资源配置职能时应考虑的问题。具体分析如下。

(1)辖区间外部性问题。收益与成本的对称,是地方性公共产品和公共服务有效提供的基本要求。对称性要求地方政府提供的公共产品和公共服务的全部效益为当地人民所享有,成本由当地人民所承担。但是,地方性公共产品和公共服务的收益和成本也常常会外溢到辖区之外。一个辖区的环境治理,也会改善周边地区的环境。一个地区提供良好的义务教育,其他地区同样可能因为劳动力的流动而受益。这是正外部性的表现。正外部性就可能导致地方性公共产品和公共服务提供的不足。①

(2)规模经济。有些公共产品和公共服务的成本随消费者人数增加而下降。如果由地方独立提供,那么规模经济不会出现,成本增加。例如,公共图书馆的使用者越多,人均成本就会越少。如果各社区都建设独立的图书馆,人均成本就会较高。当然,每种公共产品和公共服务的最优规模不同。图书馆服务的最优规模与消防就不可同日而语,两者与国防又有天壤之别。

因此,财政的资源配置职能分工模式应主要采取分权模式,但中央政府也必须承担一定责任,以实现效率目标。

15.2.2 收入分配职能的分工

收入分配旨在促进社会公平。在多级政府制度中,这一职能应主要由中央政府(联邦政府)来承担。

在现代社会,人民可以在全国范围内自由迁移。地方政府拥有收入分配职能可能扭曲资源配置。假设一国有两个不同的地区——甲和乙,两地政府分别采取不同的促进社会公平举措。若甲地更偏好公平,对高收入者适用更高的累进税率,对低收入者补贴更多,则高收入者可能迁出,低收入者可能会大量涌入。最终,甲地会因融资困难而在公平政策上难以有所作为。同一时间内的富人迁出和穷人迁入,将直接导致地区间不公平加剧。实行高福利计划的地方政府,必须面对资本流出和外地资本不愿进入的挑战。该地经济不仅可能停滞,甚至可能倒退,出现决策者所不愿见的结果。基于此,各地政府的最优选择是不推行公平计划,收入分配职能也就无法实现。相反,如果由中央政府承担收入分配职能,那么上述问题就不会出现。②

义务教育为更多人提供了教育机会。接受教育是人力资本积累的重要途径。义务教育对收入分配有直接影响。不同级别之间的政府该如何分工,也是一个难题。专栏15-2 提供了中国不同级别政府义务教育责任的变化概况。

---

① 现实中,经济区与行政区不一致给现实经济的运作带来了许多问题。完善的市场经济中,行政区经济是不存在的;经济区经济也只是区域经济发展的一种自然空间形态(贾若祥,2011)。
② 当然,中央政府统一履行收入分配职能,也可能推动流动性要素国际上的流动,但毕竟跨越国界比地界要难得多,因此这是一种较好的选择。

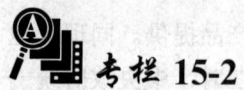

专栏 15-2

义务教育责任的变化

1985 年《中共中央关于教育体制改革的决定》提出:"实行基础教育由地方负责、分级管理的原则。"1986 年颁布的《义务教育法》规定:"义务教育事业,在国务院领导下,实行地方负责,分级管理。"在实行过程中,教育管理权限层层下放、管理重心下移问题出现。农村义务教育的责任,主要由乡、村甚至是由农民承担。

到了 20 世纪 90 年代,这种体制弊端逐步暴露:办学经费不能保证;合格师资严重不足;不少乡镇干部的管理水平与办好义务教育的要求不相适应,甚至以"办教育"的旗号向农民乱收费,引起农民不满。受教育人口最多的农村义务教育也因此成为教育体系中最薄弱的一个环节,严重影响科教兴国战略的实施,严重影响了义务教育的发展。2001 年,国家开始推进农村税费改革,取消了"三提五统"和教育费附加、教育集资,农村办学的主要经济来源已断绝,农村义务教育管理体制已到非改不可的时候了。

农村教育管理体制调整的主要内容是把办教育的职责上收到县。目标是把"农村教育农民办"转变为"义务教育政府办"。2001 年,国务院做出了《关于基础教育改革与发展的决定》,确定了新体制:农村义务教育实行在国务院领导下,由地方政府负责,分级管理、以县为主的管理体制。经过调整,主要向农民收费集资办学转变为主要由政府财政出资办学;农村义务教育由乡镇为主管理上收到县级政府,严把教师进口关、质量关、编制关。同时,国家对贫困地区、中西部地区教师工资实行专项转移支付,县级财政把工资直接打到教师的银行账户上,保证教师能按时领到工资。

改革后,县级人民政府对发展农村义务教育承担主要责任。省级人民政府在发展农村义务教育中要发挥关键性作用。省级政府要重点支持财政困难县发展农村义务教育。

2006 年 9 月 1 日开始实施的新《义务教育法》在"以县为主"管理体制的基础上,进一步加大了省级政府的统筹和责任,实践着从"人民教育人民办"到"义务教育政府办"的转变。原来看到乡镇一级难负其责,就将统筹责任放到县一级;现在县级基本上是吃财政饭,也无力承担,事业的发展必须要加大省级的责任。对教育的均衡发展、加大对农村教育经费保障的力度、加强对贫困地区的支持而言,省级的统筹都非常重要。

中央政府也一直在支持义务教育,义务教育经费保障水平不断提高。

资料来源:李岚清(2003);http://news3.xinhuanet.com/edu/2006-08/30/content_5025410.htm;李忠峰. 中央财政 6 年 5 500 亿元支持义务教育[N]. 中国财经报, 2012-12-25.

15.2.3 稳定职能的分工

市场经济条件下,稳定职能(即政府的宏观经济调控职能)归属中央政府。理由如下:稳定职能涉及总需求和总供给调节问题。由地方政府独立行使宏观调控权,稳定目标很难实现。一地的宏观经济政策运作很容易与其他地区产生矛盾,稳定目标难以实现。政策作用于经济,必然牵涉资本和商品劳务的流动。在一个统一的国家中,要素市场和商品市场是统一的,一地扩大本地区总需求政策的好处易为他地所得,他地的竞争也会使地方政府的调控效果大打折扣。①如果一地政府,如福建省独立实行扩张性财政政策,通过减税或增加政府开支来刺激本地经济发展,那么,在缺少他地政策配合的条件下,最终结果是新增购买力大量地用于购买他地的商品和劳务,好处可能为浙江、广东、江西等周边省份甚至全国其他地区获得,从而形成大量的贸易漏损(trade leakage),这样,福建的财政政策对本地区的收入和就业影响就会相当有限。但若是中央政府实行统一的财政政策,地区间贸易漏损问题不会出现,财政政策目标可以更好地得以实现。②

传统的财政政策和货币政策稳定经济的作用不大时,地方政府若要承担起稳定经济的职能,就必须使用其他政策和做法,如给予新进入该地区的企业以低息贷款和税收优惠。无疑,这会吸引大量的资金和企业涌入该地区,从而促进地方经济的发展。然而,从整个国家的角度看,这是一种以邻为壑的政策(beggar-thy-neighbor policies)。政策落实过程仅仅是把企业和资金从其他地方吸引到该地而已,并没有扩大整个国家的就业量和产出;而且,这些政策极易形成各地区间的恶性税收竞争,扭曲资源配置。

另外,稳定经济的财政政策需要政府预算周期性地安排赤字或盈余。经济衰退时,应扩大政府开支,减少税收,以扩张经济,从而形成财政赤字;经济增长过快时,应增加税收,减少政府开支,从而形成财政盈余。

财政赤字,尤其是长期安排大规模财政赤字,只有中央政府才能做到;地方政府应更多地实现收支平衡。主要原因有两个:一是与中央政府相比,地方政府较难进入一国的资本市场;二是中央政府在国内发行的债券主要由国内居民所持有,而地方政府的债券有相当一部分由该地区以外的人持有,这部分债券具有"外债"的性质,还本付息时则意味着本地收入的向外流动,因此,地方政府在使用债券融资方式时应十分谨慎。

总之,与中央政府相比,地方政府稳定经济能力较弱。虽然一些实证研究表明,地方政府会借助经济手段,在经济波动过程中,保持支出和税率的稳定,从而在一定程度上促进经济稳定,但中央政府有着更多的财政货币政策工具,应当承担宏观经济稳定的主要职能。

15.3 政府间收入权限的划分

1. 收入划分的基本问题

政府间收入应如何划分?各级政府应有哪些收入权限?各级政府所筹集的收入比

---

① 我们在现实中经常听到,市场经济下,地方政府要加强宏观调控职能,实际上这是一种从经济学角度来看行不通的提法,因为经济学中的"宏观"是从总体(总量)的角度来探讨问题的。现实中的提法源于在人们的心目中"政府做的事就是宏观"的认识,实则不然,政府做的许多是微观的事,如控制垄断等。

② 经济全球化使得财政政策的国际协调问题越来越突出。一国单独实行某种宏观经济政策的效果也会大打折扣。

例如何界定?这都属于收入划分的基本问题。

现代政府的主要收入来源是税收。收入划分主要是分税问题。因此,现代政府间财政关系(财政体制)的具体形式常被称为分税制财政体制。

政府的收入来源形式还有国有资产收益、收费、政府性基金、公债收入等。划分收入权限不能回避这些形式。多数现代市场经济国家,国有经济规模偏小,营利性国有资产收益微乎其微,国有资产收益划分通常没有太多问题。中国情况特殊,国有资产规模庞大(参见第11章),中国财政体制还需要解决好分利问题。①

收费往往和公共部门服务对应。哪一级政府提供服务,就由该级政府收费。收费的划分通常不是难题。政府性基金有专门用途,按照使用者划分,通常也不是难题。

在实行财政联邦制的现代国家中,每一级财政应相对独立。从理论上说,各级政府都应有发行公债的权力。中央政府的发债权受质疑较少。地方政府发债权争议较多,地方政府应具备什么条件才能发债也有不同看法(参见专栏15-3)。

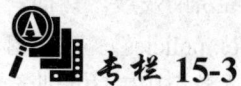
专栏 15-3

地方政府应该拥有什么样的发债权

在中国,地方政府可以自主发债吗?从理论上说,地方政府作为相对独立的政府,应拥有发债权,以调节其收支不平衡状况。但是,中国省级地方政府一直到2015年才拥有发债权,且只能在财政部规定的限额内发债。现在的问题是,省级以下地方政府是否应该拥有发债权以及拥有什么样的发债权?赞同地方政府拥有发债权的多从地方政府的相对独立性视角出发,认为可以增强地方的激励;反对者担心这会导致地方债发行失控。婴儿和洗澡水是否只能一起泼掉?是否存在一种机制,一方面可以满足地方政府的债务融资诉求,另一方面不会带来地方债风险?显然,这还需要积极探索。

收入划分要结合支出需要进行。一般来说,收入应基本满足支出需要。这与公共部门收入要用于公共支出的要求一致。但问题是,不同级别的政府是否都该拥有充分收入,以满足各自支出需要呢?如果各级政府的本级收入都能满足支出需要,那么各级政府之间实际上就真正地相互独立了。因此,地方政府不该拥有充分的财权,这样,中央政府可以借此进行调控,以维护国家统一。地方政府或在收支相抵之后留有资金缺口;或收大于支,但要将部分本级收入上缴给中央政府。

地方政府财政资金缺口或所上缴的收入规模应该多大?答案是规模不应太大。太

---

① 张馨(1997)结合中国具有众多国有资本的现实,指出中国的财政体制应该是分税与分利相结合的财政体制,这说明国有产权在财政体制的确立过程中具有重要作用。无疑,国有产权在当前转轨经济中具有重要作用。从市场经济的角度来看,市场能够更大发挥作用的,政府就不应介入,现在介入的,以后也要逐步退出。随着改革的进一步深入,国有产权的作用也将逐渐从提供利润形式的财政收入逐渐转为弥补市场失灵。因此,从市场经济的要求来看,国有产权所提供的财政收入中最终所起到的作用极为有限,政府的主要收入形式还是税收。从而,在规范财政收入方面,财政体制的设计最主要的还是要考虑如何进一步规范政府间的税收收入划分和支出责任划分问题。

大容易导致地方政府缺少最基本的激励，影响地方政府组织收入的积极性。除财源特别匮乏地区外，地方政府收支应大致相抵。这样，不同级别政府的收入应根据所承担的职责基本做到"财权与事权相适应"。①

现实中，划分政府收入从收入自身特性和政府其他目标着手。就整体规模而言，通常这样划分的地方财政收入不足以满足地方财政支出需要。与此同时，中央政府收远大于支。地方财政支出缺口需要依靠中央政府的转移支付来弥补。但是，如果地方支出缺口过大，那么地方筹措财政收入的积极性也会受到影响。现代政府收入主要依靠税收，因此，许多国家都强调地方税系的构建，以调动地方政府征税的积极性。

2. 税收划分的两种基本思路

分税有三种方式：分税种、分税收收入、分税率。税种划分有两种方式：一是中央税（国税）和地方税（地税）；二是中央税、地方税、中央与地方共享税。各国税种的划分差异性大。除了关税是中央税、财产税是地方税之外，其他共同点很少。

从理论分析的角度看，分税种的依据不同，结果差别必然很大。下文概括一些主要理论。

中央和地方政府间的合理分税，难度较大。如果地方政府对可以在地区间流动的商品和生产要素课税，那么所带来的税收效率和负担问题远比中央课税复杂。市场经济国家中，人口在一国内可以自由迁移。一地税负重，富人就会迁出，投资者更不愿意来，地方政府通常不对流动性强的税基课税。与中央税相比，地方税可能更容易扭曲资源配置。就作为一个整体的国家而言，资本供给几乎没有弹性。因此，中央政府对资本课税的效率损失较少；而如由地方政府课税，资本就可能被配置到边际产出较低的地方。即使是对地方征收的各种商品税而言，同样问题也可能出现。税收差异可能使人们花大量时间和精力到外地购买本地可以买到的商品（Oates，1991，pp.32-33），这就是"税收输出"（tax exporting）问题。

中央统一征税节约征税成本。征税具有规模经济。征税后中央再转移支付给地方，以解决地方财力不足问题。但是，这会加剧中央和地方政府之间财政的不匹配（fiscal mismatch），地方财政可能因支出与收入无关而陷入软预算约束状态，或推卸自身责任，将地方公共产品和公共服务的短缺归咎于中央提供的财力不足。与此同时，地方支出的某些灵活变化在统一制度下也难以充分体现，从而可能影响地方人民对公共需求的满足，形成地方"收入缺口"（revenue gap）。另外，地方花钱过多依赖转移支付也可能导致中央过多地通过转移支付将意志强加给地方，影响地方政府的资源配置。

从理论上说，税收分权的思路或根据税种属性，或根据受益原则确定。按税种属性分税虽有利于征税，不会对经济行为造成过多的扭曲。但依此，地方税收入难以满足地方政府大部分支出责任的需要。

---

① 2007年开始中国开始强调"财力与事权"相匹配。财力与财权不同。前者强调结果；后者强调权力，更突出激励。在一些财政相对困难地区，特别是基层政府，即使给了财权，也不能获得充分的财力。这是"财力与事权"相匹配提法的背景。综合来看，准确的提法应该是"财权、财力与事权相匹配"。这样，财政体制的激励功能可以得到保证，地方公共服务提供的财力也有保障。

按受益原则分税，各级政府应根据支出需要筹集收入，而且税收与公共支出相对应。这种方法的不利之处是税收征管成本可能增加。其利也显而易见。它符合"谁受益，谁付款"原则，可增加对地方政府经济行为的监督，促进整个政府体系服务效率的提高。

财政收入划分不仅要确定税种或税收收入的归属，而且要确立一套约束机制，保证不同级别财政的相对独立性。因此，许多国家赋予地方一定的税收立法权，保证地方收入的相对弹性；同时，地方还有一定的发债权，当收不抵支时，作为相对独立的财政主体，可以通过发行公债弥补其赤字。

地方税权大也可能出现一些问题，如低效税收制度（inefficient tax systems）。地区间税收竞争的负效应就会出现。现实中，许多地方为吸引外资，承诺提供各种各样的税收优惠（税收返还、财政补助或财政奖励），也是一种税收竞争。税收竞争效应有正有负。税权划分要考虑如何减少税收竞争的负效应。

15.4 政府间转移支付

15.4.1 政府间转移支付的理由

（1）政府间收入的划分，通常无法保证地方政府得到充分的收入以满足自身支出的需要。上级政府和中央政府财力支持至关重要。转移支付的具体做法有两个：一是纵向转移支付，即上级政府向下级政府转移支付，旨在促进纵向财政平衡；二是横向转移支付，即同级政府之间的转移支付，比较富裕的地方政府向比较穷的地方进行转移支付，旨在达到横向财政平衡。纵向转移支付较为常见，但也有少数国家实行横向转移支付，如德国。中国虽无明确的横向转移支付制度，但现实中的对口支援（富裕省市经常给落后省区以对口支持）事实上也是一种横向转移支付。

（2）转移支付还能促进地方财政均等化目标的实现。一国国民应享有基本相当的公共服务。要实现地方间公共服务均等化，仅靠地方力量往往难以做到。各地自有财源满足支出需求的能力不同，且有较大差异，因而财政能力弱的地区需要中央政府和上级政府的更多补助。一般来说，中央政府应帮助地方政府，上级政府应帮助下级政府，达到所规定的最低支出标准，促进地方公共服务均等化。

（3）转移支付可以保证一些具有外部性的地方公共项目的完成。跨地区的道路、通信设施和一些使外地受益的环保项目，地方政府常常低估项目效益，而不愿投资或投入低于最佳数量。中央政府和上级政府直接投资，或给予一部分补贴，就可以改变这种低效率状况。

（4）转移支付是中央调控地方的一种办法。分税制财政体制下，各级政府财政相对独立，这在客观上要求中央政府对地方政府适当调控，以维护国家统一。

15.4.2 转移支付的种类

按照转移支付是否附加条件，可以分为有条件转移支付（conditional grants）和无条件转移支付（unconditional grants）。[1]

有条件转移支付有时又称分类转移支付（categorical grants）。有条件转移支付包括配套转移支付（matching grants）、封顶配套转移支付（matching closed-ended grants）和无配套转移支付（nonmatching grants）。

配套转移支付要求接受转移支付的地方承担配套资金。例如，教育配套转移支付意味着只有地方政府增加教育投入，中央才会有相应的转移支付。配套转移支付可以解决外部性问题。地方政府的行为具有正外部性时，中央政府的适当补助可以提高效率。从理论上说，这要求中央政府能够评估外部性程度。封顶配套转移支付，就是转移支付金额有最高限。无配套拨款不要求地方政府为项目提供配套资金，而只要求将款项用于约定项目，专款专用。

无条件转移支付未规定资金用途。图 15-2 表示无条件转移支付前后地方政府的资源配置状况。这里，我们在广义的意义上使用公共产品一词，并且假定地方政府所提供的公共产品分为某一种公共产品（如收入再分配或其他任选一种）和其他公共产品。转移支付之前，地方政府的预算线是 AB，与地方的社会无差异曲线 ii 相切于 E_1，所对应的公共产品提供数量分别是 B_1 和 A_1。进行无条件转移支付之后，地方政府的预算约束线外移到 $A'B'$，新的均衡点 E_2 出现，相应有了新的公共产品提供数量 B_2 和 A_2。

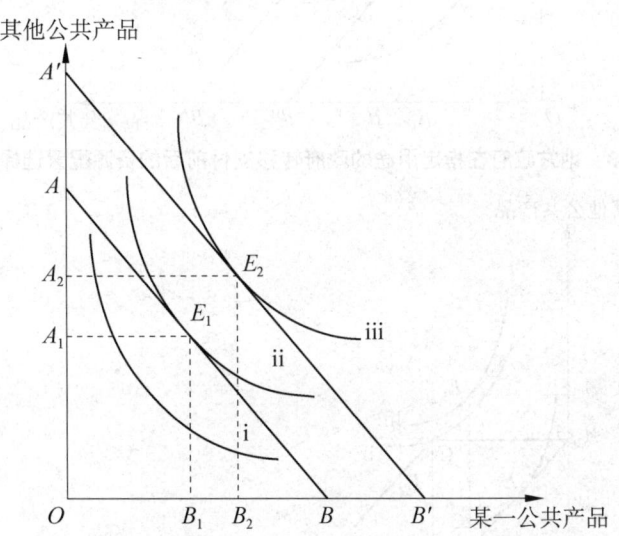

图 15-2　无条件转移支付前后地方政府的资源配置选择

图 15-3 和图 15-4 都表示有条件转移支付对地方政府资源配置选择的影响。这里，中央政府明确规定转移支付资金用途。转移支付之后，地方政府的预算线从 AB 变为 $A'CB'$，而非原来的 $A'B'$。社会无差异曲线不同，导致不同结果。图 15-3 反映了

---

[1] 转移支付分类方法五花八门。大的分类方法有两种：一种是分为有条件转移支付、无条件转移支付和分类转移支付，分类转移支付专指那些规定了大的方向用途但无明确项目的转移支付；另一种如正文所示。参见 Rosen（2002）。

一种与无条件转移支付无差别的结果。转移支付之后,新的均衡点为 E_2,所对应的均衡数量为 B_2 和 A_2。如果同等规模的转移支付无条件拨付,其结果一样。这可以从预算线 $A'B'$ 和社会无差异曲线的切点还是 E_2 看出来。图 15-4 则反映了另一种结果,有条件转移支付之后,新的均衡点为 E_2,所对应的公共产品提供的数量为 B_2 和 A_2(A_2 和 A 重叠)。如果是无条件转移支付,那么所对应的公共产品提供的数量为 B_3 和 A_3。由于无条件转移支付之后所对应的社会无差异曲线在有条件转移支付的右上方,前者所带来的福利水平高于后者。政府之所以选择较低的福利水平,多是从政策目标出发,即福利水平的下降是中央政府实现某种政策目标的附带损失。

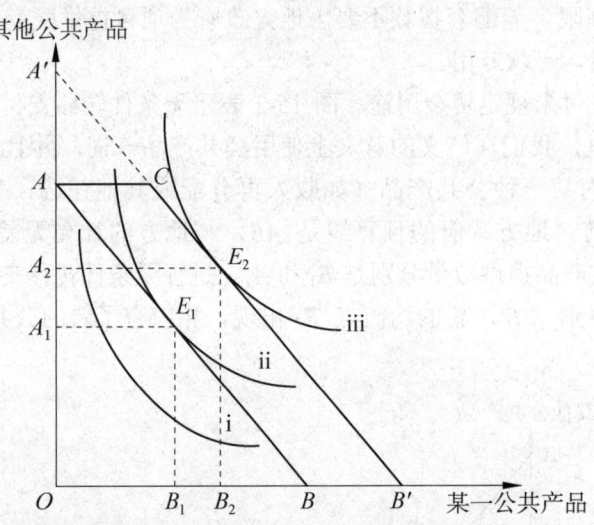

图 15-3 地方政府在指定用途的政府转移支付前后的资源配置选择(1)

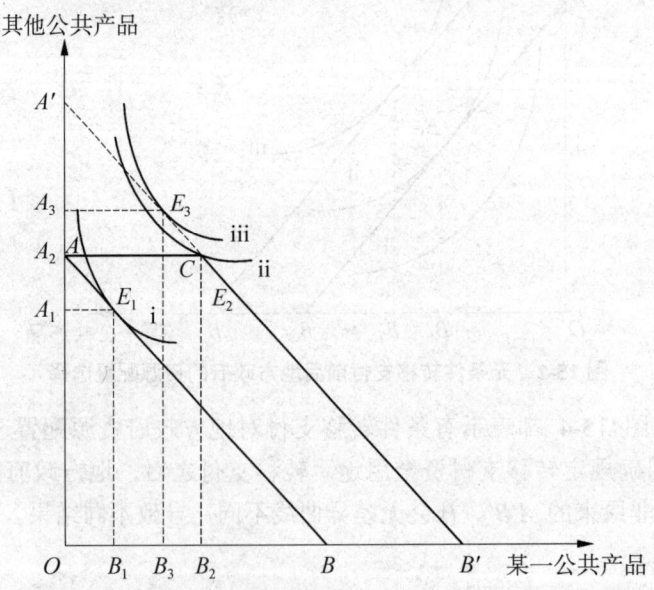

图 15-4 地方政府在指定用途的政府转移支付前后的资源配置选择(2)

总之,无条件转移支付给地方更多选择权。有条件转移支付会约束地方行为,因此，地方更喜欢无条件补助。在无条件的拨款补助的情况下，地方政府在追求地方利益最大化的目标上就有了充分的选择自由。无条件补助既增加地方财力，又不影响地方自身的开支格局。这样，地方政府的福利最大化更容易实现。

中央政府在提供有条件的转移支付时，规定转移支付的资金的用途，以实现中央政府的预期目标。因此，中央政府可能更偏向于有条件的转移支付。

15.4.3 转移支付规模的确定

在现实中，转移支付规模又是如何确定的呢？

在美国，无论何时，再分配转移支付项目都要求出资者（如联邦政府）决定哪个地方"需要"资金以及需要量。联邦配置资源是以国会通过的复杂公式为基础的。州收到的转移支付的数量取决于当地人均收入、城市人口规模、州所得税的数量等因素（Rosen，2002）。

税收努力（tax effort）是决定各地转移支付金额的重要因素之一。税收努力反映所课征的税收与税收能力的比率。尽力征税但还仍不足以满足公共服务融资需要的地区可以取得转移支付。

许多发达国家的做法与美国类似，转移支付金额以较为规范的公式为基础，并考虑到各地具体因素，以促进各地公共服务水平的均等化。需要注意的是，均等化不是各地的公共服务水平的完全一致。如果这样做的话，只会打击富裕地区的积极性。一般情况下，均等化要求的是公共服务最低水平的均等化。

如果某人对某个地区极其不满，那么他还可以选择到其他地方居住。例如，美国中部经济就相当落后，人烟稀少，但这没有关系，你可以不住在这里。如果你住在这里，蓝天和白云会给你相应的补偿。

分析转移支付的影响时，需要考虑"粘蝇纸效应"（flypaper effect）。经验表明，地方政府以政府转移支付形式取得的收入，要比地方自有的收入带来更多的地方支出，即钱投到哪里，会引起其他相关的更多支出（money sticks where it hits）（Gramlich，1977）。

15.5　中国的政府间财政关系

15.5.1　中国财政体制概况

20 世纪 50 年代，中国在形成计划经济体制的同时，建立起了与之相适应的财政体制。[①]这样的财政体制一直持续到改革开放初期。在这 30 年左右的时间内，中国财政体制形式多样，但除了经济体制大调整的少数年份外，实质上维持了统收统支的做法，适应了计划经济高度集中统一的要求，为国家以指令性计划直接配置社会资源提供了财政体制保障。

---

① 财政体制是财政管理体制的简称。在中国财政界，习惯上将经济理论中的"政府间财政关系"称为"财政体制"。

这种财政体制不能适应市场化改革的要求。1980年，中国进行了"划分收支、分级包干"，即俗称"分灶吃饭"的财政体制改革，初步打破了统收统支做法。1985年，为适应"利改税"后国有企业上缴利润改为上缴所得税的变化，财政体制基本上改行"划分税种、核定收支、分级包干"办法。但一直到1993年年底，市场化改革前期的中国财政体制基本上是不同程度的包干制。

15.5.2 中国现实政府间财政关系

中国当前的政府间财政关系的基本框架是1994年分税制财政体制改革奠定的。此次改革是社会主义市场经济体制建设的一项重要内容。中国经历了多次行政性分权和经济性分权的改革（见专栏15-4），但是距离市场经济所要求的分权还有较大的差距。1994年的经济改革是全面的，市场经济所需要的政府间财政关系基本框架因此基本形成。下文介绍这次改革以及随后相关改革的主要内容。

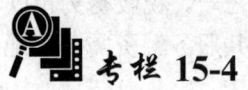

专栏 15-4

行政性分权与经济性分权

吴敬琏认为，"行政性分权"和"经济性分权"是两种性质根本不同的分权概念。

不应当笼统地把改革的目标规定为"分权"，而应当区分性质完全不同的两种分权，即以市场经济为目标的分权（"经济性分权"，或称"市场取向的分权"）和保持计划经济框架的分权（"行政性分权"）。中国改革的正确方向是建立市场经济，应当追求的分权就只能是经济性分权，而不能是行政性分权。

反对把行政性分权作为经济改革主线的经济学家是从稀缺资源有效配置的角度来论证他们的观点的：首先，计划经济通过行政命令来配置资源。这种资源配置方式在本质上要求集权。要使计划经济多少行得通，必要条件之一就是由中央机关集中进行计算和统一下达计划指标，而且要令行禁止。如果不是这样，而是政出多门，结果只会使整个经济陷于混乱。要摆脱集权的计划经济就是死，分权的计划经济就是乱，唯一的出路是进行市场取向的改革，实行经济性分权。

行政性分权在短时期内的确有调动下级政府积极性的作用。1978年以后的改革采取的"财政包干"等行政性分权的办法在开始时的确收到了鼓励地方政府增收节支的作用，但是很快就暴露出既损害计划经济所要求的政令统一，又促成地方保护主义的弊病。

在一个高度集权的计划经济中，生产关系很难发展起来。而行政性分权在强化地方保护主义的同时，也提供了另外一种可能性，那就是使生产关系在地区与地区之间的竞争缝隙中成长起来。中国乡镇企业的"异军突起"就属于这种情况。地方官员为了追求本地的利益，运用手中的权力使乡镇企业得到融资、生产、销售等方面的某些保护或便利，这是一些地区乡镇企业迅速发展的重要原因。

资料来源：吴敬琏（2004）。

1. 中央和地方事权及支出的划分

中央财政主要负责国家安全、外交、中央国家机关的运转，调整国民经济结构，协调地区发展，实施宏观调控以及由中央直接管理的事业发展等事务所需支出；地方财政主要负责本地区政权机关运转及本地区经济及事业发展所需支出。在财政事权的划分上，国防、外交、国家安全、出入境管理、国防公路、国界河湖治理、全国性重大传染病防治、全国性大通道、全国性战略性自然资源使用和保护等基本公共服务确定或上划为中央的财政事权。要加强地方政府公共服务、社会管理等职责，将直接面向基层、量大面广、与当地居民密切相关、由地方提供更方便有效的基本公共服务确定为地方的财政事权，赋予地方政府充分自主权，依法保障地方的财政事权履行，更好地满足地方基本公共服务需求。地方的财政事权由地方行使，中央对地方的财政事权履行提出规范性要求，并通过法律法规的形式予以明确。要逐步将社会治安、市政交通、农村公路、城乡社区事务等受益范围地域性强、信息较为复杂且主要与当地居民密切相关的基本公共服务确定为地方的财政事权。要逐步将义务教育、高等教育、科技研发、公共文化、基本养老保险、基本医疗和公共卫生、城乡居民基本医疗保险、就业、粮食安全、跨省（区、市）重大基础设施项目建设和环境保护与治理等体现中央战略意图、跨省（区、市）且具有地域管理信息优势的基本公共服务确定为中央与地方共同财政事权，并明确各承担主体的职责。

考虑到我国人口和民族众多、幅员辽阔、发展不平衡的国情和经济社会发展的阶段性要求，需要更多发挥中央在保障公民基本权利、提供基本公共服务方面的作用，因此应保有比成熟市场经济国家相对多一些的中央与地方共同财政事权。但在现阶段，针对中央与地方共同财政事权过多且不规范的情况，必须逐步减少并规范中央与地方共同财政事权，并根据基本公共服务的受益范围、影响程度，按事权构成要素、实施环节，分解细化各级政府承担的职责，避免由于职责不清造成互相推诿。[①]

中央的财政事权由中央承担支出责任。属于中央的财政事权，应当由中央财政安排经费，中央各职能部门和直属机构不得要求地方安排配套资金。中央的财政事权如委托地方行使，要通过中央专项转移支付安排相应经费。

地方的财政事权由地方承担支出责任。属于地方的财政事权原则上由地方通过自有财力安排。对地方政府履行财政事权、落实支出责任存在的收支缺口，除部分资本性支出通过依法发行政府性债券等方式安排外，主要通过上级政府给予的一般性转移支付弥补。地方的财政事权如委托中央机构行使，地方政府应负担相应经费。

中央与地方共同财政事权区分情况划分支出责任。根据基本公共服务的属性，体现国民待遇和公民权利、涉及全国统一市场和要素自由流动的财政事权，如基本养老保险、基本公共卫生服务、义务教育等，可以研究制定全国统一标准，并由中央与地方按比例或以中央为主承担支出责任；对受益范围较广、信息相对复杂的财政事权，如跨省（区、市）重大基础设施项目建设、环境保护与治理、公共文化等，根据财政事权外溢程度，由中央和地方按比例或中央给予适当补助方式承担支出责任；对中央

---

① 《国务院关于推进中央与地方财政事权和支出责任划分改革的指导意见》（国发〔2016〕49号），2016年8月16日。

和地方有各自机构承担相应职责的财政事权，如科技研发、高等教育等，中央和地方各自承担相应支出责任；对中央承担监督管理、出台规划、制定标准等职责，地方承担具体执行等职责的财政事权，中央与地方各自承担相应支出责任。

2. 中央和地方收入的划分

现行体制将维护国家权益、实施宏观调控所必需的税种划为中央税；将同经济发展直接相关的主要税种划为中央与地方共享税；将适合地方征管的税种划为地方税，并充实地方税税种，增加地方税收入。

中央固定收入包括：关税，海关代征消费税，消费税，地方银行和外资银行及非银行金融企业所得税，各银行总行、各保险总公司等集中交纳的收入（包括增值税、所得税、利润和城市维护建设税），印花税（证券交易印花税），中央企业上交的利润及外贸企业出口退税等。

地方固定收入包括：地方企业上缴利润，个人所得税，城镇土地使用税，城市维护建设税（不含各银行总行、各保险总公司集中交纳的部分），房产税，车船税，印花税（不包括证券交易印花税），[1]烟叶税，耕地占用税，契税，土地增值税，国有土地有偿使用收入等。

共享税包括：增值税，中央和地方。企业所得税和个人所得税，从 2002 年开始，除少数特殊行业或企业外，对其他企业所得税和个人所得税收入实行中央与地方按比例分享。中央保证各地区 2001 年地方实际的所得税收入基数，实施增量分成。企业所得税和个人所得税从此成为分成式共享税。2012 年 1 月 1 日起，铁道部集中缴纳的铁路运输企业所得税（含中铁快运股份有限公司缴纳的企业所得税），跨省（自治区、直辖市）合资铁路企业所得税均由中央与地方按照 60：40 的比例实行分享。

中央、地方共享收入包括增值税、资源税、证券交易税。增值税，中央和地方各分享 50%。[2]资源税，除海洋石油资源税是中央税外，其他均为地方税。1994 年分税制改革之后，中国分设中央与地方两套税务机构，这适应了当时税收征管的需要。2018 年，为更好地加强税收征管，优化纳税服务，国家税务局和地方税务局合并为统一的税务局。

3. 转移支付体系

目前，中央补助地方的形式主要有税收返还、一般性转移支付和专项转移支付。其中，一般性转移支付[3]包括均衡性转移支付、老少边穷地区转移支付、成品油税费改革转移支付、体制结算补助、基层公检法司转移支付、基本养老金转移支付、城乡居民医疗保险转移支付。专项转移支付种类较多，包括农村、农业、医疗、教育等多个

---

[1] 证券交易印花税中央和地方分享比例 1994 年改革之初为各分享 50%，后长期维持 97%和 3%的分享比例，从 2016 年 1 月 1 日起，全部调整为中央收入。

[2] 国务院关于印发全面推开营改增试点后调整中央与地方增值税收入划分过渡方案的通知（国发〔2016〕26 号），2016 年 4 月 29 日。

[3] 2009 年财政部将财力性转移支付改称"一般性转移支付"，原一般性转移支付改称"均衡性转移支付"。下文所指的"一般性转移支付"即原财力性转移支付。

方面。①

税收返还是 1994 年分税制改革时通过尊重地方既得利益，以赢取东部发达地区对改革的支持而采取的折中措施，客观上有纠正纵向财政失衡的效果。税收返还从 1994 年的不到 2 000 亿元增加到 2011 年的 8163.59 亿元。②一般性转移支付直接以实现地方政府公共服务均等化直接目标。专项转移支付则各具有特定用途。

从 1994 年到 2017 年，一般性转移支付从 99 亿元上升到 35 167.9 亿元；专项转移支付则从 361 亿元上升到 21 886.61 亿元。中央对地方的税收返还和转移支付无论在纠正财政纵向失衡和横向失衡中都发挥了重大作用。

税收返还是为了保证地方的既得利益，中央把 1993 年按新体制计算的净增加收入全部返还给地方。

税收返还承认既得利益，不够规范。1995 年过渡期转移支付办法出台。该办法不触动地方既得利益，由中央财政安排一部分资金，采用相对规范的办法，解决地方财政运行的主要矛盾，并体现向民族地区倾斜的政策。它按照影响财政支出的因素核定各地的标准支出数额，并考虑财力水平与收入努力程度，计算各地财力缺口，作为转移支付确定的依据。标准支出的核定，主要采用分类因素计算的方法，将财政支出分为人员经费、公用经费、专项支出和其他支出四部分，根据不同类别财政支出的特点、影响因素和相关制度状况，分别采用不同办法。凡是国家明确规定支出标准和开支范围的，一律按国家制度的有关规定核定各地的标准支出；对国家没有颁布支出标准的项目，运用多元回归方法建立标准支出模型。为了既贯彻公正、规范的原则，同时又能将有限的财力首先用于解决最紧迫的问题，中国还针对民族地区的财力状况建立了对民族地区的政策性转移支付。

1996 年和 1997 年，"过渡期转移支付办法"进一步规范化。客观性转移支付的计算办法得到改进，以"标准收入"替代"财力"因素。标准收入的测算方法尽可能向"经济税基×平均有效税率"的规范做法靠近。1998 年，在保持过渡期转移支付办法总体框架的情况下，标准化收支的测算面进一步扩大，并针对财政数据口径的变化对部分项目的测算方法做了改进。标准收支测算结构日趋合理（项怀诚，1999，p.50-52）。但必须指出的是，转移支付办法改进所起的作用有限，因为它没有改变基本的"基数法"。

2002 年开始，"过渡期转移支付"概念不再沿用，改为"一般性转移支付"。2009 年，"均衡性转移支付"又取代了"一般性转移支付"；"一般性转移支付"则取代了"财力性转移支付"。

15.5.3 中国政府间财政关系：缺陷与出路

1994 年分税制财政体制改革提高了中央财政收入占全国财政总收入中的比重，保证了中央收入的稳定增长，增强了中央政府的宏观调控能力及平衡地方财政差异的能

---

① 2018 年中央对地方税收返还和转移支付预算表[EB/OL].http://yss.mof.gov.cn/2018zyys/201804/t20180403_2859259.html.
② 1994 年的数据根据多种文献推算。2011 年的数据来源自财政部网站。

力。改革是在尊重既得利益的前提下进行，但与分级财政的要求仍有差距。在运行中，这套体制也遇到很多难题，最突出的是地方政府财力不足问题。这与中央和地方财权财力分配格局不够合理有关，也与省以下财政体制的不规范有关。关于省以下财政体制改革状况，参见专栏15-5。下面分三个方面进行阐述。

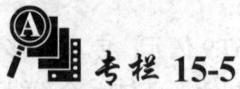

专栏 15-5

中国省以下财政体制改革

从财政管理层级上看，目前我国省以下财政管理体制主要有两种类型，即省管市、市管县体制和省直管县体制。全国36个省区市中，北京等4个直辖市、大连等5个计划单列市一直实行"省管县"财政管理体制。2009年，财政部发文要求在2012年年底之前非民族自治地区实现财政的省直管县。

"省直管县"财政管理体制，是指省级财政直接管理地（市）级和县（市）级财政，地方政府间在事权和支出责任、收入的划分，以及省以下转移支付补助、专项拨款补助、各项结算补助、预算资金调度等方面，都由省级财政直接对地（市）级和县（市）级财政。

全国省以下财政体制改革的表现和进程各不相同。财政的省直管县改革还面临诸多挑战。第一，省级财政管理能力能否适应省直管县要求，特别是对于那些所辖县（市）数量较多的省份来说更是如此。第二，市县关系的协调处理问题。设区市担心所辖的较为富裕的县被省直管后，自身财力难以保障。财力较充足的设区市所辖县市则担心公共服务水平下降，担心项目引进和产业布局受影响，加入省直管行列的动力也严重不足。第三，行政管理体制改革不配套带来了一系列问题。县如何面对设区市交办的没有配套拨款的工作、政府事务千头万绪，财政只是其中关键一项，但如果其他改革没有跟上，那么财政的省直管县就可能流于形式。现实中，各种各样考核指标是针对设区市的。如果直管县因为财力短缺不能很好地完成某些任务，那么这很可能对设区市形成倒逼机制，增加对直管县的转移支付。财政省直管县还无法彻底做到，并没有从根本上解决县财政与设区市财政的关系。

为此，省以下财政体制改革应允许一些地方暂缓财政的省直管县改革或探索其他改革模式；加快行政管理体制改革，进一步做好设区市的定位与县的协调工作；合理界定政府与市场关系，政府应更多地转向提供公共产品和公共服务。

资料来源：1. 李萍（2006）；2. 财政部网站.http://www.mof.gov.cn.

1. 事权的划分

已在制度中明确责任的中央支出和地方支出在现实中却是犬牙交错的。至于制度规定应由中央和地方共同分担的支出，如教育、文化、科学、卫生医疗服务等，更是出现了界限不清的问题。这容易引发责任推卸问题，影响公共服务的提供。

造成这种支出状况的原因包括：一是现有的法律法规对各级政府多数支出责任只

是作原则性规定,具体界定支出责任容易有模糊地带。二是各级政府职能不清。中央承担地方的支出责任与地方承担中央的支出责任,反映了各级政府不同程度存在"越位"问题,也说明各级政府财政的硬预算约束能力不足。三是不同级别政府的影响力不同。现实中不乏上级政府出政策,下级政府埋单的现象。上级政府能够通过包括人事权在内的其他非财政权力对下级政府的行为产生影响。这必然导致相关的制度规定流于形式。四是事权划分的问题与"养机构养人办事"的行政管理方式也有着密切联系。

财政联邦主义理论提供了在各级政府间进行职能分配的基本原则。这些原则在中国同样适用。专栏15-6提供了中国财政分权与经济增长关系的有关研究成果。

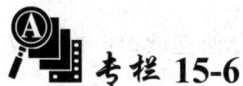

专栏 15-6

中国财政分权与经济增长

张涛和邹恒甫(Zhang&Zou,1998)对中国财政分权与经济增长关系进行了实证研究。他们根据中央和地方政府相对支出规模来衡量财政分权程度。财政分权一般用地方收支和中央收支的相对规模来衡量,但他们认为,对于中国而言,地方收入的相对规模不是用于衡量分权的好指标,因为在样本期的许多年份中,中央政府课征(levy)的大部分税收虽然是由地方政府收的(collected),但地方政府收的税一般不归地方政府支出,因此这不反映税收的自主程度。他们分别考虑了地方预算支出、预算外支出和综合支出(预算支出与预算外支出之和)的份额,并根据这些不同指标,考察了财政分权与经济增长的关系。

他们得出的结论是中国的财政分权与经济增长存在负相关关系。对此,他们认为,可能是由于目前经济正处于这样的发展阶段,中央政府可用于公路、铁路、电站、通信和能源等国民经济优先发展领域的公共投资,持续受到资源的约束。同时,中央政府此类重要的基础设施项目比各省自己相应的项目可能更会促进各省的经济增长。

林毅夫和刘志强(Lin&Liu,2000)也对中国财政分权与经济增长关系进行了计量检验,但得出了不同的结论。他们利用生产函数进行回归分析,根据1970—1993年省级面板数据,认为财政分权有利于经济增长,特别是他们运用边际分成率(a marginal retention rate)来衡量财政分权程度。边际分成率是指由省一级政府从财政收入增加额中所提留的比例,这是他们分析的创新之处。他们区分了财政分权之外的其他变量对经济增长的影响。财政分权提高了地方行政当局的可支配资源份额,从而增加了他们的投资和支出,提高了地方政府资源配置的效率,促进了经济的增长。财政分权还可以通过减少对低生产率部门的投资和增加对高生产率部门的投资而影响到经济的长期增长率。

对比以上两种研究,导致结果差异的根本原因在于财政分权指标的选择。

资料来源:Zhang,Zou(1998);Lin,Liu(2000)。

就资源配置职能而言,地方政府应承担起资源配置的主要职能,而中央政府主要负责解决地方政府独自无力解决好的问题,如全国性公共产品的提供、省级行政区间的外溢性问题等。国土辽阔,人口众多,自然、历史等因素导致各地差异很大。地方政府应在资源配置职能上拥有更大自主权。

收入分配是中央政府的职能。随着市场化改革的深入,人口流动性必然增强。在中国,大量农民进城和劳动力的跨地区流动,地方政府在收入再分配职能的实现上能力有限。

稳定职能也是中央政府的职能。社会主义市场经济体制的建立,要求打破地区间的经济封锁,实现各种要素在全国范围内的自由流动,这必然会增大地区间的开放度,降低地方政府财政政策的有效性。

总之,与宏观经济稳定、收入再分配有关的事权应由中央政府独立承担;地方政府主要负责地方公共产品与公共服务的提供。

事权划分没有统一模式。基于事权划分的原则,中国事权与支出责任的划分应重新加以调整。

事权与支出责任的划分应以公共服务的提供为中心,尽可能减少按行政隶属关系来确定支出责任。例如,武警部队与军事有关的支出应属于国防支出,由中央财政承担;而承担消防职责的支出应属于消防支出,由地方财政承担。

中央和地方共同负责的事权与支出,应主要根据公共服务提供效率的高低划分具体责任。例如,公共工程受益面遍及全国或者属于多个地区受益的,应由中央财政负责;仅限于某个地方的,则由地方财政负责。交通职责的划分应该是:国道、铁路、民航公共服务、重要航线等应属于中央财政的职责,其他属于地方的职责。事权与支出的划分还考虑了传统因素。如教育职责的划分应该是:中央财政负责全国重点高校的支出和在全国具有示范意义的教育工程支出;地方财政负责中小学教育、学前教育和地方高校的支出。

事权划分方案确定之后,还须有配套措施。否则,事权划分方案亦将流于形式。接下来需要做的几件事是:

第一,在明确政府与市场和社会关系的基础之上,明确中央和地方的责任。特别需要考虑新增事权和支出责任的划分问题;公共服务均等化与主体功能区建设的责任落实问题;环境保护、低碳经济发展的落实问题。由于历史、文化、传统、经济、政治、军事等各方面因素的影响,各国政府与市场的界限不是完全相同的,而且就是这样的界限也会随着时间的过去而发生变化;各国政府中央与地方事权的划分虽然不同,但中央和地方财政关系运行良好的国家,政府间财政关系保持相对规范。相对规范的政府间财政关系容易给各级政府,特别是地方政府相对确定性的预期,增强对地方政府的激励。

第二,通过法律明确事权。许多国家通过宪法和财政法律对事权的划分加以规定。一方面,较高的法律层次提高了事权划分的权威性,增强了制度的遵从性;另一方面,较为具体的事权划分具有可操作性。问题的关键在于明确责任。各国对各级政府支出责任的规定迥然不同。联邦制国家与单一制国家不同。即使是联邦制国家,也有中央相对集权的。即使是单一制国家,也有地方相对分权的。

事权的确定一直存在争议,各国做法也不尽相同。各级政府事权的确定是一个由何级政府承担最有效率的问题。其前提是政府职责(事权)的界定。界定事权的难度很大。政府与市场的界限是公共选择的结果。不仅不同国家所提供的公共产品可能不同,就是同一国家不同时期所提供的公共产品也可能不同(杨志勇,2005)。中国政府的一些职责是转型期国家所特有的,如支持市场体系形成与完善的任务等。国有经济活动范围甚至也无法加以清晰界定,还需要时间验证。中国市场经济形成的过程不同于西方市场经济国家,在一定程度上,市场经济是逆向成长起来的。中国的文化传统也会对中国式的市场经济产生不同的影响。

第三,中国应通过预算法的修订或者制定政府间财政关系法,明确各级政府财政支出责任,并规定超越责任的相应处罚措施。

第四,中国还应改革行政管理体制,减少职责同构。同样的事权和支出责任,容易出现责任相互推卸的问题。应尽量减少职责同构问题。无法避免的共同分担的事权应明确规定各自的具体责任。应该结合国家法治化与民主化进程,通过相关的人事制度改革减少人事因素对财政支出责任的负面影响。

第五,中央政府出台政策必须有对应的财政资金配套。中央和地方的事权不是不能变,中央不是不能要求地方做事,但在分税制财政体制框架内,中央出台政策让地方实施必须有对应配套的财政资金。否则,地方"被迫"履行责任,只会增加地方政府的抵触心理,不利于地方积极性的发挥。

第六,中国还应进一步规范省以下财政体制,加快省以下财政体制的建设进程,规范省以下各级政府的事权和支出责任分配制度。

2. 收入的划分

1994 年的分税制改革的直接目标之一是提高中央财政收入占全国财政总收入之比,因此将能提供大量收入的税种划归中央或作为中央占大头的共享税,而将具有收入分配职能但当时规模甚小的个人所得税划归地方。随着个人所得税收入的增长,营业税全面改为增值税,再加上其他税制改革的影响,中央和地方的收入需要进一步划分。

中央为维持国家统一,需要有一定的财权和财力调控地方。但是,中央过多集中财权和财力会妨碍地方的积极性,不利于中央和地方两个积极性的发挥。不同级别政府的收入应该根据其所承担的职责、所要实现的职能而定,基本做到财权、财力与事权的相匹配。表 15-1 提供了一种分税方案。

表 15-1 中央税、地方税、中央与地方共享税划分方案

类别	税种
中央税	关税,海关代征消费税和增值税,印花税(证券交易印花税),出口退税
地方税	城镇土地使用税、城市维护建设税、房产税、车船税、印花税(不包括证券交易印花税)、烟叶税、耕地占用税、契税、土地增值税、房产税、环境保护税等
中央和地方共享税	增值税、消费税、企业所得税、个人所得税、资源税

本方案在尊重既有事实的基础之上，综合考虑了各税种的特性与公共服务的提供成本因素。出口退税属于中央政府的责任，一是鼓励出口；二是商品税的国际征收惯例的产物，应由中央政府统一承担。

　　中央和地方共享税：考虑到基数返还取消之后对地方财力的影响，应提高增值税的地方分享比例。消费税分享因成品油税费改革所致，宜保留，分享方式是对成品油因改革而加征的消费税收入直接划归地方收入。证券交易印花税从税源的形成来看，全部划归是合理的。考虑到取消收入基数保证之后，地方财力受到影响，企业所得税中央和地方五五分成，个人所得税中央和地方六四分成（个人所得税作为调节收入分配的税种，中央应多分）。

　　同时，为了调动地方的积极性，赋予地方政府一定的税收立法权是必要的，其中包括：地方可以根据一定的规定和程序开征一些地方新税种；对一些与地方提供公共服务有关的地方税种，应有权在一定的范围内进行税率的调整。

　　十八届三中全会要求"加快房地产税立法并适时推进改革"，房地产税应是替代先行房产税、城镇土地使用税、土地增值税等的一个新税种，主要为地方公共服务融资而征收，因此属于地方税。2018年新开征的环境保护税根据环保职责，应归为地方税。

　　关于利润的划分，可暂保留按中央企业和地方企业按照隶属关系分红的做法。未来再结合国有经济改革的进程而加以进一步规范。未来还应探索国有土地和国有资源收益在不同级别政府之间的合理划分方案。

3. 政府间转移支付

（1）取消税收返还

　　税收返还推动分税制改革的积极作用需要正确看待。如果没有税收返还，那么1994年的分税制改革就不可能进行下去。随着财政转移支付制度的逐步规范化，税收返还和体制上解（体制补助）需逐渐退出历史舞台。虽然税收返还在财政转移支付制度中的相对地位下降，但是税收返还的绝对规模还不小。中国应尽快取消税收返还，以更好地发挥分税制财政体制的功能。取消税收返还，势必严重影响地方财力，因此需要将税收返还融入一般性转移支付进行重构。

（2）构建纵向与横向相结合的财政转移支付模式

　　转移支付模式有纵向转移支付模式、横向转移支付模式和纵横交错转移支付模式。纵向转移支付模式下，不仅有中央政府对地方政府的转移支付、上级政府对下级政府的转移支付，而且还可以根据情况越级进行纵向转移支付。横向转移支付模式下，所进行的是地方政府之间的转移支付。[①]纵横交错转移支付模式兼有二者特征。中国目前的正式转移支付制度属于纵向模式。

　　实际上，中国东部经济发达地区对西部一直实行对口援助。这种援助事实上属于横向转移支付，需要建立正式的横向转移支付制度来予以规范。

　　地方政府的对口支援，运用地方财力，履行的公共服务均等化这一属于中央政府的职责。因此，事实上的横向转移支付需要与纵向转移支付制度统筹考虑。从理论上

[①] 德国是横向转移支付制度典型的国家，参见朱秋霞（2005）的有关介绍。

看,横向转移支付的目标同样可以通过纵向转移支付来实现。既成事实的横向转移支付,如果缺少规范,那么这不利于相关财政资金效率的提高,也不利于纵向转移支付规模的确定。建立正式的横向转移支付制度,是中国特色的对口援助制度可持续发展的需要,是对口援助规范化的需要,是对口援助效率提高的需要,也是规范各级政府行为的需要。

在纵向转移支付上,从基层政府财力总体上最为缺乏的现实出发,中央可以考虑越过省一级,直接安排面向县一级的转移支付,以进一步提高转移支付效率。在确定纵向转移支付数额时,应该充分考虑中央政府在地方的项目的数量和规模。在地方的中央项目可以给地方带来收益,增加地方财力。中央政府在地方的项目对地方经济增长的影响仍需要进一步评估。

(3) 尽可能压缩转移支付规模

中央政府在筹集财政收入上具有规模经济优势。许多地方政府依靠本级收入不可能满足支出需要。中央财政转移支付在满足地方财政支出中可发挥重要作用。中央还可借此加强对地方政府的调控。但财政资金转移过程会带来各种各样的成本,因此,转移支付规模应尽可能压缩。

影响转移支付规模的因素有许多。当前所能进行的转移支付是针对公共预算而言的。未来转移支付规模的确定还必须考虑到政府掌握的其他财力。转移支付规模的确定必须解决好一个问题:中国应该选择集权型的转移支付制度,还是分权型的转移支付制度?集权型转移支付制度有助于中央政府调控能力的增强,但可能影响地方积极性的发挥。分权型转移支付制度正好相反。集权型制度下,转移支付规模较大。分权型制度下,转移支付规模较小。集权型,还是分权型,或者混合型制度类型的选择,可能存在某种程度的等价关系,关键是找到约束制度类型选择的因素。

(4) 重构一般性转移支付与专项转移支付

一般性转移支付是通过测算标准收入与标准支出之间的缺口,再考虑财力因素而确定的,有一定的负激励效应。因此,应尽快完善一般性转移支付制度,标准收入测算融入更多激励因素,多考虑财政努力因素,以尽可能减少其负面影响。

专项转移支付政策目标明确,但应尽可能让决策公开透明,并在一定范围内引入竞争机制。政策目标实现途径可能有多条。应创造条件让更多的地方政府参与此类资金的竞争,以尽可能降低政策目标实现的成本。

专项转移支付如要求地方政府配套一定比例的资金,可能影响地方支出格局。一般性转移支付对资金使用通常没有过多的限制。[①]从财政支出效率来看,一般性转移支付的效率至少不低于专项转移支付。如果地方政府能合理配置转移支付资金,那么一般性转移支付方式更为可取。如果中央政府的目标是提高全国性的某种公共服务水平,那么专项转移支付更可取。地方政府支出的约束程度,也影响转移支付方式的选择。如果约束不够,那么资金就可能被配置到低效率项目,影响转移支付目标的实现。

---

① 如有限制,那这样的转移支付实际上是有条件的转移支付。

专项转移支付能解决许多一般性转移支付所不能解决的问题，特别是一些基本公共服务水平（最低转移支付所对应的公共服务水平）提高问题，例如义务教育、卫生健康服务等。财政转移支付的确定还应与主体功能区建设联系在一起，根据主体功能区的不同定位，确定其标准收支。限制开发地区和禁止开发地区的财力会因主体功能区建设而受到较大影响。同时，不同的主体功能区对公共服务的需求不同。限制开发地区和禁止开发地区为了恢复和保持原有生态环境，往往需要较多的环境保护支出资金。

当前中国专项转移支付形式多样，部分项目设计与地方实际需要脱节，需对这些项目进行归类整理，进一步提高这些资金的管理水平，以充分发挥其他转移支付形式在基本公共服务水平提高中所不能起到的作用。

另外，中央财政专项转移支付如过多地要求地方财政提供相应的配套资金，这直接导致未能拿出足够财力配套，但实际上更需要专项资金支持的地方拿不到项目。部分为此取虚报数字，影响了专项转移支付目标的实现。因此，专项转移支付项目的确定有必要根据实际情况适当放弃需要地方配套资金的要求。

以后，随着地方政府理财的约束力增强，可适当考虑进一步压缩专项转移支付规模。中国目前的税收返还和均衡性转移支付都属于无条件转移支付范畴。未来所要做的是整合这些不同的转移支付形式，形成统一的一般性转移支付，根据各地标准收支的差别决定转移支付的数额。

（5）构建规范化的财政转移支付制度

中国政府间转移支付的系统性还不够，转移支付的调整多由中央的有关"通知"和"决定"规定。这不仅影响到地方合理的确定性预期的形成，而且影响到规范的政府间财政关系的形成。

当前，中国转移支付制度框架的构建需要加快政府间财政转移支付立法，确定转移支付制度的远景战略规划，使得各相关经济主体明了转移支付制度的调整趋势，明确整体改革的时间表，让地方政府形成事先的确定性预期。例如，可以规定转移支付数额的确定以五年为期，进行调整。这种明确的规定胜过临时性规定。

为了进一步提高中央财政转移支付的透明度，更好地发挥地方政府的积极性，更好地处理中央与地方财政之间的关系协调问题，中国有必要成立政府间转移支付理事会。理事会负责审议中央财政拨款专家委员会提出的转移支付方案，并送全国人大审批。

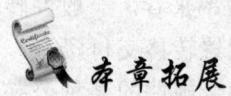
本章拓展

财政体制选择不仅仅是财政集权和分权问题，可以结合经济机制设计理论加以深入探讨。对经济机制设计理论感兴趣的读者，可参阅赫维茨和瑞特（2009）。Boadway、Shah（2009）是对财政联邦主义的理论和现实进行综合梳理的著作。李萍、许宏才、李承（2010）系统介绍了中国财政体制现状，楼继伟（2013）系统阐述了中国政府间财政关系的改革问题，感兴趣者可以参阅。

小结

- 政府是一个庞大复杂的科层组织，它们都参与了财政活动。财政体制在它们之间划分和确立了财权财力关系，确保了整个政府收支活动能够形成一个有机统一体。
- 世界上除少数城市国家外，大部分国家存在多级财政。市场经济国家多实行财政联邦制。
- 市场经济下，资源配置职能由中央政府和地方政府共同承担。前者主要提供全国性公共产品，后者主要提供地方性公共产品。
- 蒂布模型指出人民的迁移权有助于地方政府公共产品的有效提供。
- 收入分配职能和稳定职能应该主要归属中央政府。
- 政府收入权限的划分涉及税收、国有资产收益、公债等，其中主要是税收权限划分问题。
- 从理论上说，税收分权方法大致有两种思路：一是根据税种本身的属性在中央政府和地方政府之间划分税收，二是根据受益原则确定税权。
- 地方政府应该拥有一定的发债权。
- 分税的结果通常会导致地方收不抵支，这样就要求中央政府进行转移支付。中央政府的转移支付还可以促进各地公共服务水平的均等化、具有外部性的地方公共产品的提供、国家的统一等功能。
- 按照是否附加条件，转移支付可以分为有条件转移支付和无条件转移支付。
- 转移支付数量的确定应以较为规范的公式为基础，考虑各地具体因素，促进各地公共服务水平的均等化。但是，均等化并不是各地的公共服务水平要完全一致。
- 当前中国政府间财政关系的基础是中国 1994 年建立的分税制财政体制。这种体制已经过多次增量改革，但在事权的确定、收入的划分、转移支付的调整上仍都有进一步改革的必要。

思考题

1. 财政体制的选择应促进国家长治久安，应该促进公共产品和公共服务的有效提供，并充分调动不同级别政府的积极性。当前中国财政体制应如何作进一步改革？财政体制改革应该实行财权与事权相结合的原则，还是财力与事权相结合的原则？

2. 素以块状经济著称的浙江省决定在"强县扩权"的基础上再推"强镇扩权"，把中心镇培育建设成为产业的集聚区、体制机制的创新区、社会主义新农村建设的示范区。中心镇培育工作业绩列入市、县（市、区）政府领导班子新农村建设考核内容。这种做法与"乡财县管"形成了鲜明的对比。你怎样看待中国省以下财政管理体制的多样性问题？

3. 政府间转移支付制度的确定难度大，既是技术难题，又会受到众多利益集团的影响。怎样才能形成一个相对有效的政府间转移支付制度？

4. 地方政府在什么条件下可以自由发债？

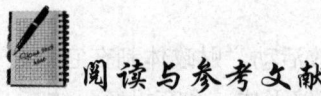
阅读与参考文献

[1] Boadway R, Anwar Shah. Fiscal Federalism: Principles and Practice of Multiorder Governance. Cambridge, 2009.

[2] Gramlich E M. Intergovernmental Grants: A Review of the Empirical Literature[M]// Oates, W E (ed.). The Political Economy of Federalism. Heath DC, Company, 1977: 219-239.

[3] Lin J Y, Liu Z. Fiscal Decentralization and Economic Growth in China[J]. Economic Development and Cultural Change, 2000, 49 (1): 1-22.

[4] Oates W E. Studies in Fiscal Federalism[M]. Edward Elgar, 1991.

[5] Rosen H S. Public Finance[M]. 6th ed. Irwin, 2002.

[6] Stiglitz J E. Economics of The Public Sector[M]. 3rd ed. Norton, 2000.

[7] Tiebout C M. A Pure Theory of Local Expenditure[J]. Journal of Political Economy, 1956, 64 (10): 416-424.

[8] Ulbrich H H. Public Finance in Theory and Practice[M]. South-Western, 2003.

[9] Zhang T, Zou H. Fiscal Decentralization, Public Spending, and Economic Growth in China[J]. Journal of Public Economics, 1998(67): 221-240.

[10] [美]利奥尼德·赫维茨，斯坦利·瑞特. 经济机制设计[M]. 上海：格致出版社，上海三联书店，上海人民出版社，2009.

[11] 陈工，雷根强. 财政学[M]. 北京：经济科学出版社，2000.

[12] 何振. 1994年财税改革举措效果及问题剖析[J]. 经济研究，1994（4）.

[13] 胡庆康，杜莉. 现代公共财政学[M]. 上海：复旦大学出版社，2001.

[14] 贾若祥. 超越行政区 推进经济区一体化——试析我国的经济区经济和行政区经济[N]. 中国经济导报，2011-12-31.

[15] 李岚清. 李岚清教育访谈录[M]. 北京：人民教育出版社，2003.

[16] 李萍，许宏才，李承. 财政体制简明图解[M]. 北京：中国财政经济出版社，2010.

[17] 李萍，许宏才. 中国政府间财政关系图解[M]. 北京：中国财政经济出版社，2006.

[18] 楼继伟. 中国政府间财政关系再思考[M]. 北京：中国财政经济出版社，2013.

[19] 马海涛. 财政转移支付制度[M]. 北京：中国财政经济出版社，2004.

[20] 平新乔. 财政原理与比较财政制度[M]. 上海：上海三联书店，1992.

[21] 吴敬琏. 当代中国经济改革[M]. 上海：上海远东出版社，2004.

[22] 项怀诚. 1999 中国财政报告[M]. 北京：中国财政经济出版社，1999.

[23] 张千帆. 宪法学导论：原理与应用[M]. 北京：法律出版社，2004.

[24] 张馨，杨志勇，郝联峰，等. 当代财政与财政学主流[M]. 大连：东北财经大学出版社，2000.

[25] 张馨，杨志勇. 外商投资与财政改革[M]. 厦门：鹭江出版社，1998.

[26] 张馨，叶振鹏. 公共财政论[M]. 北京：经济科学出版社，1999.

[27] 张馨. 比较财政学教程[M]. 第 2 版. 北京：中国人民大学出版社，2004.

[28] 钟晓敏. 政府间财政转移支付论[M]. 上海：立信会计出版社，1998.

[29] 朱秋霞. 德国财政制度[M]. 北京：中国财政经济出版社，2005.

[30] 杨志勇. 地方债启动之配套条件研究[J]. 地方财政研究，2009（4）.

[31] 杨志勇. 省直管县财政体制改革研究——从财政的省直管县到重建政府间财政关系[J]. 财贸经济，2009（11）.

[32] 杨志勇. 现代财政制度探索：国家治理视角下的中国财税改革[M]. 广州：广东经济出版社，2015.

第1版后记

公共经济学是一门富有挑战性的学科。公共部门的许多问题仍然有待于各方人士的积极探索。处在经济转型之中的中国公共经济问题，更多的不同于现代发达市场经济国家，需要有心者深入研究。本书是在厦门大学财政系和金融系（包括原财政金融系）多次试用过的讲稿基础之上经过大量补充修改而成的。作者试图用不太复杂的语言，结合大量案例，梳理现代公共经济学的基本理论。本书写作分工如下：杨志勇承担了全部初稿的写作任务，张馨在此基础上进行了多次修改，并经两人多次讨论，才最终定稿。

作者感谢清华大学出版社的约稿，感谢杜春杰老师的高质量编辑工作，本书才有机会与读者见面。厦门大学财政系所创造的良好教学科研环境，是本书能得以顺利完成的根本保证。

作者在写作过程中参考了大量国际著名的相关教科书，如罗森的《财政学》、布朗和杰克逊的《公共部门经济学》、斯蒂格利茨的《公共部门经济学》等，还参考了众多相关期刊。作者能力有限，虽尽力而为，但错误在所难免。作者不想以时间不足作为推卸责任的理由。希望读者能够将本书所可能存在的谬误告诉作者，以待本书再版时修正。

杨志勇（361005 厦门大学财政系）
张　馨（361005 厦门大学财政系）
2004 年 6 月 28 日